모든
사람을 위한
신학

EVERYONE'S A THEOLOGIAN
by R. C. Sproul

Copyright ⓒ 2014 by Reformation Trust Publishing
a division of Ligonier Ministries, under the title
Everyone's a Theologian: An Introduction to Systematic Theology.
Translated by the permission through arrangement of rMaeng2, Seoul,
Republic of Korea All rights reserved.
This Korean Edition Copyright ⓒ 2015 by Word of Life Press, Seoul, Republic
of Korea

이 한국어판의 저작권은 알맹2 에이전시를 통하여 Ligonier Ministries와 독점 계약한 생명의말씀사에 있습니다.
신저작권법에 의하여 한국 내에서 보호받는 저작물이므로 무단 전재와 무단 복제를 금합니다.

모든
사람을 위한
신학

ⓒ 생명의말씀사 2015

2015년 5월 1일 1판 1쇄 발행
2022년 10월 31일   5쇄 발행

펴낸이 | 김창영
펴낸곳 | 생명의말씀사

등록 | 1962. 1. 10. No.300-1962-1
주소 | 서울시 종로구 경희궁1길 6 (03176)
전화 | 02)738-6555(본사) · 02)3159-7979(영업)
팩스 | 02)739-3824(본사) · 080-022-8585(영업)

기획편집 | 임선희
디자인 | 김혜진, 윤보람
인쇄 | 영진문원
제본 | 보경문화사

ISBN 978-89-04-02077-5 (03230)

저작권자의 허락없이 이 책의 일부 또는 전체를
무단 복제, 전재, 발췌하면 저작권법에 의해 처벌을 받습니다.

R. C. 스프로울의 조직신학 개론

EVERYONE'S

모든 사람을 위한 신학

A THEOLOGIAN

R. C. 스프로울 지음

조계광 옮김

생명의말씀사

추천의 글

● 간단하게 기술된 기독교 신학을 원한 적이 있는가? 스프로울은 무엇이든 지나치게 단순화시키지 않으면서도 간단명료하게 진술하는 재능이 뛰어나다. 그는 자녀에게 헤엄치는 법을 가르치는 아버지처럼 바닥을 디딜 수 없을 만큼 깊은 물속으로 우리를 이끌면서도 물속에 가라앉게 버려두지 않는다. 때문에 나는 모두에게 하나님을 아는 지식이 들어 있는 이 물속으로 선뜻 뛰어들라고 말하고 싶다. 성경을 특별하게 만드는 것이 무엇인지, 하나님이 어떤 분이신지, 그리스도께서 왜 죽으셨는지, 성령께서 개인의 영혼 안에서 어떻게 일하시는지, 마지막 심판의 날에 무슨 일이 일어날 것인지 알고 싶다면 이 지혜로운 선생으로부터 명쾌한 대답을 들을 수 있을 것이다.

_ 조엘 비키 (퓨리탄리폼드신학교 총장, 조직신학 및 설교학 교수)

● 일전에 어떤 젊은이가 꿈속에서 한 무리의 신학자가 수평선 너머에서 나타나 자기를 향해 다가오는 광경을 보았노라고 말했다. 그 선봉에 선 신학자는 다름 아닌 스프로울이었다고 한다. 이 책을 읽으면 그 꿈을 이해하게 될 것이다. 교회의 가장 훌륭한 신학자가 성경을 근거로 간단명료하게 설명한 신학이 이 책에 담겨 있다. 간단명료성은 위대한 신학교사임을 입증하는 증거다. 이 책을 읽으려면 신학자가 되어야 할까? 물론이다. 그러나 그것은 이 책의 제목이 말하려는 요점이 아니다. 진정한 문제는 좋은 신학자냐 아니냐 하는 것이다. 밑줄을 그어가며 이 책을 읽고, 깊이 숙지하라. 그러면 이 책을 다 읽을 무렵에는 좀 더 건강하고 행복한 신학자가 되어 있을 것이다.

_ 싱클레어 퍼거슨 (댈러스 리디머신학교 조직신학 교수)

● 　스프로울은 탁월한 교사다. 특히 그는 어려운 신학적 개념들을 간단명료하게 설명하는 재능이 뛰어나다. 이 책에서 그는 조직신학의 중요한 주제들을 명료하고, 간결하고, 공정하게 다루고 있다. 새신자에서부터 신앙 경력이 오래된 목회자에 이르기까지 모두에게 유익하고 귀중한 자료가 아닐 수 없다. 스프로울 박사는 우리 모두가 더 나은 신학자가 될 수 있도록 도와준다.

　_ 존 맥아더 (그레이스 커뮤니티 교회 담임목사, 마스터스 신학대학교 학장)

● 　스프로울이 조직신학을 간결하고 포괄적으로 요약한 책을 펴냈다. 나는 앞으로 내게 배우는 학생들에게 이 책을 추천할 생각이다. 2천 년 기독교 전통에 뿌리를 둔 이 책은 성경과 개혁주의 원리에 충실할 뿐 아니라 세속화된 문화 속에서 살고 있는 사람들이 반드시 생각해야 할 중요한 문제를 다루고 있다. 저자는 이 책에서 명료하고 간결하게 설명하는 능력을 유감없이 발휘하고 있다. 항상 그래왔듯 이 책에서도 그는 독자의 관심을 온통 사로잡는다. 오랫동안 나는 벌코프의『조직신학』(Summary of Christian Doctrine)을 개혁주의 조직신학을 다룬 간결하고 믿을 만한 책으로 추천해왔다. 그 책은 지금도 매우 유익하지만 이제 이 분야에서 이 책보다 더 많이 권할 만한 책이 있을지 의심스럽다. 삼위일체, 예정, 창조, 죄, 속죄의 범위, 칭의, 방언, 천사, 귀신, 천국과 지옥을 비롯한 많은 주제들이 성경의 권위를 존중하는 태도로 신중하면서도 공정하게 진술되고 있다. 성경의 진리를 받아들일 준비가 되어 있는 사람들을 크게 이롭게 할 것이라고 믿어 의심치 않는다.

　_ 더글러스 켈리 (리폼드신학교 조직신학 교수)

목차

PART 3
창조론과 인간론

PART 4
기독론

PART 5
성령론

PART 6
구원론

PART 7
교회론

PART 8
종말론

PART 1

서론

CHAPTER. 1

신학이란 무엇인가?

몇 년 전 한 유명 기독교대학으로부터 '기독교대학이란 무엇인가?'라는 주제로 교수들과 직원들에게 강연을 해달라는 요청이 들어왔다. 내가 도착하자 학장은 캠퍼스를 구경시켜주었다. 캠퍼스를 돌아보던 중, 일부 사무실 출입문에 붙어 있는 '종교학과'라는 글귀가 눈에 띄었다. 그날 저녁 교수들 앞에서 강연할 때 나는 내가 본 것을 언급하며 신학과를 그런 식으로 일컫느냐고 물었다. 그러나 나이 든 교수 한 사람이 몇 년 전만 해도 '신학과'로 불렀다고 대답했을 뿐, 학과 명칭이 변경된 이유를 알고 있는 사람은 아무도 없었다.

'종교'와 '신학'은 무슨 차이가 있을까? 학계에서는 전통적으로 종교학을 사회학이나 인류학 범주에 포함시킨다. 그 이유는 종교가 특정한 환경에서 이루어지는 인간의 예배 관습과 관련이 있기 때문이다. 그러나 신학은 하나님에 관한 지식을 탐구하는 학문이다. 종교에 관한 인간의 견해와 하나님의 본질과 속성을 다루는 학문은 크나큰 차이가 있다. 전자는 순전히 자연적 속성을 지니는 반면, 후자는 이 세상을 초월하는 초자연적 속성을 지닌다.

나는 그 점을 설명한 뒤 참된 기독교대학은 하나님에 관한 진리를 궁극적인 진리로 인정하고, 그분이 모든 진리의 토대요 근원이시라는 전제에 근거한다고 덧붙였다. 경제학, 철학, 생물학, 수학 등 우리가 배우는 학문은 모두 하나님의 성품이라는 포괄적인 현실에 비추어 이해되어야 한다. 이것이 중세시대에 신학을 '학문의 여왕'으로 일컬은 이유다. 오늘날에는 학문의 여왕이 추방되었거나 면직된 상태이고 다른 것이 그 자리를 차지했다. 그리고 사람들은 신학을 종교로 대체했다.

신학의 정의

이 책은 신학, 구체적으로는 조직신학을 다룬다. 조직신학이란 기독교 신앙의 기본 교리를 일관된 체계로 연구하는 학문을 가리킨다. 이번 장에서는 조직신학과 그 기본적인 정의 몇 가지를 간단하게 소개하려 한다.

생물학, 생리학, 인류학 같은 여러 학문의 명칭과 마찬가지로 '신학'(theology)에도 '-ology'라는 접미사가 붙어 있다. 이 접미사는 요한복음의 첫 구절("태초에 말씀이 계시니라 이 말씀이 하나님과 함께 계셨으니 이 말씀은 곧 하나님이시니라")에서 발견되는 '로고스'(logos)라는 헬라어에서 유래했다. 헬라어 '로고스'는 '말씀, 사상', 혹은 어떤 철학자가 번역한 대로 '논리'를 의미한다('논리'로 번역되는 영어 단어 'logic'도 이 말에서 유래했다). 즉 생물학은 생명을 논리적으로 연구하는 학문이고, 인류학(anthropology)은 인간을 논리적으로 연구하는 학문이다(헬라어 '안드로포스'는 '인간'을 뜻한다). 그리고 '신학'(theology)의 어근은 '신'을 뜻하는 헬라어 '데오스'(theos)에서 유래했다. 따라서 신학은 하나님을 논리적으로 연구하는 학문을 가리킨다.

조직신학을 이야기할 때 '신학'이라는 용어는 부담스러워하지 않으면서도 그 수식어인 '조직'(systematic)이라는 말에는 이맛살을 찌푸리는 사람들이 많다. 그 이유는 우리가 체계를 거부하는 분위기가 만연한 시대를 살고 있기 때문이다. 컴퓨터 시스템, 화재 경보 시스템, 전기회로 시스템과 같은 무생물 시스템은 인간 사회를 위해 중요하다고 생각하기 때문에 아무런 거부감을 느끼지 않는다. 그러나 삶과 세상을 일관된 형식을 갖춰 이해하려는 시도나 사상 체계는 불편하게 생각한다. 그 이유는 서구 역사상 가장 큰 영향력을 지닌 철학 사상 가운데 하나인 실존주의 철학과 부분적으로 관계가 있다.

철학의 영향

실존주의는 실존을 다루는 철학이다. 즉 실존주의 철학은 본질적인 진리는 없고, 본질이 아닌 독특한 실존만 존재한다고 전제한다. 이런 이유로 실존주의는 현실의 총체적인 체계를 거부한다. 다시 말해 실존주의는 유일한 진리가 아닌 다양한 진리, 유일한 목적이 아닌 다양한 목적을 주장하는 반(反)체계적인 성향을 지닌다. 따라서 실존주의자들은 현실을 논리적으로 이해할 수 없다고 이야기한다. 왜냐하면 세상을 의미나 목적이 없는 혼란스런 현실로 생각하기 때문이다. 그들은 단지 상황이 주어지는 대로 대처하며 살아간다. 삶은 궁극적으로 무의미하기 때문에 모든 것에 의미를 부여하는 포괄적인 관점은 존재하지 않는다는 것이 그들의 신념이다.

실존주의는 거기에서 파생한 상대주의, 다원주의와 더불어 서구 문화에 막대한 영향을 미쳤다. 상대주의자들은 "'절대진리는 없다'는 진리 외에는 그 어떤 절대진리도 존재하지 않는다. 모든 진리는 상대적이다. 한 사람에게 사실인 진리가 다른 사람에게는 거짓일 수 있다"고 주장한다. 그들에 따르면 진리는 체계적으로 이해할 수 없기 때문에 굳이 서로 반대되는 견해를 조화시키려고 애쓸 필요조차 없다.

그런 철학이 신학에까지 강력하게 영향을 미쳤다. 심지어 신학교도 예외가 아니다. 실존주의와 상대주의의 영향 아래 조직신학은 기억 저편으로 신속하게 사라지고 있다. 몇몇 사람들이 조직신학을 성경을 철학적 체계로 바꾸려는 시도로 착각하는 것도 이런 현상을 부추기고 있다. 물론 르네 데카르트와 그의 합리주의, 존 로크와 그의 경험주의처럼 일각에서 성경을 철학적 체계로 바꾸려고 시도하는 사람들이 있다. 그런 사람들은 하나님의 말씀을 그 자체로 이해하려 하지 않고 미리 고안한 체계에 억지로 성경을 짜 맞추려고 애쓴다.

헬라 신화에 보면 프로크루스테스라는 노상강도가 등장한다. 그는 사람들을 자신의 철 침상에 눕혀서 키가 침대보다 크면 침대를 늘이는 대신 수족을 잘라 죽였다. 이처럼 미리 고안한 사상 체계에 성경을 짜 맞추려는 시도는 옳지 않다. 그 결과로 조직신학에 대한 반감이 형성되었다. 사실 조직신학은 성경을 철학이나 사상 체계에 억지로 짜 맞추려는 시도와는 거리가 멀다. 그것은 성경의 가르침을 주제별로 나눠 체계적으로 연구하는 학문이다.

조직신학의 전제

조직신학은 몇 가지 전제에 근거한다. 첫 번째 전제는 하나님이 자연은 물론 선지자와 사도들의 글을 통해 스스로를 계시하셨고, 성경이 곧 하나님의 말씀이라는 것이다. 쉽게 말해 조직신학은 하나님에 관한 지식을 총망라한, 빼어난 신학이다.

두 번째 전제는 하나님이 자신의 속성과 성품에 따라 스스로를 계시하셨다는 것이다. 성경은 하나님이 질서를 갖춘 우주를 창조하셨다고 증언한다. 하나님이 혼란의 원인제공자가 아니신 이유는 그분이 혼란스런 속성을 지니고 있지 않으시기 때문이다. 즉 하나님은 명확하게 생각하고 이해할 수 있는 방식으로 말씀하신다.

세 번째 전제는 성경에 기록된 하나님의 계시가 그런 특성을 드러낸다는 것이다. 성경은 많은 저자가 기록했음에도 불구하고 놀라운 통일성을 드러낸다. 오랜 세월에 걸쳐 수십 명의 저자에 의해 기록되었고 주제도 놀랍도록 다양하지만 그 다양성 안에 통일성이 존재하는 것이다. 미래의 일, 속죄, 성육신, 하나님의 심판, 하나님의 긍휼, 하나님의 진노 등 성경에서 발견되는 진리는 모두 하나님 안에서 통일성을 유지한다. 이와 같이 하나님이 자신을 나타내거나 말씀하신 내용은 통일성, 곧 체계성을 갖추고 있다.

아울러 하나님의 계시는 일관성을 지닌다. 세간에 "일관성은 논리적 사고력이 부족한 사람들이 떠받드는 요귀"라는 말이 있다(이 말은 원래 랠프 왈도 에머슨이 한 말이다. 그는 "어리석은 일관성은 논리적 사고력이 부족한 사람들, 곧 시시한 정치인, 철학자, 목회자들이 떠받드는 요귀다."라고 했다-역주). 그 말이 사실이라면 하나님은 논리적 사고력이 부족하시다고 말할 수밖에 없다. 왜냐하면 그분의 본질과 성품은 온전히 일관되기 때문이다. 하나님은 어제나 오늘이나 영원토록 동일하시다(히 13:8).

이런 전제들을 지침으로 삼아 조직신학자들은 성경 전체를 살펴보면서 진리를 통합하는 방법을 탐구한다. 조직신학을 신구약 성경신학과 분리한 신학교가 많다. 성경신학자들은 다양한 시기에 주어진 하나님의 계시에 초점을 맞추고, 조직신학자들은 그런 지식들을 통합해 의미 있는 체계를 구축한다. 매우 힘든 작업임에 틀림없다. 내가 아는한, 그동안 이 일을 완벽하게 처리한 사람은 아무도 없다.

조직신학을 연구할 때마다 나는 하나님의 계시가 세밀하고 구체적인 체계를 지닌다는 사실에 놀라움을 금치 못한다. 조직신학자들은 개개의 신학적 진리가 다른 모든 신학적 진리와 밀접하게 연관된다고 믿는다. 하나님이 하신 말씀은 제각기 서로에게 영향을 미친다. 모든 진리를 의미와 일관성을 갖춘 유기적인 체계로 통합하기 위해 계속 노력해야 할 이유가 여기에 있다.

CHAPTER. 2

신학의 범위와 목적

신학은 과학이다. 이렇게 말하면 과학과 신학은 다르다며 목소리를 높여 항의할 사람이 많을 것이다. 사람들은 과학은 실험적인 탐구와 조사연구를 통해 지식을 습득하는 반면, 신학은 종교적 감정에 의해 촉발된 것이라고 주장한다. 그러나 역사적으로 조직신학은 과학으로 이해되어왔다.

신학과 과학

'과학'(science)이라는 용어는 지식을 뜻하는 라틴어에서 유래했다. 기독교인들은 하나님의 계시를 통해 그분에 대한 지식을 습득할 수 있다고 믿는다. 그러므로 만일 하나님에 관한 지식 습득이 불가능하다면 신학은 과학으로 불릴 수 없을 것이다.

과학의 본질은 지식 탐구다. 즉 생물학은 생명체에 관한 지식을, 물리학은 물리적인 실체에 관한 지식을, 신학은 하나님에 관한 일관되고 체계적인 지식을 탐구한다.

또 모든 과학은 시대에 따라 변하는 패러다임(혹은 법칙)을 사용한다. '패러다임 전환'이란 일정한 주제의 과학적 이론에 중요한 변화가 발생한 것을 가리킨다. 1950년대에 출간된 고등학교 물리 교과서를 보면 당시에 제시된 이론 중 일부가 자취를 감춘 것을 알 수 있다. 이제는 아무도 그런 이론을 중요하게 여기지 않는다. 그때 이후로 물리학 이론에 중요한 변화가 발생했기 때문이다. 뉴턴의 물리학이 그 전의 물리학 이론을 대체했을 때도 그런 일이 일어났고, 알베르트 아인슈타인이 새로운 혁신을 일으켰을 때도 물리학에 관한 이해를 새롭게 조정시켰다. 새로운 이론이 옛 이론을 대체할 때마다 이와 같은 패러다임 전환이 이루어진다.

자연과학에서 패러다임 전환을 일으키는 요인은 변칙 현상이다. 변칙 현상이란 특정한 이론에 맞지 않는 세부적인 이상 현상, 곧 기존의 이론으로 설명할 수 없는 현상을 가리킨다. 만 가지 현상을 일관된 체계에 맞추려는 시도는 만 개의 퍼즐 조각을 맞추는 것과 흡사하다. 대다수의 과학자들은 한 가지만 제외하고 나머지가 모두 들어맞으면 좋은 패러다임이라고 생각한다. 따라서 9,999개를 체계화한 원리를 적용하면 탐구한 자료의 대부분을 적절히 설명할 수 있다. 그러나 변칙 현상이 너무 많고 상당한 양의 자료가 전체적인 원리에 들어맞지 않으면 그 이론은 성립하기 어렵다. 이렇게 변칙 현상이 너무 많거나 중요하면 과학자는 이전의 가설을 버리고 새로운 발견이나 정보를 해석할 수 있는 새로운 가설을 세운다. 이것이 과학 이론이 변화를 거듭하면서 새롭게 진보하는 이유 중 하나다.

그러나 성경을 이해하는 접근 방식은 다르다. 신학자들은 2천 년 동안 동일한 정보를 다루었다. 이것이 신학에서 극적인 패러다임 전환이 불가능한 이유다. 물론 이전 세대의 성경학자들이 알지 못했던 헬라어나 히브리어의 의미 같은 새로운 지식을 발견할 수 있다. 그러나 오늘날 신학에서 이루어지는 대부분의 변화는 고고학이나 고대 언어의 새로운 발견에 의존하지 않는다. 신학에서의 변화는 대부분 사회 안에 새로운 철학이 등장하거나 성경에 계시된 고대 종교와 현대 철학을 종합하거나 통합하려고 시도할 때 발생한다.

이런 이유로 나는 보수주의 신학을 고집한다. 나는 나보다 더 월등한 지성의 소유자들이 연구하지 않은 새 지식을 내가 발견할 수 있을 것이라고 생각하지 않는다. 아니, 나는 사실 신학을 연구할 때 새로운 것을 발견하고 싶은 생각이 없다. 내가 물리학자라면 골치 아픈 변칙 현상을 설명하기 위해 새로운 이론을 끊임없이 연구하겠지만 신학을 연구할 때는 일부러 그런 노력을 삼간다.

하지만 안타깝게도 새로운 것을 추구하기 좋아하는 사람들이 많다. 특히 학계에서는 늘 새롭고 창의적인 것을 찾아내야 한다는 압박감이 존재한다. 나사렛 예수가 실존 인물이 아니라는 것을 입증하려고 애쓰던 사람이 기억난다. 결국 그는 환각 현상을 일으키는 버섯을 사용해 풍요의 신을 숭배하던 어느 사이비 집단의 영향을 받았고 그의 논문은 새로운 만큼이나 터무니없었다. 물론 새로운 것에 집착하는 현상은 비단 오늘날에만 국한되지 않는다. 사도 바울은 아덴의 아레오바고에 있던 철학자들에게서 그런 현상을 발견했다(행 17:16-34). 지식의 발전과 이해의 성장을 추구하는 것은 좋지만 단지 기발해 보일 요량으로 새로운 것을 찾으려 애쓰는 것은 바람직하지 않다.

조직신학의 자료

조직신학의 핵심 자료는 성경이다. 뿐만 아니라 성경은 신학의 세 가지 분과(성경신학, 역사신학, 조직신학)를 위한 핵심 자료다. 성경신학의 목표는 성경의 계시가 시대적으로 전개되어온 과정을 추적하는 것이다. 이 작업은 조직신학자에게 유용한 정보를 제공하며, 성경신학자는 구약과 신약의 용어와 개념 및 주제가 발전해온 과정을 추적하면서 그것이 계시의 역사를 거치며 어떻게 사용되었고 이해되었는지를 파악하는 데 초점을 맞춘다.

오늘날 신학교의 문제는 성경신학 연구에 소위 '원자주의'를 적용하는 데 있다. 이것은 성경에 기록된 개개의 요소를 각각 분리하여 연구하는 방법을 가리킨다. 예를 들면 갈라디아서에 나타난 바울의 구원론만 연구하는 성경신학자도 있고, 에베소서에 나타난 구원론만 연구하는 성경신학자도 있다. 그 결과 그들은 제각각 다른 구원론을 제시한다. 전자는 갈라디아서의 구원론을, 후자는 에베소서의 구원론을 설명할 뿐 그 두 가지가 서로 어떻게 조화를 이루는지에 대해서는 아무런 설명이 없다. 이런 연구 방식은 바울이 갈라디아서와 에베소서를 기록할 때 하나님의 영감을 받지 못했고, 또 그분의 말씀이 전체적인 체계와 통일성을 갖추지 못했다는 식의 오해를 불러일으킨다. 특히 요즘 신학자들은 종종 '초기'의 바울과 '후기'의 바울이 제시한 신학이 서로 다르고, 또 성경의 저자들이 많은 만큼 성경의 신학도 제각각이라고 주장하곤 한다. 베드로의 신학, 요한의 신학, 바울의 신학, 누가의 신학이 서로 관계없이 따로 존재한다는 뜻이다. 이런 견해는 성경의 체계성을 부인한다. 그러므로 성경 계시의 전체적인 틀을 고려하지 않고 일부 내용에만 초점을 맞추는 것은 매우 위험하다.

조직신학을 위해 자료를 제공하는 두 번째 신학 분과는 역사신학이다. 역사신학자들은 교회의 삶 속에서 교리가 역사적으로(특히 이단이 출현하고 교회가 거기에 대응했던 위기의 순간에) 어떻게 발전했는지를 다룬다. 교회와 신학교에서 새로운 논쟁이 불거질 때마다 신학자들은 상당한 번거로움을 느낀다. 얼핏 새로운 신학적 논쟁처럼 보이지만 사실은 과거에 이미 수차례 경험한 것들이기 때문이다. 그럴 때마다 교회는 니케아 공의회(325년), 칼케돈 공의회(451년) 같은 공의회를 열어 논쟁을 해결했다.

세 번째 신학 분과는 조직신학이다. 조직신학자들은 여러 가지 성경적인 자료를 살피는 일에 주력한다. 좀 더 구체적으로 말해 다양한 신학 논쟁과 공의회를 통해 이루어진 역사적인 발전과 그 결과로 나타난 신조와 신앙고백을 비롯해 교회에 유익을 끼친 위대한 학자들의 사상을 검토하는 것이 그들의 임무다. 신약성경은 하나님이 교회를 위해 교사들을 세우셨다고 이야기한다(엡 4:11-12).

물론 모든 교사가 아우구스티누스나 마르틴 루터나 존 칼빈이나 조나단 에드워즈처럼 탁월한 것은 아니다. 비록 그들에게 사도의 권위가 부여되었던 것은 아니지만, 그럼에도 불구하고 광범위한 주제를 다룬 논의와 깊이 있는 통찰로 모든 시대의 교회에 크게 기여했다. 특히 토마스 아퀴나스는 로마 가톨릭교회에서 "천사 같은 박사"로 불렸다. 로마 가톨릭교회가 아퀴나스에게 오류가 없다고 생각한 것은 아니지만 오늘날까지 로마 가톨릭교회의 역사가나 신학자 중 그의 공헌을 무시하는 사람은 아무도 없다.

조직신학자들은 성경과 신조와 신앙고백뿐 아니라 하나님이 허락하신 위대한 성경교사들의 통찰을 연구한다. 그리고 모든 자료(성경신학적, 역사신학적, 조직신학적 자료)를 점검해 통합하는 작업을 수행한다.

신학의 가치

진정한 문제는 그런 모든 연구의 가치다. 신학 연구의 가치를 낮게 평가하는 사람들이 많다. 그들은 "신학은 필요 없습니다. 단지 예수님을 알고 싶을 뿐입니다."라고 말한다. 그러나 신학은 모든 신자에게 필요하다. 신학은 하나님이 계시하신 진리를 이해하려는 시도이며 그것은 신자라면 누구나 해야 하는 일이다. 따라서 문제는 우리가 신학에 참여할 것인지의 여부가 아니라 우리의 신학이 건전한지 불건전한지이다. 진리를 연구하고 배우는 것은 중요하다. 하나님께서 자기 백성에게 자신을 계시하시는 수고를 아끼지 않으셨기 때문이다. 그분은 우리에게 성경을 주셨다. 성경이 꽃잎을 넣어 말리는 용도로 선반에 꽂혀 있으면 곤란하다. 성경은 읽고, 찾고, 새기고, 연구하고, 이해해야 할 진리의 책이다.

바울서신에 기록된 주요 성경구절 중 하나가 바로 디모데후서 3장 16-17절이다. "모든 성경은 하나님의 감동으로 된 것으로 교훈과 책망과 바르게 함과 의로 교육하기에 유익하니 이는 하나님의 사람으로 온전하게 하며 모든 선한 일을 행할 능력을 갖추게 하려 함이라" 이 말씀은 교리가 필요하지 않다거나 무가치하다는 주장을 일소에 부친다. 성경을 주의 깊게 연구하면 많은 유익이 뒤따른다. 전능하신 하나님의 영감으로 기록된 성경에서 비롯되는 것이기에 참으로 귀하고 유익한 자산이 아닐 수 없다. 그 자산이란 다름 아닌 교리다.

또한 성경은 책망하기에 유익하다. 학계는 성경비평학에 많은 노력을 기울였다. 성경비평학이란 성경을 분석적으로 비평하는 학문으로 '고등비평'이라 불리기도 한다. 그러나 우리가 관심을 기울여야 할 성경비평은 우리 자신을 비평의 주체가 아닌 객체로 만든다. 다시 말해 성경이 우리를 비평하여 하나님의 말씀이 우리의 죄를 드러낸다. 성경이 가르치는 인간론이나 인죄론에는 우리가 포함되고 성경말씀은 우리의 부패한 본성을 책망한다. 따라서 다른 사람들의 책망에는 귀를 기울이지 않을지라도 하나님이 성경을 통해 책망하시는 말씀에는 귀를 기울이는 것이 현명하다.

성경은 그릇된 삶과 신념을 바르게 하기에도 유익하다. 얼마 전 친구의 권유로 '뉴욕 타임스'의 베스트셀러 목록에 오른 책을 한 권 읽게 되었다. 영매가 되어 죽은 자와 교통하는 법을 소개하는 책이었다. 결국 절반쯤 읽다가 중단했다. 거기에는 영적으로 더러운 것, 곧 구약성경에 기록된 하나님의 율법을 조금이라도 알고 있으면 쉽게 식별할 수 있는 거짓이 가득했다. 이렇듯 성경은 거짓된 가르침과 그릇된 삶을 바로잡아주는 유익이 있다.

마지막으로 성경은 의로 교육하기에 유익하다. 성경은 "하나님의 사람으로 온전하게 하며 모든 선한 일을 행할 능력을 갖추도록" 도와 준다. 신학의 목적은 지적 호기심을 자극하는 것이 아니라 우리에게 하나님의 길을 가르쳐 성숙한 믿음으로 그분께 복종하도록 이끄는 것이다.

CHAPTER. 3

일반계시와 자연신학

이미 말한 대로 기독교 신학은 사변철학에 의존하지 않는다. 기독교 신학의 성패는 계시된 믿음에 달려 있고, 기독교 신앙의 근본 주장은 우리가 신자로서 믿는 진리가 모두 하나님에게서 비롯된다는 것이다. 우리는 하나님을 눈으로 볼 수 없지만 계시를 통해 그분을 알 수 있다. 계시란 감추어진 것을 드러내거나 나타내는 것을 의미하며 그분은 자신을 가린 휘장을 스스로 제거하셨다.

신학은 계시의 종류를 구별하며 그중 하나는 일반계시와 특별계시다. 특히 이번 장에서는 일반계시를 살펴볼 것이다. 성경은 하나님이 계시의 근원이시라고 말한다. 즉 큰 강이 샘에서 흘러나와 형성되는 것처럼 모든 것이 하나님에게서 비롯되며, 그분이 모든 진리의 원천이시다. 종교적인 진리는 물론이고 그 밖의 진리도 모두 하나님의 계시에 의존한다.

아우구스티누스와 토마스 아퀴나스는 하나님의 계시가 없었다면 피조물인 우리는 아무것도 알지 못했을 것이라고 가르쳤다. 아우구스티누스는 이 원리를 육안으로 사물을 보는 것에 빗대어 설명했다. 그는 아름다운 물건이 가득한 방에 있더라도 그 방이 어둠에 휩싸여 있다면 제아무리 시력이 좋은 사람이라도 그곳의 아름다움을 느낄 수 없다고 말했다. 다시 말해 시력이 온전하여 방 안에 있는 아름다운 물건을 볼 수 있는 능력을 갖추고 있더라도 빛이 없으면 그것을 볼 수 없는 것처럼 그는 진리를 알기 위해서도 이와 같은 계시의 빛이 필요하다고 말했다. 그리고 아퀴나스는 아우구스티누스의 말을 그대로 인용해 모든 진리와 지식은 궁극적으로 진리의 원천이신 하나님께 의존하며, 진리를 알게 하는 일은 오직 하나님만 하실 수 있다고 역설했다. 대다수의 과학자들은 종교적인 믿음이 모두 계시에 의존한다는 우리의 주장을 비웃으며 실험실에서 진리를 탐구하려고 노력한다. 그러나 하나님이 자연을 탐구하여 지식을 습득할 수 있는 능력과 계시를 허락하지 않으셨다면 그 어떤 실험을 통해서도 아무것도 배울 수 없었을 것이다.

하나님의 계시

하나님이 모든 진리 안에 자신을 계시하신 것을 '일반계시'라 일컫는 이유는 두 가지다. '일반'이라는 말을 사용하는 첫 번째 이유는 그것이 모든 사람에게 주어지는 지식이기 때문이다. 하나님의 일반계시는 세상 모든 사람에게 주어진다. 예를 들어 성경은 "하늘이 하나님의 영광을 선포하고 궁창이 그의 손으로 하신 일을 나타내는도다"(시 19:1)라고 기록한다. 즉 눈이 있는 사람은 누구나 자연을 거닐며 별들과 해와 달을 통해 드러난 하나님의 영광을 볼 수 있다. 여기에는 눈이 먼 사람들도 배제되지 않는다. 성경이 하나님께서 인간의 마음속에 심어 놓으신 지식을 언급하기 때문이다. 그분은 인간에게 양심을 주셨고, 그것을 통해 사람들의 내면에 자신을 계시하신다. 그렇게 하나님은 모든 인간에게 옳고 그른 것을 인식하는 기능을 주셨다. 심지어 시각장애인으로 태어난 사람의 마음속에도 하나님을 아는 지식이 존재한다(롬 1:19-20).

간단히 말해 '일반'이라는 말은 모든 사람이 계시의 청중이라는 뜻이다. 인간이면 누구나 하나님의 계시를 접한다. 성경을 본 적도 없고 설교를 들은 적도 없는 사람이 셀 수 없이 많지만 그들도 하나님이 자신을 계시하신 자연 속에서 살아가고 있다.

'일반'이라는 용어를 사용하는 두 번째 이유는 계시의 내용이 일반적인 성질을 띠기 때문이다. 일반계시는 구원사에 나타난 하나님의 구원사역(예를 들면 그리스도의 속죄나 부활)을 자세히 전하지 않는다. 일몰을 본다고 해서 하늘이 하나님의 구원계획을 선포하는 목소리가 들리는 것은 아니다. 그 진리를 알려면 성경을 펼쳐야 한다. 즉 성경은 우리가 자연탐구만으로는 알 수 없는 진리를 가르친다.

이와 같이 일반계시와 특별계시의 차이를 이해하는 것이 중요하다. 일반계시는 모든 사람에게 주어지고 하나님에 관한 일반적인 지식을 전한다. 즉 일반계시는 성경의 계시와 다르다. 반면 성경은 특별계시다. 따라서 성경을 펼쳐 그 안에 기록된 말씀을 읽는 사람만이 특별계시를 알 수 있으며, 특별계시는 하나님의 사역과 계획에 관해 일반계시보다 더욱 상세한 지식을 제공한다.

자연계시

일반계시는 때로 '자연계시'라 불린다. 이 표현은 혼동을 불러일으킬 수 있지만 신학에서는 자연계시가 일반계시와 동의어로 사용된다. 그 이유는 우리가 자연 안에서, 자연을 통해 일반계시를 접하기 때문이다.

하나님은 우리에게 지구를 주셨지만 우리가 순전히 우리의 이성만으로 그분에 대해 알기를 기대하지 않으신다. 우리는 그림을 볼 때 붓질의 패턴이나 색감을 통해 화가가 누구인지 짐작할 수 있다. 그러나 일반계시는 다르다. 창조는 하나님께서 능동적으로 자신을 계시하신 수단이며 자연은 결코 하나님으로부터 독립되어 존재하지 않는다. 오히려 하나님은 자연이라는 통로를 통해 의사를 표현하신다. 그리고 이 세상과 모든 피조물의 영광과 위엄을 통해 자신의 뜻을 전달하신다. 이와 같이 자연에서 비롯되는 하나님의 계시를 '자연계시'라고 부른다. 그리고 자연계시는 하나님이 자연 안에서, 자연을 통해 자신을 드러내시는 행위(혹은 사역)를 가리킨다.

자연에서 배우는 지식

'자연신학'으로 불리는 또 하나의 학문 분야가 있다. 이것은 앞에서 말한 자연(일반)계시와 다르다. 즉 자연계시는 하나님이 행하시는 것이고, 자연신학은 자연계시를 상대로 인간이 행하는 것이다.

자연을 통해 하나님에 관한 참된 지식에 도달할 수 있는지, 곧 자연신학이 실효성 있는 노력인지에 대해 신학자들 사이에서 꽤 오랫동안 논쟁이 있었다. 일부 신학자는 인간이 구원받지 않은 상태에서 하나님에 관한 지식을 알 수 있다는 생각을 단호하게 거부한다. 바울은 고린도전서 2장 14절에서 자연인은 하나님을 알지도 못하고, 알 수도 없다고 말했다. 언뜻 생각하면 사도 바울이 성령의 조명이 없는 한 자연을 통해 하나님에 관한 지식을 알 수 있다는 것을 부인하는 말처럼 들린다. 그러나 바울은 자연신학에 관한 대표적인 성경 본문인 로마서 1장에서 자연을 통해 하나님에 관한 지식을 얻을 수 있다고 말했다.

원자주의자들은 바울이 로마서를 기록할 때와 갈라디아서를 기록할 때 각기 다른 것을 믿었다고 주장한다. 그들의 주장은 바울을 통해 말씀하신 하나님이 그때그때 생각을 바꾸셨다는 말이 된다. 또 어떤 신학자들은 고린도후서 2장과 로마서 1장이 성경의 모순을 입증하는 확실한 증거라고 말한다. 그러나 헬라어와 히브리어에서 '안다'는 동사는 한 가지 이상의 의미를 지닌다. 즉 어떤 것을 지적으로 인식하는

'인지적 지식'과 친밀함을 통해 습득되는 '인격적 지식'이다. 예를 들어 성경에서 남편이 아내를 '안다'는 표현은 남자와 여자 사이에서 이루어지는 가장 친밀한 관계를 가리킨다. 마찬가지로 바울도 고린도 신자들에게 하나님의 일을 영적으로 분별하는 것에 관해 말했고, 그 말은 인간의 타락한 상태로는 그런 영적 분별력을 지닐 수 없다는 뜻이었다. 즉 단순한 지적 인식을 뛰어넘는 지식을 언급한 것이다.

또한 그는 로마서 1장 18절에서 "하나님의 진노가 불의로 진리를 막는 사람들의 모든 경건하지 않음과 불의에 대하여 하늘로부터 나타나나니"라고 말했다. 여기에서 그의 관심은 구원이 필요한 이유를 밝히는 데 있다. 그는 온 세상을 하나님의 심판대 앞에 세워 놓고 모든 사람이 예수님을 거부한 죄가 아니라(세상 사람들 중에는 예수님에 대해 한 번도 들어보지 못한 이들이 많다) 모든 인류에게 자신을 분명하게 계시하신 성부 하나님을 거부한 죄로 유죄 판결을 받은 상태이기 때문에 복음이 필요하다고 강조했다. 죄된 우리의 본성은 불의로 진리를 가로막는다('막다'라는 말은 '억누르다, 방해하다, 저지하다'로도 번역할 수 있다). 따라서 바울은 하나님이 자신의 계시를 무시하고 배척하는 인간에 대해 분노하신다고 말했다.

계속해서 바울은 "이는 하나님을 알 만한 것이 그들 속에 보임이라 하나님께서 이를 그들에게 보이셨느니라"(19절)고 말한다. '보임이라'는 헬라어 '파네로스'(phaneros)를 번역한 것이며 라틴어로는 '마니페스툼'(manifestum)이다. 이 말에서 '명백한'을 뜻하는 영어 단어 'manifest'가 유래했다. 이 말씀대로 하나님은 세상 곳곳에 난해한 지식을 감추어 놓고 탁월한 깨달음을 얻은 소수의 사람들로 하여금 자신의 존재를 알리게 하지 않으셨다. 오히려 하나님은 자신에 대한 계시를 '분명하게' 나타내셨다. 바울은 "창세로부터 그의 보이지 아니하는 것들 곧 그의 영원하신 능력과 신성이 그가 만드신 만물에 분명히 보여 알려졌나니"(20절)라고 덧붙였다. 언뜻 생각하면 모순된 말 같다. 보이지 않는 것을 어떻게 볼 수 있단 말인가? 그러나 모순은 없다. 우리는 직접적으로가 아니라 분명하게 본다. 보이지 않는 하나님을 볼 수는 없지만 보이는 세상을 통해 드러난 하나님의 계시를 발견한다. 다시 말해 하나님의 보이지 않는 속성이 볼 수 있는 것들을 통해 드러나는 것이다.

그러므로 인간은 하나님의 계시를 볼 수 없다고 변명할 수 없다. "창세로부터 그의 보이지 아니하는 것들 곧 그의 영원하신 능력과 신성이 그가 만드신 만물에 분명히 보여 알려졌나니 그러므로 그들이 핑계하지 못할지니라"(20절). 하나님 앞에 나오기를 거부하는 사람들은 하나님이 자신의 존재를 입증할 증거를 충분히 제공하지 않으셨다고 주장함으로써 스스로를 변명하려 하지만 바울은 로마서에서 명백한 현실을 들어 그런 변명을 무색하게 만들었다. 그는 "하나님을 알되 하나님을 영화롭게도 아니하며 감사하지도 아니하고 오히려 그 생각이 허망하여지며 미련한 마음이 어두워졌나니"(21절)라고 말했다. 성경은 자연에 드러난 하나님의 자기 계시가 그분의 성품에 관한 참된 지식을 확실하게 전달하고 있다고 가르친다.

간접계시와 직접계시

우리는 또한 간접적인 일반계시와 직접적인 일반계시를 구별해야 한다. '간접'이나 '직접'이라는 말은 둘 사이에 존재하는 것의 용도나 기능을 명시할 때 사용된다. 하나님은 세상을 초월해 계시고 우리는 세상에 있다. 하나님의 계시를 중재하는 것은 자연이다. 즉 신문이나 텔레비전 방송이 보도의 수단인 것처럼, 자연은 계시의 수단이다. 이것이 그러한 전달 방식을 총괄해 매체라고 일컫는 이유다. 다시 말해 일반계시의 가장 주요한 전달매체는 자연이다.

직접적인 일반계시는 하나님이 자신을 계시하시는 또 다른 방식을 묘사할 때 사용하는 용어다. 바울은 로마서 2장 15절에서 하나님의 율법이 우리의 마음에 새겨졌다고 했다. 존 칼빈은 이를 '신 의식'(sensus divinitatis)이라고 일컬었다. 하나님에 대한 의식이 인간의 영혼 안에 주어졌다는 것이다. 이 의식이 하나님의 율법을 아는 지식과 양심 안에 나타난다. 이러한 지식은 매체를 통해서가 아니라 하나님으로부터 우리에게 직접 주어진다. 이것이 이 계시를 '직접적인' 일반계시로 일컫는 이유다.

　　하나님의 영원하신 능력과 신성이 일반계시를 통해 온 세상에 분명하게 나타났다. 우리의 부패한 본성이 그 계시를 가로막는다 해도 자연과 인간의 양심을 통해 주어지는 하나님에 관한 지식은 결코 사라지지 않는다.

CHAPTER. 4

특별계시

하나님은 일반계시를 통해 온 세상 모든 사람에게 자기를 계시하신다. 그러나 특별계시라는 또 다른 종류의 계시를 받을 수 있는 기회는 모든 사람에게 주어지지 않는다. 특별계시는 하나님의 구원계획을 드러낸다. 특별계시는 성육신, 십자가, 부활 등 자연 탐구를 통해서는 알 수 없는 진리를 전달한다. 이것은 (전적으로는 아니지만) 주로 성경에서 발견되며 성경은 하나님께서 특별한 방법으로 어떻게 자신을 계시하셨는지 보여준다.

"옛적에 선지자들을 통하여 여러 부분과 여러 모양으로 우리 조상들에게 말씀하신 하나님이 이 모든 날 마지막에는 아들을 통하여 우리에게 말씀하셨으니 이 아들을 만유의 상속자로 세우시고 또 그로 말미암아 모든 세계를 지으셨느니라 이는 하나님의 영광의 광채시요 그 본체의 형상이시라 그의 능력의 말씀으로 만물을 붙드시며 죄를 정결하게 하는 일을 하시고 높은 곳에 계신 지극히 크신 이의 우편에 앉으셨느니라"(히 1:1-3).

우리는 하나님으로부터 명확한 지식을 전달받는다. 기독교를 이해하는 지식의 근저에는 이런 놀라운 사실이 놓여 있다.

철학의 한 분야인 인식론은 쉽게 말해 지식학이다. 인식론은 인간이 지식을 습득하는 방법을 분석한다. 즉 주로 생각을 통해 지식을 얻는지(합리주의적인 접근 방식) 시각, 청각, 미각, 촉각, 후각 등의 오감을 통해 지식을 얻는지(경험주의적인 접근 방식)에 관한 문제를 둘러싸고 치열한 논쟁이 벌어진다. 심지어 기독교 내에서도 이성과 감각 중 어느 것이 주도권을 쥐고 있는지에 대한 논쟁이 계속되고 있다. 그러나 신자인 우리는 기독교가 궁극적으로 하나님으로부터 비롯한 지식에 근거한다는 데 동의한다. 그런 신념을 견지하는 것은 진리를 결정하는 데 매우 중요한 역할을 한다. 하나님으로부터 비롯한 지식은 이성적 추론이나 경험적 관찰이나 상황에 대한 분석을 통해 알 수 있는 그 어떤 지식보다 우월하기 때문이다.

구약성경에서 하나님은 사람들에게 직접 말씀하실 때도 있었고, 기드온의 경우처럼 꿈과 표적을 통해 자신을 계시하실 때도 있었다. 그 밖에 제비뽑기, 제사장의 우림과 둠밈, 신현(神顯)과 같은 수단을 사용하기도 하셨다. '신현'(theophany)이란 용어는 '하나님'을 뜻하는 헬라어 '데오스'(theos)와 '나타남'을 의미하는 헬라어 '파네로스'(phaneros)의 합성어에서 유래했다. 그것은 보이지 않는 하나님이 보이는 형태로 모습을 드러내신 것을 가리킨다.

아마도 구약성경에서 가장 유명한 신현은 모세가 미디안 광야에서 보았던 불붙은 떨기나무일 것이다. 모세는 떨기나무에 불이 붙었는데도 나무가 타지 않는 현상을 목격하고 그곳을 향해 다가갔다. 그리고 바로 그 순간 하나님의 음성이 들려왔다. 그분은 "나는 스스로 있는 자이니라"(출 3:14) 말씀하셨다. 보이지 않는 하나님이 보이는 떨기나무 형태로 나타나신 것이었다. 출애굽 이후 광야에서 이스라엘 백성을 인도했던 불기둥과 구름기둥도 보이지 않는 하나님이 보이는 형태로 나타나신 경우다.

선지자들과 사도들

하나님께서 이스라엘 백성과 소통하신 주된 방법은 선지자였다. 우리는 그들을 '계시의 대변자'로 일컫는다. 그들은 우리와 같은 사람이었다. 인간의 언어를 사용했다. 그러나 하나님으로부터 말씀을 받았기 때문에 그들의 말은 곧 하나님의 계시를 전달하는 수단이자 통로 역할을 했다. 이것이 선지자들이 "여호와께서 말씀하시되"라는 말로 예언을 시작했던 이유다. 선지자들의 말은 문서로 남아 "기록된 하나님의 말씀"이 되었다. 즉 구약성경은 우리와 같으면서도 다른, 하나님이 자신의 대변자로 세우신 사람들이 만들었다.

물론 고대 이스라엘 사회에서 선지자를 자처한 모두가 참선지자였던 것은 아니다. 이스라엘의 가장 큰 문제는 호전적인 주변 민족들이 아니라 자국에 있는 거짓 선지자들이었다. 거짓 선지자들은 하나님의 참된 계시가 아닌 백성들이 듣고 싶어 하는 것을 가르쳤다. 때문에 예레미야는 선지자로 활동하는 내내 거짓 선지자들로부터 괴롭힘을 당했다. 그는 백성들에게 하나님의 심판이 임박했다고 경고했지만 거짓 선지자들은 그의 예언을 반박하며 수단과 방법을 가리지 않고 그가 전하는 메시지를 가로막았다.

참선지자와 거짓 선지자를 구별하는 방법이 있다. 이스라엘 백성은 계시의 참된 전달자를 구별하기 위해 세 가지 기준을 적용해야 했다. 첫째는 하나님의 소명이다. 이것이 선지자들이 하나님으로부터 직접 부르심을 받아 사역을 명령받았다는 사실을 입증하는 데 그토록 많은 노력을 기울였던 이유다. 구약성경을 살펴보면 아모스, 이사야, 예레미야, 에스겔 등의 많은 선지자가 자신이 하나님의 부르심을 받아 선지자로 기름부음 받은 상황을 백성들에게 자세히 설명했다.

　신약성경에서 선지자와 비슷한 역할을 수행했던 사람들은 사도들이었다. 선지자와 사도들은 교회의 토대이며(엡 2:20), 사도의 주된 표징은 그리스도로부터 직접 부르심을 받은 것이었다. '사도'라는 말은 '보냄을 받은 자', 즉 보내는 자의 권한을 위임받은 자를 뜻한다. 때문에 예수님은 제자들에게 "너희를 영접하는 자는 나를 영접하는 것이요 나를 영접하는 자는 나를 보내신 이를 영접하는 것이니라"(마 10:40)고 말씀하셨다. 가장 중요한 신약시대 사도들 가운데 한 사람인 바울은 열두 제자에 속하지 않았다. 그는 예수님의 공생애 기간 동안 그분을 몰랐을 수 있고, 또 다른 사도들처럼 그분의 부활을 목격하지도 못했다. 얼핏 그는 사도가 될 수 있는 자격을 갖추지 못한 것처럼 보인다. 신약성경이 누가와 바울의 증언을 통해 그가 다메섹 도상에서 부르심 받은 사건을 상세히 진술하는 이유가 여기에 있다. 다른 사도들도 바울의 사도직을 인정했다.

　구약시대에 참선지자와 거짓 선지자를 구별하는 두 번째 기준은 기적을 행하는 능력이었다. 구약시대 선지자들이 모두 기적을 행한 것은 아니지만 그들의 사역은 대체로 기적에 의해 확증되었다. 선지자의 기적은 모세로부터 시작되어 엘리야를 거쳐 이후에 등장한 선지자들에 이르기까지 계속되었다. 그러나 참된 기적과 거짓 기적을 구별하는 것은 중요한 문제였다. 왜냐하면 마술사들이 바로의 궁정에서 행한 것처럼 가짜 기적이 존재했기 때문이다. 그들의 기적은 한갓 속임수에 지나지 않았다.

　참선지자를 판단하는 세 번째 기준은 예언의 성취였다. 즉 선지자가 전한 예언이 실제로 이루어졌는지가 중요했다. 거짓 선지자들도 미래의 일을 예언했지만 그들의 예언은 이루어지지 않았고 그들의 메시지는 결국 거짓으로 드러났다.

특별계시가 기록된 성경은 구약시대 선지자들과 신약시대 사도들에게 주어졌다. 그리스도의 대리자, 곧 그분이 계시의 전달자로 세우신 이들에 의해 특별계시가 전달된 것이다. 예수님은 자신이 기록한 문서를 남기지 않으셨다. 어떤 성경도 저술하지 않으셨다. 그분에 관해 우리가 알고 있는 모든 지식은 사도들의 사역을 통해 완성된 신약성경에서 비롯된다. 사도들은 예수님의 권위를 부여받아 그분을 대신하여 말씀을 전했던 사자들이었다.

성육하신 말씀

히브리서 저자는 특별계시의 또 다른 차원을 언급했다. 육신이 되신 하나님의 말씀은 가장 탁월한 계시였다. 특별계시를 문자로 기록한 말씀 외에 인간의 몸을 입고 나타난 하나님의 말씀이 존재하는 것이다. 또한 기록된 말씀은 성육하신 말씀을 증언한다. 성육하신 하나님의 말씀이란 곧 예수님을 가리킨다. 히브리서 저자는 이렇게 선언했다. "옛 적에 선지자들을 통하여 여러 부분과 여러 모양으로 우리 조상들에게 말씀하신 하나님이 이 모든 날 마지막에는 아들을 통하여 우리에게 말씀하셨으니 이 아들을 만유의 상속자로 세우시고 또 그로 말미암아 모든 세계를 지으셨느니라"(히 1:1-2).

제자들이 예수님과 함께 다락방에 모였을 때 빌립은 "주여 아버지를 우리에게 보여 주옵소서 그리하면 족하겠나이다"라고 요구했다. 그러자 예수님은 "빌립아 내가 이렇게 오래 너희와 함께 있으되 네가 나를 알지 못하느냐…… 내가 아버지 안에 거하고 아버지는 내 안에 계신 것을 네가 믿지 아니하느냐"라고 대답하셨다(요 14:8-10). 사도들의 수장, 곧 하나님이 계시의 궁극적인 전달자로 선택하신 자는 바로 그리스도다. 따라서 우리는 그리스도 안에서 하나님의 온전한 계시를 접할 수 있으며, 오직 성경을 통해서만 그리스도를 만날 수 있다.

CHAPTER. 5

성경의 영감과 권위

16세기 종교개혁의 대의명분은 오직 믿음으로만 의롭다 하심을 받는다는 교리였지만 그 배후에는 권위라는 또 다른 중요한 쟁점이 숨어 있었다.

마르틴 루터가 로마 가톨릭교회의 지도자들과 칭의 교리에 관해 논쟁을 벌이는 동안, 그는 자신의 견해가 교회가 이전부터 믿어온 신조와 전임 교황들이 발효한 칙령과 일치하지 않는다는 것을 공개 석상에서 고백하지 않으면 안 될 입장에 처하게 되었다. 일생일대의 위기가 아닐 수 없었다. 루터 당시에는 교회나 교황의 권위를 문제 삼는 행위가 용납되지 않았다. 그러나 그는 1521년 보름스 국회에서 자신의 입장을 고수하며 이렇게 말했다.

저는 교황이나 공의회를 신뢰할 수 없습니다. 잘 알려진 대로 그들은 종종 잘못을 저질러왔고 서로 모순을 일으켜왔기 때문입니다. 성경의 증언이나 명백한 이성이 저를 설득하지 않는 한, 저는 제가 인용해온 성경을 신뢰할 수밖에 없습니다. 저의 양심은 하나님의 말씀에 사로잡혀 있습니다. 신자가 양심에 어긋나는 말을 하는 것은 옳지도 안전하지도 않기 때문에 저는 아무것도 철회할 수 없고 또 그럴 생각도 없습니다. 하나님, 제가 여기 서 있습니다. 달리 어쩔 도리가 없습니다. 저를 도우소서. 아멘.•

그런 갈등을 통해 "오직 성경으로!"(sola Scriptura)라는 종교개혁의 슬로건이 탄생했다. 루터를 비롯한 종교개혁자들은 오직 한 가지 권위만이 우리의 양심을 구속하는 절대 권한을 지닌다고 말했다. 물론 루터는 교회의 권위나 니케아와 칼케돈과 같은 역사적 공의회의 중요성을 무시하지 않았다. 그의 요점은 공의회의 결정조차도 성경의 권위에는 미치지 못한다는 것이었다. 이것은 성경적 권위의 본질과 근거에 관심을 집중하게 만들었다.

원저자와 권위

성경의 원저자 문제는 성경의 지상권과 권위에 관한 종교개혁자들의 견해에서 매우 중요한 비중을 차지한다. 원저자(authorship)와 권위(authority)를 뜻하는 영어 단어는 매우 유사하다. 두 단어 모두 'author'라는 말을 포함하고 있다. 종교개혁자들은 성경이 인간에 의해 한 권씩 기록되었지만 원저자는 바울, 누가, 예레미야, 모세가 아닌 하나님이시라고 말했다. 즉 하나님은 자신의 대변자인 인간 저자들의 글을 통해 자신의 권위를 행사하셨다.

그렇다면 인간 저자가 하나님의 권위를 지니는 것이 어떻게 가능할까? 앞서 말한 대로 선지자들은 자신의 메시지가 하나님의 말씀이라고 주장했다. 이것이 교회가 역사적으로 성경의 본질을 언급할 때마다 두 개의 라틴어 문구를 사용해온 이유다. 하나는 '하나님의 말씀'을

• *Luther's Works*, vol. 32, ed. George W. Forell (Philadelphia: Fortress, 1958), 113.

뜻하는 '베르붐 데이'(verbum Dei)고, 다른 하나는 '하나님의 음성'을 뜻하는 '복스 데이'(vox Dei)다. 종교개혁자들은 비록 하나님께서 친히 성경을 기록하지는 않으셨지만 그 말씀은 하늘에서 직접 전해진 말씀이나 다름없다고 믿었다.

디모데후서에서 바울은 "모든 성경은 하나님의 감동으로 된 것으로"(3:16)라고 말했다. "성경"으로 번역된 헬라어 "그라페"(graphe)는 '문서'를 의미한다. 그러나 유대 민족에게 "그라페"는 구약성경을 가리키기 때문에 그들은 "기록된 대로"라는 문구를 성경을 가리키는 전용어로 이해했다. 따라서 디모데후서 본문은 매우 중요하다. "성경"이라는 용어가 구약성경은 물론 사도들이 기록한 신약성경을 동시에 가리키기 때문이다.

사도들은 성령으로 주어진 신약성경의 말씀을 전달하는 권위가 자신들에게 주어진 것을 의식했다. 예를 들어 베드로는 바울서신을 성경에 포함시켰다(벧후 3:16 참조). 바울 자신도 구속력 있는 계시를 전달하는 권위가 자신에게 주어진 것을 알았다(고전 7:10-16 참조). 뿐만 아니라 그는 모든 성경("그라페")이 하나님의 영감으로 기록되었다는 놀라운 주장을 제기했다.

하나님의 영감

ESV(English Standard Version) 성경은 디모데후서 3장 16절을 "하나님의 날숨으로 된 것으로"(breathed out)라고 번역했고, '킹 제임스'(King James Version) 성경은 "들숨으로 된 것으로"(given by inspiration)라고 번역했다. 영감의 교리가 오랜 역사를 지닌다는 점을 고려하면 디모데후서 3장 16절의 의미와 "영감"이라는 용어가 교회사에서 이해되어온 방식을 구별할 필요가 있다.

B. B. 워필드는 디모데후서 3장 16절의 의미가 하나님이 (인간 저자들을 통해) 자신의 말씀을 전달하신 방식이 아니라 그 말씀의 출처와 관련이 있다고 지적했다. 이 부분에서 바울은 모든 성경이 "하나님의 감동으로 되었다"(theopneustos)고 말했다. 이 말은 숨을 "들이쉬다"가 아니라 "내쉬다"라는 뜻이다. 즉 그의 요점은 모든 성경이 하나님의 숨결에서 비롯되었다는 것이다. 숨을 내쉬는 것은 "날숨"(expiration)이고 들이 쉬는 것은 "들숨"(inspiration)이다. 따라서 이 문구는 모든 성경이 하나님의 "들숨"이 아닌 "날숨"에 의해 기록되었다고 번역해야 하며 모든 성경이 하나님의 감동으로 기록되었다는 바울의 말은 성경이 궁극적으로 하나님으로부터 기원했다는 의미가 된다. 곧 모든 성경의 원천은 하나님이시다.

영감을 개념으로 다룬다는 것은 성령의 사역에 관해 진술한다는 뜻이다. 성령은 다양한 시대의 사람들에게 능력으로 임하셨고, 그로 인해 그들은 영감을 받아 하나님의 참된 말씀을 기록했다. 이러한 성령의 사역을 성경이 명확히 정의하지는 않지만 성경이 인간의 고안물이 아니라는 것만큼은 분명하게 밝히고 있다. 이와 같이 영감의 교리는 하나님께서 성경의 기록을 감독하신 방식과 밀접하게 관련된다.

어떤 사람들은 보수주의 신자들이 '구술설'(the dictation theory)로 불리는 기계론적 영감설을 주장한다고 몰아세운다. 구술설은 상사가 불러주는 대로 비서가 편지를 받아 적는 것처럼 성경의 저자들이 하나님이 말씀하시는 대로 받아 적었다는 견해를 뜻한다. 비록 일부 교회에서 이를 옳게 생각했던 때가 있었지만 역사적으로 교회는 영감에 대한 이런 단순한 견해를 용납하지 않았다. 예를 들어 존 칼빈은 어떤 점에서는 선지자들과 사도들이 하나님의 '비서'(amanuenses)였던 것이 사실이지만 그것은 그들이 하나님의 말씀을 전달하는 대리자의 역할을 했다는 의미일 뿐, 영감의 방식을 설명해주는 것은 아니라고 강조했다.

하나님께서 어떤 식으로 성경의 기록을 감독하셨는지 정확히 알 수는 없다. 그러나 오늘날의 교회가 기억해야 할 점은 성경에 인간 저자의 기질과 문체와 관심사가 반영되어 있다 하더라도 전체적으로 하나님의 감독 아래 기록되었다는 것이다. 결코 인간 저자들이 자신의 능력으로 성경을 기록한 것이 아니다. 만일 그들이 스스로의 힘으로 성경을 기록했다면 많은 오류가 발견되었을 것이 틀림없다.

마지막 한 자까지

교회는 역사적으로 '축자영감설'을 믿어왔다. 이 말은 영감의 범위가 인간 저자들이 전달한 정보의 대체적인 윤곽에만 국한되지 않고 글자 하나하나에까지 미쳤다는 뜻이다. 교회가 가능한 한 신중하게 성경의 원본을 복원하려 애쓰고, 고대 히브리어와 헬라어의 의미를 연구하는 데 그토록 많은 관심을 기울여온 이유가 여기에 있다. 성경의 낱말 하나하나가 모두 신성한 권위를 지닌다.

광야에서 시험을 받으실 때 예수님은 사탄과 대화를 주고받으셨다. 양측 모두 성경구절을 인용하면서 논쟁을 벌였다. 예수님은 성경을 근거로 마귀와 바리새인들의 주장을 논박하셨고 율법의 일점일획도 없어지지 않고 다 이루어질 것이라고 강조하셨다(마 5:18). 이 말씀은 하나님의 율법에는 불필요한 말이나 타협의 여지가 있는 말이 단 한 글자도 없다는 뜻을 담고 있다.

현대에 접어들면서 성경에 대한 비평이 봇물처럼 쏟아지자 영감의 개념을 없애려는 움직임이 나타났다. 독일의 신학자 루돌프 불트만(1884-1976)은 성경의 신적 기원을 전면 부인했다. 또 신정통주의 신학자들은 성경을 전하는 설교를 교회 안에서 회복시키려 노력했고 19세기 자유주의보다는 조금 더 성경을 존중했지만 성경의 문자적 영감설과 명제적 계시를 거부했다. 예를 들어 칼 바르트(1886-1968)는 하나님은 명제가 아니라 사건들을 통해 자신을 계시하신다고 말했다. 그러나 성경은 사건들을 이야기 식으로 기록한 뒤 우리에게 그 의미를 해석하는 권한을 부여하지 않았다. 오히려 일어난 사건을 기록할 뿐 아니라 그 사건들의 의미에 대한 선지자와 사도들의 권위적인 해석까지 제공한다.

이를테면 복음서와 서신서는 예수님의 십자가 사건을 기록하고 그 의미를 설명한다. 사람들은 예수님의 죽음을 제각기 다르게 이해했다. 십자가 사건은 예수님을 따르던 많은 사람들에게 하룻밤의 꿈 같은 일이었고, 본디오 빌라도와 가야바 같은 사람들에게는 정치적인 이익 추구에 해당되는 일이었다. 그러나 사도 바울은 십자가의 의미를 우주적 차원의 구원 행위이자 하나님의 정의를 만족하기 위한 속죄 사건으로 설명했다. 그런 진리는 단순히 사건을 안다고 해서 곧바로 이해할 수 있는 것이 아니다.

신정통주의 신학자들은 성경이 계시가 아닌 계시에 대한 '증언'(Zeugnis)이라고 말한다. 이는 성경의 권위를 심각하게 축소시키는 결과를 낳는다. 그들은 성경이 역사적 의미를 지니고 있고, 또 진리를 증언하지만, 그 자체가 계시는 아니라고 주장한다. 그러나 정통 기독교는 성경은 진리를 증언할 뿐 아니라 진리 자체라고 말한다. 즉 성경은 거룩한 계시의 실체이며 그 이상의 다른 무엇을 가리키지 않고, 하나님의 참된 말씀을 전한다.

CHAPTER. 6

성경의 불오성과 무오성

성경의 본질을 논할 때는 무오성과 불오성의 문제를 다루지 않을 수 없다. 성경은 정확무오하다는 것이 전통적인 견해다. 그러나 19세기와 20세기에 고등비평이 등장함으로써 성경의 영감설이 도처에서 공격을 받기에 이르렀다. 특히 성경의 무오성과 불오성이 날카로운 비판의 도마 위에 올랐다.

일부 비평가들은 무오성의 교리가 17세기 개신교의 탄생을 이끌었다고 지적했다. 17세기는 '이성의 시대'로 불리는 세속철학시대에 보조를 맞춘 '개신교 스콜라주의 시대'로 불리기도 한다. 비평가들은 무오성의 교리가 합리주의의 산물이며 성경의 저자들은 물론이고 16세기의 권위 있는 종교개혁자들조차도 알지 못했던 개념이었다고 말한다. 그러나 종교개혁자들은 테르툴리아누스, 이레나에우스, 아우구스티누스 같은 교부들과 마찬가지로 성경이 오류가 없다고 선언했다. 그보다 훨씬 더 중요한 사실은 성경이 신적 기원을 지닌다는 성경 자체의 주장이다. 즉 성경이 거룩한 영감을 통해 주어졌다는 성경의 증언은 매우 중요한 의미를 지닌다.

용어의 정의

역사적으로 교회는 역사상의 모든 문서 중 오직 성경만 틀릴 수 없다고 믿었다. '틀릴 수 없다'는 말은 '실수할 수 없다'는 뜻, 곧 어떤 것이 절대 실수를 저지를 수 없다는 뜻을 내포한다. 언어학적인 관점에서 보면 '틀릴 수 없다'는 말이 '실수할 수 없다'는 말보다 더 강한 의미를 지닌다. 예를 들어 어떤 학생이 20문항의 시험지에 모두 정확한 답을 적었다면 실수가 없는 완벽한 답안지를 작성한 셈이다. 그러나 그 학생이 그 시험지에 실수하지 않고 정답을 적었다고 해서 절대 틀릴 수 없다고는 말할 수 없다. 왜냐하면 다른 시험에서는 실수할 수 있기 때문이다.

성경의 영감을 둘러싼 대부분의 논쟁에는 불오성과 무오성이라는 두 용어(좀 더 구체적으로 말하면 두 용어의 적용 범위)에 대한 혼동이 개입되어 있다. 예를 들어 다음 두 문장이 어떤 차이가 있는지 살펴보자.

1. 성경은 신앙과 실천의 유일하고 무오한 규칙이다.
2. 성경은 신앙과 실천에 관해 말할 때만 무오하다.

두 문장은 비슷하게 들리지만 그 의미가 사뭇 다르다. 첫 번째 문장의 '유일하고'는 성경을 권위 있는 무오한 규칙의 원천으로 내세운다. 즉 성경이 신앙의 규칙으로 우리가 믿는 모든 것을 규정하고, 실천의 규칙으로 우리가 행하는 모든 것을 규정한다는 뜻이다.

비슷한 말이라도 두 번째 문장은 그 의미가 다르다. 신앙과 실천에 관해 말할 때만 무오하다는 말은 성경의 범위를 제한한다. 이것은 소위 '제한된 무오성'이라는 개념을 전달한다. 요즘에는 이런 식으로 성경을 바라보는 견해가 만연하다. '믿음과 실천'은 기독교인의 삶 전체를 가리키지만 두 번째 문장에서는 성경의 가르침을 부분으로 축소시켜 역사, 과학, 문화에 관한 성경의 증언을 배제한다. 바꾸어 말해 성경은 종교적인 신앙에 관해서만 권위가 있을 뿐, 그 밖의 다른 것에 관한 가르침은 틀릴 수 있다는 뜻이다.

그리스도의 권위

성경의 권위를 의심하는 것은 궁극적으로 그리스도의 권위를 의심하는 것이다. 1970년대에 '리고니어 미니스트리'(Ligonier Ministries)는 성경의 권위를 주제로 다룬 토론회를 후원했다.*

그곳에서 세계 각처의 학자들이 무오성의 문제를 다루었고 참석한 학자들 모두가 아무런 의견 충돌 없이 '예수님은 성경을 어떻게 생각하셨는가?' 라는 기독교적 관점에서 주제를 논의했다. 그리고 예수님이 가르치신 성경관을 반영하는 견해를 피력했다.

예수님의 성경관을 알 수 있는 방법은 성경을 읽는 것이다. 이것은 예수님께서 성경의 무오성을 가르치셨고, 그분이 말씀하신 것은 오직 성경을 통해서만 알 수 있다는 일종의 순환논리에 해당한다. 심지어 비평가들조차 성경의 역사적 진정성을 다룰 때는 예수님이 성경에 관해 가르치신 내용에 대해 크게 이의를 제기하지 않는다. 자유주의와 보수주의를 막론하고 모든 신학자가 나사렛 예수가 1세기 유대교가 믿었던 성경관을 제시했다는 데 동의한다. 당시 유대인들은 성경을 하나님의 영감으로 기록된 말씀으로 여기며 극진히 존중했다. 예수님의 성경관은 다음과 같은 복음서의 성경구절에 잘 드러나 있다. "천지가 없어지기 전에는 율법의 일점일획도 결코 없어지지 아니하고 다 이루리라"(마 5:18). "성경은 폐하지 못하나니"(요 10:35). "아버지의 말씀은 진

---

* 다음 자료를 참조하라. *God's Inerrant Word: An International Symposium on the Trustworthiness of Scripture*, ed. John Warwick Montgomery (Calgary, Alberta: Canadian Institute for Law, Theology, and Public Policy, 1974.

리니이다"(요 17:17). 뿐만 아니라 예수님은 "기록되었으되"라는 말로 구약성경을 인용하심으로써 신학적인 논쟁을 종결지으셨다.

또한 나사렛 예수께서 교회가 2천 년 동안 가르쳐온 진리를 가르치셨다는 것을 부인하는 학자들은 거의 없다. 그러나 그들 중에는 예수님의 성경관이 잘못되었다고 주장하는 이들이 적지 않다. 기독교 신학자들이 그렇게 오만한 주장을 할 리가 없다고 생각할지 모르겠다. 그러나 그들은 예수님이 인성을 취하신 탓에 잘못인 줄 모르고 당시의 유대인 사회가 신봉했던 성경관에 영향을 받으셨다고 주장한다. 그들은 자신들을 비판하는 사람들에게 예수님이 비록 신성을 지니고 계셨지만 인성의 제약 때문에 다 알지 못하시는 것이 있었다고 강조한다. 이를테면 제자들이 예수님께 재림하시는 날짜와 시간을 물었을 때 예수님이 그날과 그때는 오직 성부 하나님만 알고 계신다고 대답하신(마 24:36) 사례를 들어 그분의 지식에 한계가 있었다고 주장한다. 비평가들은 이것을 예수님이 그릇된 성경관을 지니신 이유로 내세운다.

그러나 정통 신학자들은 예수님의 인성은 전지한 속성을 지니지 못하지만 우리의 구원자가 되시기 위해 반드시 전지한 능력을 지니실 필요는 없다고 대답한다. 신성은 전지한 속성을 지녔지만 인성은 그렇지 못하다. 다만 여기에서 중요한 것은 그리스도의 무죄성이다. 하나님으로부터 받은 것 외에는 아무것도 가르치지 않겠다고 주장하신 분이 틀린 것을 가르치신다면 그것은 죄에 해당할 것이다. 성경은 선생이 더욱 엄한 심판을 받을 것이기 때문에 많이 선생이 되지 말라는 교사의 윤리를 제시한다. 학생들에게 거짓말을 하지 않는 것이 교사인 나의 도덕적 의무다. 만일 학생들이 내가 대답할 수 없는 질문을 던진다면 나는 모른다고 대답해야 하며, 어떤 문제에 대해 아직 확신할 수 없는 상태라면 확실한 대답을 알 수 없다고 대답해야 한다. 교사는 자신에게 배우는 학생들에게 크고 작은 영향을 미치기 때문에 항상 신중해야 하는 것이다.

역사상 나사렛 예수보다 더 큰 영향력과 권위를 지닌 교사는 없었다. 만일 예수님이 모세가 자신에 대해 증언했고, 아브라함은 자기 날을 보고 기뻐했으며, 말씀은 결코 폐하지 못하고, 성경은 진리라고 가르치셨는데 그 말이 모두 틀렸다면 그에 대한 책임을 지셔야 마땅하다. 따라서 예수님이 자신의 한계를 넘어서는 문제에 대해 확신을 유보한 것은 지당하신 처사였다.

예수님이 성경의 권위와 같은 중요한 문제를 가르치면서 잘못을 저지르셨다면 그분의 다른 가르침을 진지하게 받아들일 사람이 아무도 없을 것이다. 예수님은 "내가 땅의 일을 말하여도 너희가 믿지 아니하거든 하물며 하늘의 일을 말하면 어떻게 믿겠느냐"(요 3:12) 말씀하셨다. 그런데도 오늘날의 일부 신학자들은 예수님이 하늘의 일은 옳게 말씀하셨고 땅의 일은 잘못 말씀하셨다고 말한다.

성경은 예수님이 선지자이셨다고 결론지을 수 있는 정보를 충분히 제공하고, 또 예수님 자신이 그런 정보의 출처가 절대적으로 신뢰할 만한 것이라고 말씀하셨다. 따라서 우리는 엄밀히 말해 순환논리가 아닌 발전논리를 전개한 셈이다. 즉 우리는 역사적 개방성에서부터 시작하여 성경에 대한 비평과 역사적 신뢰성과 예수님의 가르침에 관한 역사적 지식을 검토함으로써, 성경이 하나님의 말씀이기 때문에 그 출처가 단순히 믿을 만한 것임을 뛰어넘어 절대적으로 믿을 만하다는 결론에 도달했다.

우리가 성경이 신앙과 실천의 유일한 규칙이라고 말하는 이유는 이 규칙이 주님이 허락하신 규칙이라고 믿기 때문이다. 성경은 곧 주님의 규칙이다. 이런 이유로 우리는 성경이 정확무오하다고 말한다. 성경의 무오성과 불오성이라는 두 개의 용어 중 전자가 후자보다 다소 의미가 약하다. 무오성은 불오성의 개념에서 자연스럽게 추론되기 때문이다.

틀릴 수 없다면 실수할 수 없다. 즉 성경이 비평의 시험대를 통과하려면 성경과 성경 자체의 주장이 서로 일치해야 한다. 진리를 신약성경의 방식대로 정의하면 아무도 성경의 무오성을 논박할 근거를 찾을 수 없다. 하나님의 말씀이 실수가 없고 틀릴 수 없다면, 성경은 실수도 오류도 없다.

CHAPTER. 7

정경성

'성경'을 뜻하는 영어 단어 'Bible'은 '책'을 뜻하는 헬라어 '비블로스'(biblos)에서 유래했다. 성경은 한 권으로 묶여 있지만 본래는 한 권이 아닌 66권의 책을 모아놓은 것이다. 따라서 성경은 일종의 총서와도 같다. 그런데 그와 같이 많은 책이 한데 모여 성경이라는 한 권의 책을 구성한다면 그 안에 올바른 책이 포함되었으리라고 어떻게 확신할 수 있을까? 성경의 정경성은 바로 이 문제를 다룬다.

'정경'(canon)이라는 말은 '잣대, 기준'을 뜻하는 헬라어 '카논' (Kanon)에서 유래했다. 성경을 정경으로 일컫는 것은 66권이 모두 교회의 최고 권위이자 잣대로 기능한다는 뜻이다. 성경은 종종 '노르마 노르만스 에트 시네 노르마티바'(norma normans et sine normativa)로 묘사된다. 이 표현에 '기준'을 뜻하는 'norm'이 세 차례나 나타난다. '노르마 노르만스'는 '기준 중의 기준'을 뜻하고, '시네 노르마티바'는 '기준 없는'을 뜻한다. 즉 성경은 모든 기준의 기준이고, 다른 어떤 기준에 의해서도 판단받지 않는다.

정경의 범위

앞서 성경의 본질을 살펴보면서 영감, 무오성, 불오성의 문제를 다루었다. 이번 장에서는 성경의 본질이 아닌 범위를 살펴볼 생각이다. 정경의 범위는 과연 어디까지 미치는가?

정경에 관해 많은 오해가 있다. 비평가들은 2천 년 동안 저술된 책이 많기 때문에 마땅히 포함되어야 할 책이 빠져 있고, 자격 없는 책이 포함되어 있을 가능성이 있다고 주장한다. 그러나 초기 교회는 쉽고도 신속하게 대다수의 책을 정경에서 제외했다. 그 이유는 그런 책들의 사기성이 명백히 드러났기 때문이다.

2세기경 영지주의 이단은 사도의 권위를 내세우면서 여러 권의 책을 널리 퍼뜨렸다. 그러나 그런 책들을 정경에 포함시키는 것을 진지하게 고려한 적은 한 번도 없었다. 따라서 정경의 가능성이 있는 책이 2천 권이 넘는다는 말은 잘못이다. 교회에 의해 이루어진 역사적 선택 과정, 곧 극도로 신중하고 주의 깊은 조사가 이루어진 과정을 유심히 살펴보면 배제된 문서들 가운데 신약성경에 포함시킬지 여부를 진지하게 고려했던 책은 단 세 권(12사도 교훈집, 헤르마스의 목자서, 클레멘트전서)에 불과하다. 이 문서들은 1세기 말에서 2세기 초에 기록된 것으로 그 내용을 살펴보면 저자들이 자신의 책이 사도시대 이후에 작성되었고, 또 사도적 권위에 미치지 못한다는 것을 스스로 알고 있다는 인상을 받을 수 있다. 그들은 사도들과 그들의 기록이 권위를 지닌다는 것을 기꺼이 인정했다. 물론 배제된 문서들은 중요하고도 유익하다. 지금까지의 교회사 안에서 줄곧 그래왔다. 하지만 그것들을 정경에 포함시킬지에 관한 문제로 갈등이 불거진 적은 한 번도 없었다. 정경에 대한 논쟁은 대부분 정경에서 배제된 책들이 아니라 정경에 포함된 책에 집중되었다. 히브리서, 베드로후서, 요한이삼서, 유다서, 요한계시록을 포함시킬 것인지에 대한 논쟁이 한동안 계속되었다.

정경의 확립

어떤 사람들은 정경의 권위에 이의를 제기한다. 그 이유는 정경이 그리스도께서 세상을 떠나시고도 오랜 시간이 지난 4세기에야 비로소 확립되었기 때문이다. 실제로 정경이 확립되기까지는 상당히 오랜 세월이 필요했다. 그러나 이것이 교회가 4세기 말까지 신약성경 없이 지냈다는 뜻과는 거리가 멀다. 교회의 초창기부터 신약성경의 기본적인 책들, 곧 오늘날 우리가 읽고 따르는 책들이 사용되었고 그런 책들이 사도적 권위를 지녔기 때문에 마침내 정경의 지위에 올랐다.

정경 확립이 탄력을 받기 시작한 이유는 '마르시온'(Marcion)이라는 이단의 등장 때문이었다. 영지주의의 영향을 받은 마르시온은 구약성경에 묘사된 하나님이 우주의 궁극적인 신이 아니라 성미가 고약한 하급 신 '데미우르고스'(demiurge)라고 믿으며 자신만의 정경을 발표했다. 그리고 그리스도께서 참되신 하나님을 계시하고, 그런 고약한 신으로부터 우리를 구원하기 위해 세상에 오셨다고 주장했다. 결국 마르시온은 그리스도를 여호와, 곧 구약성경의 신과 결부시킨 신약성경의 내용을 모두 삭제하기에 이르렀다. 마태복음을 비롯해 다른 복음서의 많은 부분, 즉 그리스도께서 하나님을 아버지로 일컬으신 내용이 모두 삭제되었다. 또한 그는 바울서신의 내용도 일부 배제했다. 그리고 마침내 작게 축약하여 편집한 신약성경을 내놓았다. 이 이단 때문에 교회는 공식적이고 권위 있는 성경을 서둘러 확립하게 되었다.

정경성의 기준

교회는 정경의 진정성을 결정하기 위해 세 가지 기준을 적용했다. 그러한 기준과 선택의 과정이 있었다는 사실 때문에 의심을 품는 사람들도 있지만 그 과정은 충분한 확신을 갖게 할 만큼 철저했다.

성경의 권위를 검증하는 데 적용된 첫 번째 기준은 사도적 기원이다. 이는 두 가지 차원을 지닌 판단 기준이었다. 어떤 문서가 사도에게서 기원되었다면 사도가 직접 저술했거나 사도의 직접적인 지시로 기록되었어야 한다. 예를 들어 로마서가 사도적 기원을 지니는 것은 의심의 여지가 없다. 모든 사람이 사도 바울을 저자로 인정하고 그의 사도적 권위를 존중했기 때문이다. 마태복음이나 요한복음도 예수님의 제자들이 기록했기 때문에 확실한 사도적 기원을 지닌다. 누가복음도 마찬가지다. 누가는 사도 바울의 일행 중 한 사람으로 그의 선교여행에 동참했다. 또 마가는 베드로 사도의 대변자였기 때문에 베드로의 권위가 마가복음의 진정성을 뒷받침한다. 이처럼 사복음서나 바울서신은 초창기부터 사도적 권위와 정경성을 의심받은 적이 없었다.

정경을 결정하는 두 번째 기준은 초대교회의 인정이었다. 에베소서가 이 기준에 부합하는 대표적인 사례다. 바울은 단지 에베소교회뿐 아니라 더 많은 청중을 염두에 두고 이 서신을 기록했던 것이 분명하다. 즉 에베소서는 에베소 근처의 모든 교회에 전달할 목적으로 기록된 순회 서신이었다.

비단 에베소서만이 아니라 바울의 다른 모든 서신이 그런 목적을 지녔다. 복음서도 1세기 교회 안에 널리 확산되었다. 어떤 책을 정경에 포함시킬 것인지 결정할 때 교회는 초창기부터 권위 있는 말씀으로 수용되고 인용되었던 문서였는지를 역사적 판별 기준으로 삼았다. 클레멘트는 정경으로 인정받지 못한 자신의 첫 번째 서신에서 바울이 고린도 신자들에게 보냈던 편지의 내용을 인용했다. 이 사실은 고린도전서가 초기 교회 안에서 권위 있는 말씀으로 인정받았다는 것을 보여준다. 성경 안에서도 베드로 사도가 바울의 서신을 성경의 범주에 포함시킨 내용이 발견된다(벧후 3:16).

정경성의 세 번째 기준은 많은 논쟁의 원인으로 작용했다. 사도가 기록했거나 인정했고, 초대교회가 받아들였다고 간주된 책들이 신약성경의 핵심을 형성했다. 그런 책들은 아무런 논쟁 없이 정경에 포함되었다. 그러나 약간의 논쟁을 불러일으킨 책들이 있다. 쟁점 중 하나는 그런 책들의 교리와 가르침이 핵심적인 책들과 양립할 수 있느냐 하는 것이었다. 이 문제로 히브리서에 관한 의심이 촉발되었다. 히브리서 6장은 종종 그리스도를 통해 구원받은 사람이 구원을 상실할 수도 있다는 의미로 해석되며 그런 해석이 이 주제에 관한 다른 성경의 가르침과 충돌을 일으키기 때문이다. 그러나 히브리서 6장을 다른 성경의 가르침과 어긋나지 않게 해석할 수 있는 방법은 얼마든지 있다. 사실 히브리서에 관한 논쟁의 초점은 바울의 저작권에 집중되었다. 초기 교회는 바울이 히브리서를 기록했다고 믿었고, 그로써 히브리서는 정경에 포함되었다. 그러나 아이러니하게도 오늘날에는 바울이 히브리서를 기록했다고 믿는 학자들이 거의 없다. 하지만 히브리서가 정경에 속한다는 것을 부인하는 학자들은 더더욱 드물다.

정경과 외경

16세기에 로마 가톨릭교회와 개신교 사이에 구약성경의 범위, 특히 외경(중간기에 기록된 책들)에 관한 논쟁이 불거졌다. 로마 가톨릭교회는 외경을 받아들였고 개신교 교회는 대부분 받아들이지 않았다. 논쟁은 1세기 교회와 예수님이 무엇을 정경으로 받아들였는지에 집중되었다. 이스라엘에서 발견된 정보는 모두 유대교의 정경에 외경이 포함되지 않았다는 것을 보여주는 반면 헬라파 유대인들의 문화 중심지였던 알렉산드리아에서는 대체로 외경이 정경에 포함되었다. 그러나 최근의 학자들은 심지어 알렉산드리아 정경조차 외경을 온전한 성경적 권위를 지니지 않은 부차적인 것으로 분류했다고 말한다. 따라서 '로마 가톨릭교회와 개신교 중 누가 옳았는가? 어떤 권위를 근거로 정경을 결정해야 하는가?' 라는 문제가 남는다.

개신교에 따르면 성경에 포함된 모든 책은 무오하지만 교회가 정경을 결정하는 과정은 무오하지 않다. 우리는 교회가 정경을 결정할 때 하나님의 은혜로운 섭리로 인도를 받아 올바른 결정을 내렸고, 성경에 포함되어야 할 책이 모두 포함되었다고 믿는다. 그러나 그때나 지금이나 우리는 본질적으로 교회가 무오하다고는 믿지 않는다.

이와 대조적으로 로마 가톨릭교회는 교회가 무오한 것은 물론이고 교회가 결정한 것까지도 무엇이든 무오하다고 생각한다. 따라서 로마 가톨릭교회는 정경의 확립 과정이 교회의 권위에 의존한다고 생각하는 반면 개신교 교회는 그것이 하나님의 섭리에 달려 있다고 믿는다.

정경의 확립 과정을 좀 더 연구해보기 바란다. 결론적으로 말해 역사적인 결정 과정이 있었지만, 하나님이 원하시는 일을 교회가 정확히 이루었다는 것이 나의 확신이다. 나에게는 올바른 책이 거룩한 성경 안에 포함되었다고 확신할 수 없는 이유가 존재하지 않는다.

CHAPTER. 8

성경과 권위

몇 년 전 옛 친구를 만났다. 우리는 함께 대학에 다녔고, 밤마다 같이 성경공부와 기도를 했다. 대학을 졸업한 후에는 서로 연락이 두절된 터라 그를 다시 보니 너무나 반가웠다. 그는 나와 대화를 나누며 대학 시절 이후로 성경관이 바뀌었다고 했다. 그는 더 이상 성경의 영감을 믿지 않으며 영적 권위가 교회에 있다는 신념을 갖게 되었다고 말했다.

역사적 논쟁

궁극적인 절대권위는 거룩한 성경에 기록된 사도들의 말일까, 아니면 양떼를 돌보는 감독자인 성경교사들일까? 이것이 16세기에 논의되었던 문제다. 당시의 종교개혁자들은 오직 성경만이 궁극적인 권위를 지닌 하나님의 계시라고 믿으며 교회가 성경과 동등한 권위를 지닌다고 생각하지 않았다. 그러나 로마 가톨릭교회는 16세기 중엽에 종교개혁에 대응하기 위한 트렌트 공의회를 소집했고, 4차 회기에서 교회의 권위와 성경의 권위를 논의했다. 그리고 그 회기에서 성경의 영광과 권위를 믿는다고 고백하는 동시에 하나님이 교회의 전통을 통해 자신을 계시하신다고 주장했다.

우리는 성경 외에 다른 곳에서도 하나님의 진리를 발견할 수 있다. 예를 들면 건전한 신학서적 같은 경우다. 그러나 그것을 특별계시의 원천으로 보지는 않는다. 하지만 로마 가톨릭교회는 특별계시의 원천이 두 가지라는 '이중 원천설'을 주장한다. 하나는 '성경'이고 다른 하나는 '교회의 전통'이다. 이 견해는 교회에 성경과 동등한 지위를 부여하는 결과를 낳는다.

트렌트 공의회 4차 회기는 유럽에 일어난 전쟁으로 갑작스레 중단되었다. 그리고 당시 공의회에서 실제로 이루어진 일을 기록한 내용 중 분명하지 않은 것이 발견되었다. 4차 회기의 원본에는 '진리는…… 성경과 기록되지 않은 전통에 각각 부분적으로(partim) 포함되어 있다.'라고 되어 있다. 그러나 공의회에서 논의가 진행되던 결정적인 순간에 두 명의 사제가 일어나 '각각 부분적으로'라는 표현에 반론을 제기하며 그런 표현이 성경의 독특성과 충족성을 훼손한다고 주장했다.

그 결과 '각각 부분적으로'라는 문구가 '그리고'(et)라는 접속사로 대체되었다. 그렇다면 공의회는 그런 반론을 고려해 성경과 전통의 관계를 일부러 모호하게 진술한 것일까? 그런 문구상의 변화가 공의회가 계시의 두 가지 원천을 끝까지 주장했다는 증거가 될 수 있을까?

트렌트 공의회에 관한 기록만으로는 정확하게 알 수 없다. 그러나 그 후에 이어진 교회의 결정과 교령을 살펴보면 그에 대한 답을 발견할 수 있다. 특히 가장 최근에 발표된 교황 회칙인 '인류'(Humani Generis)가 대표적인 경우다. 교황 피우스 7세는 그 회칙에서 교회가 특별계시의 두 가지 원천을 인정한다고 분명하게 선언했다.

따라서 로마 가톨릭교회는 교회의 전통과 성경을 교리의 근거로 삼는다. 이런 태도는 범교회적인 대화를 매우 어렵게 만든다. 개신교 신자들은 특정한 교리를 심의할 때 온전히 성경의 권위만을 의지하는 반면 로마 가톨릭교회는 공의회의 결정이나 교황의 회칙을 포함시키기 원하기 때문이다. 마리아의 '무원죄 잉태설'이 대표적인 경우다. 그런 교리는 성경에서 발견되지 않지만 로마 가톨릭교회는 그 근거로 전통을 내세운다.

또한 로마 가톨릭교회는 '오직 성경으로!'라는 주장에 맞서 성경의 일부가 교회의 결정에 의해 공식적으로 정경에 포함되었으므로, 성경의 권위는 교회의 권위에 종속되며, 성경은 그보다 훨씬 더 큰 권위를 지닌 교회로부터 지속적인 권위를 인정받는다고 주장한다. 반면 개신교는 성경적, 신학적, 역사적 이유를 들어 그런 주장을 반박한다. 종교개혁자들은 구속력 있는 권위를 성경에만 국한시켰다. 그 이유는 성경이 하나님의 말씀이고, 오직 하나님만이 양심을 구속하는 절대 권위를 지니신다고 믿었기 때문이다.

그러나 로마 가톨릭교회는 오직 하나님만이 궁극적인 권위를 지니신다고 믿으면서도 그분이 그 권위를 교회에 위임하셨다고 주장한다. 그들은 "너는 베드로라 내가 이 반석 위에 내 교회를 세우리니 음부의 권세가 이기지 못하리라"(마 16:18)라는 예수님의 말씀을 근거로 내세운다. 베드로와 사도들의 권위가 소위 '사도적 계승'을 통해 후임자들에게 위임되었다는 것이다. 이런 신념을 바탕으로 로마 가톨릭교회는 로마의 주교인 교황이 베드로의 계승자로서 권위를 행사하며 세상에서 그리스도의 대변자로 활동한다고 믿는다.

한편 성경이 사도적 계승을 인정하는지는 여전히 논란의 주제다. 예수님이 가이사랴 빌립보에서 교회를 반석 위에 세우시겠다고 말씀하신 진의가 무엇인지에 대한 논쟁이 계속된다. 위임의 과정이 존재했던 것은 분명하다. "내가 내 자의로 말한 것이 아니요 나를 보내신 아버지께서 내가 말할 것과 이를 것을 친히 명령하여 주셨으니"(요 12:49)라는 말씀대로 그리스도는 권한을 위임받은 가장 탁월한 사도다. 그분은 하나님의 권위가 부여되지 않은 것은 아무것도 말씀하지 않겠다고 주장하셨다. 따라서 교회가 그리스도를 주님으로 받아들인다는 것은 교회의 머리이신 그분의 권위를 인정하고, 그분이 교회의 그 어떤 지체보다 우월하시다고 고백하는 의미를 지닌다.

정경 결정을 마무리하는 과정에서 교회는 '우리는 받아들인다'는 의미의 라틴어 '레시페무스'(recipemus)를 사용했다. 이 말은 교회가 정경을 창안하거나 정경에 권위를 부여하는 주체가 아니라는 뜻이다. 오히려 교회는 정경이 모든 것을 구속하는 권위를 지닌다고 인정했다.

하나님이 지금 내 앞에 모습을 드러내셨고, 내가 그분께 하나님이심을 입증해보라고 요구하자 그분이 그 앞에 엎드려 경배하지 않을 수 없는 권위를 드러내셨다고 가정해보자. 내가 그분의 권위에 묵묵히 복종하는 것은 그분이 본래 지니지 않은 권위를 그분께 부여하는 것이 아니라 이미 지니신 권위 앞에 머리를 조아리는 것이다. 처음 몇 세기 동안 정경을 공식적으로 결정하는 과정에서 교회가 바로 그러한 태도를 취했다.

이와 같이 교회는 항상 성경의 권위에 복종한다. 이것은 교회가 아무런 권위도 지니고 있지 않다는 뜻과는 거리가 멀다. 정부와 부모에게 있는 권위조차 모두 하나님으로부터 위임받은 것이다. 다만 그런 권위는 하나님의 말씀과 같은 절대권위에 해당하지 않는다. 교회가 주장하는 권위는 모두 성경의 권위 밑에 있다.

성경의 내용

지금까지 조직신학의 기본 전제를 간단하게 살펴보았다. 앞서 몇 장에 걸쳐 계시의 교리, 성경의 개념, 성경의 본질과 기원과 권위, 성경의 권위와 교회의 권위의 상호 관계, 정경의 범위와 같은 이론적인 내용을 다루었다. 그러나 성경의 본질을 정확하게 이해하고 그 권위와 정경의 범위를 옳게 인식했다 하더라도 성경의 내용을 온전히 이해하지 못한다면 무슨 유익이 있겠는가! 성경이 주어진 목적은 이론적인 교리를 가르치기 위해서가 아니라 우리를 교훈과 책망과 바르게 함과 의로 교육해 하나님의 사람으로 온전하게 세우기 위해서다.

그러므로 오늘날 우리의 위기는 성경의 무오성과 불오성과 영감설을 인정하느냐가 아니라 성경의 내용을 옳게 이해했느냐의 문제다. 우리는 성경의 연대, 문화, 언어와 같이 서론에 해당하는 것에만 너무 많은 시간과 노력을 할애하는 경향이 있다. 때문에 목회자 후보생들이 신학 교육을 받으면서 정작 성경의 내용을 배우지 못할 가능성이 매우 높다.

성경이 무엇을 가르치는지 아는가? 조직신학은 모든 주제를 총망라할 정도로 방대하다. 그러나 성경을 이해하는 것이 조직신학을 공부하는 것보다 훨씬 더 중요하다. 아무리 성경에 대해 배우고 건전한 교리를 신봉한다 해도 결국에는 '책임 있는 성경 해석자가 되려면 어떻게 해야 할까?' 라는 문제가 남는다.[*]

이번 장으로 이 책의 1부가 끝났다. 지금까지 계시와 성경을 다룬 이유는 2부를 준비하기 위해서였다. 2부의 첫 번째 주제는 하나님의 속성이다.

---

[*] R. C. Sproul, *Knowing Scripture*, rev. ed. (Downers Grove, Ill.: InterVarsity, 2009). 이 책은 평신도에게 하나님의 말씀을 오해하거나 곡해하거나 왜곡하는 잘못을 저지르지 않고 성경을 해석할 수 있는 근본 원리를 소개한다.

PART 2

신론

CHAPTER. 9

하나님에 관한 지식

하나님은 세상에 있는 모든 피조물에게 자신의 존재를 분명하게 계시하셨다. 따라서 모든 사람은 스스로 인정하든 인정하지 않든 하나님이 존재하신다는 것을 알고 있다. 그러나 하나님의 존재를 아는 것만으로는 부족하다. 그분의 본성과 성품을 더 깊이 이해하는 것이 필요하다. 하나님을 이해하는 것보다 신학에서 더 큰 비중을 차지하는 것은 없기 때문이다. 사실 하나님의 성품을 이해해야만 다른 모든 교리를 올바로 이해할 수 있다.

하나님의 불가해성

역사적으로 조직신학자들의 첫 번째 과제는 하나님의 불가해성에 관한 연구였다. 언뜻 생각하면 모순된 말 같다. 이해할 수 없는 것을 어떻게 연구할 수 있단 말인가? 그러나 신학자들이 '불가해성'이라는 용어를 일상 대화에서 사용될 때보다 더욱 정밀하고 확실한 의미로 사용한다는 것을 알면 그만한 노력을 기울이는 이유를 이해할 수 있다. 신학적으로 불가해성이란 하나님에 관해 아무것도 알 수 없다는 의미가 아니라 그분에 관한 지식이 제한되어 있다는 뜻이다. 우리는 하나님에 관한 의미 있는 지식을 알 수 있지만 그분에 관한 것을 남김없이 다 아는 것은 불가능하다. 이것은 천국에서도 마찬가지다. 우리는 결코 하나님의 본성을 온전히 이해할 수 없다.

존 칼빈은 "유한한 것은 무한한 것을 이해할 수 없다"(finitum non capax infinitum)는 말로 그 이유를 명확하게 밝혔다. 이 문구는 두 가지 의미로 해석할 수 있다. '카팍스'(capax)라는 말은 '포함한다'와 '이해한다'라는 두 가지 의미로 번역될 수 있기 때문이다. 1리터짜리 물병에 무한한 양의 물을 담을 수는 없다. 그 물병의 한계가 있기 때문이다. 마찬가지로 유한한 것은 무한한 것을 포함할 수 없다. 한편 '카팍스'를 '이해하다'로 번역하면 칼빈의 말은 하나님을 온전히 알 수 없다는 의미를 지닌다. 인간의 생각은 유한하기 때문에 하나님에 관한 모든 것을 이해할 능력이 없다. 그분의 길은 우리의 길과 다르고, 그분의 생각은 우리의 생각과 다르다.

계시된 하나님

유한한 것이 무한한 것을 이해할 수 없다면 유한한 우리가 하나님에 대해 배우거나 그분의 본성에 관한 의미 있는 지식을 아는 것이 어떻게 가능할까? 칼빈은 은혜와 긍휼이 풍성하신 하나님께서 자신을 낮춰 우리를 위해 스스로를 알리신다고 말했다. 그분은 부모가 어린 자녀를 어르는 것처럼 우리의 언어와 말투를 사용해 자신의 뜻을 전하신다. 이것이 비록 '아기 말'에 불과할지라도 충분히 이해할 수 있는, 의미 있는 의사소통이 될 수 있다.

신인동형론적 표현

이와 같은 개념을 성경의 신인동형론적 표현에서 발견할 수 있다. '신인동형론적'(anthropomorphic)이라는 말은 '인간, 인류'를 뜻하는 헬라어 '안드로포스'(anthropos)에서 유래했다. '형태론'은 형태와 모양을 연구하는 학문이다. 따라서 '신인동형론적'은 '인간의 형태로'라는 의미를 지닌다. 하늘은 하나님의 보좌요 땅은 그분의 발판이라는 말씀(사 66:1)을 읽을 때면 발로 땅을 디딘 채 하늘 위에 앉아 있는 거대한 신의 형상이 머릿속에 그려지지만, 하나님이 실제로 그런 모습을 지니셨다고는 생각하지 않는다. 또한 성경은 하나님이 뭇 산의 가축을 다 소유하고 계신다고 말씀한다(시 50:10). 그러나 우리는 이 말씀을 하나님이 이따금 맹수 같은 마귀를 내쫓는 거대한 가축 농장의 소유주라는 의미로 이해하는 것이 아니라 수많은 가축을 기르는 농장주처럼 스스로 만족하는 전능자라는 의미로 이해한다.

성경은 하나님이 인간이 아닌 영이라고 말씀한다. 그분은 물리적인 실체가 아니시다(요 4:24). 그러나 성경은 종종 그분이 눈과 머리와 강한 팔과 발과 입을 지니고 계신 것처럼 묘사하며, 하나님의 물리적인 특성뿐 아니라 감정적인 특성까지 언급한다. 또 성경에서는 이따금 하나님이 후회하셨다는 표현이 발견된다. 하나님이 생각을 바꾸시지 않는다고도 말씀한다. 이와 같이 성경이 하나님을 인간의 형태로 묘사하는 이유는 하나님에 관한 사실을 인간에게 납득시킬 수 있는 방법이 오직 그것뿐이기 때문이다.

그러나 성경의 신인동형론적 표현에 담긴 의미를 해석할 때는 신중해야 한다. 성경은 그런 형태로 하나님에 관한 사실을 전달하면서도 하나님은 인간이 아니시라고 경고하기 때문이다. 물론 이론적이고 전문적인 신학 용어가 신인동형론적 표현보다 더 우월하기 때문에 "뭇 산의 가축이 다 내 것이며"라는 표현보다 '하나님은 전능하시다'(omnipotent)라는 표현이 더 낫다는 뜻은 아니다. 우리는 '모든'을 뜻하는 'omni'라는 표현을 우리가 아는 '모든'의 개념으로만 이해할 수 있다. 그와 비슷하게 우리가 알고 있는 '능력'의 개념으로는 하나님이 생각하시는 '능력'을 온전히 이해할 수 없다. 하나님이 생각하시는 능력은 무한한 개념을 담고 있지만 우리는 그것을 유한한 개념으로 이해할 수밖에 없는 것이다.

이런 이유 때문에 하나님은 우리에게 자신의 언어가 아닌 우리의 언어로 말씀하신다. 그래야만 우리가 비로소 이해할 수 있기 때문이다. 따라서 성경에 사용된 언어는 모두 신인동형론적 표현에 속한다. 우리가 이해할 수 있는 유일한 언어는 신인동형론적 언어이며 그 이유는 우리가 인간이기 때문이다.

하나님에 관한 묘사

무한하신 하나님과 유한한 인간의 차이에서 비롯된 한계 때문에 교회는 하나님을 묘사할 때 극도로 신중을 기해야 했다.

하나님을 묘사하는 가장 보편적인 방법 중 하나는 하나님이 아닌 것으로 하나님을 묘사하는 '부정의 길'(via negationis)이다. 예를 들어 하나님이 무한하시다는 것은 '유한하지 않으시다'는 뜻이다. 인간은 시간이 지나면서 변하거나 변화를 경험한다. 그러나 하나님은 변하지 않으신다. 그분은 불변하신다. 이처럼 '무한한'과 '변하지 않는' 같은 표현은 하나님이 아닌 것으로 그분을 묘사하는 방법 가운데 하나다.

이밖에도 조직신학자들은 하나님을 묘사할 때 두 가지 방법을 더 사용한다. 하나는 '탁월함의 길'(via eminentiae)이다. 이는 '전지'(omniscience), '전능'(omnipotence)과 같은 궁극적인 의미를 담고 있는 용어로 어떤 것을 가리키거나 개념을 설명하는 방법이다. '전지'와 '전능'은 '지식'을 뜻하는 'scientia'와 '능력'을 뜻하는 'potentia'에 궁극적인 의미가 담긴 'omni'를 붙여 하나님께 적용하는 단어다. 즉 하나님은 전지전능하시지만 인간의 능력과 지식은 제한적이다.

세 번째 방법은 '확언의 길'(via affirmationis)이다. 이는 '하나님은 유일하시다', '하나님은 거룩하시다', '하나님은 주권적이시다.'와 같이 하나님의 속성을 구체적으로 진술하는 방법으로, 특정한 속성을 긍정적으로 적용해 그분이 그런 속성을 지니신다는 것을 확언하는 방법을 가리킨다.

언어의 세 가지 형태

하나님의 불가해성을 생각할 때는 인간 언어의 세 가지 형태(단일 의미를 지닌 언어, 이중 의미를 지닌 언어, 유사적 의미를 지닌 언어)를 기억해야 한다.

단일 의미를 지닌 언어란 서도 다른 두 개의 대상에 적용해도 의미가 동일한 수식어를 가리킨다. 예를 들어 개와 고양이에게 사용하는 '착하다'라는 말은 둘 다 사람의 말에 잘 복종한다는 뜻을 지닌다.

이중 의미를 지닌 언어는 서로 다른 두 개의 대상에 적용할 때 의미가 완전히 다르게 바뀌는 말이다. 예를 들어 시 낭송회에 가서 어느 출연자의 시를 듣고 "대머리 같은 낭송이군."이라고 말했다고 가정해보자. 이 말은 출연자가 실제로 대머리라는 뜻이 아니라 무엇인가가 부족하다는 뜻, 곧 활기나 열정이 느껴지지 않는다는 뜻이다. 즉 대머리인 사람이 머리털이 부족한 것처럼 시 낭송에 부족한 면이 많았다는 의미다. 여기에서 '대머리'는 은유적인 의미를 지닌다. 그런 경우에는 그 말이 머리털에 적용될 때와 사뭇 다른 의미로 사용된다.

단일 의미를 지닌 언어와 이중 의미를 지닌 언어의 중간에 유사적 언어가 존재한다. 이것은 비교를 근거로 한 묘사를 가리키며 묘사된 대상의 차이에 따라 의미가 변한다. 예를 들어 인간과 개가 둘 다 착할 수 있다. 그러나 인간과 개의 착함은 정확히 일치하지 않는다.

마찬가지로 "하나님은 선하시다"고 말할 때도 그분의 선하심이 우리의 선함과 비슷한 측면이 있다는 의미일 뿐 정확하게 같은 의미를 뜻하지 않는다. 하지만 그런 말을 사용해 그 점에 대해 서로 의미 있는 대화를 주고받을 수 있다.

간단히 말해 하나님을 온전히 이해할 수는 없지만 의미 있는 방식으로 그분에 관해 말할 수는 있다. 하나님은 자신의 형상을 따라 우리를 창조하셨고 우리의 언어로 우리에게 말씀하신다. 그러한 유사성은 우리가 그분과 의사를 소통할 수 있는 길을 열어준다.

CHAPTER. 10

본질이 같으신 성삼위 하나님

　　고대 문화를 살펴보면 고도로 발달된 다신론을 발견할 수 있다. 헬라인들도 판테온의 많은 신을 섬겼고, 로마인들도 인간의 관심사와 노력에 상응하는 신들을 숭배했다. 고대 지중해 연안 지역의 나라들 중 오직 유대 민족만이 독특하게 발전된 유일신을 믿었다.

　일부 비평가들은 구약성경이 진술하는 유대교가 실제로 유일신을 믿은 것이 아니라 다신교를 교묘하게 혼합시킨 형태의 종교라고 주장한다. 또 오늘날 우리가 소지한 성경은 나중에 좀 더 발전된 유일신을 믿은 후대의 편집자들이 자신들의 견해를 족장시대 일화에 적용시켜 만든 것이라고 말한다. 이러한 비평에도 불구하고 성경은 첫 장부터 하나님의 통치와 권위에 아무런 제한을 두지 않는다. 그분은 하늘과 땅의 하나님, 곧 만물을 창조하고 다스리는 하나님이시다.

유일성과 독특성
　구약시대의 이스라엘 민족은 하나님의 독특성을 크게 강조했다. 한 가지 예로 신명기에 기록된 '쉐마'(Shema)를 생각해보자. '쉐마'는 이스라엘의 예배 의식에서 낭독되었고, 유대 민족의 의식 속에 깊이 뿌리를 내렸다. "이스라엘아 들으라 우리 하나님 여호와는 오직 유일한 여호와이시니 너는 마음을 다하고 뜻을 다하고 힘을 다하여 네 하나님 여호와를 사랑하라"(신 6:4-5). 이 말씀은 "크고 첫째 되는 계명"(마 22:38) 안에 간단히 요약되었다. 모세는 '쉐마'를 선언하고 나서 이렇게 덧붙였다.

> "오늘 내가 네게 명하는 이 말씀을 너는 마음에 새기고 네 자녀에게 부지런히 가르치며 집에 앉았을 때에든지 길을 갈 때에든지 누워 있을 때에든지 일어날 때에든지 이 말씀을 강론할 것이며 너는 또 그것을 네 손목에 매어 기호를 삼으며 네 미간에 붙여 표로 삼고 또 네 집 문설주와 바깥문에 기록할지니라"(신 6:6-9).

하나님의 본성(유일성과 독특성)에 관한 진리는 모든 후손에게 날마다 주지시켜야 할 만큼 이스라엘 민족의 종교생활에서 큰 비중을 차지했다. 그들은 쉐마를 손목과 미간과 문설주에 기록해야 했다. 특히 부모들은 어린 자녀들에게 하나님의 독특성을 이해시킴으로써 이 진리가 자손 대대로 공동체 안에 깊이 스며들게 해야 할 의무가 있었다. 구약성경을 통해 알 수 있듯 주변 민족의 그릇된 다신교는 매우 유혹적이었고, 이스라엘 민족의 가장 큰 위협은 거짓 신들을 숭배하는 데서 비롯된 부패였다. 따라서 그들은 자신들의 하나님 외에는 다른 신이 존재하지 않는다는 것을 반드시 기억해야 했다.

하나님의 독특성은 십계명의 첫 번째 계명에도 잘 나타나 있다. "너는 나 외에는(내 앞에) 다른 신들을 네게 두지 말라"(출 20:3). 이 계명은 하나님을 첫 번째 서열에 올려놓으면 다른 신들을 함께 섬겨도 괜찮다는 뜻과 거리가 멀다. '내 앞에'는 '내가 임한 곳에'라는 뜻이며 하나님은 피조세계 전체에 임재하신다. 따라서 "너는 나 외에는 다른 신들을 네게 두지 말라"는 하나님의 말씀은 오직 그분만이 유일하신 하나님으로 군림하시기 때문에 다른 신들은 존재하지 않는다는 의미를 담고 있다.

삼위일체

구약성경은 유일신론을 가르치지만 우리는 삼위일체 하나님을 믿는다. 기독교의 가장 신비한 교리 중 하나인 삼위일체 교리는 교회 역사상 적지 않은 논쟁을 불러일으켰다. 논쟁의 원인은 삼위일체를 성부와 성자와 성령이라는 서로 다른 세 분으로 오해하는 데서 비롯된다. 이는 '삼신론'으로 불리는 견해이며 다신론의 한 형태에 해당한다.

그렇다면 교회는 성부, 성자, 성령이라는 성삼위 하나님이 한 분이라는 삼위일체 교리를 어떻게 진리로 확증할 수 있을까?

삼위일체 교리는 신약성경의 가르침을 통해 확립되었다. 신약성경은 성부와 성자와 성령의 관점에서 하나님에 대해 증언한다. 이 개념을 가장 잘 표현한 성경 본문은 요한복음의 첫 대목이다. 이 부분은 교회에 삼위일체 신앙의 근거를 제공한다.

"태초에 말씀이 계시니라 이 말씀이 하나님과 함께 계셨으니 이 말씀은 곧 하나님이시니라 그가 태초에 하나님과 함께 계셨고 만물이 그로 말미암아 지은 바 되었으니 지은 것이 하나도 그가 없이는 된 것이 없느니라 그 안에 생명이 있었으니 이 생명은 사람들의 빛이라 빛이 어둠에 비치되 어둠이 깨닫지 못하더라"(요 1:1-5).

여기서 "말씀"으로 번역된 헬라어는 '로고스'(logos)다. 따라서 본문의 첫 구절은 "태초에 로고스가 계시니라 이 로고스가 하나님과 함께 계셨으니 이 로고스는 곧 하나님이시니라"라는 뜻이 된다. 이 구절에서 요한은 하나님과 로고스를 구별했다. 즉 "이 로고스는 곧 하나님이시니라"는 말씀대로 말씀과 하나님은 동일하면서도 서로 구별된다.

"함께"라는 표현은 깊은 의미를 지닌 것처럼 보인다. 그리고 "함께"로 번역할 수 있는 헬라어는 최소한 세 가지다. 하나는 '순'(sun)으로 여기에서 영어 접두사 'syn-'이 유래했다. 일례로 이 접두사는 '동시에 발생하다'를 뜻하는 'synchronize'라는 단어에 사용되었다. 우리가 사람들과 정확한 시간에 함께 모이기 위해 각자의 시계를 똑같이 맞추는 것을 생각하면 된다.

헬라어 '메타'(meta)도 "함께"로 번역할 수 있다. 형이상학을 뜻하는 'metaphysics'에서 '메타'는 '-와 나란히, -의 곁에'라는 뜻이다. 마지막으로 "함께"로 번역할 수 있는 세 번째 헬라어는 '프로스'(pros)다. 이 말은 '얼굴'을 뜻하는 또 다른 헬라어 'prosopon'에 사용되었다. "함께"라는 용어는 얼굴을 마주하는 관계인 사람들이 서로를 대하는 가장 친밀한 방법을 암시한다. "태초에 말씀이 계시니라 이 말씀이 하나님과 함께 계셨으니"라는 구절에서 요한은 이 세 번째 용어를 사용하고 있다. 즉 '프로스'를 사용해 '로고스'가 하나님과 가장 친밀한 관계를 맺고 있다는 것을 보여주었다.

'로고스'는 태초부터 하나님과 친밀한 관계를 맺었다. 그런데 "이 말씀은 곧 하나님이시니라"는 문장의 바로 다음 구절은 그 점을 혼동하는 것처럼 느껴진다. 요한은 평범한 헬라어 'be' 동사를 사용했다. 이것은 연결의 의미를 지닌 연결 동사에 해당한다. 서술어에서 확언한 것이 주어에서 발견되고, 주어와 서술어의 관계는 서로 뒤바꿔도 상관없다. "말씀이 곧 하나님이시고, 하나님이 곧 말씀이시다." 이 말은 말씀에 신성을 부여하고 있다. 즉 말씀은 하나님과 구별되면서 또한 하나님과 동일시된다.

교회는 요한복음을 비롯해 다른 많은 신약성경 말씀에 근거하여 삼위일체 교리를 발전시켜왔다. 예수님을 묘사한 신약성경의 구절 중 처음 3세기 동안 신학자들의 사고를 지배했던 것은 '로고스'다. 이 용어가 그리스도의 본질, 곧 그분의 신성을 옳게 이해하는 실마리를 제공하기 때문이다.

요한은 다락방에서 도마가 보였던 태도 또한 언급했다. 도마는 여자들과 다른 제자들이 전해준 그리스도의 부활에 대한 소식을 의심하면서 "내가 그의 손의 못 자국을 보며 내 손가락을 그 못 자국에 넣으며 내 손을 그 옆구리에 넣어 보지 않고는 믿지 아니하겠노라"(요 20:25)고 말했다. 결국 며칠 뒤 그리스도께서 친히 나타나셔서 상처 난 손을 도마에게 보여주시고 그의 손을 옆구리에 넣어보라고 말씀하셨다. 그러자 도마는 "나의 주님이시요 나의 하나님이시니이다"(28절)라고 고백했다.

신약성경의 저자들, 특히 유대인 저자들은 구약성경의 첫 번째 계명은 물론 새긴 우상을 만들지 말라고 경고하는 두 번째 계명을 너무나도 잘 알고 있었다. 구약성경은 피조물을 섬기는 모든 형태의 우상숭배를 철저하게 금한다. 따라서 신약성경의 저자들은 그리스도께서 하나님이신 것이 확실해야만 비로소 그분을 경배할 수 있다고 생각했다. 이런 점에서 예수님이 도마의 경배를 받아들이신 것은 참으로 의미심장하다.

예수님이 안식일에 병을 고치고 죄를 용서하시자 서기관들은 거부감을 드러내며 "오직 하나님 한 분 외에는 누가 능히 죄를 사하겠느냐"(막 2:7)라고 말했다. 유대인들은 안식일의 주인이 하나님이심을 알고 있었다. 하나님께서 안식일을 제정하셨기 때문이다. 따라서 예수님이 병자를 치유하시면서 "인자가 땅에서 죄를 사하는 권세가 있는 줄을 너희로 알게 하려 하노라"(10절) 말씀하신 것은 자신이 곧 하나님이심을 밝히 드러내신 것이었다. 그렇게 예수님께서 오직 하나님께만 속한 권위를 주장하시자 많은 사람이 분노를 표출했다.

요한은 "태초에 그가 하나님과 함께 계셨다. 만물이 그로 말미암아 지은 바 되었으니 지은 것이 하나도 그가 없이는 된 것이 없다"고 했다(요 1:1 참조). 즉 '로고스'가 하나님과 동일시되었다. 또 요한은 "그 안에 생명이 있었으니"(3절)라고 말했다. 생명이 '로고스' 안에 있고, '로고스'가 생명의 근원이라는 말은 "말씀"으로 불리신 예수님이 거룩한 신성을 지니셨다는 것을 분명하게 보여준다.

신약성경은 이와 비슷한 방식으로 성령의 신성을 증언한다. 거룩함(마 12:32), 영원함(히 9:14), 전능함(롬 15:18, 19), 전지함(요 14:26) 같은 하나님의 속성이 성령께도 적용되었다. 세례를 베푸는 말(마 28:18-20)이나 바울의 축도(고후 13:14)도 성령께서 성부, 성자와 동등하시다는 것을 인정함으로써 그분의 신성을 분명하게 증언하고 있다.

CHAPTER. 11

성삼위 하나님

얼마 전 어느 철학 교수와 대화를 나누게 되었다. 그는 삼위일체 교리가 모순이며 지성이 있는 사람이라면 그런 모순을 받아들이지 않을 것이라고 말했다. 나는 지성이 있는 사람은 모순을 인정하지 않는다는 그의 말에 동의했지만 삼위일체의 교리를 모순으로 일컫는데는 깜짝 놀라지 않을 수 없었다. 논리를 잘 아는 철학자라면 모순과 역설의 차이를 구별할 줄 알아야 하기 때문이다.

역설

삼위일체는 역설일 뿐 모순과는 거리가 멀다. 비모순의 법칙은 어떤 것이 동시에, 동일한 관계 안에서 A일 수도 있고 A가 아닐 수도 있다는 것이 불가능하다고 진술한다. 예를 들어 나는 동시에 아버지와 아들일 수 있지만 동일한 관계에서는 그럴 수 없다.

하나님은 본질은 하나이고 인격은 세 분이라는 것이 삼위일체의 역사적 공식이다. 다시 말해 하나님은 한 분이고, 다른 한편으로는 세 분이시다. 비모순의 법칙에 어긋나려면 하나님은 본질이 하나인 동시에 셋이라고 말하거나, 인격이 하나이면서 동시에 셋이라고 말해야 한다.

따라서 합리적인 사고의 형식 논리에 따르면 삼위일체는 모순에 해당하지 않는다.

교회는 하나님은 한 분이면서 성부와 성자와 성령으로 존재하신다는 성경의 가르침에 충실하기 위해 처음 4세기 동안 이 교리를 바르게 정립하려고 노력했다. 얼핏 모순처럼 보이는 이 문제를 해결하는 것은 결코 쉬운 일이 아니었다. 밖에서 보면 기독교인들이 세 분의 하나님을 섬기는 것 같았다. 그것은 구약성경이 그토록 철저하게 강조하는 유일신론의 원리를 깨뜨리는 것이었다.

그러나 앞에서 말한 대로 삼위일체 개념은 모순이 아닌 역설이다. '역설'을 뜻하는 'paradox'는 헬라어 접두사와 어근으로 이루어져 있다. 접두사 '파라'(para)는 '-와 나란히'를 뜻한다. 우리가 '준교회 사역'(parachurch ministries), '준의료활동 종사자'(paramedics), '준법률가'(paralegals) 같은 말을 할 때면 다른 사람들과 나란히 일하는 조직이나 사람들을 떠올린다. 마찬가지로 '비유'(parable)도 예수님이 요점을 구체적으로 설명하기 위해 다른 가르침과 나란히 베푸신 이야기를 가리킨다. '역설'은 '-으로 보이다, -으로 생각되다, -와 같다'를 뜻하는 헬라어 '도케오'(dokeo)에서 유래했다. 따라서 다른 것과 나란히 놓였을 때 언뜻 모순 같지만 좀 더 자세히 살펴보면 그렇지 않은 것을 가리킨다.

하나님은 본질이 하나이고 인격이 세 분이시라는 기독교의 삼위일체 교리는 우리가 하나의 존재를 하나의 인격으로 생각하는 데 익숙한 까닭에 모순처럼 보일 수 있다. 우리는 하나의 존재가 세 인격으로 구성되어 있으면서 어떻게 여전히 하나의 존재가 될 수 있는지 이해하지 못한다. 그런 점에서 삼위일체 교리는 신비다. 본질은 하나이면서 세 인격으로 구성된 존재를 생각하자면 머리가 복잡해진다.

본질과 인격

네덜란드에 살 때 사람들이 '진공청소기'(stofzuiger)로 집안을 청소하는 것을 보았다. 진공청소기를 뜻하는 네덜란드어를 문자대로 번역하면 '물질 흡입기'(stuff sucker)다. 그들은 좀 더 멋지고 세련된 용어를 사용할 수도 있었을 것이다. 그러나 '물질'(stuff)이라는 용어는 많은 의미를 내포한다('stuff'에는 '본질'이라는 의미도 있다. 여기에서 저자는 이 의미로 사용한다-역주).

인간과 영양, 영양과 포도, 포도와 하나님을 구별하는 본질은 무엇일까? 사물의 본질을 뜻하는 헬라어 '우시오스'(ousios)는 '존재', 혹은 '본체'를 의미한다. 따라서 신성의 본질, 즉 '우시오스'는 하나님의 본질을 가리키며, 하나님의 본질이 하나라는 교회의 선언은 신성이 여기저기에 부분적으로 나뉘어 있지 않다는 뜻을 담고 있다. 다시 말해 하나님의 존재는 오직 하나뿐이다.

어떻게 하나님이 본질은 하나이고 인격은 세 분이신지를 설명하려면 이 공식이 '인격'을 뜻하는 라틴어 '페르소나'(persona)에서 유래했다는 점을 기억해야 한다.

이 말은 라틴어에서 주로 법률 용어나 극예술 용어로 사용되었다. 고도로 훈련된 배우가 연극에서 한 가지 이상의 역할을 하는 것은 흔한 일이었다. 배우들이 가면을 쓰고 제각기 다른 등장인물을 연출하는 것이다.

때문에 라틴어 '페르소나'는 가면을 의미하기도 한다. 테르툴리아누스가 하나님은 본질이 하나이고 인격은 세 분이라고 말한 것은 하나님이 성부와 성자와 성령이라는 세 가지 인격(역할)으로 존재하신다는 의미였다. 그러나 여기에 사용된 '인격'은 영어에서 사용되는 '인격'의 개념과 정확히 일치하지 않는다. 영어에서 한 인격은 하나의 개별자를 가리킬 뿐이다.

생존과 존재

삼위일체의 인격을 구별하기 위해 다른 용어들이 사용되었다. 그 가운데 하나는 '생존'(subsistence)이다. 우리는 이 용어에 익숙하다. 왜냐하면 경제적으로 기본 생활을 밑도는 사람들을 묘사할 때 이 용어가 종종 사용되기 때문이다. 신성의 생존이란 존재의 차이에서 비롯되는 본질적인 차이가 아닌 현실적인 차이를 가리킨다. 삼위일체의 각 인격은 신성의 본질 안에서 살아간다(혹은 존재한다). 생존은 존재 안에서의 차이일 뿐, 서로 동떨어진 존재나 본질의 차이가 아니다. 즉 신성 안에 있는 모든 인격은 신성의 모든 속성을 소유한다.

삼위일체의 인격을 구별하는 데 적용된 또 하나의 중요한 용어는 '존재'다. 영어에서 '존재한다'(exist)는 어원학적으로 라틴어 '엑시스테레'(existere)에서 유래했다. '엑스'(ex)는 '-로부터'라는 뜻이고, '스테레'(stere)는 '서 있다'는 뜻이다. 철학적인 관점에서 보면 플라톤 이전에는 '존재'라는 개념이 아무것도 의존하지 않고 스스로 존재하는 순수한 존재를 가리키는 의미로 사용된 것을 알 수 있다. 존재는 영원하다. 그리고 피조물의 존재는 '있는 것'이 아니라 '되어가는 것'으로 규정된다. 모든 피조물의 주된 특성이 변화이기 때문이다. 따라서 우리의 존재는 내일이 되면 어떤 면에서든 달라지기 마련이다. 즉 어제의 우리와 오늘의 우리는 다르다.

그러나 하나님은 인간이 존재하는 방식으로 존재하지 않으신다. 만일 그렇다면 그분도 의존자이자 파생된 존재, 곧 우리와 같은 피조물에 지나지 않는다.

하나님은 자존하신다. 그분은 되어가거나 변하지 않는 존재이시다. 영원히 동일하시며 하나로 존재하신다. 신학자들은 삼위일체를 세 개의 존재가 아닌 삼위로 일컫는다. 파생되지 않은 하나의 존재 안에 성경이 성부와 성자와 성령으로 일컫는 성삼위 하나님이 계신다. 세 개의 존재나 실존이 아닌 하나의 영원한 존재 안에 삼위가 계신다.

　다만 세 인격을 구별하는 것이 필요한 이유는 성경이 그렇게 구별하기 때문이다. 이는 본질적인 구별이 아닌 현실적인 구별이다. 이 말은 중요하지 않다는 의미가 아니라 비록 신성 안에 현실적인 차이가 존재하지만 그 본질은 셋으로 나뉘지 않는다는 뜻이다. 하나의 본질 안에 성부, 성자, 성령이라는 세 인격이 존재하신다.

CHAPTER. 12

하나님의 비공유적 속성

은행에서 수표를 현금으로 바꿀 때면 은행 직원이 신분증을 요구한다. 그럴 때 나는 주로 플로리다 주의 운전면허증을 제시한다. 운전면허증의 한쪽에는 나의 나이와 눈동자, 머리털 색깔이 기록되어 있다. 그런 특징은 나의 인간적 특성 중 몇 가지에 해당한다.

신론을 연구할 때도 가장 우선적으로 관심을 기울여야 할 사안은 하나님의 속성을 이해하는 것이다. 하나님이 어떤 분이신지 알려면 그분의 거룩하심과 불변하심과 무한하심 등의 속성을 이해해야 한다.

공유적 속성과 비공유적 속성

먼저 하나님의 공유적 속성과 비공유적 속성을 구별해야 한다. 공유적 속성이란 인격 간에 전이가 가능한 속성을 가리킨다. 예를 들어 애틀랜타 주의 '질병 통제 예방센터'는 전염성이 있는 질병들을 연구하는데 그런 질병들은 전이가 가능한 전염병으로 분류된다. 사람들 사이에서 쉽게 전이될 수 있기 때문이다.

이처럼 하나님의 공유적 속성은 피조물에게 전이될 수 있는 속성을 가리킨다.

그와 대조적으로 비공유적 속성은 전이될 수 없다. 즉 하나님의 비공유적 속성은 인간의 속성과 무관하며 심지어 하나님조차 자신이 창조한 피조물에게 전달하실 수 없다.

사람들은 이따금 신학자들에게 하나님이 또 다른 신을 창조하실 수 있냐고 묻는다. 이에 대한 답은 부정적이다. 설령 하나님이 또 다른 신을 창조하시더라도 그 신은 신이 되는 데 필요한 속성(자존성, 영원성, 불변성)을 갖추지 못한 피조물에 불과할 것이다.

하나님의 공유적 속성과 비공유적 속성을 옳게 구별하려면 하나님이 여러 부분으로 구성된 존재가 아닌 단순한 존재이시라는 점을 기억해야 한다.

우리는 발가락, 내장, 폐와 같은 다양한 신체 기관을 소유하고 있다. 반면 하나님은 단순한 존재, 곧 복잡하지 않은 존재이시다. 따라서 신학적으로는 하나님의 속성이 곧 하나님이 되신다.

하나님의 단순성은 그분의 속성이 서로를 규정한다는 것도 의미한다. 예를 들면 하나님은 거룩하고, 의롭고, 불변하고, 전능하시다. 그리고 그분의 전능하심은 항상 거룩하고, 의롭고, 불변하는 전능하심이다. 즉 하나님의 모든 속성이 그분의 전능하심을 규정한다.

또한 하나님의 영원성은 전능한 영원성이고, 그분의 거룩하심은 전능한 거룩하심이다. 결코 부분적으로 거룩하고, 부분적으로 전능하고, 부분적으로 불변하지 않으신, 온전히 거룩하고, 온전히 전능하고, 온전히 불변하신 분이다.

이처럼 하나님의 공유적 속성과 비공유적 속성을 구별하는 것이 중요한 이유는 하나님과 피조물의 차이를 확실하게 이해할 수 있도록 도와주기 때문이다. 그 어떤 피조물도 전능하신 하나님의 비공유적 속성을 소유할 수 없다.

자존성

하나님과 다른 존재의 궁극적인 차이는 후자가 조건적이고 의존적인 파생된 존재라는 사실이다. 하나님은 의존자가 아니시다. 그분은 스스로 존재할 수 있는 능력을 지니고 계시며 다른 존재로부터 그 능력을 빌리지 않으신다. 이 속성을 하나님의 '자존성'(aseity)이라 일컬으며, 이 말은 '자기 자신으로부터'를 뜻하는 라틴어 '세이'(sei)에서 유래했다.

성경은 "우리가 그를 힘입어 살며 기동하며 존재하느니라"(행 17:28) 말씀한다. 반면 하나님께서 인간을 힘입어 사신다고 말씀하는 구절은 어디에도 없다. 그분은 생존하거나 존재하기 위해 우리를 필요로 하지 않으신다. 그러나 우리의 존재를 지탱해주는 하나님의 능력이 없으면, 우리는 한순간도 생존할 수 없다.

하나님은 우리를 창조하셨다. 이는 우리가 첫 숨을 내쉴 때부터 그분께 의존하며 살아간다는 것을 의미한다. 하나님은 자신이 창조하신 것을 유지하고 보존하시며 우리는 처음 존재하게 되었을 때와 마찬가지로 삶을 영위해나갈 때도 항상 하나님을 의존한다. 이것이 하나님과 우리의 가장 큰 차이다. 하나님은 자기 외에 다른 것에 결코 의존하지 않으신다.

존 스튜어트 밀은 자신의 논문에서 하나님의 존재를 입증하기 위한 논증, 곧 모든 결과는 원인이 있고 그 궁극적인 원인은 하나님이시라는 고전적인 우주론적 논증을 반박했다. 그는 모든 것에 원인이 있다면 하나님도 원인이 있어야 한다고 주장하면서 그런 식의 논증을 계속 진행하려면 하나님에게서 중단하지 말고 하나님을 만든 원인이 무엇인지 규명해야 한다고 역설했다.

버틀랜드 러셀은 밀의 논문을 읽기 전까지 우주론적 논증을 믿었다. 그러나 밀이 제시한 논증이 그에게 뜻밖의 깨달음을 안겨주었다. 그는

『나는 왜 기독교인이 아닌가』(Why I Am Not a Christian)라는 책에서 그 논증을 사용했다.

결론적으로 밀의 생각은 틀렸다. 그의 생각은 인과론의 법칙을 그릇 이해한 데서 비롯했다. 인과론의 법칙은 모든 결과는 원인이 있어야 한다는 뜻일 뿐, 존재하는 모든 것에 원인이 있어야 한다는 의미는 아니다. 다시 말해 결과에만 원인을 요구할 수 있다. 결과는 반드시 원인을 요구한다. 그것이 곧 결과의 속성이기 때문이다(결과란 다른 것에 의해 야기된 것을 의미한다). 그러나 하나님께 무슨 원인이 요구될까? 그분께는 아무런 원인이 요구되지 않는다. 스스로 존재하시기 때문이다. 하나님은 영원히 자존하신다.

호기심 많은 소년이 친구와 함께 숲 속을 거닐다가
"저 나무는 어디에서 왔지?"라고 물었다.
친구는 "하나님이 만드셨어."라고 대답했다.
"그렇군. 그러면 저 꽃들은 어디에서 왔지?"
"하나님이 만드셨어."
"그래? 너는 어디에서 왔지?"
"하나님이 만드셨어."
"좋아, 그럼 하나님은 어디에서 오셨지?"
그러자 친구는 "하나님은 스스로를 만드셨어."라고 대답했다.

친구는 심오한 척 애썼지만 사실은 완전히 틀린 대답이다. 하나님조차 스스로를 만드실 수 없다. 하나님이 스스로를 만드셨다면, 그분은 자신이 존재하기 이전에 먼저 존재하셨어야 한다. 하지만 그런 일은 불가능하다. 따라서 하나님은 자신을 창조하지 않으셨다. 그분은 스스로 존재하실 뿐이다.

이와 같이 하나님의 자존성은 지고한 존재의 우월성을 나타낸다. 인간은 연약하다. 물이 없으면 며칠을 버티기 어렵고, 산소가 없으면 몇 분도 견디지 못한다. 또 온갖 질병에 취약하다. 그러나 하나님은 죽지 않으신다. 그분은 생존을 위해 다른 것에 의존하지 않으시며 인간과 달리 스스로 존재할 수 있는 능력을 지니고 계신다. 우리는 영원히 살 수 있는 능력을 원하지만 그럴 수 없다. 우리는 의존자다. 오직 하나님만이 자존하신다.

이성적 추론은 자존성을 지닌 존재를 요구한다. 그런 존재가 없으면 세상에는 아무것도 존재할 수 없을 것이다. 하지만 아무것도 존재하지 않은 때는 있을 수 없다. 그런 때가 있었다면 지금도 아무것도 존재하지 못할 것이다.

우주가 170억 년 전에 생겨났다고 가르치는 사람들은 우주가 스스로를 창조했다고 전제한다. 하지만 그런 전제는 터무니없다. 스스로를 창조할 수 있는 것은 아무것도 없기 때문이다. 즉 지금 무엇이 존재한다면 그 전부터 무언가가 존재해야 한다.

풀잎 하나가 하나님의 자존성을 증언한다. 물론 풀잎 안에 자존성이 깃들어 있지는 않다. 그것은 비공유적 속성에 해당하기 때문이다. 하나님은 피조물에게 자신의 영원성을 부여하실 수 없다. 그 이유는 시작이 있는 것은 무엇이든 영원하지 않기 때문이다. 우리는 장차 영생을 얻을 수 있지만 과거로부터 영원히 존재할 수는 없다. 따라서 우리는 영원한 피조물이 아니다.

영원성도 비공유적 속성에 속한다. 하나님의 불변성은 자존성과 밀접하게 연관된다. 하나님의 본질과 속성이 영원하기 때문이다. 또 피조물인 우리는 유한하며 변할 수 있지만 하나님의 존재는 변할 수 없다. 그분은 무한한 존재를 창조하실 수도 없다. 무한한 존재는 오직 하나만 존재할 수 있기 때문이다.

찬양받기에 합당하신 하나님

하나님의 비공유적 속성은 그분이 우리와 어떻게 다르고, 또 우리를 어떻게 초월하시는지 보여준다. 그분의 비공유적 속성은 우리가 그분께 영광과 존귀와 찬양을 돌려야 할 이유를 설명한다. 우리는 탁월한 사람들에게 박수갈채를 보낸다. 그러나 스스로 영원히 존재하시는 하나님, 곧 우리 모두가 전적으로 의존할 뿐 아니라 숨 쉴 때마다 영원한 감사를 드려야 할 하나님은 피조물로부터 당연히 받으셔야 할 영광과 존귀를 받지 못하고 계신다. 지고하신 하나님은 자신이 창조하신 피조물로부터 복종과 예배를 받을 자격이 충분하시다.

CHAPTER. 13

공유적 속성

피조물이 참여할 수 없는 하나님의 비공유적 속성에는 무한성, 영원성, 전지전능함이 포함된다. 그러나 피조물이 공유할 수 있는 하나님의 속성들이 존재한다. 사도 바울은 "그러므로 사랑을 받는 자녀같이 너희는 하나님을 본받는 자가 되고 그리스도께서 너희를 사랑하신 것같이 너희도 사랑 가운데서 행하라 그는 우리를 위하여 자신을 버리사 향기로운 제물과 희생제물로 하나님께 드리셨느니라"(엡 5:1-2)라고 말했다. 이처럼 바울은 신자들에게 하나님을 본받으라고 했다. 우리가 하나님을 본받으려면 우리가 공유할 수 있는 하나님의 속성이 있어야 한다. 에베소서 본문은 하나님이 공유할 수 있는 속성을 소유하고 계신다는 것을 전제한다. 즉 하나님은 우리가 소유할 수 있고, 반영할 수 있는 속성을 지니고 계신다.

거룩하심

성경은 '하나님이 거룩하시다'고 가르친다. 성경에서 '거룩하다'는 말이 하나님을 묘사하는 데 사용될 때는 그분의 본질과 성품 모두를 가리킨다. 첫째, 하나님의 거룩하심은 그분의 위대하심과 초월성,

곧 그분이 우주에 있는 모든 존재를 초월하신다는 사실을 가리킨다. 이런 점에서 하나님의 거룩하심은 비공유적이다. 오직 하나님만이 모든 피조물을 초월하신다. 둘째, '거룩하다'는 말이 하나님께 적용될 때는 그분의 순결하심, 곧 그분의 절대적인 도덕적 탁월성을 가리킨다. 하나님은 이것을 염두에 두시고 피조물에게 "내가 거룩하니 너희도 거룩할지어다"(레 11:44, 벧전 1:16)라고 명령하신다.

그리스도께 접붙여지는 순간, 우리의 마음이 성령에 의해 새롭게 변화된다. 삼위일체의 세 번째 위격인 성령께서 "거룩한 영"으로 불리는 이유는 그분의 구원사역이 우리에게 그리스도의 구속 행위를 적용하시기 때문이다. 성령은 우리를 거듭나게 하시고 거룩하게 하신다. 또 우리로 하여금 그리스도의 형상을 본받아 "거룩하라"는 하나님의 요구에 응하도록 도와주신다.

사실 타락한 우리는 거룩함과 거리가 멀다. 그러나 우리는 성령의 사역을 통해 차츰 거룩해지고, 나아가 모든 죄를 씻고 온전한 성화를 이루어 영화롭게 될 날을 바라본다. 물론 영화롭게 된 상태에서도 우리는 여전히 피조물이다. 우리는 신적인 존재가 아니다.

사랑

바울은 하나님을 본받으라고 권하면서 사랑을 나타내라고 말했다(엡 5:2). 또한 성경은 하나님은 사랑이시라고 가르친다(요일 4:8, 16). 이와 같이 사랑은 하나님의 성품을 묘사한다. 그러나 사랑은 하나님의 도덕적 속성 중 하나이기 때문에 그분에게만 속하지 않고 피조물에게 전달될 수 있다. 하나님은 사랑이시고, 사랑은 하나님께 속해 있다. 따라서 성경이 가르치는 '아가페'(agape)를 실천하는 사람은 모두 하나님께로부터 났다. 이와 같이 하나님의 사랑은 본받을 수 있는 속성이다. 그리고 우리 모두는 사랑을 실천하라는 부르심을 받았다.

선하심

성경은 우리가 선을 행할 능력이 없다고 가르치지만 하나님의 선하심은 우리가 본받아야 할 또 하나의 도덕적 속성이다. 젊은 관원이 예수님께 "선한 선생님이여 내가 무엇을 하여야 영생을 얻으리이까" 묻자 예수님은 "네가 어찌하여 나를 선하다 일컫느냐 하나님 한 분 외에는 선한 이가 없느니라"라고 대답하셨다(막 10:17-18). 여기서 예수님은 자신의 신성을 부인하신 것이 아니라 단지 하나님의 궁극적인 선하심을 강조하셨을 뿐이다.

사도 바울은 시편을 인용해 "의인은 없나니 하나도 없으며"(롬 3:10)라고 말했다. 타락한 상태에서는 하나님의 선하심을 본받거나 반영할 수 없다. 그러나 신자들은 선한 삶을 살아야 할 의무가 있다. 따라서 우리는 성령의 도우심을 받아 선한 성품을 지님으로써 하나님의 선하심을 반영해야 한다.

정의와 의

이밖에도 우리가 본받아야 할 공유적 속성이 있다. 그중 하나는 정의다. 성경이 가르치는 정의는 하나님을 초월한 추상적 개념이 아니다. 하나님은 정의의 원리에 지배받지 않으시며 성경이 가르치는 정의는 의와 관련이 있다. 또한 정의는 하나님의 내적 성품에 근거한다. 따라서 하나님이 정의로우시다는 것은 그분이 항상 의롭게 행하신다는 것을 의미한다.

신학자들은 하나님의 내적 의와 외적 의를 구별한다. 그리고 항상 옳은 것만 행하시는 하나님은 언제나 의에 일치하는 것만 행하신다. 성경에서 정의는 긍휼이나 은혜와 구별된다. 과거에 나는 학생들에게 하나님께 정의를 구하라고 권하지 않았다. 구한 대로 될까봐 두려워서였다. 만일 하나님이 완벽하게 정의로 행하신다면 우리는 모두 멸망할 것이다. 우리가 하나님 앞에 나아갈 때 긍휼과 은혜를 베풀어달라고 간구해야 할 이유가 여기에 있다.

정의는 하나님의 의를 규정한다. 하나님은 각 사람이 저지른 죄에 합당한 형벌을 내리시고, 또 상을 줘야 할 사람에게는 반드시 상을 베푸신다. 그분은 항상 의롭게 행하신다. 결코 불의한 일을 행하지 않으신다.

모든 일은 정의와 비정의로 나뉜다. 즉 정의 밖에 있는 것은 모두 비정의에 속한다. 물론 비정의에는 여러 종류가 있다. 하나님의 긍휼도 정의 밖에 있기 때문에 일종의 비정의에 해당한다. 불의도 비정의다. 그러나 불의는 악이며 불의한 행위는 의의 원리를 훼손한다. 하나님이 만일 부당한 일을 행하신다면 그분의 행위는 불의에 해당할 것이다. 아브라함은 그런 일이 절대 불가능하다는 것을 알았기 때문에 "세상을 심판하시는 이가 정의를 행하실 것이 아니니이까"(창 18:25)라고 말했다. 하나님은 의로운 재판관이시기 때문에 그분의 심판은 모두 의의 원칙을 따른다. 그분은 결코 불의하게 행동하는 법이 없으시며 악을 저지르지 않으신다.

사람들은 하나님의 긍휼과 은혜를 정의와 더불어 생각할 때 종종 혼동을 일으킨다. 그 이유는 은혜가 정의가 아니기 때문이다. 은혜와 긍휼은 정의의 범주 밖에 속하지만 그렇다고 불의의 범주에 속하지도 않는다. 하나님의 긍휼은 잘못된 것이 없다. 그분의 은혜는 악과 거리가 멀다. 정의와 긍휼은 동일하지 않지만 정의는 의와 관련되어 있고 의는 때로 긍휼과 은혜를 포함한다.

이런 차이를 구별하는 이유는 정의는 의와 떼려야 뗄 수 없는 관계를 맺고 있지만 긍휼과 은혜는 하나님이 자유롭게 베푸시는 것이기 때문이다. 하나님은 긍휼이나 은혜를 베풀어야 할 의무가 없으시다. 하나님이 우리에게 긍휼과 은혜를 빚지고 계신다고 생각하는 순간, 우리가 생각하는 것은 더 이상 긍휼과 은혜가 아니다. 우리가 긍휼과 은혜를 정의와 혼동하는 이유는 우리의 생각이 그런 식으로 왜곡되기 쉬운 성향을 가지고 있기 때문이다. 정의는 의무를 이행하는 것일 수 있지만 긍휼과 은혜는 항상 자발적이다.

하나님은 외적인 의나 내적인 의의 관점에서 항상 옳은 일을 행하신다. 그분의 외적 행위는 내적 성품과 항상 일치한다. 예수님은 나쁜 나무가 좋은 열매를 맺을 수 없다는 말씀으로 이 사실을 간단하게 요약하셨다.

나쁜 나무가 나쁜 열매를 맺고 좋은 나무가 좋은 열매를 맺는 것처럼(마 7:17-18) 하나님은 항상 자신의 성품에 맞게 행동하신다. 그분의 성품은 온전히 의롭기 때문에 그분이 행하시는 모든 것이 의롭다. 이처럼 내적인 의와 외적인 의, 곧 그분의 본질과 행위는 서로 밀접하게 연관되어 있으면서 또한 서로 분명하게 구별된다.

우리도 마찬가지다. 우리가 죄인인 이유는 죄를 짓기 때문이 아니다. 우리가 본래부터 죄인이기 때문에 죄를 짓는 것이다. 우리의 내적 성품이 이미 훼손되었다. 그러나 성령께서 우리의 내면을 변화시키시면 그런 변화의 증거가 외적인 행위로 드러난다.

성경이 하나님의 의를 따라 행하라고 요구하는 이유는 우리가 하나님의 형상으로 창조되어 의를 행할 수 있는 능력을 갖추고 있기 때문이다. 우리는 옳은 일을 행하고 바르게 행동할 수 있는 능력을 지닌 존재로 창조되었다.

미가 선지자는 "여호와께서 네게 구하시는 것은 오직 정의를 행하며 인자를 사랑하며 겸손하게 네 하나님과 함께 행하는 것이 아니냐"(미 6:8)라고 말했다. 이렇듯 하나님의 정의와 의는 우리가 본받아야 할 공유적 속성에 해당한다.

지혜

하나님의 공유적 속성을 한 가지 더 언급하고 싶다. 바로 지혜다. 하나님은 단지 지혜로우신 것이 아니라 온전히 지혜로우시다. 성경은 지혜를 따라 행하라고 가르친다. 특별히 역사서와 선지서 사이에 있는 성경을 지혜서라고 부른다. 욥기, 시편, 잠언, 전도서, 아가서가 여기에 속한다.

그중에서도 잠언은 여호와를 경외하는 것이 지혜의 근본이라고 가르친다(잠 9:10). 유대인들은 성경적 지혜의 본질을 탁월한 지식이 아닌 경건한 삶에서 발견했다. 사실 구약성경은 지혜와 지식을 구분한다. 성경은 지식을 얻는 것도 중요하지만 무엇보다 지혜를 얻으라고 가르친다. 지식을 얻는 목적은 지혜롭게 되어 하나님을 기쁘시게 하는 삶을 사는 방법을 깨닫기 위해서다. 하나님은 결코 어리석은 결정을 내리거나 어리석게 행동하지 않으신다. 그분의 성품과 행위는 어리석음과 거리가 멀다. 반면 우리는 어리석음으로 가득 차 있다. 하지만 하나님의 지혜는 공유적 속성이며 하나님은 모든 지혜의 원천이자 근원이시다. 그러므로 지혜가 없으면 지혜를 베풀어 우리의 생각을 밝혀 달라고 하나님께 간구해야 한다(약 1:5). 하나님은 우리가 지혜를 얻을 수 있도록 우리에게 말씀을 허락하셨다.

CHAPTER. 14

하나님의 뜻

몇 년 전 '스프로울에게 물어보세요' 라는 라디오 프로그램을 방송한 적이 있다. 그때 가장 많이 들은 질문은 "나의 삶을 향한 하나님의 뜻을 어떻게 알 수 있나요?"였다. 기독교 신앙을 진지하게 받아들여 하나님의 뜻에 복종하며 살기 원하는 사람들은 그분이 무엇을 원하시는지 알고 싶어 한다.

이처럼 우리의 삶을 향한 하나님의 뜻을 알기 위해 고민할 때마다 우리는 "감추어진 일은 우리 하나님 여호와께 속하였거니와 나타난 일은 영원히 우리와 우리 자손에게 속하였나니 이는 우리에게 이 율법의 모든 말씀을 행하게 하심이니라"(신 29:29)는 말씀에서부터 시작해야 한다.

이 말씀이 기록된 위치가 중요하다. 이 말씀이 있는 신명기는 율법의 두 번째 책이며 그 명칭도 '두 번째 율법' 이라는 뜻을 담고 있다. 신명기는 모세가 하나님께 받아서 백성에게 전한 모든 율법을 기록하고 있다.

그리고 이 율법책의 결론 부분에서 하나님의 감추어진 뜻과 나타난 뜻을 구별하는 본문이 발견된다.

88   모든 사람을 위한 신학

감추어진 일과 나타난 일

종교개혁자들, 특히 마르틴 루터는 '숨어 계신 하나님'(Deus abscondi-tus)과 '나타나신 하나님'(Deus revelatus)에 관해 말했다. 하나님에 관한 우리의 지식에는 한계가 있다. 앞서 살펴본 대로 우리는 하나님을 온전히 알 수 없다. 하나님은 세상에 대한 자신의 뜻을 모두 계시하지 않으셨다.

'숨어 계신 하나님'을 뜻하는 라틴어 '데우스 아브스콘디투스' (Deus absconditus)는 하나님이 우리에게 감추신 일을 가리킨다. 그러나 우리는 하나님을 어둠 속에서 찾아 헤매도록 방치되지 않았다. 하나님이 우리와 멀리 거리를 두고 자신을 전혀 계시하지 않으신 것이 아니다. 루터는 이를 '데우스 레벨라투스'(Deus revelatus)라고 일컬었다. 그분은 부분적으로 자신을 나타내셨다. 이 원리가 신명기 29장 29절에 나타난다. 즉 "감추어진 일"은 하나님의 "감추어진 뜻"을 가리킨다.

하나님의 뜻 가운데는 '작정된 뜻'이 있다. 이것은 하나님이 무엇이든 원하시는 일을 주권적으로 이루시는 것을 의미한다. 이것은 하나님의 절대적인 뜻이나 주권적인 뜻, 또는 하나님의 효과적인 뜻으로 불리기도 한다.

하나님이 주권적으로 어떤 일을 작정하셨다면 그 일은 반드시 일어나기 마련이다. 이를 일컫는 또 다른 표현은 '미리 결정된 하나님의 뜻'이다. 십자가 사건이 대표적인 경우다. 하나님은 역사의 어느 시점에서 그리스도가 예루살렘에서 십자가에 못 박혀 죽으시도록 작정하셨다. 그리고 그 일은 미리 정해진 때와 장소에서 정확하게 일어났다. 그 일은 거부할 수 없는 하나님의 뜻이었으며 반드시 일어날 수밖에 없었다. 이 세상이 존재하는 것도 하나님이 세상을 창조하기로 작정하셨기 때문이다.

이밖에도 하나님의 교훈적인 뜻이 있다. 작정된 뜻은 거부할 수 없지만 교훈적인 뜻은 거부할 수 있다. 사실 우리는 항상 하나님의 교훈적인 뜻을 거부한다.

하나님의 교훈적인 뜻이란 그분의 율법과 계명을 가리킨다. 예를 들면 "너는 나 외에는 다른 신들을 네게 두지 말라"(출 20:3)는 십계명의 첫 번째 계명이 하나님의 교훈적인 뜻에 해당한다.

사람들이 자신을 향한 하나님의 뜻을 어떻게 알 수 있냐고 물으면 나는 감추어진 뜻, 작정된 뜻, 교훈적인 뜻 중에서 어느 것을 묻는 것이냐고 되묻는다. 하나님의 감추어진 뜻을 묻는 것이라면 그것이 감추어져 있다는 것을 이해해야 한다.

그런 질문을 하는 대다수는 특별한 상황에서 어떻게 해야 좋을지 고민 중일 때가 많다. 그런 경우에 하나님의 뜻을 물으면 나는 하나님의 생각을 읽을 수 없다고 대답한다. 그러나 하나님의 말씀은 읽을 수 있다. 말씀은 하나님의 계시된 뜻을 알려준다. 그 뜻을 알고 따르는 것만으로도 일평생 살아가기에 충분하다. 그런 식으로는 얼마든지 사람들을 도울 수 있지만 하나님의 감추어진 뜻은 알 수 없다. 존 칼빈은 하나님이 "거룩하신 입을 굳게 다물고 계시면 그 이상을 알려고 하지 말아야 한다"고 했다.*

이를 요즘 표현으로 하면 "하나님의 감추어진 뜻은 나와 아무 상관 없어."라고 말할 수 있다. 이것이 곧 하나님의 뜻이 감추어진 이유다.

하나님이 무엇을 원하시는지 알고 싶어 하는 것은 매우 바람직하다. 그러나 우리의 삶을 향한 하나님의 은밀한 계획은 우리가 간섭할 일이 아니다. 하나님은 그분의 뜻대로 우리를 인도하시고, 우리의 길을 지도하신다. 따라서 성령의 조명을 구하거나 우리의 삶을 인도해주시기

---

* John Calvin, *Commentaries on the Epistle of Paul the Apostle to the Romans*, trans. and ed. John Owen (repr., Grand Rapids: Baker, 2003), 354.

를 바라는 것은 잘못이 아니다. 하나님의 뜻을 묻는 사람들은 대개 그런 의미로 질문을 던진다. 다만 미래의 일을 알려고 하는 것은 결코 바람직하지 않다. 우리는 어떤 일을 시작하는 순간에 곧바로 결말을 알기 원하지만 그것은 우리의 소관이 아니다. 이것이 성경이 점을 쳐서 미래를 알려고 하는 행위를 엄격하게 금하는 이유다. 기독교 신자는 결코 점술을 의지해서는 안 된다.

하나님 뜻대로 살기

성경은 하나님의 인도하심에 대해 어떻게 말씀하는가? 성경은 범사에 하나님을 인정하면 그분이 우리의 길을 지도하실 거라고 가르친다 (잠 3:5-6). 그리고 우리를 위한 하나님의 뜻을 이해하기 위해 힘쓰라고 권고한다.

우리는 하나님의 작정된 뜻이 아닌 그분의 교훈적인 뜻에 관심의 초점을 맞춰야 한다. 우리 삶에 대한 하나님의 뜻을 알고 싶은가? 성경은 "하나님의 뜻은 이것이니 너희의 거룩함이라"(살전 4:3)라고 말씀한다. 직장생활을 클리블랜드에서 할 것인지 샌프란시스코에서 할 것인지, 결혼을 제인과 할 것인지 마사와 할 것인지 알고 싶으면 하나님의 교훈적인 뜻을 자세히 살펴야 한다. 매일의 삶을 이끌어줄 원리들을 배우려면 하나님의 율법을 공부해야 한다.

시편 저자는 "복 있는 사람은 악인들의 꾀를 따르지 아니하며 죄인들의 길에 서지 아니하며 오만한 자들의 자리에 앉지 아니하고 오직 여호와의 율법을 즐거워하여 그의 율법을 주야로 묵상하는도다"(시 1:1-2)라고 말했다.

이와 같이 경건한 사람은 하나님의 교훈적인 뜻을 즐거워한다. 그런 사람은 "시냇가에 심은 나무"처럼 "철을 따라 열매를 맺는다"(3절). 반면 경건하지 않은 사람은 "바람에 나는 겨와 같다"(4절).

그러므로 무슨 직업을 선택해야 할지 알고 싶다면 이런 원리들을 배워야 한다. 그러면 자신의 은사와 재능을 객관적으로 분석하는 것이 하나님의 뜻이라는 것을 발견하게 될 테고, 어떤 직업이 자신에게 적합한지 알게 될 것이다.

자신의 은사에 적합한 직업이 아니라고 판단될 때는 그 일을 선택하지 말아야 한다. 그럴 땐 다른 직업을 찾는 것, 자신의 소명에 알맞은 직업을 선택하는 것이 하나님의 뜻이다. 그 점을 확인하려면 운세를 따지기보다 성경의 가르침에 관심을 기울여 하나님의 율법을 삶의 모든 영역에 적용하려고 노력해야 한다.

또한 누구를 배우자로 삼아야 할지 알고 싶을 때도 축복된 결혼생활에 관한 성경의 가르침에 귀를 기울여야 한다. 그러면 성경의 가르침에 부합하는 대상자가 여러 명 눈에 띌 것이다. 그중 누구와 결혼해야 할까? 대답은 간단하다. 당신이 결혼하고 싶은 사람과 결혼하면 된다. 자신이 선택한 배우자가 하나님의 교훈적인 뜻에 부합한다면 마음에 끌리는 대로 자유롭게 선택할 수 있다. 그것이 하나님의 감추어진(작정된) 뜻에 포함되는지 아닌지 고민하며 밤잠을 설칠 필요가 없다. 그런 경우라면 이미 하나님의 감추어진 뜻 안에 포함되어 있는 것이 확실하기 때문이다.

오늘 나를 향한 하나님의 감추어진 뜻이 무엇인지를 알 수 있는 유일한 방법은 내일까지 기다리는 것이다. 내일이 되면 모든 것이 분명해질 것이다. 그때가 되면 어제를 돌아보며 당시에 일어난 일이 모두 하나님의 감추어진 뜻에 의한 것이었음을 확실하게 알 수 있다. 하나님의 감추어진 뜻은 그 뜻이 이루어진 다음에야 비로소 알 수 있다. 우리는 미래의 관점에서 하나님의 뜻을 알려고 애쓰지만 성경은 현재를 향한 하나님의 뜻을 강조한다. 그리고 현재를 향한 하나님의 뜻은 그분의 계명과 밀접하게 관련된다.

"감추어진 일"은 우리가 아닌 하나님께 속해 있다. 그것이 우리의 소관이 아닌 이유는 우리의 것이 아니기 때문이다. 거듭 말하지만 감추어진 일은 하나님의 것이다. 그러나 하나님은 때로 우리에게 은밀한 계획 중 일부를 나타내신다. 그런 경우에는 그 일이 우리에게 속한다. 하나님께서 휘장을 걷고 그 뜻을 드러내실 때 우리는 그것을 계시라고 부른다. 계시란 감추어진 것을 드러내는 것을 의미한다.

계시를 통해 우리의 것이 된 지식도 하나님께 속한다. 그러나 하나님은 그 지식을 우리에게 나타내셨다. 이것이 모세가 신명기 29장 29절에서 말했던 것이다. 감추어진 일은 하나님께 속하지만 그분이 나타내신 일은 우리와 우리 후손에게 속한다. 하나님은 어떤 일을 우리에게 나타내기를 기뻐하시며 우리는 그런 일을 자녀들을 비롯한 다른 사람들과 공유할 수 있는 놀라운 축복을 누린다. 그런 지식을 자녀들에게 가장 먼저 전하라는 것이 신명기의 중요한 가르침 중 하나다. 그렇게 드러난 하나님의 뜻은 그분의 교훈적인 뜻을 통해 주어지며 그러한 계시가 주어진 목적은 우리로 하여금 복종하게 하기 위해서다.

앞서 말한 대로 사람들은 나에게 자신의 삶을 향한 하나님의 뜻을 어떻게 알 수 있는지 물을 뿐 하나님의 율법을 어떻게 알 수 있는지에 대해서는 좀처럼 묻지 않는다. 사람들이 그렇게 묻지 않는 이유는 이미 하나님의 율법을 이해하는 법을 알고 있기 때문이다. 그들은 성경에서 그 방법을 발견한다. 하나님의 율법을 알려면 그것을 배우면 된다. 이보다 더 어려운 질문이 있다면 '어떻게 하나님의 율법을 행할 수 있을까?' 이다. 이 문제에 관심을 기울이는 사람은 별로 많지 않다. 하나님의 뜻을 묻는 사람들 대부분은 나타나지 않은 미래의 일을 알기 원한다. 그러나 하나님이 인정하시고, 기뻐하시고, 축복하시는 것이 무엇인지 알고 싶으면 그분의 교훈적인 뜻, 곧 계시된 율법에서 그 답을 발견할 수 있을 것이다.

구약성경의 율법이 신약시대 신자들에게 주는 유익 중 하나는 하나님의 성품과 그분이 기뻐하시는 일을 알려주는 것이다. 무엇이 하나님을 기쁘시게 하는지 알려면 구약성경의 율법을 공부하면 된다. 심지어 신약시대 이후로 폐지된 구약의 율법들도 하나님의 성품을 나타낸다.

우리는 율법 안에서 우리의 길을 밝히는 빛과 등불을 발견할 수 있다(시 119:105). 어둠 속에서 앞으로 나아갈 길과 우리의 삶을 위한 하나님의 뜻을 알려고 고민할 때마다 우리를 인도하고 우리의 길을 밝혀줄 빛과 등불이 필요하다. 그런 빛과 등불을 하나님의 교훈적인 뜻 가운데서 발견할 수 있다. 하나님의 입에서 나온 모든 말씀에 복종하는 것이 곧 그분의 뜻이다.

CHAPTER. 15

섭리

기독교인 대부분이 바울이 로마서에서 한 말, 곧 "우리가 알거니와 하나님을 사랑하는 자 곧 그의 뜻대로 부르심을 입은 자들에게는 모든 것이 합력하여 선을 이루느니라"(롬 8:28)라는 말씀을 잘 알고 있다. 이 말씀에서 주목할 것은 사도 바울의 강한 확신이다. 그는 "모든 것이 잘되기를 희망한다"거나 "모든 것이 하나님의 뜻대로 될 줄 믿는다"고 말하지 않았다. 그는 "우리가 알거니와 하나님을 사랑하는 자 곧 그의 뜻대로 부르심을 입은 자들에게는 모든 것이 합력하여 선을 이루느니라"라고 말했다. 그런 사도적 확신으로 그는 기독교적 삶의 기본 원리를 제시했다. 그리고 우리는 이 말씀에서 큰 위로를 발견한다. 그러나 오늘날에는 바울의 표현과 같은 확신이 교회와 기독교 공동체 안에서 거의 종적을 감추었다. 우리의 삶과 하나님의 주권적인 통치가 서로 관계를 맺는 방식에 대한 우리의 이해가 크게 바뀌었다.

일전에 남북전쟁을 소재로 한 텔레비전 미니시리즈를 시청한 적이 있다. 그 프로그램에서 가장 감동적인 장면 중 하나는 해설자가 읽어 준 양측 군인의 편지 내용이었다. 군인들은 고향에 있는 사랑하는 사람들에게 편지를 보내 자신의 관심사와 두려움을 털어놓으면서 종종 은혜롭고 선하신 하나님을 믿는다고 고백했다. 나라가 안정을 되찾자 사람들은 로드아일랜드를 '프로비던스'(Providence, 섭리)라고 명명했다. 그러나 요즘에는 그런 일이 일어날 가능성이 희박하다. 불행하게도 요즘에는 그들과 같이 하나님의 섭리를 믿는 믿음이 거의 사라졌다.

우리를 위하시는 하나님

오늘날 세상만사가 정해진 자연법칙에 따라 이루어지고, 하나님이 계신다 해도 세상일에는 일체 관여하지 않으신다는 세계관이 기독교 안으로 침투했다. 하나님이 관망자로 세상을 굽어보며 우리를 격려하실 뿐 세상일에 직접적으로 관여하지 않으신다는 것이 요즘 사람들의 생각이다.

그러나 기독교인들은 역사적으로 이 세상이 하나님의 세계이며, 인간과 민족의 운명이 궁극적으로 그분의 손에 달려 있다고 확신해왔다. 바울은 로마서 8장 28절에서 바로 그 점을 언급했다. 그는 "우리가 알거니와 하나님을 사랑하는 자 곧 그의 뜻대로 부르심을 입은 자들에게는 모든 것이 합력하여 선을 이루느니라"라는 말로 하나님의 섭리에 대한 확신을 드러냈다. 그리고 이어서 "하나님이 미리 아신 자들을 또한 그 아들의 형상을 본받게 하기 위하여 미리 정하셨으니 이는 그로 많은 형제 중에서 맏아들이 되게 하려 하심이니라 또 미리 정하신 그들을 또한 부르시고 부르신 그들을 또한 의롭다 하시고 의롭다 하신 그들을 또한 영화롭게 하셨느니라"(29-30절)라는 말로 예정에서부터 시작된 구원의 과정을 언급했고 "그런즉 이 일에 대하여 우리가 무슨 말 하리요"(31절)라고 결론지었다. 이 말에는 '하나님의 주권과 그분이 세상과 우리 삶에서 역사하신다는 사실을 어떻게 받아들여야 마땅할까?'라는 의미가 담겨 있다. 세상 사람들은 이런 진리를 무시하지만 바울은 이렇게 대답했다.

"만일 하나님이 우리를 위하시면 누가 우리를 대적하리요 자기 아들을 아끼지 아니하시고 우리 모든 사람을 위하여 내주신 이가 어찌 그 아들과 함께 모든 것을 우리에게 주시지 아니하겠느냐 누가 능히 하나님께서 택하신 자들을 고발하리요 의롭다 하신 이는 하나님이시니 누가 정죄하리요 죽으실 뿐 아니라 다시 살아나신 이는 그리스도 예수시니 그는 하나님 우편에 계신 자요 우리를 위하여 간구하시는 자시니라 누가 우리를 그리스도의 사랑에서 끊으리요 환난이나 곤고나 박해나 기근이나 적신이나 위험이나 칼이랴…… 그러나 이 모든 일에 우리를 사랑하시는 이로 말미암아 우리가 넉넉히 이기느니라"(31–37절).

'데우스 프로 노비스'(Deus pro nobis)는 고대교회로부터 전해오는 가장 오래된 말 중 하나다. 이 말의 의미는 '우리를 위하시는 하나님'이며 하나님과 그분의 백성과의 관계가 어떤 성격을 띠는지를 잘 요약하고 있다. 또한 이 말은 섭리의 교리를 분명하게 보여준다. 하나님은 자기 백성을 위하신다. 그래서 바울은 "그런즉 이 일에 대하여 우리가 무슨 말 하리요"라고 물었다. 하나님이 우리를 위하시는데 누가 우리를 대적할 수 있고, 누가 우리를 그리스도의 사랑에서 끊을 수 있단 말인가! 환난이나 곤고나 박해나 칼이나 고난이나 질병이나 사람들의 적대감이 그렇게 할 수 있을까? 바울은 신자인 우리가 이 세상에서 무슨 일을 당하든지 아무것도 하나님의 주권적인 사랑의 섭리로부터 우리를 끊을 수 없다고 말한다.

그동안 나는 섭리의 교리에 관해 상당히 많은 글을 써왔다. 그 모든 말을 이 한 장에 다 옮길 수는 없다.*

여기에서 말하는 내용은 간단한 서론에 지나지 않는다. '섭리'

---

* 섭리의 교리에 관해 좀 더 자세히 알고 싶으면 다음 자료를 참조하라. R. C. Sproul, *The Invisible Hand: Do All Things Really Work for Good?* (Phillipsburg, N. J.: P&R, 2003).

(providence)라는 말은 접두사와 어근으로 이루어져 있다. 어근은 라틴어 '비데레'(videre)에서 유래했고 이 말에서 '비디오'(video)라는 영어가 파생했다. 율리우스 카이사르는 "왔노라, 보았노라, 승리했노라." (veni, vidi, vici)라는 유명한 말을 남겼다. 여기서 '보았노라'를 뜻하는 '비디'의 라틴어 동사 원형은 '보다'를 뜻하는 '비데레'다. 이것이 우리가 텔레비전을 '비디오'라고 일컫는 이유다. 이와 같이 '섭리' (providence)는 '미리 보다, 예견하다'를 뜻하는 라틴어 '프로비데오' (provideo)에서 유래했다. 그러나 신학자들은 하나님의 예지와 그분의 섭리를 구별한다. '프로비던스'가 어원학적으로 '예지'를 뜻하더라도 그 의미는 예지의 개념을 훨씬 넘어선다. 사실 이 라틴어의 의미와 가장 가까운 영어는 'provision'(공급)이다.

성경은 가장의 책임에 대해 이렇게 가르친다. "누구든지 자기 친족 특히 자기 가족을 돌보지 아니하면 믿음을 배반한 자요 불신자보다 더 악한 자니라"(딤전 5:8). 이 말씀에 따르면 가족의 쓸 것을 공급하는 사람이 되는 것이 가장의 책임이다. 가장은 가족이 사는 데 무엇이 필요한지를 미리 헤아려 그 필요를 채워주어야 한다.

예수님은 "목숨을 위하여 무엇을 먹을까 무엇을 마실까 몸을 위하여 무엇을 입을까 염려하지 말라"(마 6:25)고 하셨다. 이 말씀은 되는 대로 아무렇게나 살라는 뜻이 아니라 염려하지 말라는 것이다. 우리는 놀라지 말고 우리의 필요를 채워주실 하나님을 신뢰해야 한다. 하나님은 각 가정의 가장들에게 가족의 필요를 채워줘야 할 책임을 부여하셨다. 즉 내일의 필요를 미리 살펴 가족에게 양식과 의복을 공급하는 것이 가장의 의무다.

구약성경에서 '섭리'라는 말은 아브라함이 이삭을 제단에 바칠 때 처음 등장한다. 하나님은 아브라함에게 그가 사랑하는 이삭을 산에 데려가서 희생제물로 바치라고 명령하셨다. 아브라함은 하나님의 명령을 듣고 크게 번민했지만 기꺼이 복종했다. 그가 명령을 실행하려는 순간 이삭이 "불과 나무는 있거니와 번제할 어린 양은 어디 있나이까" (창 22:7) 물었다. 아브라함은 "내 아들아 번제할 어린 양은 하나님이 자기를 위하여 친히 준비하시리라"(8절)라고 대답했다. 쉽게 말해 그는 "여호와 이레", 곧 "하나님이 준비하신다"고 했다. 이것은 성경에 하나님의 섭리가 언급된 최초의 사례로서 하나님이 우리의 필요를 채워 주신다는 뜻을 담고 있다. 또한 이 사건은 하나님이 주권적으로 베푸신 궁극적인 섭리, 곧 어린 양 예수님이 우리를 대신해 죽으실 것을 가리키는 예표였다.

섭리와 자존성

섭리의 교리는 여러 영역에 영향을 미친다. 첫째, 섭리는 피조세계를 유지한다. 창세기에 기록된 창조 기사는 하나님이 만물을 창조하셨다고 증언한다. '창조하다'로 번역된 히브리어 '바라'(bara)는 하나님이 만물을 창조하시고 손을 떼셨다는 뜻과 거리가 멀다. 이 말은 하나님이 만물을 창조하셨을 뿐 아니라 유지하고 지탱하신다는 뜻을 담고 있다. 따라서 우리는 우리의 기원은 물론이고 매 순간의 생존마저도 하나님께 의존한다.

앞에서 하나님의 비공유적 속성 중 하나인 자존성에 관해 살펴보았다. 오직 하나님만이 스스로 존재할 능력을 지니고 계신다. 하나님의 창조 능력과 자존성을 연관시켜 생각하는 순간, 조직신학이 그 효력을 톡톡히 발휘한다. 하나님이 피조세계를 유지하신다는 사실은 섭리와 자존성의 교리가 서로 밀접하게 관련되어 있다는 것을 보여준다. 우리는 하나님 안에서 살며 기동하며 존재한다(행 17:28). 또한 우리를 지탱하고 보존하시는 하나님을 의존한다.

오늘날의 문화는 자연이 독립된 법칙에 따라 움직인다는 세속주의 세계관에 크게 영향을 받고 있다. 현대인들은 우주를 마치 우연히 조립된 인격 없는 기계처럼 생각한다. 중력의 법칙과 열역학 법칙을 비롯해 여러 가지 법칙이 만물의 작동을 유지하며, 우주의 하부 구조가 우주를 존속시킨다는 것이 많은 사람의 생각이다. 그러나 성경은 하나님의 창조로 우주가 탄생했다고 가르친다. 또 성경은 하나님이 우주를 창조하신 후 저절로 작동하도록 놔두셨다고 가르치지 않는다.

소위 우리가 '자연법칙'이라 일컫는 것은 하나님이 자연세계를 유지하고 다스리시는 일상적인 방법에 해당한다. 현대인의 사고를 지배하는 가장 유해한 사상은 우주가 우연히 움직인다는 신념이다. 그야말로 어리석음의 극치가 아닐 수 없다.

나는 다른 곳에서 능력을 우연으로 돌리는 것이 과학적으로 불가능하다는 것을 좀 더 자세히 설명한 바 있다. 왜냐하면 우연이라는 말은 단지 수학적인 가능성을 가리키는 개념에 불과하기 때문이다.•

우연은 사물도 아니고 능력도 아니다. 우연은 아무것도 할 수 없기 때문에 그 무엇에도 영향을 미치지 못한다. 그런데도 어떤 사람들은 아무 능력도 없는 우연을 하나님을 대체하는 개념으로 사용한다. 성경이 분명하게 가르치는 대로 그 어떤 것도 우연히 발생하는 것은 없다. 모든 것이 하나님의 주권적인 통치 아래 있다. 이 사실을 이해하는 신자는 크나큰 위로를 얻을 수 있다.

나는 내일을 걱정한다. 그것은 죄다. 나의 건강을 걱정한다. 그것도 죄다. 우리는 걱정하면 안 된다. 그러나 고통스런 일이나 우리가 귀하게 여기는 것을 잃을까봐 걱정하는 것은 지극히 자연스럽다. 우리는 사랑하는 사람이나 건강이나 안전이나 재산을 잃는 것을 원하지 않는다. 그러나 설혹 그런 일이 일어나더라도 하나님께서 모든 것이 합력

• 다음 자료를 참조하라. R. C. 스프로울, 키이스 매티슨 『창조인가 우연인가』(생명의말씀사, 2014).

하여 우리를 유익하게 하신다. 심지어 질병과 상실까지도 하나님의 섭리 아래 있다. 그분의 섭리는 언제나 선하다.

우리가 섭리를 믿기 어려워하는 이유는 근시안적이기 때문이다. 고통과 상실의 아픔을 느낄 때 우리는 하나님과 달리 그 결말이 어떻게 될지 알 수 없다. 그러나 우리가 세상에서 당하는 고난은 하나님이 자기 백성을 위해 하늘에 쌓아두신 영광과 족히 비교할 수 없다(롬 8:18). 하나님의 섭리를 확신하면 고난 중에도 위로를 받을 수 있다. 하나님은 우주와 그 작동 상태는 물론 세상의 역사까지 다스리신다. 성경은 하나님이 나라들을 세우시고 멸하신다고 이야기한다. 우리가 살면서 당하는 일은 하나님이 우리를 위해 작정하신 섭리 안에 모두 포함되어 있다. 가난할 때나 부할 때나 우리의 삶과 소명은 언제나 하나님의 손 안에 있다. 그리고 하나님은 지혜와 선하심으로 이 모든 일을 다스리신다.

동시 작용의 교리(동시 발생 교리)

아마도 섭리의 가장 어려운 요소는 동시 작용의 교리일 것이다. 어떤 점에서 세상에서 일어나는 일은 심지어 우리의 죄까지도 모두 하나님의 뜻 안에 있다고 할 수 있다. 이렇게 말하면 자칫 하나님을 악의 원인자로 규정지어 우리의 죄를 그분 탓으로 돌리기 쉽다. 분명히 하나님은 죄의 원인자가 아니시다. 다만 하나님의 크신 뜻과 주권적인 권위 아래에서 우리의 죄까지도 허용하신다는 것은 부인할 수 없는 사실이다.

창세기에 나오는 요셉의 이야기에서 우리는 이 교리의 구체적인 예를 발견할 수 있다. 요셉은 젊었을 때 시기심이 많은 형제들로 인해 큰 고초를 당했다. 그들은 동생인 요셉을 애굽으로 가는 상인들에게 팔아 넘겼고 요셉은 노예시장에서 종으로 팔려갔다. 그리고 주인의 아내를 강간하려 했다는 억울한 누명을 뒤집어 쓴 채 오랫동안 감옥살이를 했다. 그러나 결국 옥에서 풀려났고, 하나님의 축복과 그의 놀라운 재능 덕분에 애굽을 다스리는 총리의 지위에 올라섰다.

그러던 중 큰 기근이 발생했다. 때문에 가나안에 거주하던 야곱과 그의 아들들(요셉의 형제들)은 굶어 죽을 위기에 직면했다. 야곱은 양식을 구하기 위해 아들들을 애굽으로 보냈다. 그들은 요셉을 만났지만 그는 한동안 그들에게 자신의 신분을 감추었다.

하지만 결국 진실이 드러났고, 요셉의 형제들은 자신들이 도움을 청한 애굽의 총리가 오래전에 자신들이 위해를 가했던 동생 요셉이라는 사실을 알게 되었다. 그들은 요셉이 보복할까봐 크게 두려워했지만 요셉은 오히려 이렇게 말했다.

"요셉이 형들에게 이르되 내게로 가까이 오소서 그들이 가까이 가니 이르되 나는 당신들의 아우 요셉이니 당신들이 애굽에 판 자라 당신들이 나를 이곳에 팔았다고 해서 근심하지 마소서 한탄하지 마소서 하나님이 생명을 구원하시려고 나를 당신들보다 먼저 보내셨나이다 이 땅에 이 년 동안 흉년이 들었으나 아직 오 년은 밭갈이도 못하고 추수도 못할지라 하나님이 큰 구원으로 당신들의 생명을 보존하고 당신들의 후손을 세상에 두시려고 나를 당신들보다 먼저 보내셨나니 그런즉 나를 이리로 보낸 이는 당신들이 아니요 하나님이시라 하나님이 나를 바로에게 아버지로 삼으시고 그 온 집의 주로 삼으시며 애굽 온 땅의 통치자로 삼으셨나이다"(창 45:4-8).

야곱이 죽은 후에도 요셉은 형제들을 거듭 안심시키면서 그들이 저지른 악한 행위까지도 하나님의 뜻 안에 있었다고 다시금 강조했다.

"요셉이 그들에게 이르되 두려워하지 마소서 내가 하나님을 대신하리이 까 당신들은 나를 해하려 하였으나 하나님은 그것을 선으로 바꾸사 오 늘과 같이 많은 백성의 생명을 구원하게 하시려 하셨나니"(창 50:19-20).

이처럼 동시 작용은 섭리의 큰 신비가 아닐 수 없다. 하나님은 섭리의 신비를 통해 우리의 의도적인 결정에도 불구하고 자신의 선하신 뜻을 이루신다. 요셉은 "당신들은 나를 해하려 하였으나 하나님은 그것을 선으로 바꾸사"라고 말했다. 이 말은 요셉의 형제들이 악한 의도를 지녔더라도 하나님의 섭리가 그 모든 것을 초월해 그들의 악을 선으로 바꿔 많은 백성을 유익하게 만들었다는 뜻이다. 신약성경에 등장하는 가룟유다를 통해서도 이와 똑같은 진리를 확인할 수 있다. 유다는 악한 의도로 예수님을 배반했지만 하나님은 그의 죄를 통해 구원의 역사를 이루셨다.

하나님께서 자기 백성을 유익하게 하시기 위해 만사를 섭리하신다는 교리는 참으로 큰 위로를 안겨준다(롬 8:28). 이와 같이 하나님은 위로의 궁극적인 원천이시다.

PART 3

창조론과
인간론

CHAPTER. 16

무로부터의 창조

창조는 세속주의와 무신론으로부터 기독교와 다른 종교를 구분하는 중요한 주제다. 세속주의와 무신론을 표방하는 사람들은 창조에 관한 유대-기독교적 교리를 맹공격한다. 하나님이 세상을 창조했다는 신념만 꺾이면 기독교의 세계관이 무너지기 때문이다. 즉 세상이 우연히 발생하지 않고 하나님의 직접적이고 초자연적인 사역을 통해 창조되었다는 신념은 유대-기독교적 신앙의 핵심에 해당한다.

태초에…

성경의 첫 구절은 "태초에 하나님이 천지를 창조하시니라"(창 1:1)라는 말씀으로 다른 모든 것의 토대가 되는 근본 진리를 제시한다. 이 구절은 중요한 세 가지 요점을 확증한다. ① 만물의 시작이 있었다. ② 하나님이 존재하신다. ③ 만물이 창조되었다.

첫 번째 요점만 굳게 확립되면 나머지 두 가지 요점은 논리적으로 자연스럽게 뒤따른다. 우주의 기원이 있다면 그 기원을 이룬 누구, 혹은 무엇인가가 존재해야 마땅하다. 즉 만물의 시작이 있다는 것은 어떤 식으로든 창조가 이루어졌다는 뜻을 내포한다.

세속주의를 받아들이는 사람들 대부분은 우주가 시간 속에서 시작되었다고 믿는다. 예를 들어 빅뱅 이론의 주창자들은 150억 년에서 180억 년 전에 거대한 폭발로 우주가 탄생했다고 말한다. 그러나 우주가 폭발로 인해 형성되었다면 그 폭발은 과연 어떻게 일어난 것일까? 아무것도 없는 데서 폭발이 일어났단 말인가? 그런 생각은 얼토당토 않다. 이러한 논리로 하나님의 창조와 존재를 부인하는 것은 크나큰 모순이 아닐 수 없다.

우주가 존재한다는 것은 거의 모든 사람이 인정하는 사실이다. 간혹 우주나 외적 현실뿐 아니라 심지어 우리의 자의식까지도 환상에 지나지 않는다고 주장하는 사람들이 있지만 아무것도 존재하지 않는다고 주장할 사람은 편협한 유아론자밖에 없을 것이다. 사실 아무것도 존재하지 않는다고 주장하려 해도 그렇게 주장할 수 있는 누군가가 존재해야 한다.

우주를 비롯해 무엇인가가 존재한다는 엄연한 현실을 눈앞에 두고 철학자들과 신학자들은 역사적으로 왜 무가 아닌 무언가가 존재하는지 물었다. 아마도 이것은 가장 오래된 철학적 질문 중 하나일 것이다. 이 질문의 대답을 찾는 사람들은 우리의 삶 속에서 마주치는 현실을 설명할 길이 세 가지밖에 없다는 것을 깨닫는다.

무에서는 아무것도 생겨나지 않는다 (ex nihilo nihil fit)

첫 번째는 우주가 영원히 스스로 존재한다는 것이다. 그러나 이미 언급한 대로 세속주의자들 중에는 우주가 시작이 있고 영원하지 않다고 믿는 이들이 압도적인 다수를 차지한다. 두 번째는 물질세계는 스스로 영원히 존재한다는 것이다. 예나 지금이나 이런 주장을 펼치는 사람들이 늘 있었다. 이 두 가지 견해는 한 가지 공통점을 지닌다. 둘다 스스로 영원히 존재하는 무언가가 있다고 주장한다.

세 번째는 우주가 스스로를 창조했다는 것이다. 이런 주장을 펼치는 사람들은 우주가 자신의 힘으로 갑자기 극적으로 존재하게 되었다고 믿는다. 물론 그들은 '자기창조'라는 표현을 사용하지 않는다. 그런 개념이 논리적으로 터무니없다는 것을 알기 때문이다. 무엇이든 자기 자신을 창조하려면 스스로의 창조주가 되어 그 이전부터 존재해야 한다. 하지만 그것은 동시에, 동일한 관계 내에서 그럴 수도 있고 아닐 수도 있다는 의미를 지니기 때문에 가장 근본적인 이성의 법칙인 비모순의 법칙에 어긋난다. 따라서 '자기창조'의 개념은 절대 성립할 수 없는 불합리한 모순이다. 신학은 물론이고 엄격한 이성의 법칙에 의존하는 철학이나 과학이 그런 견해를 주장하는 것은 큰 잘못이 아닐 수 없다.

　18세기 계몽주의의 특징 중 하나는 '신 존재 가설'이 우주의 존재를 설명하는 데 불필요하다는 신념이다. 그때까지만 해도 교회는 철학자들로부터 존중을 받았다. 그리고 중세시대의 철학자들은 영원한 제1원인의 합리적인 필요성을 부인하지 못했다. 그러나 계몽주의가 등장하면서 과학은 스스로 영원히 자존하는 초월적인 제1원인이나 하나님을 거론하지 않고도 우주의 존재를 설명할 수 있는 다른 대안을 찾기 시작했다.

　과학이 내세운 견해는 자발적인 발생, 곧 우주가 스스로 갑자기 존재하게 되었다는 것이었다. 그러나 그런 견해는 자기창조라는 자가당착적인 개념과 아무런 차이가 없다. 때문에 자연발생설은 과학계에서 불합리한 개념으로 간주되었고 또 다른 대안이 나타났다. 노벨물리학상을 수상한 한 학자가 자연발생설은 철학적으로 불가능하지만 점진적인 자연발생은 그렇지 않다고 주장하는 논문을 발표했다. 시간만 충분하다면 아무것도 없는 곳에서도 무엇인가를 만들어내는 힘이 생겨난다고 주장한 것이다.

'자기창조'라는 말 대신 주로 사용되는 용어는 '우연창조'다. 여기에서 또 다시 논리적인 오류, 즉 '다의적 오류'(하나의 용어가 지니는 여러 가지 의미에 의존하는 논리적 오류-역주)가 발생한다. 다의적 오류는 논증에 사용된 핵심 용어의 의미가 미묘하게 달라지는 순간에 발생한다. '우연'이라는 용어가 도입되는 순간에 바로 그런 일이 발생했다. '우연'이라는 말은 과학적 탐구에 매우 유용하다. 그것이 수학적 가능성을 묘사하기 때문이다. 밀폐된 방에 5만 마리의 파리가 있다고 가정해보자. 그러면 통계적인 확률을 이용해 정해진 시간에 그 방 평방 1인치 내에 파리가 몇 마리나 있는지를 추정할 수 있다. 이와 같이 어떤 일을 과학적으로 예견할 때는 가능성 지수라는 복잡한 등식을 해결하는 것이 중요하고도 합리적인 작업이다. 그러나 수학적인 가능성을 묘사하기 위해 '우연'이라는 용어를 사용하는 것과 그 용어를 창조적인 능력을 지닌 무엇인가를 가리키는 의미로 전환해 사용하는 것에는 큰 차이가 있다. 우연이 세상에 있는 어떤 것에 영향을 미칠 수 있다면 반드시 그런 능력을 지닌 존재여야 한다. 하지만 '우연'은 존재가 아니다. 그것은 단지 수학적 가능성을 묘사하는 이론적 개념에 지나지 않는다. 존재가 아니기 때문에 능력을 지닐 수도 없다. 따라서 우주가 우연히 존재하게 되었다는 것, 곧 우연이 모종의 능력을 발휘해 우주를 탄생시켰다는 주장은 또 다시 자기창조의 개념으로 귀결될 수밖에 없다. 이 상황에서 우연은 결코 존재하지 않기 때문이다.

이 개념은 이성적으로 도무지 성립될 수 없으므로 우리는 이 개념을 내버려야 한다. 그리고 우주가 스스로 영원히 존재한다거나 물질세계가 영원히 스스로 존재한다는 처음의 두 가지 개념 중 하나를 선택해야 한다. 그러나 앞서 언급한 대로 이 두 개념 모두 어떤 것이 존재하려면 그보다 앞서 스스로 존재하는 것이 있어야 한다는 추론을 가능케 한다. 그렇지 않다면 지금 아무것도 존재하지 않아야 옳다. '무에서는 아무것도 생겨나지 않는다'는 것은 과학의 절대법칙이다. 우리에게 있는 것이 모두 무(無)라면 앞으로도 영원히 무일 수밖에 없다. 무는 무엇인가를 발생시킬 수 없기 때문이다. 다시 말해 아무것도 존재하지 않았던 때가 있었다면 지금 이 순간에도 아무것도 존재할 수 없다. 어떤 것이 스스로 존재하려면 그 안에 스스로 존재할 수 있는 능력을 지닌 무언가가 먼저 존재해야 한다.

이 두 견해 모두 많은 문제를 일으킨다. 앞서 말한 대로 거의 모든 사람이 우주가 영원히 존재하지 않는다는 데 동의한다. 따라서 첫 번째 견해는 유지될 수 없다. 마찬가지로 우리가 물질세계에서 시험하는 거의 모든 것이 우연성과 변화의 속성을 지니고 있기 때문에 철학자들은 그런 우주가 스스로 영원히 존재한다고 주장하기를 꺼린다. 스스로 영원히 존재하는 것은 변화하지 않는다. 따라서 우주의 어딘가 깊숙한 곳에 영원히 스스로 존재하는 능력이나 살아 숨 쉬는 무엇인가가 감추어져 있다는 주장이 제기된다. 이 점에서 물질주의자들은 물질적인 우주의 존재를 설명하기 위해 굳이 초월적인 신을 거론할 필요가 없다고 주장한다. 살아 숨 쉬는 영원한 힘을 초월적인 영역이 아닌 우주 안에서 발견할 수 있다고 생각하기 때문이다.

무로부터의 창조 (ex nihilo)

여기에서 언어적인 오류가 발생한다. 성경은 하나님을 초월적인 존재로 언급할 뿐 그분의 처소를 밝히지 않는다. 성경은 하나님이 '저 위'나 '저 밖'에 거하신다고 가르치지 않는다. 즉 하나님이 우주를 초월해 계신다는 말은 존재의 관점에서 우주를 초월하신다는 뜻이다. 하나님은 존재론적으로 모든 것을 초월하신다. 스스로 존재할 수 있는 힘, 곧 자존할 수 있는 능력을 지닌 존재는 다른 것을 의존하는 파생된 존재와 구별된다. 따라서 우주의 중심에 자존하는 무엇인가가 존재한다면 본질상 다른 모든 것을 초월해야 한다. 우리는 하나님이 어디에 거하시는지 알려고 하지 않는다. 단지 그분의 본질, 곧 그분이 영원한 존재이며 우주 만물이 그분께 의존하고 있다는 것에만 관심을 기울일 뿐이다.

기독교의 창조론은 하나님이 '무로부터' 세상을 창조하셨다는 것이다. 언뜻 생각하면 '무에서는 아무것도 생겨나지 않는다'는 절대법칙에 어긋나는 것처럼 들린다. 이를 근거로 사람들은 '무로부터의' 창조를 부인한다. 그러나 하나님이 무로부터 세상을 창조하셨다는 기독교 신학자들의 주장은 절대 무가 존재한 때가 있었고, 그 절대 무로부터 무엇인가가 생겨났다는 뜻과 거리가 멀다. 기독교는 "태초에 하나님"이 계셨다고 말한다. 즉 하나님은 무가 아닌 존재이시다. 그분은 스스로 영원히 존재하신다. 오직 그분만이 무로부터 무엇인가를 창조할 수 있는 능력을 지니신다. 이것이 바로 창조의 능력이고 그 능력을 지닌 존재는 하나님뿐이다. 즉 이미 존재하는 물질로 다른 것을 만드는 데 그치지 않고 아무것도 없는 데서 무언가를 창조할 수 있는 능력을 지니신 분은 오직 하나님뿐이시다.

예술가가 대리석으로 아름다운 조각상을 만들거나 하얀 도화지에 여러 가지 물감으로 아름다운 그림을 그릴 수 있다. 그러나 하나님은 그런 식으로 우주를 창조하지 않으셨다. 무에서 세상을 창조하신 그분의 창조 능력은 이미 존재하는 것으로 새로운 것을 만드는 것과는 차원이 다르다는 점에서 가히 절대적이다. 성경은 하나님이 세상을 어떻게 창조하셨는지를 너무나도 간단하게 묘사한다. 그와 같은 창조 기사 안에서 우리는 '신성한 명령'을 발견한다. 하나님은 그러한 명령의 권위와 능력으로 세상을 창조하셨다. 하나님이 "무엇이 있으라"고 말씀하시는 순간 그것이 창조되었다. 이것이 신성한 명령이다. 그 무엇도 세상과 만물을 창조하신 하나님의 명령을 거역할 수 없다.

CHAPTER. 17

천사들과 귀신들

언젠가 내가 가르치는 학생들에게 마귀의 존재를 믿냐고 물은 적이 있다. 단지 몇몇 학생만 그렇다고 대답했다. 그러나 하나님의 존재를 믿냐고 묻자 거의 모든 학생이 그렇다고 대답했다. 나는 그런 반응에 놀라면서 "하나님이 사람들을 유익하게 하는 능력을 지닌 초자연적인 존재라고 생각하나요?"라고 물었다. 그들은 그렇다고 대답했다. 그래서 다시 "그럼 마귀가 사람들에게 해를 끼치는 능력을 지닌 초자연적 존재라고는 생각하지 않나요?"라고 물었다. 비슷한 질문을 던졌는데도 앞서 마귀의 존재를 믿는다고 대답한 몇몇 학생만 긍정적인 반응을 보였다.

그렇다면 온 우주에 악이 넘쳐나는데도 무엇이 사탄의 존재를 믿지 못하게 만드는 것일까? 학생들과 함께 이 문제의 답을 찾으면서 나는 그들이 사탄을 악귀나 마녀, 혹은 한밤중에 이상한 소리를 내는 도깨비 같은 것으로 생각하고 있다는 것을 알게 되었다. 한 학생은 "뿔과 갈라진 발과 꼬리를 가진 우스꽝스러운 존재가 붉은 망토를 걸치고 이곳저곳을 돌아다니며 사람들에게 나쁜 짓을 한다고는 믿기 어렵습니다."라고 말했다.

사탄에 대한 그런 견해는 교회가 마귀의 존재를 심각하게 의식했던 중세시대에 시작되었다.

당시 사람들은 사탄이 부추기는 악한 충동을 물리칠 수 있는 방법을 찾는 데 많은 관심을 기울였다. 신학자들은 사탄이 타락하기 전에는 선한 천사였다고 가르쳤다. 그리고 사탄의 죄는 교만이었기 때문에 그를 조롱하면 물리칠 수 있다고 말했다.

그 결과, 사탄의 교만을 자극하기 위해 그를 우스꽝스럽게 희화하는 관습이 생겨났다.

물론 당시에는 실제로 사탄이 뿔과 갈라진 발과 삼지창을 지닌 존재라고 믿지 않았다. 그러나 후대 사람들은 중세시대의 사람들이 그런 믿음을 가지고 있었다고 오해했다.

그러므로 성경에 근거한 신학을 정립하기 원하고 성경이 신화가 아닌 하나님의 계시라고 확신한다면 천사들과 귀신들에 대한 성경의 가르침을 진지하게 받아들여야 한다.

천사들과 그리스도

'천사'를 뜻하는 헬라어 '앙겔로스'(angelos)는 '죄'를 뜻하는 헬라어 '하마르티아'(hamartia)나 '사랑'을 뜻하는 '아가페'(agape)보다 신약성경에 더 자주 등장한다. 성경이 천사를 그렇게 자주 언급하고 있는 만큼 그들에게 진지한 관심을 기울여야 할 필요가 있다.

초대교회에서 천사의 본질과 역할에 대한 관심이 고조되기 시작한 이유는 예수님을 천사라고 주장한 이단 때문이었다. 어떤 사람들은 예수님을 초자연적인 존재, 곧 인간보다는 우월하고 하나님보다는 못한 존재로 생각했다. 그러나 성경은 그런 생각이 잘못되었다고 분명하게 말한다.

"옛적에 선지자들을 통하여 여러 부분과 여러 모양으로 우리 조상들에게 말씀하신 하나님이 이 모든 날 마지막에는 아들을 통하여 우리에게 말씀하셨으니 이 아들을 만유의 상속자로 세우시고 또 그로 말미암아 모든 세계를 지으셨느니라 이는 하나님의 영광의 광채시요 그 본체의 형상이시라 그의 능력의 말씀으로 만물을 붙드시며 죄를 정결하게 하는 일을 하시고 높은 곳에 계신 지극히 크신 이의 우편에 앉으셨느니라 그가 천사보다 훨씬 뛰어남은 그들보다 더욱 아름다운 이름을 기업으로 얻으심이니 하나님께서 어느 때에 천사 중 누구에게 너는 내 아들이라 오늘 내가 너를 낳았다 하셨으며 또 다시 나는 그에게 아버지가 되고 그는 내게 아들이 되리라 하셨느냐 또 그가 맏아들을 이끌어 세상에 다시 들어오게 하실 때에 하나님의 모든 천사들은 그에게 경배할지어다 말씀하시며"(히 1:1-6).

히브리서 저자는 이와 같이 하나님께서 천사들에게 그리스도를 경배하도록 명령하신다고 말하면서 이렇게 덧붙였다.

"어느 때에 천사 중 누구에게 내가 네 원수로 네 발등상이 되게 하기까지 너는 내 우편에 앉아 있으라 하셨느냐 모든 천사들은 섬기는 영으로서 구원받을 상속자들을 위하여 섬기라고 보내심이 아니냐"(13, 14절).

천사들의 역할

이러한 말씀을 통해 우리는 천사들의 본질과 역할을 짐작할 수 있다. 그들은 창조된 존재이고 섬기는 영이다. 더불어 육체를 지니고 있지 않거나 인간의 육체보다 훨씬 더 가벼운 성질의 형태를 취하고 있는 것으로 보인다.

성경이 '영'이라는 용어를 사용했다고 해서 반드시 비물질적인 의미로 이해할 필요는 없다. 이 말은 연기와 바람 같은 것을 가리키기도 한다. 그러한 종류는 물질적인 분자로 구성되어 있지만 농도가 거의 없어 '영'으로 일컬어도 상관없다. 이와 같이 천사들은 분명한 피조물이다. 천사들과 귀신들 모두 창조된 존재들이다. 그들은 결코 하나님과 동등하지 않다.

천사들의 첫 번째 역할은 섬기는 것이다. 성경은 천사들이 다양한 방법으로 섬기는 일을 행한다고 이야기한다. 첫째, 어떤 천사들은 하나님을 직접 섬기는 일을 수행할 목적으로 특별히 창조되었다. 이사야서에서 그 구체적인 사례를 발견할 수 있다.

> "웃시야 왕이 죽던 해에 내가 본즉 주께서 높이 들린 보좌에 앉으셨는데 그의 옷자락은 성전에 가득하였고 스랍들이 모시고 섰는데 각기 여섯 날개가 있어 그 둘로는 자기의 얼굴을 가리었고 그 둘로는 자기의 발을 가리었고 그 둘로는 날며 서로 불러 이르되 거룩하다 거룩하다 거룩하다 만군의 여호와여 그의 영광이 온 땅에 충만하도다 하더라"(사 6:1-3).

천사들의 역할 중 하나는 하늘의 궁정에서 하나님을 섬기는 것이다. 천군천사는 천사들과 천사장들로 구성되어 있다. 이는 천사들 안에 위계질서, 곧 권위의 서열이 존재한다는 것을 암시한다. 스랍들은 매일 하나님을 직접 대하며 그분을 섬긴다.

천사들은 사자의 역할 또한 수행한다. 헬라어 '앙겔로스'(angelos)는 '사자'를 의미한다. 가브리엘 천사는 세례요한의 탄생을 알렸고, 마리아에게도 예수님의 탄생을 고지했다.

베들레헴 들판에도 천사들이 나타나 "지극히 높은 곳에서는 하나님께 영광이요 땅에서는 하나님이 기뻐하신 사람들 중에 평화로다"(눅 2:14)라고 선언했다.

이밖에도 천사들은 광야에서 40일 동안 사탄에게 시험을 받으신 예수님을 섬겼다. 사탄은 예루살렘 성전 꼭대기에서 뛰어내리면 천사들이 안전하게 받아줄 것이라는 성경의 약속을 들먹이며 예수님을 시험했다(마 4:6). 그러나 예수님은 속지 않으셨고 사탄의 시험을 성공적으로 물리치신 후에 천사들이 나타나 그분을 섬겼다.

예수님은 자신이 체포되시는 순간에 천사들의 군대를 불러 자신을 구원하게 할 권세가 있다고 말씀하셨다(마 26:53). 그분의 말씀은 엘리사가 도단에서 경험한 일을 생각하게 한다. 그를 구원하기 위해 하늘에 수많은 불병거가 나타났다. 하지만 도단에 나타난 천사들은 육안으로 볼 수 없었다. 때문에 엘리사는 자신의 종을 위해 "그의 눈을 열어서 보게 하옵소서"(왕하 6:17)라고 기도했다.

이와 같이 천사들은 대체로 보이지 않는다. 하지만 볼 수 있는 형태로 나타날 수 있다. 예수님의 공생애 기간에 이따금 그런 일이 일어났다. 예수님의 무덤가에 천사들이 나타나 그분의 부활을 알렸고, 예수님이 하늘로 올라가실 때도 천사들이 나타났다. 성경은 그리스도께서 재림하실 때도 거룩한 천사들과 영광 중에 함께 나타나실 것이라고 기록한다(막 8:38). 이처럼 성경은 천사들이 하나님의 성도와 예수님을 섬겼다고 증언한다.

히브리서 13장 2절은 "손님 대접하기를 잊지 말라 이로써 부지중에 천사들을 대접한 이들이 있었느니라" 말한다. 구약성경을 보면 천사들이 종종 사람의 모습으로 나타난 것을 알 수 있다. 그러나 사람들은 그들이 하늘에서 온 방문자, 곧 하나님의 사자라는 사실을 즉각 알아차리지 못했다.

오늘날에도 천사들은 큰 위기의 순간에 성도들을 섬기는 일을 수행한다.

사탄과 귀신들

이번에는 타락한 천사들을 살펴보자. 아담과 하와가 본래 선하고 거룩하게 창조되었던 것처럼 천사들도 선하게 창조되었다. 그러나 그중 일부가 루시퍼와 함께 타락했다. 즉 루시퍼는 타락한 천사들의 우두머리다.

무엇보다 사탄은 신이 아니라는 사실을 이해하는 것이 중요하다. 우리는 이원론자들과 달리 서로 능력이 동일한 두 신, 곧 빛에 해당하는 선한 신과 어둠에 해당하는 악한 신이 존재한다고 믿지 않는다. 사탄에게는 하나님 같은 능력이 없다. 오직 하나님만이 하실 수 있는 일이 있다. 사탄은 다만 인간보다 지략과 능력이 뛰어나다. 따라서 인간보다는 강하지만 하나님에 비할 바가 못 된다.

그러므로 성령이 거하시는 사람은 귀신에게 사로잡힐까봐 걱정할 필요가 없다. 성경은 "너희 안에 계신 이가 세상에 있는 자보다 크심이라"(요일 4:4)고 말씀한다.

또한 성경은 사탄의 교활한 능력을 조심하라고 경고한다. 그 이유는 어떤 유혹이 닥쳐도 예수님을 부인하지 않겠다고 장담했던 베드로와 우리가 전혀 다를 바 없기 때문이다. 그런 사실을 잘 알고 계셨던 예수님은 베드로에게 "보라 사탄이 너희를 밀 까부르듯 하려고 요구하였으나"(눅 22:31)라고 말씀하셨다. 베드로는 사탄의 적수가 될 수 없었다. 그러나 동시에 성경은 마귀를 대적하면 우리를 피할 것이라고 가르친다(약 4:7).

이처럼 성경은 사탄을 다양하게 묘사한다. 그는 우는 사자같이 두루 다니며 삼킬 자를 찾는다(벧전 5:8). 이 말씀을 듣는 순간 마음속에 두 가지 형상이 떠오른다. 하나는 사납고 무서운 사자의 모습이고, 다른 하나는 성령을 받은 사람이 저항하자 다리 사이에 꼬리를 감추고 도망치는 사자의 모습이다. 그러므로 우리는 사탄이 마치 하나님이라도 되는 것처럼 그를 너무 높이 평가하면 안 된다. 성경은 사탄을 유혹자, 속이는 자, 고발자로도 묘사한다. 사탄이 비록 예수님을 광야에서 유혹하는 데 실패했지만 그는 사람들을 부추겨 죄짓게 만들기를 좋아한다. 아니, 그는 사람들을 유혹하는 일보다 사람들의 죄를 비난하는 일을 더 많이 하는 것 같다. 그의 목표는 우리를 회개하게 만드는 것이 아니라 절망하게 만드는 것이다. 그는 우리의 죄를 비난할 뿐 그 해결책을 제시하지 않는다. 그리스도는 우리에게 죄를 용서받고 구원받으라고 말씀하시지만 사탄은 우리가 자멸의 길을 선택하도록 부추긴다.

이번 장을 마무리하기 전에 한 가지 경고를 덧붙이고 싶다. 신약성경에 따르면 사탄은 위장술의 천재다. 그는 얼마든지 선한 척 가장할 수 있다. 그러므로 사탄을 우스꽝스러운 형상을 한 악귀 같은 식으로만 생각하는 건 곤란하다. 그는 빛의 천사로 가장하고 나타날 수 있으며(고후 11:14), 추한 모습이 아니라 경건하고 순결한 모습으로 다가와 우리를 속일 뿐 아니라 심지어 하나님의 말씀을 인용해 그분의 말씀을 거역하도록 유도하기까지 한다.

CHAPTER. 18

인간 창조

인간의 기원에 관한 서구 사회의 관점이 과거와 많이 달라져 그동안 다양한 형태의 진화론이 제시되었다. 소진화론과 대진화론을 비롯해 그 중간에서 약간씩 형태를 달리한 진화론들이 인간의 존엄한 기원에 관한 신념을 크게 훼손시켰다.

인간을 '우주적 우연 발생'의 결과물로 취급하는 말이 종종 들려온다. 이 이론은 인간이 '원시 액체'의 상태에서 우연히 현재의 모습으로 진화되었다고 주장한다. 이러한 주장에 따르면 인간은 소멸을 향해 나아가는 우주라는 거대한 기계의 톱니바퀴에 들러붙어 있는 작은 세포에 불과하다. 실존주의 철학자 장 폴 사르트르는 인간을 '무익한 열정 덩어리'로 규정하고, 인간성의 의미를 '구토'라는 말로 평가절하했다.

오늘날 인간의 중요성과 본질 및 기원을 비관적으로 바라보는 시각이 지배적이며, 그 틈에서 인간의 존엄성을 부르짖는 순박한 형태의 인도주의가 새롭게 발흥하고 있다. 세계 도처에서 인도주의자들이 인간의 권리를 주장하고 있다. 인간의 존엄성에 관한 그들의 순박한 관점은 궁극적으로는 인간을 하나님의 창조물로 간주하는 유대-기독교

사상에서 비롯한 것이다. 창세기의 창조 기사에서 확인할 수 있는 것처럼 인간의 존엄성은 고유하다거나 본질적이라기보다는 하나님의 창조 행위에서 파생된 것이다.

하나님의 형상

창세기는 하나님께서 엿새 동안 우주 만물을 창조하셨다고 진술한다. 그리고 그 기간이 다 끝나갈 즈음에 다음과 같이 기록한다.

> "하나님이 이르시되 우리의 형상을 따라 우리의 모양대로 우리가 사람을 만들고 그들로 바다의 물고기와 하늘의 새와 가축과 온 땅과 땅에 기는 모든 것을 다스리게 하자 하시고 하나님이 자기 형상 곧 하나님의 형상대로 사람을 창조하시되 남자와 여자를 창조하시고 하나님이 그들에게 복을 주시며 하나님이 그들에게 이르시되 생육하고 번성하여 땅에 충만하라, 땅을 정복하라, 바다의 물고기와 하늘의 새와 땅에 움직이는 모든 생물을 다스리라 하시니라"(창 1:26-28).

오늘날 우리가 살고 있는 세상은 인간의 태아보다 바다거북이의 알을 더 귀하게 여긴다. 인간보다 고래에 더 큰 가치를 부여하기도 한다. 이는 창조의 질서를 뒤집는 것이다. 하나님이 자기 형상으로 창조하신 피조물은 오직 인간뿐이다. 하나님은 인간을 대리자로 세워 피조세계를 다스리게 하셨다. 이것이 하나님이 인간에게 부여하신 지위다. 인간이 '하나님의 형상'(imago Dei)으로 창조되었다는 성경말씀에는 그런 의미가 담겨 있다.

그렇다면 인간과 다른 동물을 구분하는 특징은 무엇일까? 역사적으로 하나님의 형상에 따르는 특징을 규명하려는 시도가 여러 차례 있었다. 창세기 1장 26절은 "하나님이 이르시되 우리의 형상을 따라 우리의 모양대로 우리가 사람을 만들고"라고 말한다. 여기에서 "형상"과 "모양"이라는 두 가지 중요한 용어가 발견된다. 로마 가톨릭교회는 성경이 인간의 두 가지 특징을 언급했고 형상과 모양은 각기 다르다고 주장한다. 즉 형상은 이성이나 의지 같은 하나님과의 공통된 특성을, 모양은 창조 당시 인간의 본성에 부여된 '원의'(본래의 의)를 가리킨다고 설명한다.

그러나 개신교의 해석은 다르다. 개신교 주석학자들은 이 두 개의 용어가 두 단어를 연결해 하나의 뜻을 나타내는 수사적 표현 이사일의(二詞一意)에 해당한다고 말한다. 로마서 1장에도 이와 비슷한 표현이 발견된다. "하나님의 진노가…… 모든 경건하지 않음과 불의에 대하여 하늘로부터 나타나나니"(롬 1:18). 이 구절은 하나님의 진노가 서로 다른 두 가지(경건하지 않음과 불의)에 대해 나타나거나 두 가지 중 한 가지에 대해 나타난다는 의미를 지닌다. 이와 같이 개신교에서는 로마서 1장 18절과 창세기 1장 26절이 이사일의적 표현을 사용하고 있다는 데 아무런 이견이 없다. 즉 우리가 하나님의 형상대로 창조된 것과 그분의 모양대로 창조된 것은 동일한 의미다.

차이점과 유사점

그렇다면 하나님의 형상으로 창조되었다는 것은 무슨 의미일까? 중세시대 신학자들은 '존재 유비'(analogia entice)라는 개념을 도입했다. 이 개념은 20세기에 접어들어 신정통주의자들, 특히 칼 바르트에게 맹공격을 받았다. 성경은 하나님의 본질과 피조물의 본질이 크게 다르지만, 그럼에도 불구하고 인간이 하나님의 형상을 닮았다고 진술한다. 우리는 하나님이 아니라 피조물이다. 그러나 하나님은 스스로 존재할 수 있는 힘을 지니고 계신다. 오늘날 정통 신학자들 사이에서 하나님을 '절대 타자'로 간주하는 풍조가 확산되고 있다. 이 표현은 하나님

모든 사람을 위한 신학

의 위엄과 초월성을 강조함으로써 그분을 피조물과 혼동하지 않으려는 의도로 사용된다.

그러나 이 표현을 액면 그대로 받아들이는 것은 기독교에 해롭다. 하나님이 우리와 온전히, 전적으로 다르시다면 창조주와 피조물의 접촉은 불가능하다. 상호 간의 교통이 이루어질 수 없다. 기독교의 핵심 사상 중 하나는 하나님과 인간 사이에 유사성이 있기 때문에 그분이 우리에게 말씀하실 수 있다는 것이다. 비록 하나님이 인간의 언어를 빌려 말씀하시더라도 그분의 말씀이 의미를 지니는 이유는 우리와 그분 사이에 유사성이 존재하기 때문이다.

역사적으로 많은 사람이 이런 유사성을 정확하게 설명하려고 노력했다. 가장 보편적인 설명은 하나님의 형상이 인간의 이성과 의지와 감정 안에 반영되어 있다는 것이다. 이성을 지니고 있다는 점에서 인간은 하나님과 유사하다. 즉 하나님은 생각을 지니고 계시고 우리도 마찬가지다. 사람들은 동물이 의식적인 결정이 아닌 본능에 따라 행동한다고 생각해왔다. 그러나 동물의 반응을 다양한 각도에서 관찰해보면 그들도 의식적인 결정에 따라 행동하는 것처럼 보인다. 따라서 지금은 인간에게만 합리성을 국한시키고 본능은 동물에게 적용하는 통념이 많이 바뀌었다. 요즘은 인간의 고유한 특징을 발전된 이성적 추론 능력에서 찾는다. 하나님은 지식을 지니고 계시고 복잡한 이성적 활동을 행하신다. 우리 인간도 동물의 세계에서는 가장 탁월한 추론 능력과 사고력을 지니고 있다.

더욱이 인간에게는 선택하는 능력이 있다. 인간은 의지를 갖춘 피조물이다. 도덕적인 피조물이 되려면 하나님처럼 생각과 의지를 겸비해야 한다. 쥐를 재판에 회부하거나 개에게 고도로 발달된 도덕성을 기대하는 것은 불가능하다. 선택한 일에 책임을 질 수 있는 피조물은 오직 인간뿐이다. 또한 인간은 의지적인 피조물이요 도덕적인 존재다.

하나님은 인간에게 자신의 의를 드러내시고, 그분이 거룩한 것처럼 우리도 거룩하라고 명령하신다. 인간이 이성과 도덕성을 갖춘 피조물도 아니고 감정이나 성정도 지니고 있지 않다면 그런 명령에 복종할 수 없다. 교회는 그런 특징을 하나님과 인간 모두에게서 발견했고, 이를 곧 하나님의 형상으로 이해했다.

바르트는 하나님의 형상으로 지으심을 받은 우리가 '남자와 여자'로 창조되었다는 사실에 근거해 이런 개념에 의문을 제기했다. '사람'이라는 말은 창세기에서 인간을 총칭하는 의미로 사용되었으며 남자와 여자 모두를 일컫는다. 따라서 모든 인간은 하나님의 형상을 지니고 있다.

바르트는 '남자와 여자'는 존재의 유비가 아닌 관계의 유비라고 주장했다. 하나님이 신성 안에서 인격적인 관계를 맺고 있는 것처럼 인간도 상호 간에 인격적인 관계를 맺을 수 있는 독특한 능력을 갖추고 있다. 그러나 인간과 다른 형태이기는 하지만 동물들도 서로 나름의 관계를 맺기 때문에 그것이 유비의 유일한 핵심이라면 우리는 하나님과 관계를 맺을 수 없게 된다. 하나님과 교통할 수 있는 수단이 없기 때문이다.

세상의 모든 피조물 가운데 인간에게만 유일하게 책임이 주어졌다. 책임이란 대응 능력이다. 인간의 특성 중 하나는 하나님의 대리자로서 피조세계를 다스림으로 그분의 성품을 반영해야 할 책임이 주어졌다는 것이다. 창세기에서 눈을 돌려 신약성경이 증언하는 그리스도, 즉 두 번째 아담을 살펴보면 이 점을 좀 더 분명하게 알 수 있다. 우리는 그리스도 안에서 하나님의 형상으로 지으심을 받았다는 것의 의미가 온전히 성취된 현실을 발견할 수 있다.

히브리서는 그리스도께서 "하나님의 영광의 광채시요 그 본체의 형상이시라"(히 1:3)고 기록했다. 우리는 그리스도의 완전한 복종 안에서 하나님의 거룩하심과 의로우심을 반영해야 할 인간의 사명이 온전히 성취된 것을 확인할 수 있다. 나는 하나님의 형상이 하나님의 성품을 반영하는 능력, 즉 다른 피조물이 인간을 보고 '저것이 곧 하나님의 모습이야.'라고 느끼게 만드는 능력을 가리킨다고 확신한다.

하지만 안타깝게도 우리는 세상에 하나님의 형상을 많이 보여주지 못한다. 때문에 피조물이 다 이제까지 함께 탄식하며 함께 고통을 겪고 있다(롬 8:22). 인간 안에 있는 하나님의 형상은 타락으로 인해 훼손되었다. 그렇다면 타락 이후 인간에게 있는 하나님의 형상은 완전히 사라져 더 이상 그분의 형상을 반영하지 못하게 된 것일까? 정통 기독교는 비록 하나님의 형상이 훼손되었지만 완전히 파괴된 것은 아니라고 강조한다.

인간은 여전히 하나님의 형상대로 창조된 피조물이다. 여기에서 형식적이고 협의적인 의미의 하나님의 형상과 실질적이고 광의적인 의미의 하나님의 형상을 구별해야 할 필요성이 제기된다. 우리는 타락했지만 생각할 수 있다. 죄로 오염되었지만 여전히 생각을 지니고 있고, 이성의 기능을 발휘할 수 있다. 비록 잘못 생각하더라도 생각할 수 있는 능력은 여전하고, 의지를 지니고 있기 때문에 선택할 능력이 있다.●

또한 우리에게는 감정이 있다. 이처럼 하나님의 형상은 지금도 여전히 인간 안에 남아 있다.

● 타락한 상태에서 어떻게 하나님의 형상을 반영할 수 있는지를 좀 더 자세히 알고 싶으면 다음 자료를 참조하라. R. C. Sproul, *A Shattered Image: Facing Our Human Condition* (Sanford, Fla.: Ligonier Ministries, 1992).

CHAPTER. 19

죄의 본질

하나님은 창조사역을 하나씩 끝마치실 때마다 그 지으신 것을 보고 좋다고 말씀하셨다. 그러나 오늘날의 세상은 그때처럼 좋지 않다. 세상은 타락했고, 우리 역시 타락한 인간으로서 세상을 바라본다. 세상은 많은 것이 잘못되었고, 우리가 겪는 문제 대부분이 타락에서 직접 비롯된 결과물이다.

소외

아담과 하와의 죄 때문에 발생한 우주적인 변화는 '소외', 혹은 '소원'(疏遠)으로 간단히 요약될 수 있다. 이 두 용어 모두 구원에 관한 성경의 가르침과 관련하여 매우 중요한 의미를 지닌다. 성경은 구원을 '화해'(화목)로 설명하기 때문이다. 화해는 관계의 소외나 소원이 있을 때 필요하다. 특별히 구약성경의 처음 몇 장은 대부분 이 소외의 역사적 원인을 밝히고 있다.

첫째, 인간의 타락 이후 인간과 자연의 관계가 멀어졌다. 죄는 단지 인간의 문제만이 아니라 우주 전체에 대격변을 일으켰다. "피조물이 다 이제까지 함께 탄식하며 함께 고통을 겪고 있는 것을 우리가 아느니라 그뿐 아니라 또한 우리 곧 성령의 처음 익은 열매를 받은 우리까지도 속으로 탄식하여 양자 될 것 곧 우리 몸의 속량을 기다리느니라"(롬 8:22-23). 하나님은 아담과 하와에게 피조세계를 다스리는 권한을 부여하셨다. 따라서 그들의 타락으로 인해 그들이 다스리는 영역 안에 있는 모든 것이 부패했다. 하나님이 타락한 아담과 하와에게 저주를 선언하시자 그 저주가 땅에까지 미쳤다. 그리고 세상은 타락한 인간의 손길을 거부하기에 이르렀다.

둘째, 인간과 하나님의 관계가 멀어졌다. 타락의 결과로 우리는 본질상 하나님과 반목하는 상태에 처했다. 사람들은 흔히 하나님이 모든 사람을 무조건적으로 사랑하신다고 생각하지만 그런 생각은 소외의 현실을 무시하는 것이다. 성경은 하나님께서 이 문제를 해결하시기 위해 여러 단계의 조처를 취하신 사실을 자세히 보여준다. 구원의 목표는 하나님과 인간의 화해다. 즉 양측의 화해가 성사되지 않으면 소원해진 상태가 지속된다.

셋째, 인간과 인간의 관계가 멀어졌다. 인간 사이에서 많은 폭력이 빚어진다. 개인적 차원에서 관계가 단절되기도 하고, 국가적 차원에서 대규모 전쟁을 벌이기도 한다. 우리가 죄를 지으면 하나님께 불순종하고 그분을 욕되게 하는 것으로 그치지 않고 살인, 절도, 간음, 비방, 증오, 시기심과 같은 행위로 서로를 파괴하는 결과를 낳는다. 우리는 온갖 범죄를 저질러 다른 사람들을 해치기도 하고 반대로 다른 사람들에 의해 해를 입기도 한다.

마지막으로 인간이 자기 자신과의 관계가 멀어졌다. 현대인들은 어린아이들의 연약한 자아를 다치지 않게 하려고 학교에서까지 체벌 방식을 제한할 정도로 인간의 자긍심과 존엄성을 강조한다. 하지만 이러한 경향은 극단으로 치우친 것이다. 이런 식으로 인간의 자긍심을 중시하는 풍조는 오히려 인간의 자긍심 자체에 문제가 있다는 사실을 여실히 드러낸다. 사실 모든 것은 죄 때문이다. 우리는 타락으로 인해 하나님과 다른 사람들은 물론, 우리 자신으로부터 소외되었다. 사람들이 종종 "나 자신이 너무 혐오스러워."라고 말하는 것을 들을 수 있다. 그런 말 이면에는 인간의 본성이 악하다는 인식이 도사리고 있다.

칼 마르크스는 인간의 가장 큰 문제 중 하나가 노동으로부터의 소외라고 생각했다. 그는 많은 점에서 오류를 범했지만 이 점에서는 일리 있는 생각을 했다. 모든 직업 활동에는 나름대로의 고충과 어려움이 뒤따르기 때문이다. 그 원인은 에덴동산까지 거슬러 올라간다. 하나님은 그곳에서 인간의 노동에 저주를 선언하셨다. 물론 노동 자체가 저주는 아니다. 타락 이전에도 인간은 일을 했기 때문이다. 더욱이 하나님도 일하신다. 그분은 자신의 일을 통해 만족과 행복을 누리신다. 우리의 노동도 본래 그렇게 의도되었다. 그러나 타락으로 인해 죄가 노동에까지 영향을 미쳤다.

죄는 무엇인가?

바울은 로마서에서 "모든 사람이 죄를 범하였으매 하나님의 영광에 이르지 못하더니"(3:23)라고 말했다. 여기서 '죄'로 번역된 헬라어는 '하마르티아'(hamartia)다. 어원학적으로 이 말은 궁술에서 유래한 것으로 궁수가 쏜 화살이 과녁의 중심을 벗어난 것을 가리킨다. 그러나 이 말의 성경적인 의미는 훨씬 더 깊다. '과녁의 중심을 맞추지 못한 것'은 사소한 실수가 될 수 있지만 성경이 말하는 과녁의 중심은 의의 기준인 하나님의 법을 가리킨다. 따라서 우리는 중심은커녕 그 근처에조차 근접할 수 없다. 즉 하나님의 의의 기준을 충족시킬 수 없는 우리의 상태가 곧 죄다.

『웨스트민스터 소교리문답』은 죄를 '하나님의 율법에 복종하려는 마음이 없거나 그것을 거역하는 것'으로 정의한다(14문답). 다시 말해 하나님의 율법에 복종하려는 마음이 없는 것과 그것을 거역하는 것이 곧 죄다. 여기서 복종하려는 마음이 없는 것은 소극적인 의미이고, 거역하는 것은 적극적인 의미다.

네덜란드에서 유학할 당시 그 사회가 삶의 모든 영역을 구속하는 방대한 법률에 지배받고 있음을 목격했다. 당시 "당신은 법이 정한 한계를 넘어섰습니다."라는 말을 자주 들은 기억이 난다. 이것이 위법행위의 본질이다. 이것은 법률이 정한 한계를 넘어서는 것을 의미하며 위법행위의 적극적인 의미다. 그와 대조적으로 복종하려는 마음이 없는 것은 율법이 요구하는 것을 행할 의도가 없거나 행하지 않는 태도를 가리킨다.

이와 비슷한 방식으로 신학자들은 적극적으로 죄를 저지르는 것과 소극적으로 선을 행하지 않는 죄를 구별한다. 허용되지 않은 행위를 저지르는 것은 전자에 해당하고, 행해야 할 일을 행하지 않는 것은 후자에 해당한다. 이처럼 죄는 적극적인 차원과 소극적인 차원을 동시에 지닌다. 이 두 가지 차원은 역사적으로 악의 본질에 관한 철학적, 신학적 사색의 중심을 차지해왔다. 사람들은 악의 기원이 유대-기독교의 아킬레스건이라고 말한다. 왜냐하면 '의롭고 선하신 하나님께서 어떻게 지금처럼 세상이 타락하도록 방치하셨는가? 하나님이 죄의 원인자인가?' 라는 난해한 질문이 제기되기 때문이다. 즉 하나님이 창조하신 세상이 잘못되어 있는 탓에 하나님께도 무언가 잘못이 있지 않나 의심하는 사람들이 많다.

결여와 부정

철학자들과 신학자들은 두 개의 라틴어로 악의 본질을 정의한다. 하나는 '프리바티오'(privatio)이고('결여, 박탈'을 뜻하는 영어 단어 'privation'이 여기에서 유래했다), 다른 하나는 '네가티오'(negatio)다('부정, 부인'을 뜻하는 영어 단어 'negation'이 여기에서 유래했다). 이런 용어들로 인해 죄는 주로 부정적인 의미로 정의되었다.

'프리바티오'는 무언가가 결여된 상태를 가리킨다. 예를 들면 타락한 인간은 거룩함과 의로움이 결여된 상태이며 아담과 하와가 소유했던 '본래의 의'를 잃은 채 부패한 상태로 태어난다.

또한 악은 선의 부정이다. 성경은 '경건하지 못한 것'과 '불의'라는 말로 죄와 악을 묘사한다. 죄는 긍정적인 규범과 대조해야만 그 실체를 제대로 규명할 수 있다. 즉 경건을 이해하지 못하면 불경건이 무엇인지 알 수 없고, 의를 이해하지 못하면 불의가 무엇인지 알 수 없다. 그리스도라는 용어의 의미를 정확하게 이해하지 못하면 적그리스도가 무엇인지도 알 수 없다. 이처럼 악은 그보다 앞서 존재한 선과 대조될 때 비로소 의미를 지닌다. 마치 숙주에 의존해 목숨을 부지하는 기생충이나 거머리와 같다. 이것이 선의 존재를 먼저 확증하지 않으면 악의 문제를 다룰 수 없는 이유다.

죄를 환영으로 간주하는 것은 곤란하다. 죄는 실재다. 죄를 온전히 설명하기 어렵지만 우리가 경험하는 악은 명백한 현실이다. 그것은 단지 외부로부터 침투하지 않는다. 우리의 마음과 영혼에 인격적으로 깊이 내재한다.

CHAPTER. 20

원죄

신학자들은 인류의 타락과 원죄의 기원 및 본질을 논할 때 죄의 범위와 그것이 인간에게 미친 영향을 분석하는 데 초점을 맞춘다. 이것이 곧 원죄교리다.

흔히 원죄를 아담과 하와가 저지른 첫 번째 범죄로 생각하는 경향이 있다. 그러나 원죄는 첫 번째 범죄가 아닌 그 결과와 실질적인 범죄를 저지르는 인간의 타락하고 부패한 본성을 가리킨다. 성경은 우리가 죄를 지었기 때문에 죄인이 아니라 죄인이기 때문에 죄를 짓는다고 가르친다. 우리의 본성은 타락하고 부패했다. 그런 본성으로부터 우리의 죄가 비롯된다. 다시 말해 인류의 타락한 상태, 그것이 곧 원죄다.

성경은 우리의 인격이 본질적으로 잘못되었다고 가르친다. 일상의 경험이 그런 사실을 분명하게 보여준다. 조나단 에드워즈는 원죄를 다룬 논문에서 성경이 설혹 우리의 도덕적 성향에 문제가 있다고 가르치지 않더라도 이성적인 관찰을 토대로 그런 사실을 분명하게 확인할 수 있다고 말했다. 세상에 만연한 악의 현실은 누구도 부인할 수 없다. 죄의 보편성은 설명을 요구한다. 심지어 이교도들도 완전한 사람은 아무도 없다고 인정한다.

우리가 본질상 선하거나 도덕적인 중립 상태라면 많은 사람이 자연스런 선이나 중립 상태를 유지하며 죄를 짓지 않고 살아갈 것이라고 예상할 수 있다. 어떤 사람들은 우리의 환경이 악하지 않다면 선한 마음과 중립 상태를 유지할 수 있을 것이라고 말한다. 그러나 인간 사회는 그런 주장을 용납하지 않는다. 우리는 부패했다. 따라서 사회도 부패한 상태다. 우리는 적과 대항하는 상태이고, 그 적은 바로 우리 자신이다. 성경은 의로우신 하나님이 본래 선하게 창조된 피조세계를 심판하신 결과가 원죄라고 가르친다. 즉 죄지은 아담과 하와를 벌하시기 위해 하나님은 그들과 그들의 후손을 그 사악한 본성대로 행하도록 넘겨주셨다.

도덕적 무능력

아우구스티누스는 인간의 부패함을 분석하면서 하나님이 아담과 하와를 '죄지을 능력'(posse peccare)을 지닌 존재로 창조하셨다는 것을 깨달았다. '페카레'(peccare)는 '죄를 짓는다'는 뜻이다. 우리는 순수한 것을 '흠이 없는'(impeccable) 것이라 일컫는다. 사소한 죄를 때로 '가벼운 죄'(peccadillo)라고 말한다. 두 단어 모두 라틴어 '페카레'에서 유래했다. 아우구스티누스는 아담과 하와가 죄인으로 창조된 것은 아니지만 죄를 지을 수 있는 능력을 지녔다고 말했다. 그의 말은 사실이다. 왜냐하면 결과적으로 그들이 죄를 지었기 때문이다. 그들은 불가능한 일을 행한 것이 아니라 자신이 할 수 있는 일을 했다. 또한 그는 아담과 하와가 '죄를 짓지 않을 수 있는 능력'(posse non peccare)을 지닌 존재로 창조되었다고도 말했다. 하나님은 그들에게 금지된 나무의 열매를 먹지 말라고 명령하셨고 그들에게는 하나님께 복종할 수 있는 도덕적 능력이 있었다. 다시 말해 그들은 죄를 지을 수도, 짓지 않을 수도 있었다.

덧붙여 그는 인간이 타락한 후 '죄를 짓지 않을 수 있는 능력'을 상실했다고 말했다. 우리는 '죄를 짓지 않을 수 있는 능력이 결여된 상태'(non posse non peccare)에 처했다. 죄의 능력이 인간의 마음과 영혼에 깊이 뿌리를 박고 있어 죄를 짓지 않을 수 없다. 모든 인간의 본성이 부패했기 때문에 죄를 짓지 않는 사람은 아무도 없다. 오직 예수 그리스도 한 분만 죄 없는 삶을 사셨다. 이와 같이 죄짓지 않을 능력을 상실한 상태를 '인간의 도덕적 무능력 상태'라고 일컫는다.

이 말이 우리가 하나님의 율법이 명령하는 것을 조금도 행할 수 없다는 뜻은 아니다. 다만 인간이 율법을 지키는 것은 우연히 발생하는 현상이다.

다음과 같은 경우를 생각해보자. 자동차를 시속 90킬로미터로 운전하기를 좋아하는 사람이 있다. 그의 자동차는 그 속도로 경쾌하게 질주한다. 고속도로를 달리는 다른 운전자들은 시속 110킬로미터나 120킬로미터로 그를 추월하지만 그는 안전하면서도 편안한 심정을 느낀다. 어느 날 경찰관이 그의 차를 멈춰 세우고 안전운행을 한다고 칭찬했다. 교통 법규를 잘 지킨 덕분에 칭찬을 받은 것이다. 잠시 후 경찰관은 제 갈 길을 가고 그도 다시 도로를 달리기 시작했다. 그러다가 어린이보호구역에 접어들었다. 하지만 그는 여전히 시속 90킬로미터를 유지했다. 왜냐하면 그는 그 속도로 달리는 것을 좋아했기 때문이다. 사실 그는 법규를 준수하려는 마음이 없었다. 그가 도로에서 속도를 준수한 것은 우연이었을 뿐이다. 이를 가리켜 신학자들은 '시민도덕'이라고 일컫는다.

마찬가지로 우리가 이따금 하나님의 율법에 복종하는 것은 그렇게 하는 것이 우리의 사사로운 이익에 도움이 되기 때문이다. 우리가 도둑질을 하지 않는 이유는 형벌이 두렵기 때문이고, 고상하게 행동하는 이유는 사람들이 칭찬하기 때문이다. 우리가 근면한 이유도 직업활동의 필요성 같은 여러 가지 사적인 동기 때문이다. 이와 같이 타락한 인간에게는 하나님을 사랑하는 순수한 마음으로 율법에 복종하려는 성향이 없다.

예수님은 "네 마음을 다하고 목숨을 다하고 뜻을 다하여 주 너의 하나님을 사랑하라 하셨으니 이것이 크고 첫째 되는 계명이요 둘째도 그와 같으니 네 이웃을 네 자신같이 사랑하라"(마 22:37-39)고 말씀하셨다. 마르틴 루터는 큰 계명을 어기는 것이 가장 큰 죄라고 말했지만 우리는 그렇게 생각하지 않는다. 아무도 마음과 목숨과 뜻을 다해 하나님을 온전히 사랑하지 않는다.

이것은 우리가 신학적인 실수를 저지르는 이유이기도 하다. 우리는 성경이 너무 이해하기 어렵다거나 애매모호하다면서 그릇된 해석의 책임을 성경 탓으로 돌린다.

그러나 하나님은 혼동을 조장하지 않으시며 스스로를 분명하게 계시하셨다. 말씀의 빛을 가로막는 우리의 편견이 성경 본문을 왜곡할 뿐이다. 성경은 우리가 복종하기 싫어하는 것을 자주 언급한다. 때문에 우리는 양심을 단죄하는 성경의 가르침을 외면하기 위해 성경말씀을 자의적으로 해석하곤 한다.

성경을 해석하다보면 의도하지 않았는데도 잘못을 저지를 때가 있다. 성경 번역이 잘못되었거나 헬라어나 히브리어 문법 구조에 대한 지식이 부족한 경우에 그런 일이 발생한다. 그러나 마음과 목숨과 뜻을 다해 하나님을 사랑한다면 말씀을 연구하는 자세가 크게 달라질 것이 분명하다.

우리는 성경에 관한 지식보다 다른 일을 생각하는 데 시간을 더 많이 할애한다. 우리는 게으르다. 부지런히 하나님의 진리를 추구하지 않는다. 바로 이런 요인들이 우리로 하여금 성경을 왜곡하게 한다.

하나님의 기준

예수님은 "하나님 한 분 외에는 선한 이가 없느니라"(막 10:18)고 가르치셨고, 바울은 "의인은 없나니 하나도 없으며"(롬 3:10)라고 말했다. 이런 말씀은 다소 극단적으로 들린다. 왜냐하면 사람들이 종종 선하게 행동하는 것을 목격할 수 있기 때문이다. 앞서 말한 것처럼 신학자들은 그런 선행을 '시민도덕'이라고 부른다. 어머니는 자녀들을 위해 희생하고 사람들은 길에서 주운 지갑을 주인에게 돌려준다. 그러나 진정으로 선한 일(하나님의 기준에 따르는 일)을 행하려면 하나님을 사랑하는 마음으로 율법의 요구를 실천해야 한다. 구원받은 사람들도 하나님께 온전히 순종하기 어렵다. 하나님으로부터 소외된 탓에 본성이 심각하게 훼손되었기 때문이다.

도덕적인 무능력이나 원죄를 다룰 때마다 신학자들은 '선을 행할 능력이 없는 상태'를 염두에 둔다. 우리는 도덕적으로 하나님이 요구하시는 선을 행할 능력이 없다. 예수님은 "내 아버지께서 오게 하여 주지 아니하시면 누구든지 내게 올 수 없다"(요 6:65)는 말씀으로 인간의 상태를 묘사하셨다. 이 말은 인간의 보편적인 무능력 상태에서 출발한다. 예수님은 자기에게 나오도록 허용된 사람은 아무도 없다고 말씀하지 않으셨다. 다만 하나님이 이끌지 않으시면 아무도 자기에게 나올 수 없다고 말씀하셨을 뿐이다.

아울러 예수님은 "살리는 것은 영이니 육은 무익하니라"(63절)고 덧붙이셨다. 신약성경에서 '육'은 일반적으로 인간의 타락한 상태, 곧 죄에 속박된 상태를 가리킨다. 성경은 '죄 아래'라는 또 다른 표현을 사용하기도 한다. 즉 우리가 죄 위에 있는 것이 아니라 죄가 우리 위에 있다. 또한 우리의 마음은 항상 악하다(창 6:5).

따라서 그리스도를 영접하고 하나님께 나와 그분의 일을 행하려면 원죄의 속박에서 벗어나야 한다. 이 일은 성령의 주권적이고 초자연적인 사역을 통해 이루어진다. 이것이 예수님이 하나님의 나라에 들어가기는 고사하고 그 나라를 보기라도 하려면 먼저 거듭나야 한다고 말씀하셨던 이유다(요 3:3). 육으로 난 것은 육이다. 육의 상태로는 아무것도 할 수 없다. 우리는 타락했고, 따라서 도덕적으로 무능력해졌다.

인간의 도덕적 무능력은 아우구스티누스의 견해로 간주된다. 물론 모든 사람이 그의 견해에 동의한 것은 아니다. 오늘날에도 우리가 비록 타락했지만 약간의 의가 남아 있다고 주장하는 이들이 많다. 그들은 그 의를 토대로 하나님을 갈구함으로써 그분과 화해할 수 있는 첫 단추를 꿸 수 있다고 생각한다.

그러나 아우구스티누스의 견해는 인간은 단순히 병든 상태가 아니라 죄로 인해 죽은 상태라고 말한다. 인간은 죄에 철저히 속박되었으므로 하나님의 구원하시는 은혜가 없으면 아무것도 할 수 없다. 즉 구원은 그분의 구원하시는 은혜에서 시작된다.

내가 따르는 아우구스티누스의 전통은 타락이 인격 전체, 곧 생각과 마음과 육체에 광범위하게 영향을 미쳤다고 가르친다. 우리의 육체는 노쇠를 겪는다. 시력도 흐릿해지고, 머리털도 희어지고, 기력도 약해진다. 그러다가 병이 들고 결국 죽음을 맞이한다. 성경은 이 모든 것이 죄가 우리 육체에 미친 영향이라고 가르친다. 뿐만 아니라 죄의 권세는 우리의 마음과 의지와 생각에도 영향을 미친다. 우리에게는 사고력이 있지만 생각이 왜곡될 가능성이 많다. 논리적인 실수를 저지르고, 편견으로 인해 그릇 판단할 때가 많다. 우리는 의지도 지니고 있다. 여전히 하나님의 형상으로 지으심을 받은 피조물이기 때문에 선택의 능력을 보유하고 있다. 타락은 우리에게 있는 하나님의 형상을 왜곡시켰고 우리는 온전히 의로워질 수 있는 능력을 상실했지만, 우리에게는 아직 하나님의 형상이 남아 있다. 우리는 여전히 인간이다. 비록 부패했지만 타락 때문에 우리의 인간성이 완전히 사라지지는 않았다.

앞서 말한 대로 타락은 우리의 인간성을 크게 훼손했다. 바울은 로마서에서 "의인은 없나니 하나도 없으며 깨닫는 자도 없고 하나님을 찾는 자도 없고 다 치우쳐 함께 무익하게 되고 선을 행하는 자는 없나니 하나도 없도다"(3:10-12)라는 말로 타락으로 인한 결과를 설명했다.

요즘 교회가 이른바 '구도자'를 상대로 복음을 전한다는 소리가 들려온다. 도대체 누구를 그런 식으로 일컫는 것인지 도통 알 수가 없다. 성경은 자연 상태의 인간 중에는 하나님을 찾는 사람이 아무도 없다고 가르친다. 내가 만일 대중 앞에서 이런 말을 한다면 비웃음을 살 것이다. 그러나 이것이 선과 의의 기준에 따라 우리를 심판하시는 하나님의 평가다.

CHAPTER. 21

죄의 전가

　　우리의 본성이 죄를 짓는 것 말고는 아무것도 할 수 없을 정
도로 부패했다면 하나님은 어떻게 우리의 죄를 심판하실 수 있을까?
원죄교리를 생각할 때면 자연스레 생겨나는 의문이다. 따라서 본성의
부패가 아담으로부터 그의 후손에게 어떻게 전가되었는지를 살펴볼
필요가 있다. 성경은 그 연관성을 다음과 같이 밝힌다.

"그러므로 한 사람으로 말미암아 죄가 세상에 들어오고 죄로 말미암아
사망이 들어왔나니 이와 같이 모든 사람이 죄를 지었으므로 사망이 모
든 사람에게 이르렀느니라 죄가 율법 있기 전에도 세상에 있었으나 율
법이 없었을 때에는 죄를 죄로 여기지 아니하였느니라 그러나 아담으
로부터 모세까지 아담의 범죄와 같은 죄를 짓지 아니한 자들까지도 사
망이 왕 노릇 하였나니 아담은 오실 자의 모형이라 그러나 이 은사는
그 범죄와 같지 아니하니 곧 한 사람의 범죄를 인하여 많은 사람이 죽
었은즉 더욱 하나님의 은혜와 또한 한 사람 예수 그리스도의 은혜로 말
미암은 선물은 많은 사람에게 넘쳤느니라 또 이 선물은 범죄한 한 사람
으로 말미암은 것과 같지 아니하니 심판은 한 사람으로 말미암아 정죄

에 이르렀으나 은사는 많은 범죄로 말미암아 의롭다 하심에 이름이니라 한 사람의 범죄로 말미암아 사망이 그 한 사람을 통하여 왕 노릇 하였은즉 더욱 은혜와 의의 선물을 넘치게 받는 자들은 한 분 예수 그리스도를 통하여 생명 안에서 왕 노릇 하리로다 그런즉 한 범죄로 많은 사람이 정죄에 이른 것같이 한 의로운 행위로 말미암아 많은 사람이 의롭다 하심을 받아 생명에 이르렀느니라"(롬 5:12-18).

사도 바울은 두 번째 아담이신 그리스도와 첫 번째 아담을 대조했을 뿐 아니라 그 둘의 유사성을 언급했다. 한 사람(아담)의 불의로 인해 파멸과 사망에 이른 것처럼 한 사람(그리스도)의 의를 통해 구원받는다. 그리스도를 통해 우리에게 의가 전가된 것에는 아무 문제가 없다. 모든 문제는 아담의 불의가 우리에게 전가된 것 때문에 발생한다. 의와 불의의 전가를 설명하는 이론은 여러 가지다.

신화?

자유주의 신학자들은 아담과 하와의 이야기가 한갓 신화일 뿐이라고 주장한다. 즉 역사적인 아담이나 타락은 없었다는 것이다. 그들의 설명에 따르면 창세기 3장은 선하고 의로운 상태로 태어난 인간이 개인적으로 타락과 유혹을 경험한다는 것을 보여주는 비유에 지나지 않는다. 그들은 단지 모든 개인이 성경에 나타난 비유의 형태로 아담과 하와의 경험을 반복한다고 주장한다.

이 견해는 몇 가지 문제점을 안고 있다. 무엇보다 성경의 가르침을 대놓고 무시한다. 바울은 로마서 5장에서 모세 시대 전부터 율법이 세상에 존재했다고 말했다. 이 말은 곧 죄가 세상에 늘 있었다는 증거다. 아담부터 모세 시대에 이르기까지 죄가 세상을 지배했다. 바울은 율법이 없으면 죄도 있을 수 없고, 죄가 없으면 죄에 대한 형벌도 성립할 수 없다고 설명했다. 또 아담으로부터 모세까지 사망이 왕 노릇했다고 말했다. 사람들은 시내산 율법이 있기 전부터 죽음을 맛보았다. 거기에는 유아들도 포함되었다. 만일 자유주의자들의 주장대로 아담과 하와가 실제 인물이 아니라 신화 속의 인물이라면 아기들이 사망하는 이유를 설명해야 한다. 아기들은 왜 죽을까? 그들은 죄와 사망 사이에는 아무런 연관성이 없다고 단정한다. 하지만 그런 주장은 성경의 가르침에 위배된다.

실재론

성경의 계시를 진지하게 받아들여 역사적 타락을 주장하는 사람들 사이에서 원죄의 전가가 이루어지는 방식을 둘러싸고 지금까지 논쟁이 벌어지고 있다. 아담으로부터 다른 사람들에게 죄가 전가되는 방식을 다룬 견해 중 가장 보편적인 것은 실재론과 대표론이다.

실재론은 비교적 단순한 견해와 좀 더 복잡하고 철학적인 견해로 다시 나뉜다. 실재론자들은 인간이 저지른 죄를 벌하는 형벌이어야만 죄의 본성을 타고난 죄인을 벌하시는 하나님의 행위가 정당성을 지닌다고 주장한다. 바꾸어 말해 아담은 죄를 지었고 하나님은 그 죄에 대한 형벌의 일환으로 본성의 부패를 허용하셨다. 하나님이 사람들이 원하는 대로 하도록 허용하시는 것은 정당한 형벌이다. 그러나 아담에게 죄의 결과인 본성의 부패를 허용하신 것과 그가 저지른 죄로 인해 아담의 후손에게 본성의 부패를 허용하시는 것에는 큰 차이가 있다.

성경은 "아버지가 신 포도를 먹었으므로 그의 아들의 이가 시다고 함은 어찌 됨이냐"(겔 18:2)라고 말씀한다. 하나님이 다른 사람이 저지른 죄 때문에 무고한 사람을 벌하지 않으신다는 메시지다. 이 원리가 사실이라면 어떻게 타락한 본성이 대물림될 수 있단 말인가? 실재론자들은 우리가 에덴동산에서 아담과 더불어 타락했다면 우리에게 본성의 부패를 허용하신 하나님의 행위가 정당하다고 주장한다. 그들은 어떤 의미에서 우리가 그곳에 함께 있었다고 주장한다. 이것이 그들의 입장을 '실재론'으로 일컫는 이유 중 하나다. 그러나 그런 주장이 성립되려면 우리의 영혼(영혼과 육체의 결합은 모태에서 이루어지는 것으로 추정된다)이 에덴동산에서 아담과 하와의 타락에 동참했어야만 한다.

이런 주장을 뒷받침하기 위해 사용되는 성경적 근거는 아브라함과 멜기세덱의 만남이다. 이 일화는 구약성경(창세기 14장, 시편 110편)과 히브리서(7장)에 나타난다.

신약성경은 예수님을 우리의 구원자이자 왕이요 제사장으로 일컫는다. 예수님은 왕이 되시기 위해 유다 지파의 혈통을 계승하셔야 했다. 유다 지파의 후손들에게 다윗 왕국이 약속되었기 때문이다. 예수님의 계보를 기록한 신약성경에 따르면 예수님은 유다 지파의 혈통을 계승하셨기 때문에 이스라엘의 왕이 될 자격이 있으셨다. 더불어 유다 지파에 속하셨기 때문에 레위 지파를 계승하실 수 없었다. 아론의 제사장직(아론은 이스라엘의 초대 대제사장이었다)은 레위 지파의 후손들에게만 계승되었으므로 예수님을 우리의 대제사장으로 선언한 신약성경의 저자들은 그분의 생물학적인 혈통 문제에 봉착했다. 히브리서는 구약성경의 여러 구절, 특히 영원한 왕과 제사장을 세우겠다는 하나님의 의도를 명시한 '메시아 시편'을 토대로 문제의 해결책을 제시했다. 구약성경에 레위 지파의 제사장직 외에 또 다른 제사장직이 존재했다고 주장하면서 '평강의 왕'(히 7:2)으로 일컬어진 신비로운 인물 멜기세덱의 사역에서 그 근거를 찾아낸 것이다. 본문은 멜기세덱이 아버지도 없고 어머니도 없다고 말했다(3절). 부모가 없다는 진술은 혈통상의 계보가 존재하지 않는다는 뜻을 내포한다. 때문에 어떤 주석학자들은 멜기세덱을 정상적인 인간의 후손이 아닌 성육신 이전에 나타나신 그리스도라고 설명하며, 이 견해는 많은 사람의 지지를 받는다.

멜기세덱과 아브라함이 대면했을 때 두 가지 일이 발생했다. 아브라함은 멜기세덱에게 십일조를 바쳤고, 멜기세덱은 그를 축복했다. 히브리서는 유대인의 관습에 따라 높은 자가 낮은 자를 축복한다고 말한다 (7절). 그렇다면 아브라함이 멜기세덱에게 십일조를 바쳤고 멜기세덱은 아브라함을 축복했으니 멜기세덱이 아브라함보다 높은 자인 것이 분명하다.

같은 맥락에서 아브라함이 히브리인의 계보에서 차지하는 위치는 그의 아들인 이삭보다 더 높고, 이삭의 위치는 그의 아들 야곱보다 높으며, 야곱의 위치는 레위를 비롯한 그의 아들들보다 더 높다. 따라서 아브라함이 레위보다 높고 멜기세덱이 아브라함보다 높다면 멜기세덱이 레위보다 더 높은 것은 자명한 사실이다. 그러므로 예수님이 멜기세덱의 반차를 따른 제사장이시라면 그분의 제사장직은 레위 지파의 제사장직보다 더 높을 수밖에 없다.

> "레위 족보에 들지 아니한 멜기세덱은 아브라함에게서 십분의 일을 취하고 약속을 받은 그를 위하여 복을 빌었나니 논란의 여지없이 낮은 자가 높은 자에게서 축복을 받느니라 또 여기는 죽을 자들이 십분의 일을 받으나 저기는 산다고 증거를 얻은 자가 받았느니라 또한 십분의 일을 받는 레위도 아브라함으로 말미암아 십분의 일을 바쳤다고 할 수 있나니 이는 멜기세덱이 아브라함을 만날 때에 레위는 이미 자기 조상의 허리에 있었음이라"(히 7:6-10).

실재론자들은 아브라함이 십일조를 바칠 때 레위가 그곳에 있었다는 것이 본문의 가르침이라고 주장한다. 그리고 이를 '영혼선재설'을 뒷받침하는 증거로 삼는다. 이것은 상당한 비약이다. 심지어 본문도 "바쳤다고 할 수 있나니"라는 추론적 표현을 사용하고 있다.

유전학적 견지에서 우리의 증손자가 우리의 몸 안에 내재한다고 말할 수 있겠지만 그렇다고 해서 그가 실제로 우리 안에 존재하는 것은 아니다.

좀 더 정교한 실재론은 문자적인 선재설을 믿지 않는다. 이 견해는 플라톤, 아우구스티누스, 조나단 에드워즈와 같은 사람들에게서 발견되는 일종의 철학적 실재론이다. 이 견해는 하나님이 우리가 태어날 것을 미리 염두에 두셨다고 주장한다. 그분은 영원 전부터 우리 개개인을 온전히 알고 계시기 때문이다.

따라서 개인에 대한 하나님의 지식은 그 사람의 온전한 현실을 내포하는 실제와 다름없다. 이 가르침은 여러 가지 철학적 전제를 앞세우고 있지만 교회 역사상 많은 지지를 받아왔다. 나 역시 매우 흥미로운 견해라고 생각한다.

대표론

또 하나의 견해는 대표론이다. 이 견해는 아담의 대표성을 강조한다. 연방공화국의 정부 관리들이 국민을 대표하는 것처럼 아담은 에덴동산에서 인류의 대표자로 존재했다. 그와 같은 방식으로 예수님도 하나님의 백성과 일체가 되셨다. 그분은 우리의 대리자로서 우리를 대신해 십자가에서 죽으셨다. 그렇게 우리의 죄는 그리스도께, 그리스도의 의는 우리에게 전가되었기 때문에 하나님께서 우리를 의롭다고 여기시는 것이다.

이 견해에 따르면 우리의 구원은 대표성이 타당한지에 달려 있다. 만일 우리가 하나님 앞에서 대표성을 인정하지 않으면 구원을 얻을 수 없다. 오직 대표자의 사역을 통해서만 구원받을 수 있기 때문이다.

아담('사람'이라는 뜻)은 인류의 대표자였고 자기 자신과 모든 후손의 머리였다. 따라서 그가 타락하는 순간 그가 대표한 모든 사람이 함께 타락했다. 우리가 그의 행위를 함께 책임져야 하는 이유는 그가 우리를 대표하기 때문이다. 그러나 이 견해는 사람들에게 "우리는 아담을 우리의 대표자로 선택하지 않았소."라고 불평할 수 있는 여지를 제공한다.

미국 혁명 당시 미국의 개척자들은 영국 의회에 자신들의 대표자를 받아달라고 요청했다. 그리고 "대표를 인정하지 않으면 세금을 내지 않겠다"고 주장했다. 그들은 자신의 손으로 대표자를 직접 선택할 수 있는 권리를 요구했으며, 이 권리는 오늘날까지 미국의 신성한 권리로 이어져 내려온다. 이와 같이 우리는 우리를 바르게 대표할 수 있는 대표자를 선택할 권리를 원한다. 다른 사람이 우리 대신 대표자를 세우는 것을 원치 않는다.

그러나 하나님은 아담을 우리의 대표자로 세우셨다. 인류 역사상 십자가 외에 우리를 가장 온전하게 대표한 경우가 바로 그때다. 그 이유는 우리의 대표자를 선택하신 하나님이 지극히 거룩하고 의로운 존재이시기 때문이다.

대표자 선택은 그분의 완전한 지혜에 근거했다. 하나님은 우리를 이미 알고 계셨고 우리의 대표자도 알고 계셨다. 따라서 죄책의 전가를 회피할 요량으로 아담이 우리를 잘못 대표했다고 불평할 수 없다. 우리가 에덴동산에 있었다면 아담처럼 행동하지 않았을 것이라고 생각할지 모른다. 그러나 아담은 하나님이 선택하신 대표자였기 때문에 우리를 가장 완벽하게 대표했다.

만일 누군가 우리를 대신해 어떤 행동을 했다면 그 행동에 대한 책임을 함께 짊어져야 한다. 내가 누군가를 고용해 살인을 지시했고 내가 없을 때 그가 그 일을 행동에 옮겼다면 내가 직접 방아쇠를 당기지 않았더라도 일급 살인의 책임을 함께 감당해야 하는 것이다. 물론 우리가 아담을 선택한 것이 아니기 때문에 우리 입장에서는 이런 비유가 설득력이 없다. 내가 말하려는 요점은 아담이 대표자로 선택된 것이 전지하시고 의로우신 하나님에 의해 온전하게 이루어졌다는 것이다. 하나님의 판단에 따르면 아담은 우리 대신 행동했다. 이것이 한 사람의 죄가 우리의 파멸을 가져왔고, 그것을 모면할 수 있는 유일한 희망이 또 다른 대표자의 의에 달려 있는 이유다.

CHAPTER. 22

언약

히브리서의 주제는 그리스도의 우월성, 특히 우리의 위대한 대제사장으로서의 역할이다. 히브리서는 그런 예수님의 위대하심을 언급하면서 하나님이 모세와 맺으신 언약과 독생자이신 예수 그리스도를 통해 중재된 새 언약을 대조했다.

"대제사장마다 예물과 제사 드림을 위하여 세운 자니 그러므로 그도 무엇인가 드릴 것이 있어야 할지니라 예수께서 만일 땅에 계셨더라면 제사장이 되지 아니하셨을 것이니 이는 율법을 따라 예물을 드리는 제사장이 있음이라 그들이 섬기는 것은 하늘에 있는 것의 모형과 그림자라 모세가 장막을 지으려 할 때에 지시하심을 얻음과 같으니 이르시되 삼가 모든 것을 산에서 네게 보이던 본을 따라 지으라 하셨느니라 그러나 이제 그는 더 아름다운 직분을 얻으셨으니 그는 더 좋은 약속으로 세우신 더 좋은 언약의 중보자시라"(히 8:3-6).

아울러 히브리서는 새 언약이 옛 언약보다 어떻게 더 나은지, 또 옛 언약이 어떻게 폐지되었는지를 설명했다. 새 언약이 더 나은 이유는 모세보다 더 나은 중보자가 계실 뿐 아니라 더 좋은 약속이 주어졌기 때문이다. 이 점은 매우 중요하다. 그것이 언약의 본질에 관한 지식을 깨우쳐주기 때문이다.

성경이 가르치는 대로 구원계획의 전개 과정은 언약을 통해 이루어진다. 언약이란 둘 이상의 당사자가 계약을 맺는 것을 말한다. 성경을 살펴보면 몇 가지 언약이 발견된다. 예를 들면 하나님께서 아담과 하와와 맺으신 언약(아담 언약), 노아와 맺으신 언약(노아 언약, 하나님은 하늘의 무지개를 언약의 표징으로 삼으셨다), 아브라함과 맺으신 언약(아브라함 언약, 그의 후손인 이삭과 야곱에게까지 계속되었다) 등이 있다. 특히 옛 언약은 하나님이 시내산에서 모세를 통해 이스라엘과 맺으신 언약(모세 언약, 또는 시내산 언약)을 가리킨다.

우리는 삶의 거의 모든 영역에서 언약을 체결한다. 고용 관계를 맺을 때는 고용주와 피고용인이 계약을 체결하고, 결혼도 언약의 개념에 근거한다. 두 사람이 결혼을 통해 서로 약속하고 하나님 앞에서 엄숙히 맹세함으로써 서로의 약속을 보증하는 것이다. 심지어 정부도 통치하는 사람과 통치를 받는 사람들 사이에서 이루어지는 언약과 협약에 근거한다. 또 모든 언약에는 약속이 포함되어 있다. 고대사회의 언약에는 약속은 물론 법규와 조항까지 덧붙여졌다. 당시 사람들은 서로가 정한 조항을 이행한다는 조건 아래 언약을 체결했다. 이와 같은 언약의 개념은 성경적인 기독교를 이해하는 데 매우 중요하다. 기독교인의 삶은 궁극적으로 약속(하나님이 예수님의 인격과 사역을 통해 우리를 구원하신다는 약속)을 믿는 믿음에 근거한다. 하나님은 언약으로 우리에게 말씀을 허락하셨다. 요한은 자신의 복음서에서 말씀이 육신이 되신 분이 곧 그리스도라고 소개했다. 하나님은 단지 약속의 말씀뿐 아니라 그리스도, 곧 인간의 육신을 입고 나타나신 말씀을 허락하셨다. 언약의 중요성을 아무리 강조해도 지나치지 않은 이유가 여기에 있다.

언약의 종류

신학자들은 일반적으로 성경에 나타나는 세 가지 언약, 곧 구원언약, 행위언약, 은혜언약을 언급한다.

오늘날 교회 안에서 구원언약에 관한 말을 듣기가 매우 어렵다. 그러나 나는 이것이야말로 조직신학의 가장 중요한 측면 중 하나라고 생각한다.

하나님은 인간과 구원언약을 맺지 않으셨다. 구원언약은 영원 전에 성삼위 하나님 사이에서 이루어졌다. 우리는 구원의 역사 안에서 성부와 성자와 성령의 역할을 발견한다. 창조도 성삼위 하나님의 사역이다. 성부 하나님이 흑암 속에서 말씀으로 세상을 창조하실 때 성령께서 수면 위를 운행하시면서 만물을 조성하셨다(창 1:2).

또 신약성경은 여러 곳에서 성부께서 만물을 창조하실 때 그리스도가 대리자로 일하셨다고 증언한다. 예를 들어 요한복음 1장 3절은 "만물이 그로 말미암아 지은 바 되었으니 지은 것이 하나도 그가 없이는 된 것이 없느니라"고 진술한다. 이처럼 성부와 성자와 성령이 모두 창조사역에 참여하셨다.

신학자들은 성삼위 하나님의 역할을 기능적으로 구별한다. 성부는 구원계획을 세우셨다. 이는 성부께서 영원한 선택의 작정을 주관하셨고, 성자를 세상에 보내 구원을 이루셨다는 것을 의미한다. 성자께서는 우리를 위해 구원을 성취하셨다. 그리고 성령은 구원을 우리 각자의 삶에 적용하신다. 그렇다면 우리는 어떻게 구원받은 백성이 되는 걸까? 그것은 바로 성령의 거듭나게 하시는 사역을 통해서다. 성령께서 새 생명을 주어 영적으로 죽은 우리를 살리시고 마음속에 믿음을 창조하신다. 또한 우리를 거룩하게 하시고 영화롭게 하신다. 이것이 구원사역이다. 성삼위 하나님이 모두 서로의 동의 아래 구원사역에 참여하신다.

몇 년 전 독일 신학자들 사이에서 논쟁이 벌어졌다. 그들은 성부와 성자 사이에 갈등이 존재했다고 전제하며 그리스도께서 지상에 계실 때 인류에 대한 진노를 철회하도록 성부를 설득하셨다고 추정했다. 물론 그런 생각은 성경이 가르치는 구원을 심각하게 곡해한 것이다. 구원의 언약은 성부와 성자와 성령께서 인류의 구원에 온전히 동의하셨다고 가르친다. 성자는 억지로 이 세상에 오시지 않았다. 오히려 성부의 계획을 이루기 위해 기꺼이 인간이 되셨다. 속죄의 사역을 완성하시기 전날 밤, 예수님은 겟세마네 동산에서 땀이 핏방울이 되어 흘러내릴 만큼 간절한 마음으로 기도하셨다. "아버지여 만일 아버지의 뜻이거든 이 잔을 내게서 옮기시옵소서 그러나 내 원대로 마시옵고 아버지의 원대로 되기를 원하나이다"(눅 22:42). 이 말씀에는 "다른 방법이 있다면 좋겠지만 아버지의 뜻이 무엇이든 그 뜻에 기꺼이 동의합니다."라는 의미가 담겨 있다.

행위언약과 은혜언약

행위언약과 은혜언약의 가장 큰 차이는 전자는 하나님이 타락 이전에 아담과 하와와 맺으신 언약이고 후자는 하나님이 인간의 타락 후 아담의 후손과 맺으신 언약이라는 점이다. 행위언약은 아담과 하와가 유예적인 상태로 창조된 사실과 관련된다. 하나님은 영생의 약속과 함께 그들에게 특별한 명령을 주셨다(영생은 에덴동산의 생명나무로 상징된다). 바로 선과 악을 알게 하는 나무의 열매를 먹지 말라는 규정이었다. 행위언약에서 인류의 운명은 말 그대로 행위, 곧 아담과 하와의 복종에 근거해 결정되었다. 그들이 그 규정에 복종한다면 영원한 축복에 이를 것이고, 복종하지 않으면 후손들과 함께 사망에 이를 것이었다. 불행히도 아담과 하와는 시험을 통과하지 못했다. 그들은 언약을 어겼고, 그로 인해 온 세상이 저주 아래 놓였다.

우리는 그때 아담과 하와가 잃었던 낙원을 되찾는 것을 구원으로 생각하는 경향이 있다. 하지만 그것은 오해다. 구원은 단지 아담과 하와가 타락하기 전에 누렸던 것을 회복하는 데 멈추지 않고, 그들이 행위언약에 복종함으로 도달했을 상태에 이르는 것을 의미한다.

두 언약에 대한 오해는 이뿐만이 아니다. 전자가 '행위언약'으로, 후자는 '은혜언약'으로 일컬어지는 까닭에 행위언약에는 은혜가 없다고 생각하기 쉽다. 그러나 하나님이 피조물과 언약을 맺으시고 일정한 조건 아래 약속의 말씀을 허락하셨다면 그 자체가 이미 은혜다. 그분은 피조물에게 무엇을 약속해야 할 아무 의무가 없으시기 때문이다.

행위언약이 파기되자 하나님은 인간이 구원받을 수 있는 새로운 기회를 허락하셨다. 그분은 아담과 하와의 실패에도 불구하고 그들을 불쌍히 여겨 구원하셨다. 그리고 새로운 약속, 곧 그리스도의 사역을 통한 구원의 약속을 근거로 구원을 베푸셨다. 성경은 우리가 은혜로 구원받으며, 그 은혜가 그리스도의 인격과 사역을 통해 주어진다고 가르친다. 그리스도께서 우리의 구원자요 대리자가 되어 우리를 구원하셨다. 이것이 신약성경이 그분을 '둘째 아담'으로 일컫는 이유다. 그분은 세상에 오셔서 행위언약에 복종하셨다. 그리고 새로운 아담으로서 낙원에 있던 아담과 하와의 본래 상태로 되돌아가셨다. 예수님이 광야에서 40일 동안 마귀에게 시험받으신 사건이 이 점을 극적으로 묘사한다.

또한 예수님은 공생애 기간 내내 유혹을 당하셨다. 이것이 신학자들이 우리가 그리스도의 죽음뿐 아니라 그분의 삶을 통해 구원받는다고 강조하는 이유다. 그리스도께서는 온전한 복종의 삶을 통해 본래의 행위언약이 요구했던 모든 조항을 이루셨다. 궁극적으로 우리는 행위를 통해 구원받는다. 이 진리는 오직 믿음으로 의롭다 하심을 받는다는 것을 부인하지 않고, 오히려 그 정당성을 입증한다. 오직 그리스도를 믿는 믿음만으로 의롭게 되는 이유는 그리스도께서 행위언약을 성취하셨기 때문이다. 따라서 우리는 여전히 행위를 통해 구원받는다. 다만 그 행위는 우리의 행위가 아니라 그리스도의 행위다. 이처럼 은혜언약은 행위언약을 폐하지 않고 도리어 행위언약을 성취한다.

구약성경은 온통 하나님의 정의와 진노를 가르치고, 신약성경은 그분의 긍휼과 은혜와 사랑만 가르친다고 생각하는 사람들이 있다. 그러나 하나님의 정의와 진노가 가장 극명하게 드러난 사건은 신약성경에서 발견되는 십자가 사건이다. 하나님의 진노가 그리스도께 모두 쏟아졌고, 그분의 정의가 온전히 만족되었다. 동시에 십자가는 하나님의 은혜를 가장 분명하게 드러낸 사건이기도 하다. 그리스도께서 우리 대신 하나님의 진노를 감당했기 때문이다. 우리의 대리자이신 예수님이 첫 번째 언약의 조항에 복종하셨고, 자기를 믿는 모든 사람을 위해 그 의무를 온전히 감당하셨다. 그렇게 하나님의 약속이 행위언약과 은혜언약을 통해 영원히 성취되었다.

PART 4

기독론

CHAPTER. 23

성경이 말하는 그리스도

조직신학에서 기독론은 가장 엄숙하고도 풍요로운 주제 중 하나다. 기독론은 그리스도의 인격과 사역을 다룬다. 즉 우리가 믿는 신앙을 "기독(그리스도)교"로 일컫는 것은 참으로 의미심장하다. 우리를 구원하신 주님께 관심의 초점을 맞추는 것은 지극히 당연하다. 그리스도의 인격에 관한 그 어떤 연구도 단지 수박 겉핥기에 지나지 않을 것이다. 예수님에 관한 성경의 가르침은 인간의 능력으로 다 헤아릴 수 없을 만큼 깊다.

"내가 보매 보좌에 앉으신 이의 오른손에 두루마리가 있으니 안팎으로 썼고 일곱 인으로 봉하였더라 또 보매 힘 있는 천사가 큰 음성으로 외치기를 누가 그 두루마리를 펴며 그 인을 떼기에 합당하냐 하나 하늘 위에나 땅 위에나 땅 아래에 능히 그 두루마리를 펴거나 보거나 할 자가 없더라"(계 5:1-3).

요한이 환상 중에 천국을 볼 때 "누가 그 두루마리를 펴며 그 인을 떼기에 합당하냐"라는 큰 음성이 들려왔다. 그는 과연 누가 나설 것인지, 곧 누가 합당한 자격을 인정받았는지 지켜보려고 잔뜩 기대하며 기다렸다. 그리고 결국 이렇게 증언했다.

> "그 두루마리를 펴거나 보거나 하기에 합당한 자가 보이지 아니하기로 내가 크게 울었더니 장로 중의 한 사람이 내게 말하되 울지 말라 유대 지파의 사자 다윗의 뿌리가 이겼으니 그 두루마리와 그 일곱 인을 떼시리라 하더라 내가 또 보니 보좌와 네 생물과 장로들 사이에 한 어린 양이 서 있는데 일찍이 죽임을 당한 것 같더라 그에게 일곱 뿔과 일곱 눈이 있으니 이 눈들은 온 땅에 보내심을 받은 하나님의 일곱 영이더라 그 어린 양이 나아와서 보좌에 앉으신 이의 오른손에서 두루마리를 취하시니라"(계 5:4-7).

곧이어 네 생물과 이십사 장로들이 어린 양 앞에 엎드려 찬양을 드렸고, 천사들의 찬양이 그 뒤를 이었다.

> "죽임을 당하신 어린 양은 능력과 부와 지혜와 힘과 존귀와 영광과 찬송을 받으시기에 합당하도다"(12절).

연속되는 광경을 지켜보던 요한은 쉴 새 없이 감정이 급변했다. 그는 누군가가 나와서 두루마리를 펼 것이라 기대했지만 자격 있는 사람이 아무도 없는 것 같아 절망했다. 그러나 천사는 유다 지파의 사자가 자격이 있으니 울지 말라며 그를 위로했다.

요한은 엄청난 능력을 지닌 생물이 우렁차게 부르짖으며 두루마리를 찢어 펼 것이라고 생각했지만 그의 눈에 띈 것은 죽임을 당한 어린 양뿐이었다. 그런 광경은 그리스도의 비하와 승귀(昇貴, 그리스도께서 하나님의 완전하신 사랑과 기쁨에 참여하며 그에 합당한 존귀와 영광의 자리에 오르시는 것. 부활, 승천, 하나님 우편에 앉으심, 재림 등이 포함된다-편집자주), 곧 그분의 고난과 승리를 생생하게 대조할 뿐 아니라 그분의 인격과 가치를 다각적으로 드러낸다.

사복음서의 증언

왜 하나님은 사복음서를 허락하셨을까? 단 한 권의 복음서만으로 예수님의 생애를 증언하게 하지 않으신 이유가 무엇일까? 그것은 사복음서를 통해 서로 조금씩 다른 관점에서 예수님의 인격과 사역을 증언하게 하는 것이 그분의 기쁘신 뜻이었기 때문이다.

마태복음은 유대인의 관점에서 기록되었다. 때문에 예수님이 구약성경의 많은 예언을 성취하신 사실을 강조하며 예수님이 오래전부터 약속되어온 메시아시라고 증언한다.

마가복음은 간결하고도 긴박감 넘치는 문체를 사용하면서 예수님의 생애를 추적하며 이스라엘 땅에서 이루어진 놀라운 기적들을 증언하고 있다.

이방인 출신이자 사도 바울의 선교여행에 동참했던 의사 누가도 복음서를 기록했다. 그는 예수님이 유대인뿐 아니라 각 나라와 족속과 백성 가운데에 있는 수많은 사람을 구원하기 위해 세상에 오셨다고 증언했다. 또 그는 예수님이 비유로 가르치신 진리를 이해하기 쉽게 소개했고, 그분의 놀라운 지혜를 보여주었다.

요한복음은 예수님의 생애 중 마지막 일주일 동안에 벌어진 일을 기록하는 데 전체의 절반 이상을 할애한다. 그리고 깊은 신학적 관점에서 그리스도를 묘사하며 예수님이 진리의 화신이자 세상의 빛이요 풍성한 생명을 지니신 분이라고 증언한다.

또한 복음서는 그리스도에 대한 사람들의 다양한 반응을 보여준다. 예를 들면 베들레헴 외곽의 한 들판에서 양을 치다가 예수님의 탄생

소식을 전해들은 목자들의 반응(눅 2:8-20), 예수님이 성전에서 정결 예식을 행할 때 성전에서 그분을 본 시므온의 반응 등이다. 시므온은 "주재여 이제는 말씀하신 대로 종을 평안히 놓아 주시는도다 내 눈이 주의 구원을 보았사오니 이는 만민 앞에 예비하신 것이요"(눅 2:29-31)라고 말했다. 예수님은 어렸을 때 성전에서 율법학자들을 놀라게 하셨고(눅 2:41-52), 세례요한은 요단강에서 자기에게 나오시는 예수님을 보고 "보라 세상 죄를 지고 가는 하나님의 어린 양이로다"(요 1:29)라고 증언했다. 한밤중에 예수님께 찾아와 가르침을 구했던 니고데모는 "랍비여 우리가 당신은 하나님께로부터 오신 선생인 줄 아나이다 하나님이 함께하시지 아니하시면 당신이 행하시는 이 표적을 아무도 할 수 없음이니이다"(요 3:2)라고 말했다.

예수님은 선생으로서 어렸을 때 다른 랍비들을 놀라게 하셨을 뿐 아니라 성인이 되셨을 때도 그 지혜와 통찰이 당대의 가장 뛰어난 선생들을 능가하셨다.

그분은 사마리아의 수가라는 동네에 있는 야곱의 우물에서 천한 여인과 대화를 나누셨다. 그녀는 처음에 "주여 내가 보니 선지자로소이다"(요 4:19)라고 말했지만, 예수님이 그간에 있었던 자신의 행적을 모두 알고 계시는 것을 알고는 그분이 사람들이 그토록 오랫동안 고대하던 메시아라는 사실을 깨달았다.

빌라도도 자신의 관정에서 "내가 보니 이 사람에게 죄가 없도다"(눅 23:4)라고 선언했다가 나중에는 군중을 향해 "보라 이 사람이로다"(요 19:5)라고 말했다. 그의 이 말은 기독교 역사에 영구히 남아 전해오고 있다. 십자가에서 예수님의 죽음을 지켜보던 백부장은 "이는 진실로 하나님의 아들이었도다"(마 27:54)라고 말했고, 의심 많은 도마는 부활하신 그리스도를 직접 목격한 뒤 "나의 주님이시요 나의 하나님이시니이다"(요 20:28)라고 고백했다.

간단히 말해 사복음서는 인류 역사상 그 누구와도 비견할 수 없는 인물을 소개하고 있다. 사복음서가 증언하는 예수님은 절대적으로 순결하신 존재, 곧 죄가 없으신 사람이다. 그분은 자신을 비난하는 사람들을 향해 "너희 중에 누가 나를 죄로 책잡겠느냐"(요 8:46)라고 말씀하실 정도로 순결하셨다. 이와 같은 예수님의 모습은 참으로 놀랍기 그지없다.

예수님도 친히 자신의 신분을 밝히셨다. "내가 내 자의로 말한 것이 아니요 나를 보내신 아버지께서 내가 말할 것과 이를 것을 친히 명령하여 주셨으니"(요 12:49). 예수님은 메시아에 대한 사람들의 오해 때문에 한동안 신분을 숨기셨지만 이따금 대담하면서도 놀라운 주장을 제기하셨다. 예를 들면 요한복음에서 "내가 곧 생명의 떡이니라 너희 조상들은 광야에서 만나를 먹었어도 죽었거니와 이는 하늘에서 내려오는 떡이니 사람으로 하여금 먹고 죽지 아니하게 하는 것이니라"(요 6:48-50)고 말씀하셨다. 그런 말씀에 분개하며 어떤 사람들은 다시는 그분을 따르지 않기도 했다.

예수님은 "나는 포도나무요 너희는 가지라 그가 내 안에, 내가 그 안에 거하면 사람이 열매를 많이 맺나니 나를 떠나서는 너희가 아무것도 할 수 없음이라"(요 15:5)고 말씀하셨다. 또 "내가 문이니"(요 10:9)라는 말씀으로 당시의 거짓 선지자들, 곧 양떼를 먹이고 돌보는 일보다 사사로운 이익에만 관심을 기울였던 악한 목자들과 자신을 대조하시며, "나는 선한 목자라 나는 내 양을 알고 양도 나를 안다"(요 10:14 참조), "내가 곧 길이요 진리요 생명이니"(요 14:6)라고도 말씀하셨다.

"너희 조상 아브라함은 나의 때 볼 것을 즐거워하다가 보고 기뻐하였으니라…… 진실로 진실로 너희에게 이르노니 아브라함이 나기 전부터 내가 있느니라"(요 8:56, 58)라는 말씀은 더더욱 놀랍기 그지없다. 예수님은 "아브라함이 나기 전부터 내가 있었다"가 아니라 "내가 있느니라"고 말씀하셨다. 즉 "나는 ___이다."라고 주장하셨다. 이 말은 헬라어 "'에고 에이미'(Ego eimi)를 번역한 것이다. 헬라어에서는 '에고'나 '에이미' 둘 중 하나만 사용해도 '나는 ___이다.'라는 의미가 성립된다. 그러나 예수님은 '에고'와 '에이미'를 둘 다 사용해 말씀하고자 하신 내용을 더욱 강조하셨다. 1세기의 교회는 이런 사실을 간과하지 않았다. 헬라어를 말하는 유대인들은 하나님의 신성한 이름을 '여호와'로 언급했으며 이 말은 '나는 스스로 있는 자다.'라는 뜻이다. 그런 표현을 스스로에게 적용하심으로써 예수님은 거룩하신 하나님과 자신을 동일시하셨다.

또한 예수님은 '인자'라는 칭호를 사용해 하나님의 권위를 주장하셨다. '인자'는 구름을 타고 하늘에 올라가 "옛 적부터 항상 계신 이"(단 7:13) 앞에 나간 존재를 가리킨다. 그런 어법을 적용해 예수님은 "인자는 안식일에도 주인이니라"(막 2:28)라고 말씀하셨다. 주지하는 것처럼 안식일을 제정하신 분은 하나님이시다. 따라서 예수님이 안식일의 주인이라고 주장하신 것은 스스로를 하나님과 동일시하신 것이었다. 예수님은 한 병자를 고쳐주실 때도 "인자가 세상에서 죄를 사하는 권능이 있는 줄을 너희로 알게 하려 하노라" 말씀하셨다(마 9:6, 막 2:10, 눅 5:24). 때문에 원수들은 예수님이 자기를 하나님과 동등하게 여기신 것에 분노했다(요 5:18 참조).

사도들의 증언

예수님에 관한 증언은 사복음서에서 그치지 않고 사도들의 증언으로 이어진다. 사도 바울은 그리스도의 구원사역을 자세히 소개한다. 그는 속죄를 설명했고, 우리의 중보자이신 그리스도께서 어떻게 구원을 이루셨는지 보여주었다. 베드로와 요한의 서신은 물론 히브리서에서도 그리스도에 관한 증언이 풍성하게 발견된다. 히브리서는 그리스도께서 천사들과 모세와 아론의 제사장직보다 우월하실 뿐 아니라 "하나님의 영광의 광채시요 그 본체의 형상이시라"(히 1:3)고 증언했다. 이와 같이 마태복음에서 요한계시록에 이르기까지 신약성경의 중심 주제는 그리스도다.

예수님에 관한 구약성경의 증언

또한 예수님은 구약성경의 주제이시기도 하다. 구약성경에 상세히 묘사된 성막은 예수님을 상징하며, 예수님의 인격과 사역은 그분이 구약성경의 성막이시라는 것을 분명하게 보여준다. 뿐만 아니라 구약성경에 자세히 묘사된 희생제도는 예수님의 사역을 통해 성취되었고, 선지자들의 기록도 장차 오실 메시아에 초점을 맞추었다. 그러므로 신약성경만 예수님을 증언하는 것이 아니라 구약성경도 똑같이 예수님을 증언한다. 즉 창세기부터 요한계시록까지 모든 성경이 예수 그리스도에 관해 증언한다.

그리고 예수님에 관한 이 모든 증언은 완전한 인간이신 그분의 모습을 확실하게 보여준다. 예수님은 완전한 인간이신 동시에 우리와 함께하시는 하나님, 곧 성육하신 하나님이시다. 교회가 초창기부터 예수님의 인성과 그리스도의 신성을 바르게 이해하는 데 어려움을 겪었던 이유는 예수님에 관한 성경의 증언이 이와 같이 심오한 의미를 지니기 때문이다. 그런 어려움이 니케아 공의회는 물론 그 후에 열린 칼케돈 공의회에서도 분명하게 확인된다.

CHAPTER. 24

하나의 인격, 두 가지 본성

요즘 신학자들 사이에서 그리스도의 인격이 논쟁의 주제로 부각되었다. 그러나 이것은 새로운 현상이 아니다. 4세기에는 아리우스 논쟁 때문에 니케아 공의회가 개최되었고(325년), 그 후에 또 다른 논쟁이 불거져 칼케돈 공의회가 개최되었다(451년). 19세기에는 자유주의가 발흥했고, 20세기에는 '예수 세미나'(Jesus Seminar)라는 이단이 나타났다. 둘 다 성경의 가르침과 다른 그리스도를 전했다. 따라서 교회는 그리스도의 인격을 거듭 재정립해야만 했다.

두 개의 이단

5세기에 접어들어 양방향에서 정통 기독교에 대한 공격이 이루어졌다. 하나는 유티케스라는 사람이 주장한 '단성론'(monophysitism)이라는 이단 사상이었다. 이 명칭은 '하나'를 뜻하는 접두사 'mono-'와 '본성'을 뜻하는 'physis'가 합쳐진 것이다.

단성론자들은 그리스도께서 오직 한 가지 본성만 지니신다고 믿었다. 즉 그분이 두 개의 본성(신성과 인성)을 지니신 하나의 인격이라는 교리를 부정했다.

유티케스 이전에도 그리스도께서 오직 한 가지 본성만을 지니고 계신다고 주장한 사람들이 있었다. 그들 중에는 그리스도께서 신성이 아닌 인성만 지니고 계신다고 주장하는 사람들도 있었고, '가현설' 신봉자들(Docetists)처럼 인성이 아닌 신성만 지니고 계신다고 주장하는 사람들도 있었다.

반면 유티케스는 그리스도께서 '양성이 혼합된'(theanthropic) 본성을 지니고 계신다고 주장했다. 이 용어는 '하나님'을 뜻하는 헬라어 '데오스'(theos)와 '인간'을 뜻하는 헬라어 '안드로포스'(anthropos)가 결합된 것이다. 즉 그는 그리스도의 본성이 온전한 신성과 온전한 인성으로 구성된 것이 아니라 신성과 인성의 혼합이라고 역설했다.

또 하나의 이단은 네스토리우스파다. 네스토리우스는 그리스도께서 두 가지 본성(신성과 인성)을 지니고 계시기 때문에 인격도 둘이라고 주장했다. 본성이 둘이면 인격도 둘일 수밖에 없다는 것이다.

이처럼 기독론은 양방향에서 공격을 당했다. 한쪽에서는 그리스도의 두 가지 본성을 한 가지로 축소해 신성과 인성을 혼합시켰고, 다른 한쪽에서는 두 가지 본성을 따로 강조해 그 연합을 부정했다.

칼케돈 공의회

이러한 이단들 때문에 칼케돈 공의회가 개최되었다. 칼케돈 공의회는 그리스도의 두 가지 본성을 확증하는 '베라 호모 베라 데우스'(vera homo vera Deus)라는 신조를 만들었다. 이 말은 그리스도의 본성은 둘이고 인격은 하나라는 뜻이며, '베라'는 '진리'를 뜻하는 라틴어 '베리타스'(veritas)에서 유래했다.

다시 말해 그리스도께서는 '참사람이요 참하나님'이시다. 그분은 참된 인성과 참된 신성을 지니셨다. 이 두 가지 본성은 한 인격 안에서 하나로 결합했다.

그렇게 선언한 뒤 칼케돈 공의회는 네 가지 부정적인 표현을 제시했다. 앞서 말한 것처럼 역사적으로 교회는 부정적인 표현을 동원해 특정한 개념을 묘사하는 방법을 사용했다. 예를 들어 우리는 하나님이 아닌 것을 말함으로써 그분의 진정한 속성을 나타낼 수 있다. 하나님은 유한하지 않으시다는 것은 곧 무한하시다는 것을, 그분이 변하지 않으신다는 것은 영원불변하신다는 것을 의미한다. 이와 마찬가지로 칼케돈 신조를 작성한 사람들은 네 가지 부정적 표현을 동원해 그리스도께서 참인간이요 참하나님이시라고 고백했다. 또한 두 가지 본성이 혼합되거나 혼동되거나 분리되거나 분열되지 않고 온전히 결합되었다고 선언했다.

이 네 가지 부정적 표현 중 처음 두 가지는 신성과 인성의 두 가지 본성이 서로 혼합되어 인성이 신격화되거나 신성이 인격화된다는 단성론을 논박한다. 인성은 항상 인간의 정상적인 한계에 종속되어 있고, 신성도 신성 그대로 머물러 있다. 이를테면 성육신이 이루어졌어도 신성은 전지한 능력을 그대로 보유한다. 즉 신성은 인성과 달리 모든 것을 안다.

독특하신 존재

교회는 예수님의 말씀을 토대로 그런 개념에 함축된 의미를 파악하기 위해 많은 노력을 기울였다. 어느 날 제자들이 예수님께 "주의 임하심과 세상 끝에는 무슨 징조가 있사오리이까?" 물었다. 그러자 예수님은 "그날과 그때는 아무도 모르나니 하늘의 천사들도, 아들도 모르고 오직 아버지만 아시느니라"라고 대답하셨다(마 24:3, 36). 즉 예수님은 제자들에게 세상의 종말이 언제인지 알지 못한다고 대답하셨다. 그렇다면 이 말씀은 과연 그분의 인성과 신성 둘 중 어느 것과 관련이 있을까?

성경에 기록된 예수님의 생애를 살펴보면 어떤 행동들은 그분의 인성과 쉽게 연관시킬 수 있다. 예수님이 십자가에서 죽으시기 전날 밤 겟세마네 동산에서 땀을 흘리며 기도하신 것은 신성의 나타남일까? 하나님이 땀을 흘리실 수 있는가? 그렇지 않다. 하나님은 땀을 흘리지 않으신다. 그분은 허기를 느끼거나 피를 흘리거나 울부짖지 않으신다. 무엇보다 신성은 십자가에서 죽지 않는다. 신성이 십자가에서 죽었다면 온 우주가 사라졌을 것이다. 그러므로 이런 사건들은 모두 예수님의 인성과 관련된다. 마찬가지로 세상의 종말이 언제인지 알지 못한다는 예수님의 말씀도 그분의 인성과 관련된다. "하나님은 모든 것을 아시고, 그리스도 안에서 신성과 인성이 온전히 결합되었다면 어떻게 예수님이 알지 못하는 것이 있을 수 있단 말인가?"라고 반문할 사람이 있을지 모른다. 하지만 그것은 신성을 지니신 예수님이 어떻게 허기를 느끼셨냐고 묻는 것과 비슷하다. 이처럼 신성과 인성을 옳게 구별해 그 두 본성을 섞거나 혼합시켜 전자나 후자의 참된 속성을 모호하게 만들지 않는 것이 중요하다.

또한 예수님이 세상의 종말이 언제인지 알지 못하셨다고 해서 그것을 그분의 인성과 신성이 분리된 증거로 삼는 것은 곤란하다. 이것은 분리가 아닌 구별이다. 그리스도의 인성에서 비롯되는 생각은 언제나 신성에서 비롯되는 생각과 연합되어 있다. 신약성경은 예수님이 초자연적인 지식을 드러내신 일을 자주 언급한다. 그분은 어떤 인간도 알 수 없는 일을 알고 계셨다. 그런 지식은 어디에서 나온 것일까? 바로 전지하신 능력에서 비롯했다. 그러나 신성으로부터 인성에 지식이 전달되었다고 말하는 것과 신성이 인성을 흡수해 인성에서 비롯된 생각을 신성하게 만들었다고 말하는 것은 다르다. 원한다면 인성에 속한 생각이 신성에 접근했다고 말할 수도 있겠지만 그 둘은 동일하지 않다. 예수님이 말씀하신 그대로 그분이 알지 못하시는 일들이 있었다.

13세기의 뛰어난 신학자 토마스 아퀴나스조차 이 부분에서 혼동을 일으켜 이른바 '적응 이론'(the accommodation theory)을 만들어냈다. 그는 예수님이 성육하신 하나님이시므로 재림의 날과 시를 분명히 알고 계셨다고 말했다. 두 가지 본성이 온전하게 결합되었는데 어떻게 인성에 속한 생각은 알지 못하고 신성에 속한 생각만 알고 있을 수 있단 말인가! 아퀴나스는 그럴 수 없다고 말했다. 그는 제자들의 질문이 그들이 이해하기에 너무 신비롭거나 신학적으로 매우 난해한 것이기 때문에 대답을 알고 계시면서도 말해주지 않으셨다고 생각했다. 그러한 생각을 십분 이해할 수 있지만, 만일 예수님이 실제로 알고 있는 일을 알지 못하신다고 제자들에게 말씀하셨다면 거짓말을 하신 셈이 된다. 그렇게 단 한 가지라도 거짓말을 하셨다면 구세주가 되실 자격을 상실하셨을 것이다. 따라서 우리는 예수님이 인성에서 비롯하는 지식의 한계를 인정하신 것을 액면 그대로 받아들여야 한다.

지금까지 설명한 대로 칼케돈 공의회의 처음 두 가지 부정적 표현, 곧 '혼합이나 혼동 없이'는 단성론을 주장하는 이단을 논박하기 위한 것이고, 나머지 두 가지 표현, 곧 '분리나 분열 없이'는 예수님의 두 가지 본성이 그분이 하나의 인격이 아니시라는 의미가 아님을 분명히 함으로써 네스토리우스 이단을 논박한다.

이 네 가지 부정적 표현은 성육신의 신비를 이해하는 데 필요한 한계를 설정한다. 내가 '신비'라는 말을 강조하는 이유는 교회가 결의한 신조에도 불구하고 그리스도께서 어떻게 참하나님이자 참인간이신지를 온전히 이해할 수 있는 사람은 아무도 없기 때문이다. 그리스도께서는 '독특하신'(sui generis) 존재이며 지극히 탁월하시다. 인류 역사상 성육하신 하나님은 오직 그리스도 한 분뿐이며 이와 같은 성육신의 신비는 인간의 이해를 초월한다.

참인간이자 참하나님이신 그리스도

칼케돈 공의회가 남긴 귀중한 유산은 두 가지다. 첫째, 모든 신자는 그리스도께서 참인간이자 참하나님이시라고 고백해야 한다. 둘째, 그리스도 안에서 두 가지 본성이 결합된 것을 설명할 때는 부정적인 표현을 사용하여 넘어서서는 안 될 한계를 설정하는 것이 최선이다. 그런 한계를 넘어서면 이단으로 치우칠 수밖에 없다. 내 동료 신학교 교수 가운데 한 사람은 학생들에게 "인성과 신성의 결합을 구체적으로 생각하려고 애쓰다가 칼케돈 공의회가 설정한 부정적 범주를 넘어선다면 이단에 치우칠 수밖에 없다"며 주의를 환기시키곤 한다. 칼케돈 신조는 한계를 설정해 그리스도의 두 가지 본성이 서로 혼합되어 섞이거나 분리된다고 생각해서는 안 된다고 강조한다. 즉 그리스도의 두 가지 본성은 서로 구별되면서도 하나로 결합되어 있다.

안타깝게도 "각각의 본성은 그 자체의 속성을 보유한다"는 칼케돈 신조의 중요한 문구가 무시될 때가 많았다. 그리스도께서는 신성의 속성 중 어느 한 가지도 포기하지 않으셨다. 그분의 신성에는 영원성, 무한성, 불변성, 전지전능이 포함된다. 그분의 인성 역시 인성의 모든 속성을 보유한다. 그분의 인성은 유한하며 시간과 공간의 제약을 받는다. 이와 같은 그리스도의 인격을 연구할 때마다 칼케돈 신조는 우리가 나가야 할 방향을 제시한다.

CHAPTER. 25

그리스도의 이름

성경이 흥미로운 이유 중 하나는 이름과 칭호에 의미가 담겨 있다는 것이다. 성부 하나님의 이름과 칭호는 매우 다양하며 제각각 그분의 성품을 드러낸다. 예수님의 경우도 마찬가지다. 어떤 학자가 신학교에서 개최된 집회에서 전한 말씀이 기억난다. 그는 '주님', '인자', '하나님의 아들', '다윗의 아들', '임마누엘', '말씀' 등 성경에서 발견되는 예수님의 이름과 칭호만을 열거함으로써 모두를 놀라게 했다. 그가 예수님의 이름과 칭호를 모두 언급하기까지 45분이 걸렸다. 개개의 이름과 칭호가 그리스도의 성품과 사역에 관한 진리를 계시한다. 따라서 이번 장에서는 신약성경에서 발견되는 예수님의 가장 중요한 칭호 가운데 세 가지를 다룰 것이다.

그리스도

우리는 예수님을 예수 그리스도라고 부른다. 그러나 그리스도는 사실 그분의 이름이 아니다. 그분의 이름은 예수, 나사렛 예수, 요셉의 아들 예수이고 '그리스도'는 칭호다. 즉 이는 성경에서 예수님에게 가장 자주 적용되는 칭호에 해당한다.

164 ㅤ 모든 사람을 위한 신학

때로 성경은 순서를 바꿔 '그리스도 예수'라고 일컫기도 한다. '그리스도'는 헬라어 '크리스토스'(christos)에서 유래했고, '크리스토스'는 '기름부음을 받은 자'를 뜻하는 구약성경의 '메시아'(Messiah)를 헬라어로 옮긴 것이다.

복음서에 기록된 예수님의 첫 번째 설교는 회당에서 이루어졌다. 그분은 그곳에서 이사야 선지자의 글을 낭독하셨다. "주의 성령이 내게 임하셨으니 이는 가난한 자에게 복음을 전하게 하시려고 내게 기름을 부으시고 나를 보내사 포로된 자에게 자유를, 눈 먼 자에게 다시 보게 함을 전파하며 눌린 자를 자유롭게 하고 주의 은혜의 해를 전파하게 하려 하심이라"(눅 4:18-19). 그리고 청중에게 "이 글이 오늘 너희 귀에 응하였느니라"(21절)고 말씀하시면서 메시아에 관한 이사야의 예언을 자신에게 적용하셨다.

메시아의 개념은 매우 복잡하다. 미래에 나타나 하나님의 백성 이스라엘을 구원할 메시아의 기능, 성품, 본성에 관한 성경의 계시가 점진적으로 발전하면서 여러 가지 요소가 한데 혼합되었다. 그리스도께서 메시아라면 그분은 목자요 왕이요 어린양이요 고난받은 종이셔야 한다. 그 모든 칭호가 이사야서에 예언되었다. 그리고 이러한 여러 가지 요소가 놀랍게도 하나로 통합된다.

성경이 하나님의 영감으로 기록되었다는 명백한 증거 중 하나는 구약성경에 계시된 메시아에 관한 모든 예언이 하나로 결합되어 한 인격을 통해 성취되었다는 사실이다.

환상을 보던 요한은 사자를 기대했지만 어린 양을 보았다(계 5:5-6). 그리고 예수님은 그 두 가지를 모두 성취하셨다. 그분은 유다 지파의 사자, 곧 이스라엘의 새 왕이자 자기 백성을 대신해 죽임을 당한 어린 양이시다.

주

신약성경에서 예수님께 가장 자주 적용된 두 번째 칭호는 '주'다. 이 칭호는 기독교 공동체에서 사용된 최초의 신조였다. 그들은 "예수스 호 쿠리오스"(Iesous ho kyrios, 예수님은 주님이시다)라고 고백했다. 이 고백 때문에 초기 교회와 로마 당국 사이에 갈등이 불거졌다. 로마 시민들은 공적으로 "카에사르 쿠리오스"(Caesar kyrios, 가이사가 주님이다)라고 고백해야 할 의무가 있었기 때문이다. 초기 기독교인들은 그리스도와 사도들의 명령을 진지하게 받아들여 정부 관리들에게 복종하면서 세금을 바치고 정부의 법률에 복종했다. 그러나 가이사에게 '주'라는 칭호에 따르는 영예를 돌리는 것만은 단호히 거부했다.

'주'라는 용어가 신약성경에서 권위자를 가리키는 의미로만 사용되었던 것은 아니다. 헬라어 '쿠리오스'는 다음과 같은 세 가지 의미를 지닌다.

첫째, '쿠리오스'는 영어의 '선생님'(sir)처럼 공손한 표현으로 사용된다. 신약성경을 읽어보면 사람들이 예수님을 처음 만났을 때 '주'라고 부른 것을 알 수 있다.

그렇다고 해서 그들이 그리스도의 권위를 온전히 이해했다고 속단하는 것은 곤란하다. 그들은 단지 예수님을 공손하게 대했을 뿐이다. 물론 '선생님'이라는 용어는 영어에서 경칭으로 사용되기도 한다. 예를 들어 영국에서는 윈스턴 처칠 경이나 로렌스 올리비에 경처럼 기사 작위를 받은 사람에게 이 칭호가 적용된다.

둘째, 신약성경에서 '쿠리오스'는 노예 소유주, 즉 돈으로 종을 살수 있는 부유한 개인을 가리켰다. 종이나 노예는 헬라어로 '둘로스'(doulos)라고 불린다. 따라서 '쿠리오스', 즉 '주'에게 속하지 않은 사람은 '둘로스'가 될 수 없다. 이처럼 '주'라는 용어는 노예 소유주를 가리키며, 사도 바울은 그런 식으로 자신을 예수 그리스도의 '종'으로 묘사했고, 신자들에게도 그런 관점으로 스스로를 바라보라고 권유했다. 그는 "너희 몸은…… 값으로 산 것이 되었으니"(고전 6:19-20, 7:23)라고 말했다. 그러므로 예수님을 주님으로 고백하는 것은 그리스도께서 속죄의 사역으로 우리의 몸값을 치르시고 우리의 주인이 되셨다는 것을 의미한다. 즉 우리는 그분의 소유다.

셋째, 신약성경에서 '쿠리오스'는 왕을 가리키는 의미로 사용되었다. 가이사는 스스로 주를 자칭함으로써 기독교인들을 곤란하게 만들었다. 물론 이 칭호를 그릇 사용해 주님을 왕으로 인정하는 척 가장한 사람도 많았다. 그것이 예수님이 "이 백성이 입술로는 나를 공경하되 마음은 내게서 멀도다"(마 15:8)라고 말씀하신 이유다. 신약성경은 "성령으로 아니하고는 누구든지 예수를 주시라 할 수 없느니라"(고전 12:3)라고 가르친다. 또한 예수님은 산상설교의 마지막 부분에서 이렇게 말씀하셨다.

"나더러 주여 주여 하는 자마다 다 천국에 들어갈 것이 아니요 다만 하늘에 계신 내 아버지의 뜻대로 행하는 자라야 들어가리라 그날에 많은 사람이 나더러 이르되 주여 주여 우리가 주의 이름으로 선지자 노릇하며 주의 이름으로 귀신을 쫓아내며 주의 이름으로 많은 권능을 행하지 아니하였나이까 하리니 그때에 내가 그들에게 밝히 말하되 내가 너희를 도무지 알지 못하니 불법을 행하는 자들아 내게서 떠나가라 하리라"(마 7:21-23).

성경이 성령으로 아니하고는 아무도 예수를 '주'로 부를 수 없다고 말씀하는 이유가 무엇일까? 어떤 사람들은 이 문장을 빠진 의미를 채워 읽어야 하는 일종의 생략 구문으로 간주해 성령께서 예수님을 '주'로 부를 수 있는 능력을 허락하지 않으시면 그렇게 할 수 없다는 뜻이라고 이야기한다. 또 어떤 사람들은 그리스도의 주재권을 믿는 믿음을 공개적으로 고백한다는 이유로 박해당하는 것을 의미한다고 생각한다.

어떤 경우든 '주'라는 칭호의 진정한 의미는 이 말로 번역된 구약성경의 칭호에서 발견된다. 신약성경에서 그리스도께 다양한 칭호가 적용된 것처럼 구약성경에서도 하나님께 다양한 칭호가 적용되었다. 구약성경에 나타난 하나님의 이름은 '여호와'이며 이 말은 '주'로 번역되고 영어성경에서는 대문자를 사용하여 'LORD'로 번역되었다. 이와 같은 대문자를 사용하지 않고 'Lord'로 번역된 경우는 '여호와'와는 다른 히브리어 '아도나이'(Adonai)를 번역한 것이다. 이것은 히브리인들이 구약성경의 하나님을 가장 높여 부르는 칭호에 해당하며, 만물을 다스리시는 하나님의 절대주권과 관련된다. 이 두 용어가 함께 사용된 사례가 시편 8편이다. "여호와(LORD) 우리 주여(Lord, 아도나이) 주의 이름이 온 땅에 어찌 그리 아름다운지요 주의 영광이 하늘을 덮었나이다"(시 8:1). 또한 바울은 신약성경에서 예수님을 이렇게 찬양했다.

"너희 안에 이 마음을 품으라 곧 그리스도 예수의 마음이니 그는 근본 하나님의 본체시나 하나님과 동등됨을 취할 것으로 여기지 아니하시고 오히려 자기를 비워 종의 형체를 가지사 사람들과 같이 되셨고 사람의 모양으로 나타나사 자기를 낮추시고 죽기까지 복종하셨으니 곧 십자가에 죽으심이라 이러므로 하나님이 그를 지극히 높여 모든 이름 위에 뛰어난 이름을 주사 하늘에 있는 자들과 땅에 있는 자들과 땅 아래에 있는 자들로 모든 무릎을 예수의 이름에 꿇게 하시고 모든 입으로 예수 그리스도를 주라 시인하여 하나님 아버지께 영광을 돌리게 하셨느니라"(빌 2:5-11).

"모든 이름 위에 뛰어난 이름"은 하나님이 예수님께 주신 칭호이며 '주'라는 칭호는 다른 모든 칭호를 능가한다. 그리스도께서는 주, 곧 '쿠리오스'이시다. 또한 그분은 '아도나이'로서 성부 하나님의 영광을 나타내신다.*

인자

신약성경에서 예수님께 가장 자주 적용된 세 번째 칭호는 '인자'다. 이 칭호는 신약성경에 사용된 빈도수로는 세 번째이지만 예수님이 친히 자신을 가리켜 사용하신 칭호라는 점에서 단연코 으뜸가는 위치를 차지한다.

또한 이 칭호는 신약성경에서 80회 넘게 사용되었는데 세 번을 제외하고 모두 예수님이 직접 사용하셨다. 이런 사실은 예수님에 관한 신약성경의 기록이 대부분 그분의 제자들이 꾸며낸 것이라고 주장하는 비평가들을 논박하기에 충분하다. 만일 예수님의 제자들이 그렇게 했다면 그들은 아마도 예수님이 친히 사용하신 칭호보다 자신들이 좋아하는 칭호를 사용했을 것이 틀림없다. 하지만 예수님은 '인자'라는 칭호로 종종 자신의 정체성을 드러내셨다.

어떤 사람들은 이 칭호가 예수님의 자기 비하를 드러낸다고 생각하지만 사실은 그렇지 않다. 다니엘이 본 하늘 궁전의 환상에 따르면 하나님이 "옛적부터 항상 계신 이"로서 심판의 보좌 위에 앉아 계시면서 "인자"처럼 보이는 이가 자기 앞에 나오는 것을 기꺼이 받아들이시는 광경이 나타난다. 영광의 구름을 타고 온 그에게 세상을 심판하는 권세가 주어졌다(단 7:13-14).

---

* 예수님에 관한 신약성경의 가르침을 좀 더 자세히 알고 싶으면 다음 자료를 참조하라. R. C. Sproul, *The Majesty of Christ*, audio teaching series (Sanford, Fla.: Ligonier Ministries, 1985, 1991).

신약성경에 이 칭호가 사용된 용례를 살펴보면 인자는 세상에 내려온 천상의 존재이자 하나님의 권위를 나타내는 신분을 지닌 것을 알수 있다. 인자가 세상을 심판하는 권세를 지닌 이유는 '주의 날'에 이루어질 하나님의 강림을 실제로 구현한 존재이기 때문이다. 이처럼 인자는 신약성경에서 예수님께만 특별하게 적용된 영광스런 칭호다. 그러므로 성경을 읽다가 이 칭호를 발견할 때마다 문맥을 유심히 살펴보라. 그러면 그것이 예수님께 적용된 장엄하고 영광스런 칭호임을 알게될 것이다.

이와 같이 신약성경에서 예수님께 적용된 이름과 칭호는 제각기 독특한 의미를 지니며, 그런 칭호들은 예수님의 신분과 그분이 행하신일을 계시하는 역할을 한다.

CHAPTER. 26

그리스도의 신분

성경은 그리스도께서 시기에 따라 다양한 신분으로 여러 가지 역할을 수행하셨다고 이야기한다. 따라서 그리스도의 신분을 논의할 때는 베들레헴에서의 탄생이 아닌 성육신 이전의 상태에서부터 시작해야 한다. 요한은 이렇게 기록했다.

> "태초에 말씀이 계시니라 이 말씀이 하나님과 함께 계셨으니 이 말씀은 곧 하나님이시니라······ 말씀이 육신이 되어 우리 가운데 거하시매 우리가 그의 영광을 보니 아버지의 독생자의 영광이요 은혜와 진리가 충만하더라"(요 1:1, 14).

이 말씀은 예수님이 여인의 몸에 잉태되어 역사의 시간과 공간 속에 모습을 드러내기 이전부터 존재하셨고, 성부와 영원히 동등하신 신성을 소유하신다고 선언한다. 우리는 예수님에게서 단지 한 어린아이의 탄생이 아닌 삼위일체 하나님의 두 번째 위격이신 성자의 성육신을 발견한다.

지상 사역을 행하시면서 예수님은 여러 차례 성육신 이전의 신분을 언급하셨다.

> "진실로 진실로 너희에게 이르노니 아브라함이 나기 전부터 내가 있느니라"(요 8:58).
> "아버지여 창세전에 내가 아버지와 함께 가졌던 영화로써 지금도 아버지와 함께 나를 영화롭게 하옵소서"(요 17:5).

베들레헴에서 탄생하시기 전까지 예수님은 성육하신 상태가 아니셨다. 이런 이유로 구약에서 그리스도를 발견할 수 있는지 궁금해하는 사람들이 많다. 어떤 사람들은 여호수아가 전쟁을 치르면서 만났던 여호와의 군대대장이나(수 5:13-15), 아브라함이 십일조를 바치고 축복을 받았던 멜기세덱이라는 신비로운 인물(창 14:18-20)이 인간의 모습을 하고 나타나신 그리스도일지 모른다고 추측한다. 그러나 설혹 그렇다 하더라도 그 인물들은 성육하신 그리스도가 아니다. 구약성경의 인물들이 성육신 이전의 그리스도였다고 생각하는 사람들은 그와 같은 그리스도의 출현을 '그리스도의 현현'이라 일컫는다. '신현'은 보이지 않는 하나님이 보이는 형태로 나타나신 것을 말한다. 따라서 그리스도의 현현은 성삼위 하나님의 두 번째 위격이신 성자께서 성육신 이전에 나타나신 것을 가리킨다.

예수님의 성육신

성육신 이전의 예수님의 신분은 이쯤 해두고 이번에는 세상에 오신 이후의 신분을 살펴보기로 하자. 사도신경은 세상에 오신 그리스도에 관해 이렇게 증언한다.

이는 성령으로 잉태하사 동정녀 마리아에게 나시고 본디오 빌라도에게 고난을 받으사 십자가에 못 박혀 죽으시고 장사한 지 사흘 만에 죽은 자 가운데서 다시 살아나시며 하늘에 오르사 전능하신 하나님 우편에 앉아 계시다가 저리로서 산 자와 죽은 자를 심판하러 오시리라.

사도신경은 예수님의 탄생, 죽음, 부활, 승천, 하늘에 앉으심, 재림을 언급한다. 그리고 이런 단계들은 예수님이 육신으로 세상에 계셨던 시기와 그 이후의 다양한 신분을 보여준다.

신학자들은 대개 예수님의 일생을 비하로부터 승귀에 이르는 과정으로 설명한다. 그분은 시골 여인의 몸에서 태어나셨고, 인간의 몸으로 신성을 가린 채 나타나셨다. 그분은 그렇게 스스로를 비하하셨다. 그분의 자기비하는 십자가를 향하는 동안 점점 더 낮아졌고 사람들은 그분을 배척했다. 그렇게 조롱과 멸시와 매질을 당하시다가 결국 십자가에 못 박히셨다. 자기비하가 밑바닥까지 이르렀을 때 승귀의 과정이 시작되었다. 하나님은 부활로 그리스도를 옹호하셨고, 승천으로 그분을 영화롭게 하셨다.

나도 이런 일반적인 구조를 기꺼이 인정한다. 그러나 그리스도께서 세상에서 비하의 과정을 거치시는 동안에도 중요한 순간에는 항상 영광이 뒤따랐다는 것을 기억해야 한다.*

예를 들어 그리스도께서 초라한 환경에서 태어나실 때도 영광이 나타났다. 베들레헴 외곽의 한 들판에서 하나님의 영광이 환히 드러났고, 천사들의 합창이 울려 퍼졌다(눅 2:8-14). 인류 역사상 지금까지 그렇게 장엄한 광경은 어디에서도 볼 수 없었다. 동방박사가 방문했을 때도 귀한 보화를 선물로 드려 구유에 누우신 아기 예수님께 영광을 돌렸다(마 2:1-11).

---

* 그리스도께서 세상에 계실 때 있었던 중요한 순간에 관해 좀 더 자세히 알고 싶으면 다음 자료를 참조하라. R. C. Sproul, *The Glory of Christ* (Phillipsburg, N. J.: P&R, 2003).

예수님의 세례도 비하의 단계였다. 예수님은 하나님이 죄인들에게 명하신 정결의식을 기꺼이 받아들이셨지만 그분은 결코 죄인이 아니셨다. 다만 스스로를 낮춰 자기 백성과 하나가 되셨고, 율법의 모든 계명에 복종해야 할 의무를 짊어지셨다. 그러나 예수님이 세례를 받으실 때 하늘이 열리고 성령께서 비둘기처럼 그분께 임하셨다(마 3:16).

사역 말기에 예수님은 제자들에게 곧 다가올 고난과 죽음에 관해 말씀하셨다. 성경은 그 일 이후의 사건을 다음과 같이 증언한다.

"그들 앞에서 변형되사 그 얼굴이 해같이 빛나며 옷이 빛과 같이 희어졌더라 그때에 모세와 엘리야가 예수와 더불어 말하는 것이 그들에게 보이거늘 베드로가 예수께 여쭈어 이르되 주여 우리가 여기 있는 것이 좋사오니 만일 주께서 원하시면 내가 여기서 초막 셋을 짓되 하나는 주님을 위하여, 하나는 모세를 위하여, 하나는 엘리야를 위하여 하리이다 말할 때에 홀연히 빛난 구름이 그들을 덮으며 구름 속에서 소리가 나서 이르시되 이는 내 사랑하는 아들이요 내 기뻐하는 자니 너희는 그의 말을 들으라 하시는지라 제자들이 듣고 엎드려 심히 두려워하니 예수께서 나아와 그들에게 손을 대시며 이르시되 일어나라 두려워하지 말라 하시니 제자들이 눈을 들고 보매 오직 예수 외에는 아무도 보이지 아니하더라"(마 17:2-8).

요한은 자신의 복음서 서론에서 "우리가 그의 영광을 보니"(요 1:14)라고 말했다. 베드로도 변화산에서의 기억을 떠올리며 이렇게 기록했다. "우리는 그의 크신 위엄을 친히 본 자라 지극히 큰 영광 중에서 이러한 소리가 그에게 나기를 이는 내 사랑하는 아들이요 내 기뻐하는 자라 하실 때에 그가 하나님 아버지께 존귀와 영광을 받으셨느니라 이 소리는 우리가 그와 함께 거룩한 산에 있을 때에 하늘로부터 난 것을 들은 것이라"(벧후 1:16-18). 이와 같이 예수님께서 비하에서부터 승귀의 과정을 겪으시는 동안 하나님의 갑작스런 개입으로 그리스도의 숨겨진 영광이 가장 가까운 제자였던 베드로와 야고보와 요한의 눈앞에 순간적으로 드러났다가 사라졌으며 그들은 그 광경을 결코 잊지 못했다.

우리는 가장 낮은 비하의 단계였던 십자가에서는 그 어떤 영광도 나타나지 않았다고 생각하는 경향이 있으며, 부활을 시작으로 비하의 과정이 끝나고 승귀가 시작된다고 생각한다. 하지만 그렇지 않다. 이스라엘의 고난받는 종에 관한 이사야 53장에는 "그는 곤욕과 심문을 당하고 끌려갔으나 그 세대 중에 누가 생각하기를 그가 살아 있는 자들의 땅에서 끊어짐은 마땅히 형벌 받을 내 백성의 허물 때문이라 하였으리요 그는 강포를 행하지 아니하였고 그의 입에 거짓이 없었으나 그의 무덤이 악인들과 함께 있었으며 그가 죽은 후에 부자와 함께 있었도다"(8-9절)라고 기록되었다.

당시 로마인들은 대개 십자가에 못 박아 죽인 죄인의 시체를 예루살렘 외곽에 있는 쓰레기 처리장에 버렸다. 그곳의 명칭은 '게헨나'(Gehenna)였고 이 말은 나중에 지옥을 빗대는 표현으로 사용되었다. 도시의 쓰레기가 매일 게헨나로 옮겨졌고, 그곳에는 쓰레기를 소각하는 불이 항상 꺼지지 않고 타올랐다. 그런 광경은 영원히 불이 꺼지지 않는 지옥을 묘사하기에 적합했다.

그러나 아리마대 요셉은 예수님의 시신을 구약의 관습에 따라 장사지내게 해달라고 빌라도에게 요청했다. 그로써 하나님의 말씀이 성취되었다. 예수님의 시신은 쓰레기 처리장에 버려지지 않고 귀한 기름과 향료로 처리되어 부자의 무덤에 안치되었다. 이사야 53장의 예언이 이루어지는 순간이었다. 이처럼 그리스도의 승귀는 부활이 아니라 장사되는 순간부터 시작된다. 그분의 시신이 조심스럽게 장사되는 순간 비하의 과정이 끝났다.

그런 다음 하나님은 예수님을 죽은 자 가운데서 다시 살리심으로써 온 천지를 진동하셨고, 놀라운 영광이 밝히 드러났다. 예수님의 부활은 하나님이 그분의 사역을 흡족하게 여기신다는 증거였다. 예수님의 부활하신 몸은 무덤에 장사되었을 때와 똑같았지만 영화롭게 변화된 상태였다. 그와 같이 영화롭게 된 상태는 신자들이 마지막 부활을 통해 새로운 육체를 얻게 될 것을 암시하는 전조였다. 바울은 이렇게 말했다.

> "죽은 자의 부활도 그와 같으니 썩을 것으로 심고 썩지 아니할 것으로 다시 살아나며 욕된 것으로 심고 영광스러운 것으로 다시 살아나며 약한 것으로 심고 강한 것으로 다시 살아나며 육의 몸으로 심고 신령한 몸으로 다시 살아나나니 육의 몸이 있은즉 또 영의 몸도 있느니라 기록된 바 첫 사람 아담은 생령이 되었다 함과 같이 마지막 아담은 살려주는 영이 되었나니"(고전 15:42-45).

우리는 장차 주님과 함께 영원히 천국에 거할 것이다.

만왕의 왕

예수님의 지상 사역의 마지막 목표는 십자가도 아니고 부활도 아니다. 그분의 궁극적인 목표는 재림을 통해 왕국을 건설하는 것이다. 그리고 그것은 예수님의 승천을 통해 이미 이루어지기 시작했다.

이것은 가장 오해하기 쉬운 성경의 가르침 중 하나다. 우리는 예수님의 승천을 단지 지상에서 하늘로 올라가신 것으로만 생각하는 경향이 있다. 승천은 말 그대로 하늘로 올라가는 것을 의미하지만 거기에는 독특한 의미가 담겨 있다. 바울은 예수님의 승천을 두고 "올라가셨다 하였은즉 땅 아래 낮은 곳으로 내리셨던 것이 아니면 무엇이냐 내리셨던 그가 곧 모든 하늘 위에 오르신 자니 이는 만물을 충만하게 하려 하심이라"(엡 4:9-10)고 말했다.

예수님의 승천은 그분의 대관식이었다. 인자가 하늘에 올라가 만왕의 왕이요 만주의 주의 자리에 오르셨고, 지금 가장 높으신 신분으로 온 우주를 다스리고 계신다. 그분은 승천을 통해 온 우주를 다스리는 권세를 얻으셨다. 이것이 사도신경이 "하늘에 오르사 전능하신 하나님 우편에 앉아 계시다가 저리로서 산 자와 죽은 자를 심판하러 오시리라"라고 고백하는 이유다.

더욱이 예수님은 단지 하나님의 오른편에 앉기 위해서가 아니라 하늘의 성소에 들어가시기 위해 승천하셨다. 그분은 그곳에서 대제사장으로서 일하신다.

구약성경을 보면 대제사장이 일 년에 한 차례 지성소에 들어갔던 것을 알 수 있다. 대제사장이 죽으면 다른 사람이 그의 직임을 계승해 의무를 이행했다. 그러나 우리의 대제사장이신 예수님은 영원히 죽지 않으신다. 그분은 하늘의 지성소에서 자기 백성을 위해 쉬지 않고 기도하신다. 또 하나님의 오른편에 앉아 왕으로서 다스리시고 제사장으로서 일하신다. 베드로는 이렇게 외쳤다.

"다윗은 하늘에 올라가지 못하였으나 친히 말하여 이르되 주께서 내 주에게 말씀하시기를 내가 네 원수로 네 발등상이 되게 하기까지 너는 내 우편에 앉아 있으라 하셨도다 하였으니 그런즉 이스라엘 온 집은 확실히 알지니 너희가 십자가에 못 박은 이 예수를 하나님이 주와 그리스도가 되게 하셨느니라"(행 2:34-36).

그리고 히브리서는 이렇게 기록한다.

"또한 이와 같이 그리스도께서 대제사장 되심도 스스로 영광을 취하심이 아니요 오직 말씀하신 이가 그에게 이르시되 너는 내 아들이니 내가 오늘 너를 낳았다 하셨고 또한 이와 같이 다른 데서 말씀하시되 네가 영원히 멜기세덱의 반차를 따르는 제사장이라 하였으니"(히 5:5-6).

예수님은 장차 높임을 받으신 그곳에서 영광스럽게 재림하시어 자신의 왕국을 완성하실 것이다.

CHAPTER. 27

그리스도의 직임

모세는 옛 언약의 중보자였고 그리스도께서는 새 언약의 중보자이시다. 중보자란 서로 대립관계에 있는 사람들 사이에서 화해나 조정을 중재하는 사람을 가리킨다.

신학적인 견지에서 보면 하나님과 사람 사이의 중보자는 오직 한 분, 그리스도뿐이다(딤전 2:5). 그러나 구약시대에는 세 가지 유형의 중보자가 있었다. 모두 하나님의 선택을 받아 특별한 직임을 수행했고, 성령의 기름부음을 통해 그 직임을 감당할 수 있는 능력을 부여받았다. 그들은 곧 선지자, 제사장, 왕이다.

그리스도께서는 구원사역을 위해 '삼중 직임'(munus triplex)을 수행하셨다. 그리고 구약시대의 세 가지 직임이 그리스도 안에서 모두 성취되었다. 즉 그리스도께서는 우리의 선지자요 제사장이요 왕이시다.

선지자이신 예수님

구약시대의 선지자는 대변자, 곧 계시의 전달자였다. 하나님은 하늘에서 직접 이스라엘 백성에게 말씀하지 않으시고 선지자들을 통해 말씀을 전달하셨다. 따라서 백성 앞에 선 선지자의 배후에는 하나님이 계셨고 선지자는 하나님을 대신해 말씀을 전했다. 그리고 그들의 메시지는 종종 "여호와께서 말씀하시기를"이라는 말로 시작되었다.

구약성경을 읽어보면 참선지자들과 거짓 선지자들이 서로 대립했던 것을 알 수 있다. 많은 사람이 거짓 선지자들을 추종했다. 그들은 참선지자들보다 인기가 더 많았으며 참선지자들은 오히려 미움을 받을 때가 많았다. 특히 예레미야와 같은 참선지자들은 많은 고난을 당했다. 백성들은 그들이 전하는 하나님의 참된 말씀을 들으려 하지 않았다. 예레미야가 하나님께 거짓 선지자들이 환영받는 현실을 불평하자 하나님은 "꿈을 꾼 선지자는 꿈을 말할 것이요 내 말을 받은 자는 성실함으로 내 말을 말할 것이라 겨가 어찌 알곡과 같겠느냐"(렘 23:28)라고 말씀하셨다. 이 말은 곧 "예레미야야, 거짓 선지자들이 어떻든 불평하지 마라. 너는 나의 대변자다. 내가 네게 명하는 말씀을 성실하게 전하는 것이 네 임무다."라는 의미를 담고 있다.

신약성경은 그리스도께서 지극히 탁월하신 선지자라고 증언한다. 그런데도 우리는 그리스도의 직임 중 제사장과 왕의 직임만을 강조하고 선지자의 직임은 간과하는 경향이 있다. 예수님을 만난 사람들은 그분의 정체를 서서히 깨달았다. 한 여인은 우물가에서 "주여 내가 보니 선지자로소이다"(요 4:19)라고 말했다. 상당한 존경심이 담긴 말이었지만 그녀의 고백은 예수님을 메시아로 인정하는 순간 절정에 달했다(29절). 예수님은 하나님의 말씀을 전하셨을 뿐 아니라 하나님의 말씀 자체셨다(요 1:1). 히브리서는 이렇게 말한다. "옛적에 선지자들을 통하여 여러 부분과 여러 모양으로 우리 조상들에게 말씀하신 하나님이 이 모든 날 마지막에는 아들을 통하여 우리에게 말씀하셨으니 이 아들을 만유의 상속자로 세우시고 또 그로 말미암아 모든 세계를 지으셨느니라"(히 1:1-2). 예수님도 "내가 내 자의로 말한 것이 아니요 나를 보내신 아버지께서 내가 말할 것과 이를 것을 친히 명령하여 주셨으니"(요

12:49)라고 말씀하셨다. 이와 같이 예수님은 신약시대의 신실하신 선지자이시다. 동시에 예수님은 단지 예언의 전달자가 아닌 예언의 대상이셨다. 그분은 단지 미래의 일을 가르치거나 하나님의 말씀을 선언하는 데 그치지 않으셨다. 그분이 곧 하나님의 말씀이셨고, 선지자들이 기록한 구약성경의 핵심 주제였다.

제사장이신 예수님

구약시대의 선지자들이 하나님을 대신하여 백성들에게 말씀을 전했다면 제사장들은 백성들을 대신하여 하나님 앞에 나아갔다. 제사장도 선지자처럼 대변자였지만 그는 하나님이 아닌 백성을 대변했다. 제사장은 백성을 위해 중보사역을 행했고, 그들을 위해 기도했다. 또 백성을 위해 하나님께 희생제사를 드렸다. 가장 중요한 희생제사가 속죄일에 대제사장을 통해 이루어졌다. 그러나 대제사장은 백성을 위한 희생제사를 드리기 전에 먼저 자신의 죄를 속죄하는 희생제사를 드려야 했다. 그리고 자신을 위한 희생제사도 백성을 위한 희생제사처럼 매년 반복되어야 했다.

예수님은 우리의 제사장이시다. 신약성경에 가장 자주 인용된 구약성경인 시편 110편에는 메시아에 관한 중요한 진리가 담겨 있다.

"여호와께서 내 주에게 말씀하시기를 내가 네 원수들로 네 발판이 되게 하기까지 너는 내 오른쪽에 앉아 있으라 하셨도다 여호와께서 시온에서부터 주의 권능의 규를 내보내시리니 주는 원수들 중에서 다스리소서 주의 권능의 날에 주의 백성이 거룩한 옷을 입고 즐거이 헌신하니 새벽이슬 같은 주의 청년들이 주께 나오는도다 여호와는 맹세하고 변하지 아니하시리라 이르시기를 너는 멜기세덱의 서열을 따라 영원한 제사장이라 하셨도다"(시 110:1-4).

또한 신약성경의 히브리서는 그리스도의 완전한 제사장직에 많은 관심을 기울였다. 예수님의 제사장직이 구약의 어떤 제사장직보다 우월하다는 증거 중 하나는 그분은 성전에 들어가기 전에 자신의 죄를 속죄하는 희생제사를 드리실 필요가 없었다는 것이다. 그분이 드린 희생제사는 단번에 이루어졌다. 그리고 동물이 아닌 자기 자신을 희생제물로 드리셨다. 그 이유는 황소와 염소의 피가 능히 죄를 없애지 못하기 때문이다(히 10:4 참조). 그리스도는 멜기세덱의 반열을 따르는 영원한 제사장이시다. 그분은 지금 이 순간에도 중보사역을 행하고 계시며, 하나님의 정의를 만족시키기 위해 희생제사를 드리는 대신, 하늘 성전에 있는 지성소에서 자기 백성을 위해 중보기도를 드리신다. 예언의 주체이자 대상이신 그리스도는 또한 제사장직의 주체이자 대상이시다. 더불어 지금은 물론 앞으로도 영원토록 완전한 제사장이요 완전한 중보자이시다.

왕이신 그리스도

그리스도의 세 번째 직임도 시편 110편에 언급되었다. "여호와께서 내 주에게 말씀하시기를…… 너는 내 오른쪽에 앉아 있으라 하셨도다"(1절). 이 말씀은 왕의 직임을 가리킨다. 왕의 직임과 중보자의 직임을 조화시켜 이해하기 어려워하는 사람이 많다. 그러나 구약시대의 본질을 이해하면 그 둘의 관계를 쉽게 납득할 수 있다.

이스라엘의 왕은 자율적인 왕이 아니었다. 그는 스스로 절대권력을 소유하지 않고 하나님께로부터 왕의 직임을 부여받았다. 따라서 그는 하나님의 정의와 통치를 대변하는 대리자였으며 하나님의 율법 아래에서 그분의 율법을 백성들에게 적용하고 집행하는 역할을 했다. 그러나 불행히도 구약시대의 왕들은 대부분 부패했고, 주어진 책임을 성실하게 수행하지 못했다.

정부 관리들에 관한 신약성경의 가르침에서도 이와 동일한 원리가 발견된다. 성경은 교회와 국가라는 두 체제가 서로 다른 의무를 수행한다고 가르치지만 국가가 하나님으로부터 온전히 분리되는 것을 지지하지 않는다. 그 이유는 모든 통치자가 하나님에 의해 임명되었기 때문이다. 하나님은 그들을 세워 의를 이루고 정의를 세우게 하셨다. 그러므로 통치자는 권력을 어떻게 행사했느냐에 대해 하나님 앞에서 책임을 져야 한다.

몇 년 전 플로리다 주 탤러해시에서 주지사 취임 조찬회의 강사로 초청을 받았다. 나는 주지사는 하나님의 사역자이고, 오직 하나님만이 누군가를 주지사로 세우실 수 있기 때문에 주를 어떻게 다스렸느냐에 대해 그분 앞에서 책임을 져야 한다는 사실을 엄숙히 상기시켜주었다. 이것은 나라나 상황을 불문하고 모든 통치자에게 적용된다. 다시 말해 하나님은 부패한 통치자들, 곧 의와 정의를 무시하는 권력자들이 세상을 어떻게 다스리는지 유심히 지켜보신다.

구약시대의 이상적인 왕에 가장 가까웠던 본보기는 다윗이었다. 물론 그도 완전하지는 않았다. 그러나 그는 이스라엘의 황금시대를 열었고, 그가 죽은 후에 사람들은 다윗 왕가의 회복을 고대했다. 하나님께서도 아모스 선지자를 통해 "그날에 내가 다윗의 무너진 장막을 일으키고 그것들의 틈을 막으며 그 허물어진 것을 일으켜서 옛적과 같이 세우고"(암 9:11)라고 말씀하셨다.

때문에 구약성경의 메시아 기대 사상의 핵심에는 언젠가 다윗과 같은 왕이 나타날 것이라는 열망이 도사리고 있었다. 하나님은 시편 110편에서 자신의 아들이 그런 왕이 되어 영원히 다스릴 것이라고 약속하셨다. 그리스도께서 세상에 태어나실 때 새 왕의 탄생이 고지되었다. 사실 예수님이 십자가에 못 박히신 이유는 왕권을 주장하셨기 때문이다. 그분은 빌라도에게 "내 나라는 이 세상에 속한 것이 아니니라 만일 내 나라가 이 세상에 속한 것이었더라면 내 종들이 싸워 나로 유대인들에게 넘겨지지 않게 하였으리라 이제 내 나라는 여기에 속한 것이 아니니라"(요 18:36)라고 말씀하셨다. 이 말씀처럼 하나님은 그리스도를 왕으로 삼으시고 자신의 오른편에 앉혀 온 우주를 다스리게 하셨다. 따라서 목자와 같은 왕이신 주님의 통치는 영원히 지속될 것이다.

지금의 하나님 나라와 미래에 나타날 하나님 나라의 차이는 가시적이냐 불가시적이냐 하는 것뿐이다. 예수님은 지금도 왕으로 통치하신다. 그분은 우주에서 가장 높은 직임을 맡으셨다. "본디오 빌라도에게 고난을 받으사 십자가에 못 박혀 죽으시고…… 사흘 만에 죽은 자 가운데서 다시 살아나시며 하늘에 오르사 전능하신 하나님 우편에 앉아 계시다가"라는 사도신경의 고백처럼 하나님께서 그분을 왕으로 세우셨다. 하나님의 오른편은 권위의 자리다. 그곳에 앉으신 그리스도께서 교회뿐 아니라 온 세상을 다스리신다. 이것이 교회가 "할렐루야!"를 외치는 이유다. 주님은 우리의 선지자요 제사장이자 우리의 왕이시다.

CHAPTER. 28

그리스도께서 죽으신 이유

이번 장과 이어지는 두 장에 걸쳐 속죄의 교리를 살펴보려 한다. 그러나 불과 세 장의 짧은 내용으로 이 영광스런 교리의 중요성을 모두 설명하기는 어렵다.*

중세시대 초, 캔터베리의 안셀무스는 그를 유명하게 만든 세 권의 책을 저술했다. 그중 『모놀로기온』(Monologion)과 『프로슬로기온』(Proslogion)은 변증학에 관한 책이다. 그리고 아마도 그를 가장 유명하게 만든 책은 『왜 하나님이 인간이 되셨는가?』(Cur Deus Homo)일 것이다. 이 책은 속죄의 신비를 파헤친다. 그는 그리스도께서 인간이 되신 이유와 속죄의 과정에서 실제로 어떤 일이 이루어졌는지를 알기 위해 신약성경을 면밀히 살피면서 속죄의 목적과 의미에 관심을 기울였다. 결국 그의 가르침은 그리스도의 십자가를 이해하는 데 지대한 영향을 미쳤다.

신약성경은 다양한 비유로 속죄를 설명할 뿐 아니라 깊이 생각해야 할 요점들을 제시한다. 이제부터 그런 요점들을 하나씩 살펴보자.

---

* 속죄의 교리에 관해 좀 더 자세히 알고 싶으면 다음 자료를 참조하라. R. C. Sproul, *The Cross of Christ*, audio teaching series (Sanford, Fla: Ligonier Ministries, n.d.).

속죄에 대한 이해

신약성경은 그리스도의 십자가를 구속의 행위로 간주한다. 구속은 다른 사람에게서 무엇인가를 구입하는 상거래의 의미를 담고 있으며, 그리스도께서는 자기 백성의 구속을 큰 희생(자신의 피)이 뒤따르는 일로 언급하셨다. 그분은 십자가에서 운명하기 직전에 "다 이루었다"고 외치셨다(요 19:30).

여기서 "이루었다"로 번역된 헬라어는 상거래에서 사용되는 용어로 특별히 마지막 할부금을 지불할 때 사용되었다. 이를테면 청구서에 '지불 완료'라는 도장이 찍히는 것과 비슷하다.

다양한 형태의 속죄론이 서로 밀접하게 연관되어 있는데, 그중 가장 널리 알려진 속죄론은 그리스도께서 자기 백성을 마귀의 손아귀에서 해방시키기 위해 그에게 속전을 지불하셨다는 것이다. 이것은 오늘날 어떤 사람이 납치범에게 몸값을 지불하는 것처럼 그리스도께서도 자신의 백성을 볼모로 잡고 있는 이 세상의 임금에게 몸값을 지불하셨다는 뜻이다.

그러나 이 이론은 사탄에게 그가 실제로 소유한 것보다 더 많은 권위를 부여한다. 이와 다르게 어떤 사람들은 그리스도께서 하나님께 속전을 지불해 그분께 진 빚을 갚으셨다고 말한다. 나는 이것이 올바른 견해라고 생각한다.

구약성경에 언급된 신부의 몸값은 상거래의 개념과 밀접하게 연관된다. 출애굽기는 혼인 관계를 맺는 사람들과 고용된 종들에 관한 규칙과 규정을 명시한다. 예를 들어 남자가 결혼을 허락받으려면 신부의 아버지에게 신부의 몸값을 지불해야 했다. 그것은 결혼을 통해 태어날 후손을 보살필 수 있는 능력이 있다는 것을 신부의 아버지에게 보여주기 위함이었다. 마찬가지로 누군가가 빚을 갚기 위해 자기를 종으로 팔면서 아내와 자녀들까지 종이 되게 만들었다면 종의 신분에서 벗어날 때 그들을 다시 데리고 나올 수 있었다. 그러나 그가 미혼인 상태로 종이 되어 다른 여종과 결혼해 종으로 있는 동안 자녀들을 낳았다면 종의 신분에서 벗어나더라도 그들을 데리고 나올 수 없었다. 이 율법은 몰인정한 규칙이라기보다는 신부의 몸값을 지불할 것을 명확히 하기 위한 것이었다.

신학적으로 이것은 그리스도께서 교회를 신부로 맞이하신다는 의미를 담고 있다. 신약성경은 속죄를 다룰 때 그리스도께서 자신의 신부를 값 주고 사셨다고 가르친다. 그분은 신부의 몸값을 지불하셨다. 또한 종을 자유롭게 하시기 위해 속전을 지불하셨다. 사도 바울은 "너희는 너희 자신의 것이 아니라 값으로 산 것이 되었으니"(고전 6:19-20)라고 말했다. 이처럼 성경은 매매의 개념에 근거해 속죄를 가르친다.

역사적으로 강조되어온 또 하나의 속죄론은 '그리스도 승리설' (Christus victor)이다. 특히 20세기의 루터교 신학자들이 이 견해를 지지한다. 십자가는 우주적인 승리를 이룬 사건이며, 그리스도께서는 십자가의 승리를 통해 선과 악의 거대한 대결에서 악의 군대에 치명타를 입히셨다. 이로써 하나님이 에덴동산에서 뱀에게 내리셨던 저주가 성취되었다. "내가 너로 여자와 원수가 되게 하고 네 후손도 여자의 후손과 원수가 되게 하리니 여자의 후손은 네 머리를 상하게 할 것이요 너는 그의 발꿈치를 상하게 할 것이니라"(창 3:15).

이 견해는 그리스도께서도 승리를 얻으시는 과정에서 고통과 상처를 경험하셨지만 악의 제왕이 당한 피해에 비하면 그분의 피해는 지극히 미미했다고 강조한다.

이와 같이 속죄를 이해하려면 고려해야 할 견해가 많다. 어떤 사람들은 한 가지 견해에만 관심을 기울여 그것으로만 속죄의 의미를 이해하려고 애쓰는 잘못을 저지른다. 그러나 다양한 견해가 제각기 구원사역의 다각적인 측면을 보여준다는 것을 기억할 필요가 있다.

비정통적인 속죄론도 많이 제기되었다. 그중 가장 유명한 것은 '통치설'이다. 이 견해는 그리스도가 십자가에서 인류의 죗값을 치른 것이 아니라 단지 인간의 형벌을 대신 감당하셨을 뿐이라고 주장한다. 이 주장에 따르면 하나님은 그리스도의 고난으로 많은 사람에게 용서를 베푸셨지만 지금도 여전히 죄를 불쾌하게 여기시며 거룩한 정의를 시행하신다.

만족설

안셀무스의 가르침 이후 사람들의 관심을 가장 크게 사로잡은 속죄론은 만족설이다. 이 견해는 속죄의 필요성을 자세히 논의한 안셀무스에게까지 거슬러 올라가며 핵심 원리는 하나님의 정의다.

일전에 어떤 사람과 대화를 나눈 적이 있다. 그는 신은 믿지만 기독교의 하나님은 믿지 않는다고 말했다. 인간과의 화해를 위해 피의 희생을 요구하는 하나님을 믿는 것은 어리석다는 것이었다. 그는 "도대체 무슨 하나님이 그런 것을 요구할 만큼 복수심이 강하죠?"라고 말했고 나는 "하나님은 정의로우시기 때문이지요."라고 대답했다. 그러나 그는 내 말을 납득하지 못했다. 그는 진정으로 정의로운 하나님이시라면 사람들의 죄를 아무 요구조건 없이 무조건 용서하실 것이라고 생각했다.

많은 사람이 하나님을 사랑과 은혜와 긍휼의 관점에서만 생각하려 하고 그분이 정의로우시다는 개념은 싫어한다. 그러나 정의에 관한 성경의 가르침을 살펴보면 정의가 의나 선과 밀접하게 관련되었음을 알 수 있다. 성경에서 정의와 의는 서로 구별될 뿐 분리되지 않는다. 정의는 참된 의의 필요조건일 뿐 아니라 선의 필요조건이기도 하다. 어느 회의론자와 '하나님이 참으로 선하신가?'라는 문제에 대해 논쟁을 벌인 적이 있다. 그가 기독교를 싫어했던 이유는 기독교가 심술궂은 하나님을 가르친다고 생각했기 때문이다. 그는 하나님께서 선하시다면 죄의 형벌을 요구하지 않으실 것이라고 생각했다. 그러나 그런 생각과 달리 속죄는 하나님의 선하심을 생생하게 드러낸다.

하나님이 소돔과 고모라를 심판하겠다고 말씀하시자 아브라함은 그곳 사람들을 위해 중보기도를 드렸다. 그는 하나님이 분에 못 이겨 무고한 사람들을 악한 사람들과 함께 처벌하실지도 모른다고 걱정했다. 그래서 하나님께 "세상을 심판하시는 이가 정의를 행하실 것이 아니니이까"(창 18:25)라고 여쭈었다. 당연히 "그렇다"고 대답할 수밖에 없는 질문이었다. 아브라함의 생각은 옳았다. 그는 인간사를 다스리는 재판관은 옳은 일만 행해야 한다고 이해했다. 하늘에 계신 재판관께서 항상, 어디에서나 의로우시다는 것을 알면 위로를 받을 수 있다. 하나님은 전지하신 능력으로 심판을 베푸시며 모든 것을 항상 옳게 평가하신다. 그리고 무슨 결정을 내리시든 모든 정상을 참작하신다. 재판관이신 하나님은 지식이 완전하실 뿐 아니라 지극히 선하시다. 오히려 악을 징벌하지 않는 재판관은 선하지 않다. 그것은 결코 의롭지 않기 때문이다.

바울은 십자가의 신비를 설명하면서 하나님은 의로우시고, 또 의롭게 하시는 분이라고 말했다(롬 3:26). 채무 관계를 떠올리면 이 말의 의미를 좀 더 구체적으로 이해할 수 있다. 하나님께 죄를 짓는 것은 그분께 도덕적인 빚을 지는 것과 같다. 즉 하나님의 율법은 우리에게 의무를 부과하고, 우리에게는 그 의무를 이행해야 할 책임이 있다. 그리고 율법은 완전할 것을 요구하므로 죄를 단 한 번만 저질러도 우리는 빚을 갚을 수 없는 채무자로 전락할 수밖에 없다.

금전적인 채무와 도덕적인 채무를 구별해서 생각하면 이 점을 이해하는 데 조금 더 도움이 될 것이다. 금전상의 채무는 돈을 빚졌을 때 발생한다. 예를 들어보겠다.

어린아이 하나가 아이스크림 가게에 들어가서 아이스크림콘을 주문했다. 점원이 아이스크림콘을 건네주며 2달러라고 말했다. 호주머니를 뒤져 1달러를 꺼내든 어린아이는 안색이 어두워졌다. 그리고 "엄마가 1달러밖에 주지 않았어요."라고 말했다. 곁에서 그런 모습을 지켜보았다면 어떻게 하겠는가? 아마도 대부분은 호주머니에서 1달러를 꺼내 점원에게 건네주며 "내가 그 아이스크림콘의 절반 값을 대신 내겠습니다."라고 말할 것이고, 그러면 어린아이는 "고맙습니다."라고 인사한 뒤 돌아갈 것이다.

그렇다면 가게 점원은 당신이 대신 내주는 돈을 받아야 할까? 물론이다. 왜냐하면 그것은 경제적인 채무가 발생한 상황이기 때문이다. 누군가 어린아이 대신 카운터에 돈을 올려놓았다면 그것은 '법정 통화'에 해당하기 때문에 가게 점원은 그것을 받지 않으면 안 된다.

하지만 이 이야기를 약간 바꾸면 결과가 달라진다. 어린아이가 가게에 들어가서 아이스크림콘을 주문하지 않고 점원이 잠시 자리를 비울 때까지 기다렸다가 카운터 뒤편으로 달려가서 아이스크림을 콘에 퍼담은 후 줄행랑을 치려고 했다.

만일 가게 주인이 그를 붙잡아 경찰을 부르는 광경을 목격했다면 조금 안쓰러운 생각이 들어 대개는 경찰관에게 "잠깐만요 경찰관님, 모두 없던 일로 하면 좋겠습니다. 그 아이의 콘 값을 제가 물어드리겠습니다."라고 말할 것이다. 그러고는 주인에게 2달러를 내줄 것이다. 그러면 경찰관은 가게 주인을 바라보며 "아이를 고소하시겠습니까?"라고 물을 것이다. 왜냐하면 가게 주인에게 아이스크림콘 값을 받아들일 의무가 없기 때문이다.

이것은 단순히 금전상의 보상을 넘어서는 사안에 해당한다. 위법행위가 초래되었고 도덕적인 채무가 발생했다. 돈을 받거나 거부하는 것은 가게 주인의 자유다.

여기서 두 번째 예화에 비춰 속죄를 생각해보자. 속죄의 경우에는 값을 대신 지불한 것이 행인의 생각이 아닌 가게 주인의 생각이었다. 즉 자기 아들을 세상에 보내 도덕적 죄의 값을 치르게 한 것은 성부 하나님의 계획이었다. 마치 성부께서 성자에게 "스스로 빚을 갚을 수 없는 죄인들을 대신하여 지불한 죗값을 받아들이겠소."라고 말씀하신 것과 같다.

이와 같이 하나님은 자신의 정의와 타협하지 않으신다. 자신의 의를 희생하거나 정직하신 성품을 포기하지도 않으신다. 오히려 "나는 죄를 확실하게 징벌할 것이다."라고 말씀하신다. 이것이 곧 십자가의 정의다. 하나님이 대리자가 지불한 죗값을 받아들이셨다는 사실에서 십자가의 은혜가 밝히 드러난다. 이로써 하나님은 의로우시며 또한 경건하지 않은 자를 의롭게 하는 분이시라는 바울의 말에 담겨 있는 의미가 분명하게 드러난다.

CHAPTER. 29

대리속죄

나는 학풍이 비교적 자유로운 신학교에서 공부했다. 그래서인지 설교하는 법을 가르치는 설교학 교수는 신학자라기보다 화술강사에 더 가까웠다. 그는 학생의 설교가 끝날 때마다 설교의 전달 방식과 구성 체계를 비평적으로 평가했지만 신학적인 내용에 대해서는 말을 삼갔다. 그러던 어느 날 한 학생이 대리속죄를 주제로 감동적인 메시지를 전했다. 그가 설교를 마치자 교수는 무척 상기된 표정으로 "요즘 같은 시대에 어떻게 대리속죄설을 설교할 생각을 했습니까?"라고 말했고, 나는 손을 들고 "죄송합니다만 요즘 시대가 대체 어떤 시대이기에 속죄에 관한 성경의 가르침이 갑작스레 무용지물이 되었다는 말씀인가요?"라고 반문했다.

이 일은 고전적인 속죄설을 강력하게 반대하는 하나의 사례다. 오늘날 하나님의 정의를 만족시키기 위해 대리자가 피를 흘렸다는 신념을 야만적이고 비과학적인 주장으로 간주하는 사람들이 많다. 그러나 대리속죄 개념은 구원에 관한 성경의 가르침에 깊이 뿌리를 내리고 있다. 따라서 대리속죄설을 신학과 기독론에서 배제하는 것은 성경을 무시하는 처사다.

칼 바르트는 '−를 대신해'를 뜻하는 '후페르'(huper)가 신약성경에서 가장 중요한 헬라어에 해당한다고 판단했다. 신약성경에서 예수님께 적용된 칭호 중 '마지막 아담', 혹은 '둘째 아담'이라는 칭호가 있다. 이것은 그리스도께서 우리의 첫 번째 대표자였던 아담과 비슷한 방식으로 우리의 대표자가 되셨다는 것을 암시한다. 아담 한 사람의 타락으로 세상에 파멸과 죽음이 임했고, 다른 아담의 순종으로 구원과 영생이 이루어졌다. 즉 예수님은 자기 백성을 대신해 첫 번째 아담이 실패했던 일을 성공리에 완수하신 둘째 아담이셨다.

죄의 제거

구약성경을 살펴보면 정교한 희생제도를 통해 이스라엘 백성에게 속죄의 개념이 전달된 것을 알 수 있다. 레위기 16장에 기록된 대로 매년 속죄일이 되면 여러 마리의 동물을 잡아 희생제사를 드렸다. 대제사장은 수송아지를 잡아 자신의 죄를 속죄하고, 염소 두 마리를 취해 제비를 뽑아야 했다. 바로 그 두 마리 염소 중 한 마리로부터 '희생양'(scapegoat)의 개념이 유래했다.

대제사장은 그 염소의 머리에 안수하고(이는 백성의 죄가 염소에게 전가되었다는 것을 상징하는 행위였다) 광야, 곧 하나님의 복되신 임재에서 벗어난 장소로 내보냈다. 그러면 염소는 백성의 죄를 대신 짊어지고 광야로 사라졌다. 하지만 그것은 속죄의 절반에 불과했다. 속죄의 다른 절반은 두 번째 염소를 죽이는 것이었다. 대제사장은 두 번째 염소의 피를 시은좌, 곧 언약궤의 덮개에 뿌렸다. 시은좌는 '속죄소'라고도 불린다. 그 이유는 그곳에 부어진 피가 백성의 죄를 속량해 하나님과 화목하게 하는 수단이었기 때문이다.

신약성경은 속죄일에 백성을 대신해 희생된 동물들이 나중에 이루어질 일의 예표였다고 가르친다. 히브리서는 이렇게 기록했다.

"율법은 장차 올 좋은 일의 그림자일 뿐이요 참형상이 아니므로 해마다 늘 드리는 같은 제사로는 나아오는 자들을 언제나 온전하게 할 수 없느니라 그렇지 아니하면 섬기는 자들이 단번에 정결하게 되어 다시 죄를 깨닫는 일이 없으리니 어찌 제사 드리는 일을 그치지 아니하였으리요 그러나 이 제사들은 해마다 죄를 기억하게 하는 것이 있나니 이는 황소와 염소의 피가 능히 죄를 없이 하지 못함이라"(히 10:1-4).

구약시대의 속죄제사는 아직 이루어지지 않은 진정한 속죄를 극적으로 묘사한 것이었다. 그런 의식을 백성들은 미래의 현실을 가리키는 그림자로 이해하고, 하나님의 약속을 믿는 믿음으로 의롭다 하심을 받았다. 이와 같이 대리속죄의 개념은 구약시대 제사제도의 핵심에 해당한다.

성공회 복음전도자인 존 게스트는 그리스도의 십자가에 관해 설교하면서 "예수님이 못으로 손가락을 찔러 피를 한두 방울만 흘리셨어도 우리를 구원하기에 충분하지 않았을까요? 만일 우리가 그리스도의 보혈로 구원받는다면 말이에요."라고 말했다. 그가 말하고자 한 요점은 그리스도의 피 자체가 우리를 구원하는 것이 아니라는 것이다.

이스라엘 백성에게 피를 흘린다는 것은 곧 목숨을 내준다는 것을 의미했다. 죄의 형벌은 죽음이었기 때문이다. 즉 범죄자는 하나님을 거역해 죄를 지은 대가로 생명을 내놓아야 했기에 하나님은 구약시대의 희생제도를 통해 이스라엘 백성에게 "너희는 내게 죽을죄를 지었다. 율법은 너희의 목숨을 요구한다. 그러나 나는 동물의 희생으로 상징되는 대리자의 죽음으로 너희의 죽음을 대신할 것이다."라는 메시지를 전하셨다.

속죄와 화해

성경은 대리 행위의 두 가지 측면을 언급한다. 하나는 속죄이고, 다른 하나는 화해다. '-로부터'를 뜻하는 접두사 'ex-'가 포함된 '속죄'(expiation)라는 용어는 누군가로부터 죄책을 제거한다는 뜻이며 이는 속죄의 수평적 차원을 가리킨다.

이런 속죄의 측면은 희생염소를 통해 분명하게 드러난다. 백성의 죄가 염소에게 전가되었고, 염소는 죄를 짊어진 채 하나님의 면전을 떠나 광야로 나아간다. 시편 저자는 "동이 서에서 먼 것 같이 우리의 죄과를 우리에게서 멀리 옮기셨으며"(시 103:12)라는 말씀으로 속죄의 의미를 나타냈다.

물론 우리의 죄는 희생염소가 아닌 그리스도께로 옮겨졌다. 하나님의 어린 양이신 그리스도께서 우리의 죄를 친히 짊어지셨고, 그로써 이사야 53장에서 발견되는 여호와의 종에 관한 예언을 성취하셨다. "그가 찔림은 우리의 허물 때문이요 그가 상함은 우리의 죄악 때문이라 그가 징계를 받으므로 우리는 평화를 누리고 그가 채찍에 맞으므로 우리는 나음을 받았도다"(사 53:5).

화해는 속죄의 수직적인 차원에 해당한다. 화해 행위를 통해 하나님의 의로우신 분노가 가라앉고 그분의 정의가 만족된다. 우리가 안고 있는 도덕적인 채무가 해결되었기 때문에 하나님은 더 이상 진노하지 않으신다.

그분은 우리의 대리자가 치른 죗값에 온전히 만족하신다. 대리자가 없었다면 속죄도, 화해도 불가능했을 것이다. 우리에게는 하나님의 정의가 요구하는 것을 만족시킬 능력이 없기 때문이다. 우리에게 그런 능력이 있었다면 속죄가 필요하지 않았을 것이다. 대리자가 절대적으로 필요한 이유는 우리 스스로 그와 같은 도덕적 채무를 해결할 수 없기 때문이다.

나는 종종 기독교의 진리에 문제를 제기하는 회의론자들과 대화를 나눈다. 한 가지 대답으로 그들을 만족시키고 나면 그들은 곧 또 다른 문제를 제기한다.

그러면 나는 질문과 답변이 끝없이 계속되는 것을 막기 위해 "당신의 죄과를 어떻게 처리할 생각인가요?"라고 잘라 묻는다. 그러면 대개 대화가 곧 중단된다. 그들 대부분이 자신의 죄과를 부인할 뿐 그 외의 답을 제시하지 않기 때문이다.

사람들이 스스로에게 아무 죄가 없다고 주장하는 것을 볼 때마다 참으로 안타깝기 그지없다. 모든 사람이 하나님 앞에서 죄인이다. 따라서 우리는 수평적, 수직적 차원의 속죄를 필요로 한다. 이 두 가지가 모두 대리자를 통해 이루어진다.

언약의 구조

속죄에 대한 성경의 설명이 언약의 구조에서 발견된다. 모든 사람이 하나님이 제시하신 언약의 조항, 곧 그분의 명령에 복종해야 했다. 언약은 이중적 측면을 지닌다. 즉 율법을 지키면 상을 받고 율법을 어기면 벌을 받는다. 이 이중적 측면을 나타내는 성경의 용어가 축복과 저주다. 신명기에서 하나님은 이스라엘 백성에게 이렇게 말씀하셨다.

> "성읍에서도 복을 받고 들에서도 복을 받을 것이며 네 몸의 자녀와 네 토지의 소산과 네 짐승의 새끼와 소와 양의 새끼가 복을 받을 것이며 네 광주리와 떡 반죽 그릇이 복을 받을 것이며 네가 들어와도 복을 받고 나가도 복을 받을 것이니라"(신 28:3-6).

이와 정반대되는 말씀도 주어졌다.

"네가 만일 네 하나님 여호와의 말씀을 순종하지 아니하여 내가 오늘 네게 명령하는 그의 모든 명령과 규례를 지켜 행하지 아니하면 이 모든 저주가 네게 임하며 네게 이를 것이니 네가 성읍에서도 저주를 받으며 들에서도 저주를 받을 것이요 또 네 광주리와 떡 반죽 그릇이 저주를 받을 것이요 네 몸의 소생과 네 토지의 소산과 네 소와 양의 새끼가 저주를 받을 것이며 내가 들어와도 저주를 받고 나가도 저주를 받으리라"(신 28:15-19).

저주는 언약의 핵심 개념에 해당한다. 구약성경을 읽어보면 이스라엘 백성이 집단적으로나 개인적으로 언약을 어긴 것을 알 수 있다.

사실 우리 모두가 언약을 어긴 탓에 저주 아래 놓인 상태다. 세상도, 우리의 노동도 저주받았고, 뱀도, 남자도, 여자도 모두 저주받았다. 모두가 하나님의 저주 아래 있다. 언약의 저주는 부두교의 마술 같은 것이 아니다. 하나님의 저주를 받는다는 것은 곧 그분의 임재와 축복에서 멀어졌다는 뜻이다.

한편 구약성경이 가르치는 축복은 저주와는 정반대로 하나님께 가까이 나가 그분의 얼굴에서 비치는 빛을 받는 것을 의미한다. 이 축복은 그리스도의 대리 행위를 통해 온전히 이루어졌다. 사도 바울은 "또 하나님이 이방을 믿음으로 말미암아 의로 정하실 것을 성경이 미리 알고 먼저 아브라함에게 복음을 전하되 모든 이방인이 너로 말미암아 복을 받으리라 하였느니라"(갈 3:8)라는 말로 이 진리를 생생하게 표현했다. 여기서 말하는 옛 복음은 하나님의 축복에 관한 약속을 가리킨다.

"그러므로 믿음으로 말미암은 자는 믿음이 있는 아브라함과 함께 복을 받느니라 무릇 율법 행위에 속한 자들은 저주 아래에 있나니 기록된 바 누구든지 율법책에 기록된 대로 모든 일을 항상 행하지 아니하는 자는 저주 아래에 있는 자라 하였음이라 또 하나님 앞에서 아무도 율법으로 말미암아 의롭게 되지 못할 것이 분명하니 이는 의인은 믿음으로 살리라 하였음이라 율법은 믿음에서 난 것이 아니니 율법을 행하는 자는 그 가운데서 살리라 하였느니라 그리스도께서 우리를 위하여 저주를 받은 바 되사 율법의 저주에서 우리를 속량하셨으니 기록된 바 나무에 달린 자마다 저주 아래에 있는 자라 하였음이라"(갈 3:9-13).

이와 같이 그리스도께서 우리 대신 저주를 받으심으로 율법의 저주로부터 우리를 구원하셨다는 것이 복음의 핵심이다.

바울은 속죄의 진리를 설명하면서 저주의 개념을 거론했다. 죗값이란 하나님의 저주를 당하는 것이다. 그리스도께서 저주가 되셨고 이방인의 손에 넘겨지셨다. 그분이 자기 백성이 아닌 이방인의 손에 의해 죽으셨다는 사실은 매우 의미심장하다. 이방인은 '진영 밖에' 거하는 '부정한 자'로 간주되었기 때문이다. 예수님은 예루살렘 밖에서 죽으셨다(골고다는 예루살렘 성의 경계 밖에 위치했다). 즉 진영 밖으로 끌려 나가 이방인처럼 부정한 자로 간주되셨다. 그리스도께서 십자가에 못 박히셨을 때 세상이 온통 어두워진 것은 하나님의 얼굴에서 비치는 광채가 감추어졌음을 암시한다. 그리스도는 십자가에서 "나의 하나님, 나의 하나님, 어찌하여 나를 버리셨나이까"(마 27:46)라고 부르짖으셨다. 그분이 버림받으신 이유는 하나님께 버림받는 것이 곧 죄에 대한 형벌이기 때문이다. 다시 말해 예수님은 우리가 버림당하지 않게 하시려고 우리 대신 산 자들의 땅에서 쫓겨나셨다.

CHAPTER. 30

속죄의 범위

개혁신학의 특징은 종종 '튤립'(TULIP)이라는 다섯 개의 두문자로 요약되곤 한다. 그중 세 번째 글자인 'L'은 '제한 속죄'(Limited atonement)의 개념을 나타낸다.

이와 같은 '튤립'을 주장하는 사람들은 '칼빈주의 5대 교리의 신봉자'로 불리고, 칼빈주의 4대 교리 신봉자들은 제한 속죄의 개념에 이의를 제기한다. 따라서 5대 교리와 4대 교리의 신봉자들 사이에서 벌어지는 논쟁의 초점은 속죄의 범위에 있다. 바꾸어 말하면 '그리스도께서 누구를 위해 죽으셨는가?'라는 문제다.

'제한 속죄'의 의미에 관해 많은 혼란이 빚어진다. 역사적으로 개혁주의 신학자들은 그런 표현을 사용하지 않았다. 대신 '한정 속죄'라는 표현으로 '무한정 속죄'와 구별하기를 좋아했다.

그 이유는 문제의 핵심이 속죄의 가치에 있지 않기 때문이다. 그리스도께서 성부께 드린 희생은 완전하여 인류를 구원하기에 조금도 부족하지 않았다.

속죄는 종종 '모두를 위해 충분하고, 일부를 위해 효과적이다.'라는 말로 간단히 요약된다. 이 말은 속죄의 효력은 특정한 사람들에게 적용되지만 온 세상의 죄를 능히 속량하기에 충분하다는 의미를 담고 있다. 속죄가 만민에게 효과적으로 적용되지 않는다는 사실에는 대부분 이의가 없다. 이 문구는 단지 보편주의와 특수주의의 차이를 규명할 따름이다. 즉 속죄를 베푸시는 하나님의 의도가 아닌 그리스도의 죽으심이 지니는 충족성을 다룬다.

보편주의는 예수님이 모든 사람의 죄를 위해 죽으셨기 때문에 세상에 있는 모든 사람이 구원받는다는 견해를 말한다. 보편주의자들은 모든 사람이 그리스도의 속죄의 효력으로 구원받는다고 주장한다. 그러나 복음주의 진영 내에서는 이러한 보편주의가 극히 소수의 견해에 불과하다. 사실 보편주의자를 자처하는 사람은 복음주의자라고 주장할 수 없다. 복음주의자들은 회개하지 않는 사람들이 가는 지옥이 실제로 존재한다고 믿기 때문이다.

반면 특수주의는 일부만 구원받는다는 견해다. 복음주의자들은 특수주의, 곧 십자가의 효력이 일부에게만 적용된다는 이러한 견해를 강력히 지지한다.

이것이 예수 그리스도의 속죄의 가치나 공로에 한계가 있다는 것을 의미하는 것은 아니다. 속죄의 공로와 가치는 모든 사람의 죄를 속량하기에 충분하며 예수 그리스도를 믿는 사람 누구나 그와 같은 속죄의 효력을 온전히 경험할 수 있다.

그러나 복음이 보편적으로 전파되어야 한다는 것을 이해하는 것도 중요하다. 이것은 또 다른 논쟁의 주제다. 복음을 들을 수 있는 범위 안에 있는 모든 사람에게 보편적으로 복음이 제공된다 해도 아무 조건 없이 제공되는 것은 아니기 때문이다. 즉 복음은 믿고 회개하는 사람들에게 제공된다. 그리고 그리스도의 속죄의 효력은 죄를 회개하고 그분을 믿는 사람들에게 적용된다. 이처럼 문제의 초점은 십자가의 충족성이 아닌 그 계획과 의도에 있다.

속죄의 계획

속죄의 계획을 생각하려면 그 계획을 누가 세웠는지부터 살펴봐야 한다. 처음에 누가 속죄를 계획했을까? 성부와 성자와 성령께서 영원 전부터 창조와 구원에 대해 온전히 합의하셨다. 그러므로 속죄의 설계자는 성부 하나님이시다. 그분이 그리스도를 세상에 보내셨다.

그렇다면 그분은 단지 사람들이 그런 기회를 잘 이용하기를 바라셨을까? 어떤 사람들은 그렇다고 말한다. 그들은 하나님께서 사람들이 어떻게 반응할지 모르신다고 주장한다. 그분의 지식이 인간의 선택에 따라 제한된다는 것이다.

하지만 그러한 견해는 성경에 어긋난다. 성경은 "이는 예수께서 믿지 아니하는 자들이 누구며 자기를 팔 자가 누구인지 처음부터 아심이러라"(요 6:64)고 기록한다. 또한 예수님도 "아버지께서 내게 주시는 자는 다 내게로 올 것이요 내게 오는 자는 내가 결코 내쫓지 아니하리라"(요 6:37) 말씀하셨다.

이와 같이 그리스도께서는 구원사역을 준비하실 때 그것이 성부께서 허락하신 자들을 위한 일이라는 사실을 정확하게 알고 계셨다. 때문에 그분의 사역은 공연한 헛수고가 아니었다.

가설적인 구원 개념에 따르면 그리스도께서 이론적으로 모든 사람을 위해 죽으실 수 있지만 실제로는 (복음을 믿는 사람이 한 사람도 없을 경우에는) 아무를 위해서도 죽으실 수 없다는 등식이 성립된다. 그런 경우라면 십자가는 이론상 헛수고가 될 수 있다.

물론 이것은 우리의 관점에서 하나님의 성품을 바라보고, 그것에 근거해 십자가를 생각하는 억지에 지나지 않는다. 만일 하나님이 속죄를 계획하셨고, 십자가가 하나님의 구원계획이었다면 구원의 효력 발생을 기대하는 것이 마땅하다. 실제로 십자가의 효력은 하나님이 본래 의도하셨던 대로 정확하게 발생했다.

인간의 구원이 궁극적으로 인간에게 달려 있다고 믿는 사람이 많다. 그러나 하나님의 허락이 없으면 그 누구도 멸망하지 않는다. 구원의 궁극적인 설계와 계획 중 그 효력이 우리에게 의존되는 것은 아무것도 없다. 구원은 오직 하나님께 달려 있다. 구원은 궁극적으로 사람이 아닌 하나님께 속한 문제다.

선택의 교리

개혁주의 신학자들은 십자가의 은혜를 받으려면 믿어야 한다고 말한다. 그러나 그 믿음까지도 하나님의 선물이다. 그리스도께서 영원한 구원계획을 이루셨기 때문에 그분이 대신하여 죽으신 사람들 모두가 구원을 받는다. 예수님은 오직 선택받은 사람들만을 위해 죽으셨다. 모든 사람을 위해 죽지 않으셨다. 그리스도께서 온 세상의 죄를 위해 죽으셨다는 성경의 가르침(요일 2:2)을 내세워 이 교리를 반대하는 사람들이 많다. 물론 그리스도께서는 세상 모든 곳에 있는 사람들을 위해 죽으셨다. 이것이 성경이 언급하는 '세상'의 의미다.

성경적 관점에서 보면 예수님은 유대인만을 위해 죽지 않으셨다. 유대인은 물론 모든 이방인을 위해 죽으셨고, 모든 족속과 방언과 민족으로부터 온 사람들을 위해 죽으셨다. 선택받은 모든 사람을 위해 죽으셨다. 선택받은 자들 가운데는 세계 각처의 사람들이 포함된다. 거듭 말하지만 그리스도는 선택받지 않은 사람들을 위해 죽지 않으셨다. 그분은 사탄을 위해서, 혹은 하나님의 영원하신 작정에 의해 선택의 은혜를 입지 않은 사람들을 위해 목숨을 내주지 않으셨다.

따라서 '튤립'의 'L'을 믿는 것은 나머지 문자들이 나타내는 교리를 진정으로 믿는지 아닌지를 가리는 시금석이다. 사람들은 '전적 무능력'(Total depravity)을 믿는다고 말하면서도 제한 속죄는 믿지 않는다. 또 '무조건적 선택'(Unconditional election, 또 하나님이 영원 전에 구원하실 자를 주권적으로 선택하셨다는 교리)은 믿으면서 제한 속죄는 믿지 않는다. 그러나 하나만 믿고 다른 하나를 믿지 않는 것은 있을 수 없다. 만일 선택이 무조건적이고, 영원 전에 작정된 하나님의 주권적인 은혜와 긍휼에 근거한다고 믿는다면 십자가의 목적도 정확하게 이해해야 한다. 십자가의 가치는 온 세상을 다 속량하고도 남지만, 십자가와 관련된 하나님의 계획과 목적은 정의의 요구를 만족시켜 타락한 인류 중 일부만을 구원하는 것이었다. 즉 그분은 성자의 사역을 선택하신 자들에게만 적용하기로 창세전에 결정하셨다.

십자가는 언제나 하나님의 영원하신 구원계획의 일부였고, 그 목적은 선택받은 자들을 구원하는 것이었다. 그리스도께서 헛되이 죽지 않으셨고, 그분이 이루신 구원이 하나님이 구원하시기로 작정하신 사람들에게 확실하게 적용된다는 것을 알면 크나큰 위로를 얻을 수 있다.

PART 5

성령론

CHAPTER. 31

구약성경이 증언하는 성령

내 인생에서 가장 중요한 사건은 나의 회심이다. 당시 나는 결혼을 약속한 여자 친구에게 그리스도를 영접했을 때의 상황과 그것이 우리 관계에 미치게 될 의미를 자세히 설명했다. 우리는 서로 다른 대학교에 다니고 있었기 때문에 주로 편지와 전화로 연락을 주고받았고, 그런 식의 교제가 여러 달 동안 계속되었다. 상황에 진척이 없는 것 같아 답답해하던 중 여자 친구가 나를 보기 위해 우리 대학교를 방문했다. 나는 그녀를 기도 모임에 데려가기로 결심했고 오전 내내 그녀와의 만남과 그녀를 위해 기도했다. 참으로 기쁘게도 그녀는 그날 그 모임에서 그리스도를 영접했다. 우리는 순조롭게 결혼을 향해 나아갔다. 여자 친구는 회심하던 날 참으로 놀라운 반응을 나타내며 이렇게 말했다. "이제 성령께서 어떤 분이신지 알 것 같아요." 그 후로 오랫동안 나는 그 일을 가끔씩 떠올린다. "성령이 무엇인지 알 것 같아요."가 아니라 "성령께서 어떤 분이신지 알 것 같아요."라는 그녀의 말은 참으로 의미심장하다.

세상 사람들이 기독교에 대해 흔히 저지르는 오해는 성령을 성삼위하나님 가운데 한 분이신 인격적 존재가 아니라 비인격적인 세력이나 하나님의 활동적인 능력으로 생각하는 것이다. 그러나 예수님과 사도들은 성령을 '그분'으로 일컬었다. 성경은 성령께서 의지와 지식과 감정을 지니신다고 가르친다. 인격의 모든 특징이 성령께 적용되었다.

성령을 둘러싼 혼란의 주된 이유는 구약성경에 나타난 성령의 활동과 신약성경에 나타난 성령의 사역이 서로 다르다고 생각하기 때문이다. 성령의 활동은 창조사역까지 거슬러 올라간다. "태초에 하나님이 천지를 창조하시니라 땅이 혼돈하고 공허하며 흑암이 깊음 위에 있고"(창 1:1-2). 형태를 갖추지 못한 세상은 어둡고 혼돈하고 공허했다. 칼 세이건은 『코스모스』(Cosmos)라는 책에서 우주는 혼돈이 아닌 질서라고 주장했다.*

성경적 관점에서 말하면 이는 순수한 어둠과 빛, 궁극적인 의미가 없는 공허한 우주와 창조주의 열매로 가득한 우주의 차이다. 창세기의 첫 구절은 질서를 갖춘 우주를 선언한다. 그러나 처음의 세상은 형체가 없었고 어둠이 깊음의 위를 덮고 있던 상태였다.

창세기 1장 2절은 "하나님의 영은 수면 위에 운행하시니라"라는 말씀으로 성경에서 최초로 성령을 언급한다. '운행하신다'는 '품다, 덮다'라는 뜻이다. 이는 하나님이 가브리엘 천사를 나사렛의 시골처녀 마리아에게 보내 그녀가 아이를 낳을 것이라고 고지하게 하셨을 때 가브리엘이 전했던 말씀의 의미와 일맥상통한다. 마리아가 "나는 남자를 알지 못하니 어찌 이 일이 있으리이까"(눅 1:34)라고 묻자 가브리엘 천사는 "성령이 네게 임하시고 지극히 높으신 이의 능력이 너를 덮으시리니"(35절)라고 대답했다. 성령께서 마리아에게 임하신 것을 묘사할 때 사용된 동사는 창세기 1장에서 하나님의 영이 지니신 창조의 능력을 언급할 때 사용된 용어와 동일한 의미를 지닌다. 성령께서 형체 없

---

* Carl Sagan, *Cosmos* (New York: Ballantine, 1985).

는 우주에 임해 그것을 덮으셨다(품으셨다). 암탉이 부화를 위해 달걀을 품는 것처럼 성령께서 우주의 질서와 빛과 물체를 만들어내셨다. 신약 성경은 하나님이 무질서의 하나님이 아니시라고 가르친다(고전 14:33). 그분은 혼돈을 조성하지 않으신다. 하나님의 영은 무질서에서 질서를, 무에서 유를, 어둠에서 빛을 창조하신다.●

능력의 영

구약성경을 읽어보면 하나님의 권위와 능력에 크게 놀라지 않을 수 없다. 지진이 발생하거나 토네이도가 강타한 곳을 바라보면서 우리는 자연의 힘에 그만 넋을 잃고 만다. 그러나 그런 일도 자연을 다스리는 주님의 초월적인 능력에는 비할 바가 못 된다. 그분의 능력은 지구상의 그 어떤 힘보다 우월하다. 구약성경 안에서 우리는 이 능력이 성령을 통해 나타난 것을 발견할 수 있다. 성령은 헬라어로 '하나님의 두나미스'로 불린다. '두나미스'(dynamis)는 '능력'이라는 뜻으로 이 말에서 영어 단어 '다이너마이트'가 유래했다. 즉 성령께서는 능력의 영으로 나타나신다.

앞에서 그리스도의 세 가지 직임(선지자, 제사장, 왕)을 살펴보았다. 세 가지 모두 중보자의 직임이자 카리스마적인 직임이다. 이스라엘 역사에서 왕보다 먼저 등장했던 사사들도 카리스마적인 지도자들이었다. '카리스마적인'이라는 말은 '은사'를 뜻하는 헬라어 '카리스마' (charisma)에서 유래했다. 즉 사람들은 성령의 기름부음을 통해 특별한 은사를 부여받았다. 예를 들자면 하나님의 영이 삼손에게 임하시어 놀라운 업적을 이룰 수 있는 능력을 부여하셨다. 기드온과 선지자들도 마찬가지였다. 성령께서 그들에게 임하시자 그들 안에서 사역을 행하

● 성령의 활동에 관해 더 자세히 알고 싶으면 다음 자료를 참조하라. R. C. 스프로울, 『성령』(생명의말씀사, 2014).

는 능력이 생겨났다. 제사장들과 왕들에게도 성령께서 임하시어 각자의 사역을 행할 수 있는 능력을 허락하셨다.

구약성경에 나타난 인물 중 가장 큰 은사를 받은 사람은 모세였다. 그는 하나님의 능력을 받아 그분의 백성을 애굽에서 구해냈다. 그러나 모세는 더 좋은 날, 곧 하나님의 백성 모두가 성령의 기름부음을 받게 될 날을 예견했다. 하나님이 이스라엘 백성을 기적적으로 애굽에서 구원하셨지만 그들은 먹을 양식이 만나밖에 없다고 불평을 토로했다. 그래서 하나님은 광야에서 이스라엘 백성을 먹이시려고 하늘로부터 만나라는 양식을 내려주셨지만 그들은 애굽에서 노예로 지낼 때 먹었던 "생선과 오이와 참외와 부추와 파와 마늘"(민 11:5)을 그리워했다. 모세는 그들의 불평을 못마땅하게 여겼을 뿐 아니라 스스로도 "책임이 심히 중하여 나 혼자는 이 모든 백성을 감당할 수 없나이다 주께서 내게 이같이 행하실진대 구하옵나니 내게 은혜를 베푸사 즉시 나를 죽여 내가 고난당함을 내가 보지 않게 하옵소서"(14-15절)라고 하소연했다. 그러나 하나님은 모세를 죽이지 않으시고 오히려 도움을 베푸셨다.

"여호와께서 모세에게 이르시되 이스라엘 노인 중에 네가 알기로 백성의 장로와 지도자가 될 만한 자 칠십 명을 모아 내게 데리고 와서 회막에 이르러 거기서 너와 함께 서게 하라 내가 강림하여 거기서 너와 말하고 네게 임한 영을 그들에게도 임하게 하리니 그들이 너와 함께 백성의 짐을 담당하고 너 혼자 담당하지 아니하리라"(16-17절).

하나님은 모세에게 허락하신 영을 칠십 인 장로에게도 똑같이 허락하셨다. 그러자 모세는 "여호와께서 그의 영을 그의 모든 백성에게 주사 다 선지자가 되게 하시기를 원하노라"(민 11:29)고 말했다.

그러나 구약시대의 사람들이 성령의 기름부음을 받아 특별한 사역을 행할 수 있는 능력을 부여받았다고 해서 그들이 성령으로 거듭났다고 생각하면 오산이다. 그들 모두가 참신자였던 것은 아니다. 예를 들어 성령께서 처음에는 사울 왕에게 임하셨지만 나중에는 그를 떠나셨다. 발람과 같은 사람들도 일시적으로 성령의 능력과 영감을 받아 예언을 했지만 참신자와는 거리가 멀었다. 물론 구약시대에 성령의 기름부음은 대부분 참신자들에게 주어졌던 특별한 은사였지만 반드시 그들에게 국한되지는 않았다. 즉 성령의 기름부음과 거듭남의 은혜는 같지 않다.

이 점에서 구약성경과 신약성경은 서로 비슷한 부분이 있다. 구약시대 때 성령의 능력은 선지자들과 제사장들과 왕들을 비롯해 하나님이 성막의 제작과 장식을 위해 세우신 장인들에게 주어졌다. 즉 성령의 능력이 일반 백성에게 주어진 최초의 사례는 성령의 특별한 은혜를 받은 장인들이었다(출 28:3). 이스라엘 진영 안에 있는 모든 사람, 곧 모든 신자가 다 이 은사를 받은 것이 아니다. 그러나 모세는 이와 같이 성령의 은사가 제한적으로 주어지는 상황이 바뀌기를 바랐고, 그의 그러한 소망은 오순절 성령 강림을 통해 정확하게 성취되었다(행 2장).

CHAPTER. 32

신약성경이 증언하는 성령

하나님은 예술가가 돌이나 점토로 작품을 만드는 것처럼 인간을 생명이 없는 조각상으로 창조하지 않으셨다. 그분은 흙으로 인간을 빚으시고 생기를 불어넣어 그를 '생령', 곧 살아있는 '루아흐'(ruah)가 되게 하셨고(창 2:7, 고전 15:45), 인간에게 자신의 생명을 불어넣으셨다. 이처럼 생명은 위대한 신비 가운데 하나다.

성경은 생명의 근원이 성령이시라고 가르친다. 바울은 우리가 하나님 안에서 살며 기동하며 존재한다고 말했다(행 17:28). 심지어 이교도도 성령의 능력이 없으면 생명을 유지할 수 없다. 즉 성경은 그리스도께서 성령의 능력으로 마리아의 몸에 잉태되셨다고 말씀하지만 엄밀히 말해 성령의 능력 없이는 아무도 잉태될 수 없다.

생명의 영

히브리어나 헬라어나 '영'을 표현하는 방식이 다양하다 '영'으로 번역된 헬라어 '프뉴마'(pneuma)는 '바람'이나 '숨결'로도 번역할 수 있다. 즉 하나님의 영과 생명의 숨결은 서로 밀접한 연관성을 지닌다. 그러나 신약성경은 성령과 생명의 관계를 다룰 때 처음 창조된 생명이 아닌 영적 생활에 필요한 창조적인 능력에 주로 초점을 맞춘다. 그리스도께서는 "내가 온 것은 생명을 얻게 하고 더 풍성히 얻게 하려는 것이라"(요 10:10)고 말씀하셨다. 여기서 예수님은 '생명'이나 '살아있는 물체'를 가리키는 헬라어 '비오스'(bios)가 아닌 '조에'(zoe)라는 용어를 사용하셨다. 그 이유는 특별한 종류의 생명, 곧 영적으로 죽은 자들에게 오직 하나님만이 허락하실 수 있는 영적 생명을 염두에 두셨기 때문이다. 이와 같이 예수님은 생물학적으로는 살아있지만 영적으로는 죽어있는 사람들, 곧 생명의 징후를 보이지만 하나님의 일에 대해서는 죽은 자들에게 그렇게 말씀하셨다.

그리스도는 구원자로서 우리에게 생명을 주기 위해 오셨다. 그러나 성삼위 하나님 가운데 그리스도의 구원사역을 우리에게 적용하시는 분은 성령이시다.

요약하자면 성부 하나님은 구원의 계획을 세우셨고, 그리스도께서는 구원에 필요한 것을 이루셨으며, 성령께서는 그리스도의 사역을 적용해 죽은 영혼들에게 새 생명을 허락하시고 구원을 얻게 하신다. 신학자들은 이를 '중생'이라 일컫는다. 그리고 신약성경은 중생을 성령이 행하시는 사역이라고 가르친다.

그렇다면 '중생'(regeneration)이란 무엇인가? 접두사 're-'는 '다시'를 의미한다. 따라서 이 말은 본래의 것을 되풀이한다는 의미를 지닌다. 집에 페인트를 다시 칠한다는 말은 그 전에 이미 페인트가 칠해져 있었다는 것을 전제한다. 마찬가지로 중생(거듭남)도 전에 탄생한 것이 있을 때만 가능한 일이다.

성경적인 관점에서 말하면 전에 탄생한 것은 곧 육적인 탄생을 가리킨다. 육적으로 탄생한 인간은 생물학적으로는 살아있지만 영적으로는 죽은 상태다. 즉 인간은 부패한 상태로 태어난다. 바울은 이렇게 말했다.

"그는 허물과 죄로 죽었던 너희를 살리셨도다 그때에 너희는 그 가운데서 행하여 이 세상 풍조를 따르고 공중의 권세 잡은 자를 따랐으니 곧 지금 불순종의 아들들 가운데서 역사하는 영이라 전에는 우리도 다 그 가운데서 우리 육체의 욕심을 따라 지내며 육체와 마음의 원하는 것을 하여 다른 이들과 같이 본질상 진노의 자녀이었더니"(엡 2:1-3).

여기서 바울은 육적인 죽음을 언급하지 않았다. 그가 말하는 죽음은 영적 죽음이다. 본문을 통해 그가 말하는 것은 오늘날의 사회는 물론 심지어 교회 안에까지 깊이 침투한 사상, 곧 우리 모두가 본질상 하나님의 자녀라는 신념과 정면으로 충돌한다.

모두가 하나님의 가족이라고 생각하는 사람들이 많다. 하지만 나면서부터 신자인 사람은 아무도 없다. 경건한 믿음의 가정에 태어날 수는 있지만 신자로 태어날 수는 없다. 모든 사람이 진노의 자녀로 태어난다. 우리는 본질상 하나님으로부터 소외되어 그분과 원수가 되었고, 죄 가운데 죽어 있는 상태다. 본질상 하나님의 일에 대해 죽은 상태이기 때문에 우리는 오직 성령의 사역을 통해서만 신자가 될 수 있다. 에베소서 2장에서 바울은 중생(영적으로 죽은 인간의 영혼을 다시 살리는 사역)에 관해 말했다.

유대관원이었던 니고데모는 예수님께 찾아와 "랍비여 우리가 당신은 하나님께로부터 오신 선생인 줄 아나이다 하나님이 함께하시지 아니하시면 당신이 행하시는 이 표적을 아무도 할 수 없음이니이다"(요 3:2)라고 말했다.

하지만 그렇게 옳은 판단을 내렸음에도 불구하고 그는 여전히 예수님이 누구신지 알지 못했다. 그래서 예수님은 그에게 "진실로 진실로 네게 이르노니 사람이 거듭나지 아니하면 하나님의 나라를 볼 수 없느니라"(3절) 말씀하셨고, 예수님의 가르침을 계속 의문시하자 "너는 이스라엘의 선생으로서 이러한 것들을 알지 못하느냐"(10절)고 책망하셨다. 니고데모는 산헤드린의 의원이자 바리새인이었을 뿐 아니라 율법 교사였다. 즉 그런 일은 알아야 마땅했다. 그것은 구약성경이 가르치는 것이었기 때문이다.

예수님은 새로운 사상을 가르치지 않으셨다. 그분은 구약시대의 사람들이 중생 외에 다른 방법으로 구원받은 것처럼 말씀하지 않으셨다. 아브라함도 성령으로 거듭나야 했다. 다윗을 비롯해 구원받은 구약의 신자들 모두가 마찬가지였다. 중생은 구원의 절대조건이다.

'신자'라는 말 앞에 '거듭난'을 덧붙이는 것이 군더더기인 이유가 여기에 있다. 어떻게 거듭나지 않은 신자가 있을 수 있겠는가! 예수님의 가르침에 따르면 거듭나지 않은 신자는 존재하지 않는다. 오늘날 사람들이 그런 표현을 사용하는 이유는 거듭나지 않고도 구원받았다고 주장하는 사람과 참신자를 구별하기 위해서다.

이처럼 중생은 구약성경은 물론 신약성경에서도 성령께서 행하시는 핵심 사역에 해당한다. 성령께서는 새로운 기원, 곧 영적 재탄생을 주관하신다.

거룩한 양육

성령께서는 우리를 거듭나게 하실 뿐 아니라 또한 양육하신다. 신약성경은 성령에 의한 성화 사역을 강조한다. 즉 성령께서는 그리스도의 형상을 닮게 하시고, 우리를 양육해 영적으로 성장하게 하신다.

또한 믿음과 영적 생명을 허락하시어 우리를 살려 의롭다 하심을 받게 하실 뿐 아니라 일생 동안 속박되어 있던 영적 사망으로부터 다시 살려낸 이들을 성숙한 신자로 양육하시며, 내적 사역과 인도하심과 감화하심을 통해 인격을 변화시켜 죄인을 성도로 바꿔놓으신다.

하나님의 영이 '거룩한' 영으로 불리시는 것에 주목하라. 거룩함은 성삼위 하나님의 공통된 속성이지만 특별히 성령께 적용된다. 그 이유는 성령께서 구원의 계획과 관련해 주로 성화의 사역을 담당하시기 때문이다. 즉 하나님이 성령을 보내신 목적은 우리를 거룩하게 하시기 위해서다.

우리는 중생을 출발점으로 삼아 영화의 단계에 이를 때까지 일평생 성화의 과정을 거친다. 영화도 성령께서 행하시는 사역이다. 성령은 우리의 인격을 변화시키고, 일평생 우리를 거룩하게 양육하시다가 마지막에 그 모든 사역을 완성하신다. 성령의 사역은 다양하다. 성령은 본래의 창조에 참여하셨고, 또한 재창조의 역사를 이루신다. 그분은 인간에게 처음 생명을 주셨고, 또 다시 영적 생명을 허락하신다. 성화의 사역뿐 아니라 영화의 사역까지 담당하신다.

거룩한 교사

또한 성령은 구약시대의 사람들에게 능력을 주셨다. 주지하는 바와 같이 성령의 영감으로 거룩한 성경이 기록되었을 뿐 아니라 또한 성경을 조명하신다. 즉 바울이 "하나님의 일도 하나님의 영 외에는 아무도 알지 못하느니라"(고전 2:11) 말한 대로 성령께서는 우리의 어두운 마음을 밝혀 성경을 이해하도록 도와주신다. 그분은 하나님의 진리를 가르치는 최고의 교사이시다. 우리로 하여금 죄와 의를 깨닫게 하시는, 그리스도께서 교회에 약속하신 보혜사이시다.

CHAPTER. 33

보혜사

증오는 예수님의 가르침에 나타나는 중요한 주제 중 하나다. 우리는 예수님이 오직 사랑만 가르치셨다고 생각하는 경향이 있지만 자기를 향한 세상의 증오에 관해서도 말씀하셨다. 그분은 세상의 증오를 잘 알고 계셨기에 제자들이 세상으로부터 어떤 대우를 받게 될 것인지 일깨워주려 애쓰셨고 "세상이 너희를 미워하면 너희보다 먼저 나를 미워한 줄을 알라 너희가 세상에 속하였으면 세상이 자기의 것을 사랑할 것이나 너희는 세상에 속한 자가 아니요 도리어 내가 너희를 세상에서 택하였기 때문에 세상이 너희를 미워하느니라"(요 15:18-19) 말씀하신 뒤 곧바로 박해를 언급하셨다. 하지만 그 전에 예수님은 신앙생활의 시련과 박해 중에도 하나님의 도우심이 늘 함께할 것이라고 약속하셨다. 뿐만 아니라 하나님이 보혜사, 곧 위로자를 보내 적대적인 세상에서 살아가는 자기 백성을 돕게 하실 것이라고 말씀하셨다.

또 다른 보혜사

그리스도께서는 "내가 아버지께 구하겠으니 그가 또 다른 보혜사를 너희에게 주사 영원토록 너희와 함께 있게 하리니"(요 14:16)라는 말씀으로 보혜사 성령을 소개하셨다. 성령께서 '또 다른' 보혜사로 불리신 것에 주목하라. 이 말은 그 전에 다른 보혜사가 계셨다는 것을 전제한다. 즉 보혜사의 뜻을 지닌 '파라클레토스'(parakletos)라는 헬라어는 성령님이 아닌 예수님께 먼저 적용된다. 예수님은 첫 번째 보혜사로 나타나셨고 성령님은 또 다른 보혜사, 곧 두 번째 보혜사에 해당되신다. 이것은 비단 예수님과의 관계에서뿐 아니라 성령의 인격이나 사역과 관련해서도 큰 의미를 지닌다. 예수님은 이렇게 말씀하셨다.

> "내가 아무도 못한 일을 그들 중에서 하지 아니하였더라면 그들에게 죄가 없었으려니와 지금은 그들이 나와 내 아버지를 보았고 또 미워하였도다 그러나 이는 그들의 율법에 기록된 바 그들이 이유 없이 나를 미워하였다 한 말을 응하게 하려 함이라 내가 아버지께로부터 너희에게 보낼 보혜사 곧 아버지께로부터 나오시는 진리의 성령이 오실 때에 그가 나를 증언하실 것이요 너희도 처음부터 나와 함께 있었으므로 증언하느니라 내가 이것을 너희에게 이름은 너희로 실족하지 않게 하려 함이니 사람들이 너희를 출교할 뿐 아니라 때가 이르면 무릇 너희를 죽이는 자가 생각하기를 이것이 하나님을 섬기는 일이라 하리라 그들이 이런 일을 할 것은 아버지와 나를 알지 못함이라 오직 너희에게 이 말을 한 것은 너희로 그때를 당하면 내가 너희에게 말한 이것을 기억나게 하려 함이요 처음부터 이 말을 하지 아니한 것은 내가 너희와 함께 있었음이라"(요 15:24-16:4).

또 다른 위로자

위로자이신 성령을 보내시겠다는 예수님의 말씀은 증오와 박해의 상황을 암시한다. 역사적으로 성령님은 위로사역을 행하셨다. 그것이 그분을 '위로자'로 일컫는 이유다. 그런데도 성령님의 사역 중 이 측면이 간과될 때가 많다.

　19세기 철학자 프리드리히 니체는 서구 문명에 미친 기독교의 영향을 신랄하게 비판하면서 하나님이 동정을 베풀다가 죽었다고 선언했다. 그리고 기독교가 서구 유럽에 겸손과 인내와 친절을 강조하는 약자의 도덕을 퍼뜨렸다고 주장하며 혐오감을 드러냈다. 그는 참된 겸손은 '권력을 향한 의지'를 표현하는 '초인'에게서만 발견된다고 말하며 사내다운 강자의 윤리를 요구했다. 그에 따르면 참된 인간은 궁극적으로 정복자다. 때문에 아돌프 히틀러는 독일에서 권력을 잡기 전 측근들에게 니체의 책을 성탄절 선물로 나눠주었다.

　니체가 기독교의 윤리를 그와 같이 오해한 것처럼 오늘날의 문화도 성령을 또 다른 보혜사로 일컬으신 예수님의 가르침을 그릇 이해한다. 위로자라고 말하면 대개 고통과 절망을 느낄 때 곁에서 도와주고, 눈물을 닦아주고, 용기를 북돋아주는 사람을 떠올린다. 그러나 예수님은 그런 위로자를 말씀하지 않으셨다. 물론 신약성경은 하나님이 자기 백성을 위로하신다고 가르친다. 때문에 그리스도의 탄생은 "이스라엘의 위로"(눅 2:25)로 묘사되었다. 물론 성령께서 고통과 시련을 당하는 우리를 도와주지 않으신다는 뜻은 결코 아니다. 그분은 우리에게 "모든 지각에 뛰어난 하나님의 평강"(빌 4:7)을 허락하신다. 그러나 예수님은 다락방 설교에서 그런 의미로 말씀하지 않으셨다.

　성경에 나오는 '파라클레토스'라는 말은 헬라 문화를 배경으로 한다. 그리고 접두사 '파라'(para-)는 '−와 나란히'를 뜻하는 것으로 '준교회'(parachurch), '준법률가'(paralegal), '준의료활동 종사자'(paramedic) 같은 단어에서 그 예를 찾아볼 수 있다. 앞에 '파라'라는 접두사가 붙으면 다른 것과 나란히 있는 것을 의미하는 것이다. '파라클레토스'의 어근은 '부르다'를 뜻하는 동사 '칼레오'(kaleo)에서 유래했다. 따라서 '파라클레토스'는 다른 사람과 나란히 오라고 부르는 사람을 가리킨다. 특별히 헬라 문화에서 '파라클레토스'는 범죄자로 고발당한 가족을 보호하기 위해 찾아온 가족 대리 변호사를 뜻했다. 한마디로 파라클레토스는 어려움에 처한 사람을 돕고, 보호하고, 격려하는 사람을 가리켰다.

또 다른 대언자

요한은 요한일서에서 '파라클레토스'라는 헬라어를 사용했다. 그리고 대다수의 번역 성경은 이를 '위로자'나 '돕는 자'로 번역하지 않고 '대언자'로 번역했다. "만일 누가 죄를 범하여도 아버지 앞에서 우리에게 대언자가 있으니 곧 의로우신 예수 그리스도시라"(요일 2:1). 이것이 그리스도께서 첫 번째 보혜사이셨다고 말할 수 있는 근거다.

우리는 예수님을 우리의 대언자로 생각하지 않는다. 하지만 그렇게 생각해야 마땅하다. 대언자는 누군가를 대변하는 일종의 변호사를 가리킨다. 이것이 신약성경에서 발견되는 예수님의 모습이다. 예수님은 우리의 재판관이자 대언자이시다. 우리가 전능하신 하나님 앞에서 심판을 받을 때 그리스도께서 재판관으로 앉아 계실 것이다. 그러나 그 법정에 들어서는 순간, 재판관이신 그리스도께서 또한 우리의 대언자가 되신다는 사실이 확연히 드러날 것이다. 즉 예수 그리스도는 우리의 보혜사, 곧 성부 하나님 앞에서 우리를 옹호하는 대언자이시다.

이 적대적인 세상에서 사는 동안에도 우리에게는 보호자가 필요하다. 이것이 예수님이 증오, 박해, 고난에 관해 말씀하시면서 또 다른 대언자를 약속하신 이유다. 그분은 성령을 약속하셨다. 성령께서는 우리와 영원히 변호 계약을 맺은 우리의 가족 대리 변호사이시다. 그분은 싸움이 격렬한 순간에 우리를 격려하고, 옹호하고, 힘을 주신다. 우리의 위로자는 싸움이 끝난 후에 눈물을 닦아주는 분이 아니라 잘 싸우도록 용기와 힘을 제공하시는 분이다.

이런 점을 생각하면 오늘날 사람들이 '위로자'(comforter)라는 용어의 의미를 얼마나 잘못 이해하고 있는지 알 수 있다. 언어는 시간이 지나면서 그 의미가 조금씩 변한다. 엘리자베스 시대만 해도 '위로자'는 라틴어의 의미와 밀접하게 관련되었다. '위로자'를 뜻하는 라틴어 '쿰포르테'에서 '쿰'(cum)은 '-와 함께'를, '포르테'(forte)는 '힘'을 의미한다. 따라서 '위로'(comfort)라는 말은 본래 '위안'이 아닌 '힘'을 주는 것을 의미했다. 때문에 예수님은 시련과 증오를 앞에 두고 있는 제자들에게 또 다른 보혜사가 와서 어려움을 당할 때 힘을 주실 것이니 낙심하지 말라고 격려하셨다.

거룩하게 하시는 자

바울은 우리가 그리스도 안에서 넉넉히 이긴다고 말했다(롬 8:37). 그가 사용한 헬라어 '휘페르니코멘'(hypernikomen)은 라틴어 '수페르빈케무스'(supervincemus)로 '탁월한 정복자'라는 뜻이다. 이 말을 읽을 때마다 나는 니체를 생각하지 않을 수 없다. 그는 정복자를 원했다. 그러나 진정한 정복자는 성령의 능력을 의지하는 사람이다.

우리가 세상과 맞설 때 성령께서 힘을 제공하시는 중요한 수단 중 하나는 진리다. 예수님은 이렇게 말씀하셨다.

> "내가 아직도 너희에게 이를 것이 많으나 지금은 너희가 감당하지 못하리라 그러나 진리의 성령이 오시면 그가 너희를 모든 진리 가운데로 인도하시리니 그가 스스로 말하지 않고 오직 들은 것을 말하며 장래 일을 너희에게 알리시리라 그가 내 영광을 나타내리니 내 것을 가지고 너희에게 알리시겠음이라 무릇 아버지께 있는 것은 다 내 것이라 그러므로 내가 말하기를 그가 내 것을 가지고 너희에게 알리시리라 하였노라"(요 16:12-15).

여기에서 그리스도의 사역을 선택받은 백성에게 적용하는 것이 성령님의 일이라는 사실을 또 한 번 확인할 수 있다. 성령은 우리를 거룩하게 하시고, 힘을 주시며, 하나님의 진리를 나타내신다. 예수님의 다락방 설교(요 14-17장)는 신약성경에서 매우 중요한 본문 가운데 하나다. 예수님이 배신당하시던 날, 곧 십자가에 못 박히시기 전날 밤에 마지막으로 남기신 가르침이 그곳에 기록되어 있다. 요한복음의 이 넉 장 안에서 신약성경의 나머지 부분을 모두 합친 것보다 더 많은 성령의 인격과 사역에 관한 진리가 발견된다.

예수님은 자신이 곧 세상을 떠날 것이므로 마음의 준비를 단단히 하라는 뜻에서 두려워하는 제자들을 격려하셨다.

> "내가 아직 너희와 함께 있어서 이 말을 너희에게 하였거니와 보혜사 곧 아버지께서 내 이름으로 보내실 성령 그가 너희에게 모든 것을 가르치고 내가 너희에게 말한 모든 것을 생각나게 하리라 평안을 너희에게 끼치노니 곧 나의 평안을 너희에게 주노라 내가 너희에게 주는 것은 세상이 주는 것과 같지 아니하니라 너희는 마음에 근심하지도 말고 두려워하지도 말라"(요 14:25-27).

제자들은 주님이 함께 계시는 동안 그분으로부터 힘과 용기를 얻었다. 그리고 주님이 떠나실 때가 되었을 때도 홀로 스스로를 돌보도록 방치되지 않았다. 성령께서 그들과 함께하시어 시련 속에서도 신실한 믿음을 지키고 진리를 말하도록 힘을 주실 것이었다. 그리스도는 오순절에 교회에 성령을 부어주심으로써 약속을 지키셨다. 그 후 박해가 시작되었지만 그리스도의 교회는 왕성하게 성장했다. 그리스도는 초대교회 신자들에게 적대적인 세상에 맞설 수 있는 능력을 주셨고, 그들은 그 능력을 온전히 의지했다.

CHAPTER. 34

성령세례

지금까지의 기독교 역사를 모두 합친 것보다 지난 50년 동안 성령의 인격과 사역에 관한 책들이 더 많이 쏟아져나왔다. 이토록 많은 책이 저술된 이유는 19세기부터 20세기 중엽을 지나면서 주요 교단들 사이에 널리 확산된 은사운동 때문이다.

오순절주의

은사운동의 뿌리는 오순절주의 및 성령세례에 관한 가르침과 교리에서 발견된다. 본래 오순절 신학 안에서 성령세례와 방언 현상은 독특한 성화의 교리, 즉 '두 번째 축복'으로 알려진 완전주의와 밀접하게 관련되었다. 오순절주의자들은 회심은 은혜의 첫 번째 사역에 해당하고, 이 세상에서 온전한 성화를 이루려면 좀 더 극적인, 성령의 두 번째 사역이 필요하다고 믿었다. 그렇게 두 번째 축복을 받아야만 영적으로 온전히 복종할 수 있다고 주장했다. 이것이 은사운동이 '완전주의'로 일컬어지게 된 이유다. 세월이 흐르면서 은사주의자들은 저마다 형태나 정도를 약간씩 달리한 완전주의를 주장했다.

이러한 오순절 교리는 점차 교파의 경계선을 넘어 거의 모든 교파에 영향을 미쳤다. 성령세례에 관한 신학과 역사적 기독교를 통합하려는 시도가 있었고, 그 결과 신(新)오순절 신학이 탄생했다. 구(舊)오순절주의와 신오순절주의의 중요한 차이는 성령세례를 바라보는 관점이다. 신오순절주의자들은 성령세례를 성화의 목적으로 주어지는 두 번째 은혜의 사역이 아니라 사람들에게 은사와 능력을 주어 사역을 행하게 하는 성령의 활동으로 간주한다. 그런 점에서 신오순절주의의 견해는 성령의 기능에 관한 신약성경의 가르침에 좀 더 부합한다.

그러나 신오순절주의자들 사이에서도 다양한 이견이 존재한다. 그들 중에는 여전히 방언을 성령세례의 확실한 증거로 간주하는 사람들이 많으며, 방언을 말하지 못하면 성령세례를 받지 못한 증거라고 주장한다. 또 어떤 사람들은 성령세례를 받았을 때 방언을 말할 수도 있고 못할 수도 있다고 말한다. 그러나 회심하고 그리스도를 영접한 이후에 성령세례를 받는다는 것에는 모든 신오순절주의자들이 동의한다. 그리고 신자이면서도 아직 성령세례를 받지 못한 경우가 있을 수 있다고 생각한다. 그들의 신념에 따르면 모든 신자가 성령으로 세례를 받을 수 있지만 모두가 성령세례를 받는 것은 아니다.

회심과 성령세례 사이에 시간차가 존재한다는 것을 입증하는 듯한 증거가 사도행전에서 발견된다. 오순절 성령 강림 사건이 대표적인 경우다. 사도행전 2장을 보면 다음과 같은 대목이 발견된다.

"오순절 날이 이미 이르매 그들이 다 같이 한 곳에 모였더니 홀연히 하늘로부터 급하고 강한 바람 같은 소리가 있어 그들이 앉은 온 집에 가득하며 마치 불의 혀처럼 갈라지는 것들이 그들에게 보여 각 사람 위에 하나씩 임하여 있더니 그들이 다 성령의 충만함을 받고 성령이 말하게 하심을 따라 다른 언어들로 말하기를 시작하니라…… 다 놀라며 당황하여 서로 이르되 이 어찌된 일이냐 하며"(행 2:1-4, 12).

누가의 기록에는 당시에 일어난 사건에 관한 묘사는 물론 그 기이한 현상에 대한 설명까지 덧붙여져 있다. 그의 기록을 계속 읽어보자.

"또 어떤 이들은 조롱하여 이르되 그들이 새 술에 취하였다 하더라 베드로가 열한 사도와 함께 서서 소리를 높여 이르되 유대인들과 예루살렘에 사는 모든 사람들아 이 일을 너희로 알게 할 것이니 내 말에 귀를 기울이라 때가 제 삼 시니 너희 생각과 같이 이 사람들이 취한 것이 아니라 이는 곧 선지자 요엘을 통하여 말씀하신 것이니 일렀으되 하나님이 말씀하시기를 말세에 내가 내 영을 모든 육체에 부어 주리니 너희의 자녀들은 예언할 것이요 너희의 젊은이들은 환상을 보고 너희의 늙은이들은 꿈을 꾸리라 그때에 내가 내 영을 내 남종과 여종들에게 부어 주리니 그들이 예언할 것이요"(행 2:13-18).

베드로는 오순절 사건을 설명하면서 구약성경에 기록된 요엘의 예언을 인용했다. 요엘은 장차 하나님의 나라가 도래할 것이고, 그때가 되면 하나님이 모든 육체에 성령을 부어주실 것이라고 예언했다.

모든 육체에 임하시는 성령

앞에서 구약시대 때 성령의 기름부음이 모세와 같은 특정 개인에게 국한되었다는 사실을 살펴보았다. 예를 들면 하나님께서 칠십 인 장로에게 성령을 부어주시자 그들은 예언하기 시작했다(민 11:24-25). 그 소리를 들은 여호수아가 모세에게 그들을 말리라고 했지만 모세는 "네가 나를 두고 시기하느냐 여호와께서 그의 영을 그의 모든 백성에게 주사 다 선지자가 되게 하시기를 원하노라"(민 11:29)라고 말했다. 즉 모세는 하나님이 모든 백성에게 성령을 주시기 원했고, 그렇게 되기를 기도했다.

요엘서를 살펴보면 모세의 그러한 기도가 예언이었다는 것을 알 수 있다. 요엘은 하나님이 자신의 모든 백성에게 성령을 부어주실 날이 올 것이라고 말했다. 더 이상 성령을 받는 자와 받지 못한 자로 나뉘지 않을 것이다.

사도행전에서 알 수 있는 대로 베드로는 오순절 사건을 요엘이 말한 예언의 성취로 간주했다. 이것은 하나님이 일부 신자에게만 성령을 주신다는 오순절주의자들의 견해와 정면으로 충돌한다.

오순절에 모인 군중은 각처에 흩어져 살던 유대인 신자들이었다. 그들은 오순절을 기념하기 위해 예루살렘에 모였고 성령께서 그들 모두에게 임하셨다. 그곳에 모인 유대인 신자 모두가 성령을 받은 것이다. 그렇게 오순절은 하나님의 구원계획과 관련해 새로운 시대를 열었다.

그 외에도 사도행전을 살펴보면 '작은 오순절'로 일컬을 수 있는 사건들이 발견된다. 사도행전 8장을 보면 성령께서 사마리아의 신자들에게 임하신 것을 알 수 있다.

"예루살렘에 있는 사도들이 사마리아도 하나님의 말씀을 받았다 함을 듣고 베드로와 요한을 보내매 그들이 내려가서 그들을 위하여 성령 받기를 기도하니 이는 아직 한 사람에게도 성령 내리신 일이 없고 오직 주 예수의 이름으로 세례만 받을 뿐이더라 이에 두 사도가 그들에게 안수하매 성령을 받는지라"(14-17절).

이 본문은 회심과 성령세례 사이에 시간차가 있다는 것을 입증하는 증거로 사용된다. 사마리아 신자들의 경우에는 그랬던 것이 분명하다. 그들은 예수님을 믿었지만 아직 성령을 받지 못한 상태였다. 사도행전 10장은 고넬료의 집에서 일어난 일을 다음과 같이 진술한다.

"베드로가 이 말을 할 때에 성령이 말씀 듣는 모든 사람에게 내려오시니 베드로와 함께 온 할례받은 신자들이 이방인들에게도 성령 부어 주심 으로 말미암아 놀라니 이는 방언을 말하며 하나님 높임을 들음이러라" (44-46절).

베드로는 고넬료의 집을 방문했다. 고넬료는 하나님을 경외하는 자, 곧 유대교로 개종했지만 할례는 받지 않았던 이방인 신자였다. 베드로 가 그의 집에 있을 때 성령께서 하나님을 경외하는 이방인들에게 임하 셨다. 그러자 베드로는 그들에게 세례를 베풀었다. "이에 베드로가 이 르되 이 사람들이 우리와 같이 성령을 받았으니 누가 능히 물로 세례 베풂을 금하리요 하고 명하여 예수 그리스도의 이름으로 세례를 베풀 라 하니라"(47-48절).

하나님을 경외하는 이방인들이 신약시대 교회에 접붙임을 받았다. 그리고 하나님이 성령을 부어주신 덕분에 신약공동체의 온전한 구성 원이 되었다. 사도행전 19장을 읽어보면 에베소 신자들에게도 그와 비슷한 일이 일어났던 것을 알 수 있다. 즉 그들도 성령을 받았다.

이처럼 사도행전에서 성령을 받은 사례가 모두 네 건 발견되며, 이 런 사례들은 두 가지 중요한 사실을 일깨워준다. 첫째, 그런 사건에 참 여한 신자들이 모두 성령을 받았다. 둘째, 누가는 유대인, 사마리아인, 하나님을 경외하는 자, 이방인, 이렇게 네 부류의 사람을 언급했다. 사 도행전과 바울서신을 살펴보면 이방인들이 그리스도의 공동체 안에서 어떤 위치를 차지하느냐를 둘러싸고 초대교회에서 커다란 논쟁이 벌 어진 것을 알 수 있다.

이방인들은 옛 언약에 참여할 수 없는 이스라엘 공동체 밖에 있는 외인들이었다. 그런 이유로 유대인들은 하나님을 경외하는 이방인들 에게 부분적인 자격만을 인정했다. 즉 이방인들은 이스라엘 진영 밖에 있는 자들로 간주되었고, 사마리아인에게도 온전한 자격이 주어지지 않았다. 따라서 복음이 이방인들에게 전파되었을 때 그들을 어떻게 대우할 것인지를 둘러싸고 논쟁이 벌어졌다. 바꾸어 말하면 '그들을 그리스도의 몸에 속한 온전한 지체로 인정해야 하는가?'라는 문제가 대두되었다.

사도행전의 전체적인 구조와 전개 방식을 살펴보면, 그리스도께서 승천하시기 직전 제자들에게 "오직 성령이 너희에게 임하시면 너희가 권능을 받고 예루살렘과 온 유대와 사마리아와 땅 끝까지 이르러 내 증인이 되리라"(행 1:8) 말씀하신 대로 사도적 교회가 유대인들로부터 시작하여 모든 민족에게 이르는 과정을 추적한 것을 확인할 수 있다.

이것이 사도행전이 다루는 초대교회의 발전 과정이다. 사마리아인들, 하나님을 경외하는 자들, 이방인들에게 차례로 복음이 전파되는 동안 하나님은 성령을 부어주심으로써 그들을 신약교회의 구성원으로 받아들여 모든 특권을 누리게 하셨다.

내가 볼 때 오순절신학의 문제점은 오순절의 의미를 너무 낮게 평가하는 것이다. 신약성경은 성령께서 온 교회와 모든 신자에게 임하신다는 것에서 오순절의 의미를 찾는다. 바울은 "우리가 유대인이나 헬라인이나 종이나 자유인이나 다 한 성령으로 세례를 받아 한 몸이 되었고 또 다 한 성령을 마시게 하셨느니라"(고전 12:13)고 했다. 성경은 성령세례를 받은 신자와 성령세례를 받지 못한 신자를 구분하지 않는다. 성령세례는 회심과 더불어 이루어진다. 그리고 성령세례와 회심이 동일한 것은 아니지만 신자라면 누구나 성령세례를 받는다는 것이 성경적인 원리다.

CHAPTER. 35

성령의 은사

성령의 은사, 특히 방언을 둘러싸고 많은 논쟁이 벌어진다. 또한 성령의 은사에 관한 문제 중에는 교리적 입장을 개진하기 어려운 문제가 더러 있다.

예를 들어 고린도교회에 나타났던 '글로솔랄리아'(glossolalia, 방언, 고전 12-14장)는 오순절에 나타났던 방언과 동일한 것인가? 대부분 동일하다는 데 암묵적으로 동의하지만 일부 학자들은 오순절에 일어난 방언의 기적은 '말하는 것'이 아니라 '듣는 것'이었다고 지적한다. 그들은 오순절의 방언을 통역의 기적, 곧 오순절에 각처에서 모여든 다양한 배경을 지닌 사람들이 유대인 제자들이 말하는 소리를 듣고 이해할 수 있었던 기적으로 간주한다.

그러나 성경이 이 점을 분명하게 밝히고 있지 않기 때문에 단순한 추측으로 받아들일 수밖에 없다. 방언을 둘러싼 논쟁은 '고린도교회에서 일어난 일이 기적이었는가? 만일 그렇다면 오늘날의 방언도 똑같이 기적인가? 성령의 영향 아래 불가해한 언어를 말하는 능력을 자연적으로 타고난 사람들이 존재하는가?'와 같은 문제들을 중심으로 계속 진행 중이다.

성령의 은사, 특히 방언과 관련된 또 하나의 문제는 그것이 교회 안에서 대대로 지속되는 것이 하나님의 뜻인가 하는 점이다. 이 문제를 해결할 수 있는 근거도 희박하기는 마찬가지다.

교회사적으로는 방언의 은사를 언급한 내용을 찾아보기 어렵다. 어떤 사람들은 이런 침묵이 종말론적인 의미를 지닌다고 주장한다. 그 근거는 '이른 비'와 '늦은 비'에 관한 요엘서 2장 29절의 예언이다. 그들의 주장에 따르면 '이른 비'는 성령께서 1세기 교회 위에 강림하신 사건을 가리키고, 오늘날의 방언은 '늦은 비'에 해당하는 현상으로 구원사의 마지막 단계, 곧 그리스도의 재림이 임박했음을 알리는 전조다. 이밖에 '방언이 성령세례의 증거인가?'라는 문제도 또 다른 쟁점 가운데 하나다.

고린도교회를 향한 바울의 가르침

성령의 은사를 가장 길게 논하고 있는 성경 본문은 고린도전서 12-14장이다. 그리고 그 안에 포함된 고린도전서 13장은 '사랑장'으로 불리는, 성경에서 가장 유명한 부분이다. 하지만 그것이 유명해진 이유는 종종 문맥을 무시한 채 다루어지기 때문이다.

고린도전서 13장에서 사랑의 우월성을 논한 바울의 가르침은 "내가 사람의 방언과 천사의 말을 할지라도 사랑이 없으면 소리 나는 구리와 울리는 꽹과리가 되고"(고전 13:1)라는 말씀으로 시작한다. 사실 고린도전서 13장은 12장에서부터 시작된 논의의 일부다.

12장에서 바울은 "형제들아 신령한 것에 대하여 나는 너희가 알지 못하기를 원하지 아니하노니"(고전 12:1)라고 말했다. 그는 하나님의 백성이라면 마땅히 신령한 은사들에 관해 알아야 하고, 그 지식에 근거해 은사를 사용해야 한다고 강조했다. 고린도교회는 바울이 사역을 행하면서 부딪쳤던 문제 많은 교회 가운데 하나였고, 바울이 두 통이나 편지를 띄워 책망과 권고의 말을 전했어야 할 정도로 많은 오류와 혼란에 사로잡힌 상태였다.

1세기 말 로마의 주교 클레멘트도 고린도교회에 보낸 편지에서 동일한 문제를 다루었다. 그때까지도 그런 문제들이 해결되지 않았던 듯하다. 그는 고린도신자들에게 보낸 자신의 서신에서 사도 바울의 가르침을 상기시켰다.

"너희도 알거니와 너희가 이방인으로 있을 때에 말 못하는 우상에게로 끄는 그대로 끌려갔느니라 그러므로 내가 너희에게 알리노니 하나님의 영으로 말하는 자는 누구든지 예수를 저주할 자라 하지 아니하고 또 성령으로 아니하고는 누구든지 예수를 주시라 할 수 없느니라"
(고전 12:2-3).

이렇게 말한 뒤 바울은 성령의 은사에 관해 가르쳤다.

"은사는 여러 가지나 성령은 같고 직분은 여러 가지나 주는 같으며 또 사역은 여러 가지나 모든 것을 모든 사람 가운데서 이루시는 하나님은 같으니 각 사람에게 성령을 나타내심은 유익하게 하려 하심이라 어떤 사람에게는 성령으로 말미암아 지혜의 말씀을, 어떤 사람에게는 같은 성령을 따라 지식의 말씀을, 다른 사람에게는 같은 성령으로 믿음을, 어떤 사람에게는 한 성령으로 병 고치는 은사를, 어떤 사람에게는 능력 행함을, 어떤 사람에게는 예언함을, 어떤 사람에게는 영들 분별함을, 다른 사람에게는 각종 방언 말함을, 어떤 사람에게는 방언들 통역함을 주시나니 이 모든 일은 같은 한 성령이 행하사 그의 뜻대로 각 사람에게 나누어 주시는 것이니라"(4-11절).

다양한 은사

바울이 언급한 은사가 영적 은사의 전부라고 생각해야 할 이유는 없다. 그는 단지 성령께서 하나님의 백성에게 다양한 은사를 나눠주신다는 것을 말하고자 했을 뿐이다. 또한 그는 은사의 목적이 교회의 덕을 세우기 위해서라고 가르쳤다. 바울은 영적 은사를 논하면서 교회의 본질에 대한 깊은 통찰을 드러냈다. 그리스도께서는 교회를 세우셨을 뿐 아니라 성령의 은사로 교회를 덕스럽게 하고 신자들을 굳세게 하셨다.

바울은 "몸은 하나인데 많은 지체가 있고 몸의 지체가 많으나 한 몸임과 같이 그리스도도 그러하니라 우리가 유대인이나 헬라인이나 종이나 자유인이나 다 한 성령으로 세례를 받아 한 몸이 되었고 또 다 한 성령을 마시게 하셨느니라"(12-13절)라고 말했다. 이 말씀은 성령세례에 관한 교훈적인 가르침을 제시한다. 바울의 요점은 교회의 모든 지체, 곧 유대인과 이방인이 성령을 통해 사역할 능력을 부여받았다는 것이다. 이 본문은 '만인사제설'이라는 종교개혁 원리의 근간을 형성했다. 마르틴 루터가 이 원리를 중시했고 크게 강조한 까닭에 성직 제도를 폐지하는 것이 그의 목표라고 생각했던 사람들이 많았지만 사실은 그렇지 않다. 루터는 비록 일부 신자들이 목사, 장로, 집사와 같은 직임을 맡는다고 해도 교회의 사역은 소수의 사람들에게만 국한되지 않는다는 견해를 피력했을 뿐이다. 즉 몸에 속한 모든 지체가 성령의 능력을 받아 교회의 사역에 참여한다.

한 몸

바울이 성령의 은사를 교회라는 상황 안에서 다루었을 뿐 아니라 교회를 그리스도의 몸으로 빗대어 표현한 것은 매우 의미심장하다. 교회도 인간의 몸처럼 다양한 지체로 구성되어 있다. 인간의 몸에 속한 지체들이 제각각 기능을 발휘하여 온몸을 유익하게 하는 것처럼, 바울은 그리스도의 몸에 속한 지체도 각자 행해야 할 특별한 임무를 띠고 있으며, 교회의 사명을 이루는 데 기여할 수 있는 능력을 부여받았다는 사실을 일깨워주려고 노력했다.

"몸은 한 지체뿐만 아니요 여럿이니 만일 발이 이르되 나는 손이 아니니 몸에 붙지 아니하였다 할지라도 이로써 몸에 붙지 아니한 것이 아니요 또 귀가 이르되 나는 눈이 아니니 몸에 붙지 아니하였다 할지라도 이로써 몸에 붙지 아니한 것이 아니니 만일 온몸이 눈이면 듣는 곳은 어디며 온몸이 듣는 곳이면 냄새 맡는 곳은 어디냐 그러나 이제 하나님이 그 원하시는 대로 지체를 각각 몸에 두셨으니 만일 다 한 지체뿐이면 몸은 어디냐 이제 지체는 많으나 몸은 하나라"(14-20절).

바울은 여기에서 전통적인 논증 방식, 곧 이성을 통한 논리적 추론을 통해 결론의 불합리성을 입증하는 '귀류법'(reductio ad absurdum)을 사용한다. 그는 방언의 은사를 교회 안에서 최고의 영적 은사로 내세우려는 사람들에게 말하고 있다. 그의 말은 곧 '방언의 은사를 가장 중요한 은사로 내세우는 것은 온몸이 눈이라고 말하는 것과 다를 바 없다. 그런 경우 보는 데는 지장이 없지만 듣지도 못하고 말하지도 못하는 처지가 되고 말 것이다.'라는 의미를 담고 있다.

또한 바울은 "너희는 그리스도의 몸이요 지체의 각 부분이라 하나님이 교회 중에 몇을 세우셨으니 첫째는 사도요 둘째는 선지자요 셋째는 교사요 그다음은 능력을 행하는 자요 그다음은 병 고치는 은사와 서로 돕는 것과 다스리는 것과 각종 방언을 말하는 것이라"(27-28절)고 덧붙였다. 방언의 은사가 사도로부터 시작된 목록의 맨 마지막에 언급되었다는 사실은 의미심장하다. 즉 사도직은 신약성경에서 주요한 권위의 직임에 해당했다.

그런 다음 바울은 "다 사도이겠느냐"(29절)라고 물었다. 여기에 사용된 헬라어의 문장 구조에 따르면 그 말에 대한 대답은 "아니오"일 수밖에 없다. "다 선지자이겠느냐"라는 질문도 "아니오"일 수밖에 없고, "다 교사이겠느냐 다 능력을 행하는 자이겠느냐"라는 질문의 대답도 마찬가지다. "다 병 고치는 은사를 가진 자이겠느냐 다 방언을 말하는 자이겠느냐 다 통역하는 자이겠느냐"(29-30절). 이 헬라어 문장의 구조 역시 대답은 하나, "아니오"다. 따라서 그리스도의 몸에 속한 신자 모두가 방언의 은사를 받는 것은 아니라는 사실이 분명하게 드러난다. 나중에 바울은 모든 사람이 방언을 말하기 원한다고 말했지만(고전 14:5) 누구나 다 방언을 말하는 것은 아니었다.

예언의 은사

바울은 계속해서 "너희는 더욱 큰 은사를 사모하라 내가 또한 가장 좋은 길을 너희에게 보이리라"(고전 12:31)고 말했다. 고린도전서 13장의 첫 구절("내가 사람의 방언과 천사의 말을 할지라도 사랑이 없으면 소리 나는 구리와 울리는 꽹과리가 되고")이 시작되기 바로 직전에 기록된 말씀이다. 이와 같이 사도 바울은 사랑의 은사가 다른 은사보다 훨씬 더 중요하다고 강조했다. "사랑은 언제까지나 떨어지지 아니하되 예언도 폐하고 방언도 그치고 지식도 폐하리라 우리는 부분적으로 알고 부분적으로 예언하니 온전한 것이 올 때에는 부분적으로 하던 것이 폐하리라"(8-10절).

바울의 가르침은 고린도전서 14장에서 절정에 달한다. "사랑을 추구하며 신령한 것들을 사모하되 특별히 예언을 하려고 하라"(1절). 여기서 말한 '예언'은 무엇을 가리킬까? 구약시대 선지자들과 신약시대 사도들처럼 계시의 대리자가 되어야 한다는 뜻일까? 나는 그렇게 생각하지 않는다. 대다수의 신약성경 주석은 바울이 하나님의 진리를 명확하게 전달하는 능력을 염두에 두고 예언을 권한 것이라 설명한다.

즉 여기서 말하는 예언은 설교자가 복음을 전하고 신자들이 믿음을 증언하는 것으로, 구약시대 선지자들처럼 하나님의 백성에게 새로운 계시를 전하는 것과는 거리가 멀다. 심지어 구약성경에서도 '예언'을 '계시를 전하는 것'과 '말씀 선포'로 구별했다. 그러므로 바울이 여기서 언급한 예언은 미래의 일을 예고하는 것이 아니라 하나님의 진리를 선포하는 것을 뜻한다. 나는 바울이 그 일을 권했다고 믿는다.

방언의 은사

바울이 고린도전서에서 언급한 방언과 오순절에 나타났던 방언이 다르다는 주장은 그가 전자를 일종의 기도의 언어로 간주했다는 의미를 내포하고 있다.

"방언을 말하는 자는 사람에게 하지 아니하고 하나님께 하나니 이는 알아 듣는 자가 없고 영으로 비밀을 말함이라 그러나 예언하는 자는 사람에게 말하여 덕을 세우며 권면하며 위로하는 것이요 방언을 말하는 자는 자기의 덕을 세우고 예언하는 자는 교회의 덕을 세우나니 나는 너희가 다 방언 말하기를 원하나 특별히 예언하기를 원하노라 만일 방언을 말하는 자가 통역하여 교회의 덕을 세우지 아니하면 예언하는 자만 못하니라 그런즉 형제들아 내가 너희에게 나아가서 방언으로 말하고 계시나 지식이나 예언이나 가르치는 것으로 말하지 아니하면 너희에게 무엇이 유익하리요"(고전 14:2-6).

바울은 이해할 수 있는 하나님의 진리를 사람들에게 전하지 않으면 하나님의 백성을 유익하게 할 수 없다고 말한다. 방언의 문제는 그때나 지금이나 이해할 수 없다는 데 있다. 이런 이유로 현대의 방언이 성령의 영향 아래 황홀한 말을 발설하는 인간의 능력을 가리킨다고 생각하는 신약학자들이 많다. 이런 견해는 사람들이 방언으로 성령과 교통한다는 것을 부인하지는 않지만 그런 현상을 일으키는 데 굳이 기적이 필요한 것은 아니라는 의미를 담고 있다.

방언의 문제점은 다른 종교와 모르몬교 같은 신비 집단에서도 그런 현상을 다룬 기록이 많이 발견된다는 사실이다. 즉 그리스도의 신성을 부인하면서도 그런 능력을 지녔다고 주장하는 이들이 많다. 그리고 그런 사람들의 방언과 기독교인들이 성령의 영향 아래 행하는 방언 기도는 겉으로 뚜렷한 차이가 발견되지 않는다.

초대교회 안에서 바울은 방언의 은사를 사용하는 방식에 대해 엄격한 교훈을 제시했다. 그는 무질서가 아닌 질서를 강조했고, 방언을 이해할 수 있는 말로 통역하는 자가 없을 때는 방언을 말해 신자들의 모임을 혼란스럽게 만들어서는 안 된다고 가르쳤다. 즉 신자들의 모임에 찾아온 불신자가 무슨 일이 벌어지고 있는지 당황하는 일이 없게 하기 위해 신중한 주의가 필요했다.

요약하면, 바울은 방언은 나쁘고 예언은 좋다고 말하지 않았다. 나쁜 것과 좋은 것이 아니라 좋은 것과 더 좋은 것을 구별했을 뿐이다. 거듭 말하지만 방언은 아무런 문제가 없다. 그러나 예언이 더 낫다. 그의 말은 "방언으로 기도하는 것은 좋다. 그러나 교회의 덕을 세우기 위해 그보다 더 좋은 성령의 은사를 사모하라"는 의미를 지닌다. 이런 성경의 가르침에는 설사 고린도교회에서 일어났던 일이 오늘날에도 똑같이 일어난다 하더라도 방언의 은사를 하나님으로부터 남다른 능력을 받았다거나 가장 신령한 영성을 지녔다는 표징으로 격상시키는 일이 없도록 조심하라는 경고의 의미가 담겨 있다.

CHAPTER. 36

성령의 열매

무엇인가 색다르거나 특이하거나 극적인 현상이 일어나면 누구나 호기심이 발동하기 마련이다. 특히 신자들은 하나님의 나타나심이 극적으로 이루어지는 현상에 관심을 기울인다. 이런 성향 때문에 우리는 성령의 열매보다는 성령의 은사에 더 큰 비중을 두는 경향이 있다. 그러나 성령의 목표는 복음의 열매를 적용해 하나님의 뜻을 이루는 것이다. "하나님의 뜻은 이것이니 너희의 거룩함이라"(살전 4:3).

믿음의 성장을 입증하는 가장 큰 증표는 영향력 있어 보이는 은사가 아니다. 설교자나 교사의 은사를 받았더라도 영적 성장의 증거가 얼마든지 미약할 수 있다. 그러므로 장차 이 세상에서의 삶을 마쳐야 할 때가 되면 은사나 재능을 얼마나 많이 소유했느냐가 아니라 신자로서 얼마나 열매를 많이 맺었느냐에 따라 평가받을 것이다.

성령을 따라 행하라

바울은 갈라디아서에서 성령의 열매를 논했다. 그는 "내가 이르노니 너희는 성령을 따라 행하라"(갈 5:16)는 말로 논의를 시작했다. 이것은 사도의 명령이다. 신자인 우리는 성령을 따라 행해야 할 의무가 있다. 이는 신비주의를 추구하거나 영성을 발전시키는 비결을 찾는 일을 최우선 과제로 삼으라는 뜻과 거리가 멀다. 그동안 수많은 학생이 내게 "스프로울 박사님, 좀 더 신령해지려면 어떻게 해야 할까요?"라거나 "은사를 더 많이 받으려면 어떻게 해야 하나요?"라고 물었다. "좀 더 의로워지려면 어떻게 해야 할까요?"라고 물은 학생은 고작 한 사람뿐이었다. 예수님은 "그런즉 너희는 먼저 그의 나라와 그의 의를 구하라 그리하면 이 모든 것을 너희에게 더하시리라"(마 6:33)고 말씀하셨다. 이와 같이 우리는 영적 성장을 추구하고, 성령을 따라 행하라는 부르심을 받았다. 그리고 그 증거는 은사가 아니라 성령의 열매를 통해 나타난다.

육신

바울은 "내가 이르노니 너희는 성령을 따라 행하라 그리하면 육체의 욕심을 이루지 아니하리라…… 육체의 소욕은 성령을 거스르고 성령은 육체를 거스르나니 이 둘이 서로 대적함으로 너희가 원하는 것을 하지 못하게 하려 함이니라 너희가 만일 성령의 인도하시는 바가 되면 율법 아래에 있지 아니하리라"(갈 5:16, 18)라고 말했다. 여기서 바울은 육신과 성령을 대조했다. '육신'으로 번역된 헬라어는 '사륵스'(sarx)이고 성령으로 번역된 헬라어는 '프뉴마'(pneuma)이다. 대개 '육체'로 번역되는 '소마'(soma)는 때로 '사륵스'와 동의어로 사용된다. 따라서 '사륵스'는 인체의 물리적인 특성이나 본질을 가리킨다.

그러나 신약성경은 인간의 부패한 본성을 '사륵스'로 일컫는다. 바울은 "비록 우리가 그리스도도 육신을 따라 알았으나 이제부터는 그같이 알지 아니하노라"(고후 5:16)라고 말했다. 이 구절 중 '육신을 따라'로 표현된 부분이 '카타 사르카'(kata sarka)다. 바울은 자신이 전에는 경건하지 못한 세속적인 관점으로 그리스도를 바라보았다고 말했다. 일찍이 예수님은 "육으로 난 것은 육이요 영으로 난 것은 영이니" (요 3:6)라고 말씀하셨다. 여기서 '육'은 인간의 물리적인 육체가 아닌 타락한 본성을 가리키며, 인간의 타락한 본성은 육체는 물론 생각과 의지와 마음에까지 영향을 미친다.

그렇다면 신약성경에서 '사륵스'라는 용어를 발견했을 때 인간의 타락한 본성과 물리적인 특성 중 무엇을 가리키는지 어떻게 구별할 수 있을까? '사륵스'는 대부분 '영'을 뜻하는 '프뉴마'와 대조되어 사용된다. 따라서 논의의 초점은 물리적인 육체와 영의 차이가 아니라 타락하고 부패한 본성과 새롭게 거듭난 본성과의 차이에 집중된다. 갈라디아서 5장이 대표적인 경우다.

부패한 열매

바울은 성령의 인도하심을 받는다는 것이 무슨 의미인지를 설명하고, 또 성령의 열매를 상세히 밝히기 전에 먼저 성령의 열매가 아닌 것을 열거했다.

"육체의 일은 분명하니 곧 음행과 더러운 것과 호색과 우상숭배와 주술과 원수 맺는 것과 분쟁과 시기와 분냄과 당 짓는 것과 분열함과 이단과 투기와 술 취함과 방탕함과 또 그와 같은 것들이라 전에 너희에게 경계한 것같이 경계하노니 이런 일을 하는 자들은 하나님의 나라를 유업으로 받지 못할 것이요"(갈 5:19-21).

이 말씀은 성경에서 가장 두려운 본문 중 하나다. 본문에 언급된 죄를 짓는 사람은 하나님의 나라를 유업으로 받지 못하게 되기 때문이다. 그리스도를 믿는 참믿음을 고백한 사람이 간음을 저지르거나 술에 취하거나 다투기를 좋아하거나 교만하게 행동할 리는 만무하다. 따라서 그런 죄를 짓는 사람은 구원의 희망이 없다고 결론지어도 무방할 것이다. 물론 바울의 말은 한 번만 술에 취해도 천국에 갈 수 없다는 뜻은 아니다. 그의 말은 그런 죄가 우리의 인격을 규정지을 만큼 습관적으로 지속된다면 그것은 성령이 아닌 육신 안에 있다는 명백한 증거라는 뜻이다. 그런 상태는 거듭나지 못했다는 증거이기 때문에 하나님 나라에 들어갈 수 없다. 따라서 신앙이 성장하는 아무런 증거가 없어도 거듭난 상태일 수 있다고 주장하는 율법폐기론은 절대로 성립할 수 없다. 율법폐기론자들은 갈라디아서의 이 구절을 읽으며 바울의 경고에 귀 기울여야 한다. 즉 이와 비슷한 죄를 아무런 뉘우침 없이 습관적으로 저지르는 사람은 하나님 나라를 유업으로 받을 수 없다.

성령의 열매

이어서 바울은 육신의 행위와는 현저하게 다른 성령의 열매를 열거했다.

"오직 성령의 열매는 사랑과 희락과 화평과 오래 참음과 자비와 양선과 충성과 온유와 절제니 이같은 것을 금지할 법이 없느니라 그리스도 예수의 사람들은 육체와 함께 그 정욕과 탐심을 십자가에 못 박았느니라 만일 우리가 성령으로 살면 또한 성령으로 행할지니 헛된 영광을 구하여 서로 노엽게 하거나 서로 투기하지 말지니라"(갈 5:22-26).

바울은 신자들에게 육신의 행위에 치우치지 말고 성령의 열매를 맺으라고 권고했다. 신자들도 옛 본성과 싸워야 한다. 신자 안에도 육신의 요소가 남아 있기 때문에 늘 하나님의 말씀으로 스스로를 살피는 한편, 성령의 훈계로 죄를 깨달아 그것을 단호하게 떨쳐내면서 의로운 행위를 힘써 추구해야 한다. 그렇게 우리 모두는 열매를 맺기 위해 힘써야 한다. 예수님은 "그들의 열매로 그들을 알리라"(마 7:20) 말씀하셨다.

사람들의 기억 속에 어떤 사람으로 남기 원하는가? 돈을 많이 벌었고, 많은 싸움에서 승리했고, 뛰어난 업적을 이룬 사람으로 기억되기 바라는가, 아니면 사랑과 희락과 화평과 오래 참음과 자비와 양선과 충성과 온유와 절제와 같은 성품을 지녔던 사람으로 기억되기를 바라는가? 하나님은 우리가 그런 사람이 되기 원하시고 그런 성품을 기뻐하신다. 하지만 우리의 일차적인 관심은 거기에 있지 않다. 이를테면 우리는 더 많이 사랑해야 한다는 것을 알고 있다. 그 특별한 열매에 관해 많은 책과 글이 쓰였지만 사랑의 본질에 관한 우리의 지식은 여전히 피상적이다. 그리고 이와 같이 영적 차원에 속한 사랑은 다른 열매와도 밀접한 관계를 맺고 있다.

성령의 열매와 성령의 은사는 다르다. 바울은 성령의 은사에 관해 일치와 다양성을 강조했지만 성령의 열매는 그렇지 않다. 그는 성령의 은사를 다룰 때 성령께서 교회의 덕을 세우기 위해 사람들에게 각각 다른 은사를 나눠주신다고 말했다. 다스리는 은사를 받은 사람도 있고, 베푸는 은사나 가르치는 은사, 돕는 은사를 받은 사람들도 있다. 그와 달리 성령의 열매는 모든 신자에게 동일하게 나타나야 한다. 이처럼 신자의 삶에 나타나야 할 성령의 열매를 몇 가지 살펴보면 다음과 같다.

온유

요즘에는 온유한 것을 무기력한 것으로 간주하는 경향이 있다. 그러나 온유한 사람은 무기력하지 않다. 힘이 있는데도 삼갈 뿐이다.

언젠가 회사에서 높은 직위를 맡은 한 젊은이와 대화를 나눈 적이 있다. 그의 부하 직원들은 그의 업무 방식이 너무 전횡적이라며 불평했다. 그는 "그들은 자신들이 젊다는 이유로 저의 권위를 존중하지 않습니다. 때문에 누가 상급자인지 보여줘야 할 필요가 있습니다."라고 말했다.

그래서 나는 "당신은 직책이 높기 때문에 상당한 힘을 갖고 있습니다. 그 힘에는 거기에 상응하는 책임이 뒤따르지요. 리더십의 비결 중 하나는 힘이 있을 때 너그러워야 한다는 것입니다. 지나치게 권위적일 필요는 없습니다. 힘 있는 자리에 있는 사람들은 대개 온유하지 못한 경향이 있습니다."라고 말했다.

온유함은 유연함과 비슷하다. 그것은 주어진 상황에서 가능한 한 힘을 덜 사용하는 것을 의미한다. 우리는 예수님에게서 그런 본보기를 찾을 수 있다. 그분은 힘없고 약한 사람들을 부드럽게 대하셨다. 사람들이 간음하다 잡힌 여인을 죽이려 할 때도 그분은 기꺼이 용서를 베푸셨다(요 8:3-11). 그러나 당시의 권력자였던 바리새인들이 예수님께 찾아와 힘을 과시하려 할 때는 힘으로 맞서셨다. 예수님은 강한 자는 강하게, 힘 있는 자는 힘 있게 대하셨지만 연약한 자는 부드럽게 대하셨다. 우리는 모든 사람을 똑같이 대해야 한다고 생각하는 경향이 있지만 사실은 그렇지 않다. 우리의 힘을 적절하게 조절하는 법을 배워야 하며, 그것이 바로 온유함이라는 성령의 열매를 맺는 방법이다.

기쁨

기쁨은 기독교적 삶의 표징이다. 하나님의 성령 안에서 행하는 신자는 불평불만을 일삼지 않는다. 그러나 성령의 기쁨은 고통과 고난의 경험이나 슬픔을 배제하지 않는다. 바울이 설명한 대로 우리는 범사에 기뻐하는 법을 배워야 한다(빌 4:4). 우리가 기뻐해야 할 이유는 하나님과 관계를 맺고 있기 때문이다. 우리가 그리스도 안에서 얻은 구원은 사랑하는 사람이나 재산, 직업 등 그 어떤 것을 잃더라도 결코 사라지지 않는다. 또한 우리는 온갖 종류의 고통스런 좌절과 고난에 부딪칠 수 있지만 그 무엇도 우리가 그리스도 안에서 누리는 근본적인 기쁨을 빼앗아갈 수 없다. 우리가 범사에 기뻐할 수 있는 이유는 그 어떤 어려움도 우리가 그리스도의 사역을 통해 누리게 된 성부 하나님과의 관계에 비하면 그야말로 아무것도 아니기 때문이다. 그러나 이 기쁨을 배가시키려는 노력이 필요하다. 즉 하나님과의 관계를 더욱 깊이 이해하고, 살아가는 동안 그분의 약속을 더 많이 의식할수록 더 큰 기쁨을 느낄 수 있다.

인내

우리가 맺어야 할 성령의 열매는 모두 하나님의 성품을 반영한다. 하나님은 기쁨의 원천이시고, 은혜롭고 온유하시다. 인내도 하나님을 능가할 사람이 없다. 그분은 노하기를 더디 하시고, 성급히 판단하지 않으신다. 또한 오래 참으시며 사람들에게 돌이킬 수 있는 시간을 충분히 허락하신다. 우리는 이러한 하나님의 인내를 본받아야 한다.

자비

자비는 명확하게 정의하기가 어려운 덕성이다. 그러나 굳이 정의하려고 애쓸 필요가 없다. 모두가 그것이 무엇인지 알고 있기 때문이다. 자비롭다는 것은 다른 사람들을 배려하고 보살피는 것을 의미한다. 이 열매도 모든 신자의 표징으로 나타나야 한다.

지금까지 성령의 열매를 간단히 살펴봄으로써 성령께서 무엇을 중요하게 생각하시는지 알게 되었다. 하나님은 우리에게 성령의 열매를 원하신다. 성령을 기쁘시게 하거나 슬프시게 하는 것은 우리의 외적 행위가 아닌 내적 성품이다.

CHAPTER. 37

기적

성령의 인격과 사역에 관한 논의를 마치기 전에 살펴봐야 할 주제가 한 가지 더 있다. 이 주제는 오늘날 교회 안에서 많은 논란을 야기한다. '오늘날에도 기적을 기대할 수 있는가?' '사도시대 이후로 기적은 종결되었는가?' '사탄과 귀신들도 기적을 행할 수 있는가?' 등은 기적을 행하는 은사들을 둘러싸고 흔하게 제기되는 문제들이다.

복음주의 교회에 속한 대부분의 사람들은 기적이 여전히 일어날 수 있고, 사탄과 귀신들도 기적을 행할 수 있다고 믿는다. 때문에 나처럼 그렇게 믿지 않는 사람들은 많은 오해를 받는다. 이번 장에서는 이 주제와 관련된 문제 중 몇 가지를 살펴보면서 은사종결론이 정통 개혁주의의 견해인 이유를 설명할 것이다.

기적의 정의

사람들이 말하는 기적이 언제나 같은 의미를 갖는 것은 아니다. 기도 응답을 기적으로 말하는 사람들도 있고, 영혼의 중생 같은 초자연적인 사역을 기적으로 일컫는 사람들도 있으며, 심지어 어린아이의 출생 같은 경이로운 일을 기적으로 간주하는 사람들도 있다. 그러나 어린아이는 매일 태어난다. 즉 별로 특별한 현상이 아니다. 일상적인 일이 기적이라면 기적은 더 이상 기이한 현상이 못된다. 하지만 성경에 나오는 기적은 기이하다.

성경에 기록된 역사를 살펴보면 짧은 시간 동안 한꺼번에 기적이 일어난 시기가 있었음을 알 수 있다. 가장 대표적인 시기는 예수님이 탄생하실 때다. 예수님의 삶은 많은 기적과 더불어 시작되었다. 물론 모세나 엘리야의 시대에도 기적이 많았지만, 구약시대에는 대체로 기적이 드물었다. 즉 기적이 늘 일관되게 일어났던 것은 아니다.

'기적'(miracle)이라는 말은 사실 성경 원문에 사용된 단어와 정확하게 일치하지 않는다. 신학자들은 성경, 특히 신약성경에서 발견되는 세 가지 용어(권능, 기사, 표적)로부터 기적의 개념을 추론한다. 기적은 신적 권능의 발현이다. 기적은 놀람과 경외심을 자극할 뿐 아니라 심원한 의미를 지닌다. 요한은 기적을 묘사할 때 흔히 '표적'으로 번역되는 '세메이온'(semeion)을 자주 사용했다. 예를 들면 예수님이 가나에서 물로 포도주를 만드신 사건을 두고 "예수께서 이 첫 표적을 갈릴리 가나에서 행하여 그의 영광을 나타내시매 제자들이 그를 믿으니라"(요 2:11)고 했다.

기적의 목적

표적은 그 자체를 뛰어넘는 무언가를 가리키며, 표적에는 각각 그 의미가 담겨 있거나 어떤 것을 상징한다. 그렇다면 신약성경의 기적이나 표적은 무엇을 가리키고, 또 무엇을 상징할까? 물론 기적은 그 자체로도 중요한 가치를 지닌다. 예수님은 물로 포도주를 만들어 결혼식에 참석한 사람들의 필요를 채워주셨고, 병을 고쳐 병자의 고통을 덜어주셨으며, 죽은 아이들을 다시 살려 슬퍼하는 부모들을 기쁘게 하셨다. 하지만 그런 일들이 과연 어떤 의미를 지닐까?

우리는 그 대답의 실마리를 니고데모에게서 찾을 수 있다. 그는 한밤중에 예수님을 찾아와 "랍비여 우리가 당신은 하나님께로부터 오신 선생인 줄 아나이다 하나님이 함께하시지 아니하시면 당신이 행하시는 이 표적을 아무도 할 수 없음이니이다"(요 3:2)라고 말했다. 즉 그는 예수님이 행하신 표적을 보고 하나님께로부터 오신 분이 틀림없다고 생각했다.

이후 예수님은 "내가 아버지 안에 거하고 아버지께서 내 안에 계심을 믿으라"(요 14:11)고 말씀하셨다. 이 개념을 온전히 이해하려면 히브리서의 경고에 귀를 기울여야 한다.

"그러므로 우리는 들은 것에 더욱 유념함으로써 우리가 흘러 떠내려가지 않도록 함이 마땅하니라 천사들을 통하여 하신 말씀이 견고하게 되어 모든 범죄함과 순종하지 아니함이 공정한 보응을 받았거든 우리가 이같이 큰 구원을 등한히 여기면 어찌 보응을 피하리요 이 구원은 처음에 주로 말씀하신 바요 들은 자들이 우리에게 확증한 바니 하나님도 표적들과 기사들과 여러 가지 능력과 및 자기의 뜻을 따라 성령이 나누어 주신 것으로써 그들과 함께 증언하셨느니라"(히 2:1-4).

본문은 하나님이 기적을 통해 말씀의 진리를 확증하셨다고 말한다. 안타깝게도 이 점이 무시될 때가 많지만 여기에는 중요한 의미가 함축되어 있다. 하나님의 말씀이 사실인 이유는 성경의 기록이 기적을 통해 확증되었기 때문이다. 이것이 성경의 가르침이라면 계시의 대리자가 아닌 다른 사람이 기적을 행할 수는 없지 않겠는가? 누구나 다 기적을 행할 수 있다면 그 사람이 행한 '표적'은 그의 권위를 나타내는 증표나 그가 하나님의 대변자라는 증거가 될 수 없을 것이다. 그리스도와 사도들과 성경의 권위가 모두 이 문제에 걸려 있다.

하나님은 불붙은 떨기나무로부터 모세를 불러 바로에게 가서 이스라엘 백성을 애굽에서 구원하라고 명령하셨다. 모세는 그 명령에 "그러나 그들이 나를 믿지 아니하며 내 말을 듣지 아니하고 이르기를 여호와께서 네게 나타나지 아니하셨다 하리이다"(출 4:1)라고 말하며 주저했다. 그러자 하나님은 모세에게 지팡이를 땅에 던지라고 지시하셨다. 모세가 지시대로 행하자 지팡이가 뱀으로 변했다. 또 하나님은 모세에게 손을 품에 넣으라고 지시하셨고, 그렇게 하자 그의 손에 나병이 발생했다. 이와 같이 하나님은 기적으로 말씀을 확증하실 생각이셨다. 그런 '표적'은 모세가 하나님의 대리자이자 이스라엘의 지도자로 임명된 것을 입증하는 수단이었다.

로마 가톨릭교회는 16세기에 종교개혁자들을 논박하기 위해 기적을 주장했다. 즉 "우리 역사에는 기적이 있다. 그런 기적들이 가톨릭교회가 진리임을 입증한다. 너희의 기적은 어디에 있느냐? 만일 기적이 없다면 어떻게 너희의 주장이 진실이라는 것을 입증할 수 있느냐?"라고 말했다. 그 말에 종교개혁자들은 "우리에게도 우리의 가르침을 입증해줄 기적이 있다. 바로 신약성경에 기록되어 있는 기적들이다."라고 대답했다.

누구나 기적을 주장할 수는 있다. 그러나 실제로 기적을 행할 수 있는 사람은 오직 하나님이 직접 임명하신 계시의 대변자들뿐이다.

오늘날의 기적

오늘날 자신이 기적을 행한다고 주장하는 사람들이 많다. 그러나 그들이 실제로 성경적인 기적을 행한다면 하나님이 그들의 가르침을 보증하신다고 결론짓거나, 기적이 참된 사도적 가르침의 증거가 아니라고 말해야 옳을 것이다. 좁은 의미의 기적과 넓은 의미의 기적을 구별해야 하는 이유가 여기에 있다. 신학자들은 기적을 좁은 의미로 정의

한다. 넓은 의미의 기적은 하나님의 백성 사이에서 계속되는 그분의 초자연적인 활동(기도에 응답하시고, 성령을 부어주시고, 영혼을 변화시키시는 것)을 가리킨다. 확실히 그런 활동은 오늘날까지도 계속된다. 그러나 신학자들이 사용하는 좁은 의미의 기적은 하나님의 직접적인 능력에 의해 이루어지는 비범한 역사, 곧 죽은 자를 살리는 것 같은, 오직 하나님만이 행하실 수 있는 초자연적인 역사를 가리킨다.

오늘날에도 기적이 계속된다고 주장하는 사람들은 대부분 성경에서 발견되는 기적(죽은 자를 다시 살리는 것 같은)을 주장하지는 않는다. 물론 그렇게까지 주장하는 사람들도 없는 것은 아니다. 그렇다면 오늘날 죽은 자의 부활을 목격한 적이 있는가? 나는 그렇게 믿지 않는다. 문제의 관건은 하나님이 기적을 행하실 수 있느냐가 아니라 지금도 그런 일을 행하시느냐다. 일각에서 주장하는 기적과 성경에 기록된 기적의 차이를 구별해야 한다. 오늘날의 기적은 하나님만이 행하실 수 있는 기적에 해당하지 않는다.

사탄과 기적

성경은 거짓 기적과 표적을 행하는 사탄의 교활한 책략을 주의하라고 경고한다. 이런 이유로 복음주의자들 대부분은 사탄이 실제로 기적을 행할 수 있다고 믿는다. 예를 들어 애굽의 마술사들은 놀라운 기적으로 모세와 겨루었다. 만일 사탄이 실제로 기적을 행할 수 있다면 성경이 하나님의 말씀이고, 예수님이 하나님의 아들이시라는 사실을 어떻게 알 수 있을까?

성경에서 기적은 하나님의 존재를 입증하는 증거가 아니라 그분의 사역을 확증하는 역할을 수행한다. 바울은 아덴에서 헬라 철학자들을 상대로 그리스도의 부활이 그분이 하나님의 아들이라는 사실을 확증하는 증거라고 말했다(행 17:31). 그렇다면 그 부활이 사탄이 행한 일이 아니라고 말할 수 있는 근거는 무엇이고, 그가 예수님께 능력을 주어 많은 기적을 행하시게 했다고 생각하지 않아야 할 이유는 무엇일까? 바리새인들은 정확히 이런 논법으로 예수님을 공격했다.

내가 사탄이 그런 일을 행했다고 믿지 않는 이유는 그가 하나님이 아니라고 생각하기 때문에, 곧 그가 오직 하나님만이 하실 수 있는 일을 행할 수 있다고 믿지 않기 때문이다. 예수님은 사탄이 선택받은 신자들을 속이기 위해 거짓 기적과 표적을 행할 수 있다고 경고하셨다(막 13:22). 그렇다면 거짓 기적과 거짓 표적은 무엇인가? 사탄은 오직 하나님만이 지니고 계시는 능력을 소유하지 못했지만 인간에 비하면 그 능력이 훨씬 뛰어나다.

오늘날 유명한 마술사들은 기적을 행한다고 주장하지 않는다. 자신들의 기술이 단지 날랜 손재주에 불과하다고 인정한다. 그러나 고대에는 그렇지 않았다. 고대의 마술사들은 자신들이 초자연적인 능력으로 마법을 행한다고 주장했다. 하지만 그것은 모두 속임수였다. 바로의 궁정에 있던 마술사들은 자신들의 모든 속임수를 동원했다. 결국 그들은 곧 밑천을 드러냈고, 모세의 기적은 계속되었다. 그 이유는 그가 마술사가 아니었기 때문이다. 하나님의 능력을 부여받은 그는 그 어떤 마술사도 흉내 낼 수 없는 일을 행했다.

사탄은 그런 식으로 교묘하게 사람들을 속일 뿐, 오직 하나님만이 하실 수 있는 일을 행할 수 없다. 다시 말해 그는 좁은 의미에서의 기적, 곧 참된 기적을 일으킬 수 없다.

PART 6

구원론

CHAPTER. 38

일반은혜

요즘은 교회에서 '구원론'을 뜻하는 '소테리올로지' (soteriology)라는 용어를 잘 사용하지 않는다. 그러나 이 용어는 매우 중요하다. 왜냐하면 우리의 구원과 관련이 있기 때문이다. 이 말은 '구원하다'라는 뜻의 헬라어 '소조'(sozo)에서 유래되었으며, '소테르' (soter)라는 명사형은 '구원자'(savior)를 의미한다.

성경은 구원을 언급할 때 한 가지 이상의 방식을 사용한다. 우리는 하나님이 영원 전에 우리를 속량하셨다는 의미에서 '구원받았다'고 말하거나 '구원'(salvation)이라는 용어를 사용하는 데 익숙하다. 어떤 점에서 우리가 모면한 가장 큰 재앙은 하나님이다. 우리는 심판의 날에 진노하신 하나님을 대면해야 할 위험으로부터 구원받았다. 이처럼 하나님은 우리가 피해야 할 재앙이요, 또한 우리의 구원자가 되신다.

헬라어 동사 '소조'는 이와 같이 불행한 상황으로부터 구원받는 모든 행위를 가리킨다. 생명을 위협하는 질병에서 회복된 것도 구원받는 것이고, 전쟁 포로의 상태에서 놓인 것도 구원받는 것이다. 불행한 상황으로부터 구조되는 모든 것이 일종의 구원에 해당한다.

구원을 연구하는 개혁주의 신학자들의 주된 관심은 은혜의 개념에 있다. 벌카워는 신학의 본질이 은혜라고 말했다. 구원은 처음부터 끝까지 주님께 속한 일이다. 그것은 우리의 공로나 자격과 무관하며 오직 하나님의 긍휼과 사랑을 통해 값없이 주어진다.

은혜와 정의

우선 은혜와 정의를 구별하는 것이 필요하다. 정의는 우리의 행위를 통해 얻어지거나 획득되는 것이다. 바울은 구원에 관해 설명하면서 행위로 구원을 얻는다면 은혜일 수 없다고 말했다. 즉 구원은 은혜로 말미암기 때문에 행위에 속하지 않는다. 정의는 공로의 기준과 관련이 있다. 그러나 은혜는 자격을 논하지 않는다. 그것은 공로로 얻어지거나 획득되는 것이 아니며, 값없이 주어지는 하나님의 선물이다. 사실 하나님은 우리에게 은혜를 베푸셔야 할 의무나 책임이 없으시다. 사도 바울은 하나님이 모세에게 하신 말씀을 인용해 "내가 긍휼히 여길 자를 긍휼히 여기고 불쌍히 여길 자를 불쌍히 여기리라 하셨으니"(롬 9:15)라고 말했다. 이와 같이 은혜는 요구해서 얻어지는 것이 아니라 항상 하나님의 자유로운 특권에 해당한다.

이 점을 이해하는 것이 중요하다. 왜냐하면 우리는 하나님이 우리에게 무언가를 빚지고 계신 것처럼 생각하는 경향이 있기 때문이다. 우리는 하나님이 진정으로 선하시다면 우리에게 더 나은 삶을 허락하셔야 마땅하다고 생각할 때가 많다. 이처럼 하나님이 우리에게 무언가를 빚지고 계신다는 생각은 곧 정의를 염두에 둔 것이다. 왜냐하면 은혜는 빚이 아니기 때문이다.

거듭 말하지만 하나님은 아무에게도 은혜를 베푸실 의무가 없으시다. 또한 은혜는 전통적으로 '아무 공로 없이 주어지는 호의'로 정의된다. 그러므로 하나님이 우리에게 공로를 내세워 얻을 수 없는 호의를 베푸신다면, 그것이 곧 은혜다.

일반은혜

일반은혜와 특별은혜를 구별하는 것도 중요하다. 특별은혜란 하나님이 구원받은 이들에게 베푸시는 구원의 은혜를 가리킨다. 이와 대조적으로 일반은혜는 말 그대로 일반인 모두에게 주어지는 은혜, 곧 하나님이 모든 사람에게 차별 없이 베푸시는 은혜다. 이러한 일반은혜를 통해 하나님의 긍휼과 은혜가 온 인류에게 전달된다. 성경은 하나님이 의로운 자들뿐 아니라 불의한 자들에게도 비를 내려주신다고 이야기한다(마 5:45). 이것은 일반은혜의 한 가지 예다. 예를 들어보자. 같은 마을에 사는 농부 두 사람이 있다. 한 사람은 하나님의 일을 추구하는 경건한 신자이고, 다른 한 사람은 이교도다. 두 사람 모두 농작물을 기르려면 비가 필요하다. 선하신 하나님은 땅 위에 비를 내려 두 사람 모두 유익을 얻게 하신다. 두 사람 중 그 누구도 농작물을 기르는 데 필요한 비를 얻을 자격은 없다. 그러나 하나님은 경건한 농부뿐 아니라 두 사람 모두에게 비를 허락하신다.

이와 같은 하나님의 일반은혜는 단지 비를 내려주시는 것에 그치지 않는다. 하나님과 친밀한 관계를 맺지 않은 사람들도 그분으로부터 많은 은혜를 받아 누린다. 그동안 인생에 대한 기준이 많이 변화되어 삶의 질도 높아졌고, 건강 상태도 좋아졌고, 사회 환경도 더욱 안전해졌다. 이렇게 된 것은 하나님이 그동안 인류에게 많은 은혜를 베풀어주셨기 때문이다. 물론 모든 사람이 똑같은 삶의 수준에 도달한 것은 아니다. 그러나 미국의 기본적인 삶은 다른 나라들에 비해 훨씬 크게 향상되었다. 심지어 상대적으로 뒤처진 나라들도 기대 수명과 삶의 질이 과거보다 월등히 높아졌다. 즉 전반적으로 생활수준이 점점 더 낮게 개선되어왔다.

이런 발전의 원인을 과학이나 교육에서 찾는 사람이 많다. 그러나 우리는 지난 2천 년 동안 기독교가 세상에 미친 영향력을 과소평가해서는 안 된다. 병원과 학교는 물론 고아원도 기독교가 앞장서서 설립했다. 뿐만 아니라 많은 분야에서 기독교인들이 과학의 발전을 선도해 왔다. 신자들은 이 세상의 선한 청지기가 되라는 하나님의 명령을 진지하게 받아들인다. 이밖에도 교회가 세상의 많은 영역에 기여한 일들을 꼼꼼히 따져보면 종교의 영향을 비판하는 사람들의 주장과 달리 기독교를 통해 일반적인 삶의 질이 크게 개선되어온 사실을 확인할 수 있다.

우리는 하나님을 본받아야 한다. 그것이 하나님의 형상으로 창조되었다는 의미다. 또한 하나님께서 인류의 일반적인 행복에 관심을 기울이신다면 기독교인들도 마땅히 그래야 한다. 예수님은 이웃이 헐벗었을 때는 입을 것을 주고, 굶주릴 때는 먹을 것을 주며, 목말라할 때는 마실 것을 주고, 감옥에 있을 때는 찾아보고, 아플 때는 돌봐야 한다고 가르치셨다(마 25:34-36). 선한 사마리아인의 비유(눅 10:25-37)는 복음과 관련된 특별은혜에만 관심을 기울이지 말고 인류의 일반적인 행복에 이바지하는 것이 예수님의 가르침이라는 것을 분명하게 보여준다. 야고보도 참된 경건의 본질은 고아와 과부를 돌보는 것이라고 이야기했다(약 1:27).

19세기 자유주의는 동정녀 탄생, 부활, 속죄, 그리스도의 신성과 같은 기독교 신앙의 초자연적 측면을 거부했다. 그리고 교회를 위한 새로운 방향(인도주의의 실천)을 제시함으로써 사회적인 관점에서 교회의 존재 이유를 모색하려고 애썼다. 따라서 자유주의자들은 복음 전파 대신 사회 구원을 강조하기 시작했다. 그리고 정통 기독교인들은 초자연적인 요소를 배격하는 자유주의에 맞서기 위해 복음전도에 더 많은 노력을 기울였다.

그 결과 복음주의자들은 사회적인 관심을 자유주의자들의 독점물로 생각하고 오로지 개인 구원에만 초점을 맞추기에 이르렀다.

양측 모두 잘못이었다. 교회는 특별은혜만이 아니라 일반은혜를 전해야 할 사명이 있다. 우리는 기독교인으로서 가난과 기아에 관심을 기울여야 한다. 또 복음을 전하는 가운데 삶의 기본적인 요건들을 마련하는 데도 노력을 아끼지 않아야 한다.

에이즈가 창궐하기 시작했을 때 그것이 마약중독이나 동성애 같은 죄를 저지른 대가라 생각하고 희생자들을 돕는 일에 가담하기를 거부했던 기독교인들이 많았다. 그러나 한쪽에서 병들어 죽어가는 사람을 발견했을 때는 그 지경이 된 이유를 따져 묻기 전에 먼저 최선을 다해 그 사람을 구해야 한다. 이것이 선한 사마리아인의 비유가 가르치는 요점이다.

하나님의 긍휼이나 돌보심을 받을 자격이 있는 사람은 아무도 없다. 에이즈에 걸린 사람이 교회의 보살핌을 받을 자격이 없다면 우리도 마찬가지다. 우리 모두가 구원을 얻은 것은 순전히 하나님의 은혜 때문이다. 그러므로 특별한 은혜를 받은 우리는 누구보다 선을 행하는 데 앞장서야 한다.

그렇다면 기독교인이 이교도, 곧 다른 종교나 그릇된 종교를 믿는 사람들과 손을 맞잡거나 어깨를 나란히 할 수 있는 때는 언제일까?

프랜시스 쉐퍼는 일반은혜에 속한 문제인 경우 기독교인이 아닌 사람들과도 함께 일해야 한다고 말했다. 낙태 반대 운동을 할 때 나는 목표만 같다면 어느 누구와도 손을 맞잡을 의향이 있다. 낙태 반대는 우리가 나서서 지원을 아끼지 않아야 할 문제임에 틀림없다. 그러나 사탄을 숭배하는 사이비 집단과 함께 예배를 드리거나 이슬람 신자들과 더불어 조찬기도를 드릴 생각은 없다. 왜냐하면 그런 일은 특별은혜의 영역에 속하기 때문이다. 이 둘의 차이를 분명하게 구별해야 할 필요가 있다.

특별은혜

하나님은 "내가 야곱은 사랑하고 에서는 미워하였다"(롬 9:13)고 말씀하셨다. 이 말씀은 하나님이 모든 사람을 무조건적으로 사랑하신다는 통념이 잘못되었다는 것을 여실히 보여준다. 하나님은 모든 사람을 무조건적으로 사랑하지 않으신다. 우리는 하나님의 '너그러운 사랑'과 '만족스러운 사랑'을 구별해야 한다.

하나님의 너그러운 사랑은 인류의 행복에 관한 그분의 일반적인 관심을 가리킨다. 하나님이 모든 사람에게 너그러우시다는 점에서는 그분이 모든 사람을 사랑하신다고 말해도 틀리지 않는다. 그러나 하나님의 만족스러운 사랑은 다르다. 어떤 사람을 '자기만족적인' 사람이라 일컫는 경우에는 대개 거만하거나 독선적인 사람이라는 의미를 지닌다. 그러나 신학자들이 말하는 하나님의 만족스러운 사랑은 그런 의미가 아니다. 여기서 말하는 만족은 기쁨의 감정을 의미한다. 그리고 하나님의 만족스러운 사랑은 그분의 사랑하시는 독생자와 관련된 구원의 사랑과 관계가 있다. 하나님은 그런 사랑을 그리스도 안에 있는 사람들에게 부어주신다. 그리고 구원받은 사람들에게는 세상 사람들과 다른 특별한 사랑을 베푸신다.

CHAPTER. 39

선택과 유기

"그때에 가이사 아구스도가 영을 내려 천하로 다 호적하라 하였으니"(눅 2:1). 누가가 기록한 예수님의 탄생 기사에 등장하는 이 말씀은 고대의 가장 강력한 군주 중 한 사람이었던 가이사 아구스도의 권위를 부각시킨다.

가이사와 같은 통치자가 내린 명령은 그의 영토 안에 있는 모든 사람에게 영향력을 발휘한다. 더불어 그의 명령은 예수님이 베들레헴에서 출생하게 되신 계기를 마련했다.

그러나 아구스도가 마리아와 요셉을 베들레헴으로 인도했던 명령을 내리기 오래전에 하나님은 이미 메시아가 그곳에서 탄생하도록 작정하셨다. 전능하신 하나님의 작정은 항상 왕들과 황제들의 그 어떤 명령보다 우선한다.

신학자들이 하나님의 작정에 관심을 기울이는 이유는 그분이 주권자이시기 때문이다. 하나님의 주권은 그분이 창조하신 만물을 다스릴 수 있는 권위를 수반한다.

하나님은 우주를 다스리신다. 따라서 그분이 그 영원하신 뜻과 계획에 따라 명령하신 일은 반드시 이루어진다.

예정

성경은 하나님의 영원하신 작정에 속한 여러 가지 일을 언급한다. 그중 가장 큰 논쟁을 불러일으키는 것은 하나님의 구원계획, 특히 선택에 관한 문제다. 이번 장에서는 예정이라는 매우 어려운 교리를 다룰 예정이다. '예정'(predestination)은 아마 그 어떤 성경 용어보다도 많은 신학적 논쟁을 야기하는 용어일 것이다.

여행을 떠날 때는 목적지, 곧 우리가 안전하게 도착하기 바라는 장소를 미리 정하기 마련이다. 때로 우리는 '운명'이라는 말로 우리의 궁극적인 목적지를 가리키곤 한다. 성경은 예정이라는 말에 '미리, 앞서'를 뜻하는 접두사 'pre-'를 덧붙였다. 이것은 하나님이 자기 백성의 궁극적인 운명을 미리 작정하셨다는 것을 의미한다. 바울은 이렇게 말했다.

> "찬송하리로다 하나님 곧 우리 주 예수 그리스도의 아버지께서 그리스도 안에서 하늘에 속한 모든 신령한 복을 우리에게 주시되 곧 창세전에 그리스도 안에서 우리를 택하사 우리로 사랑 안에서 그 앞에 거룩하고 흠이 없게 하시려고 그 기쁘신 뜻대로 우리를 예정하사 예수 그리스도로 말미암아 자기의 아들들이 되게 하셨으니 이는 그가 사랑하시는 자 안에서 우리에게 거저 주시는 바 그의 은혜의 영광을 찬송하게 하려는 것이라"(엡 1:3-6).

이 구절에서 바울은 예정과 선택의 개념을 언급하며 우리의 복된 상태에 관해 이야기했다. 그는 하나님의 예정을 부정적인 관점에서 바라보지 않았다. 하나님의 예정은 그에게 기쁨과 감사의 감정을 불러일으켜 그분께 영광을 돌리게 만들었다. 또한 그는 예정의 교리를 축복으로 간주했다. 예정의 교리는 우리에게도 깊은 감사와 찬양이 우러나게 만드는 축복이 아닐 수 없다.

개혁주의 신학자들은 예정의 교리를 논할 때 이른바 '은혜의 교리'에 관한 논의를 빼놓지 않는다. 아마도 예정의 교리만큼 전능하신 하나님의 풍성한 긍휼과 은혜를 더 많이 경험하도록 이끌어주는 교리는 없을 것이다. 따라서 예정에 관한 논의를 그런 축복과 분리해서 생각한다면 갈등과 혼란이 끊이지 않을 것이 틀림없다.

예정 교리의 주창자로 거론되는 존 칼빈은 예정 교리가 너무 신비롭기 때문에 겸손한 태도로 조심스럽게 다뤄야 한다고 말했다. 그의 말처럼 이 교리를 잘못 다루면 자칫 하나님의 순전하신 성품을 훼손하기 쉽다. 그런 경우에는 하나님이 마치 피조물을 장난삼아 대하며 구원의 문제를 마구잡이로 주사위를 던져 결정하는 폭군처럼 비쳐진다. 실제로 그런 식의 왜곡이 종종 일어난다. 때문에 예정 교리를 이해하기 어려워하는 사람이 한둘이 아니다.* 하지만 나는 그런 갈등이 가치가 있다고 생각한다. 예정의 교리를 더 깊이 연구할수록 하나님의 위대하심과 그 풍성하신 긍휼과 은혜를 더 깊이 깨달을 수 있기 때문이다.

성경적인 신학을 확립하려면 예정 교리를 반드시 포함시켜야 한다. 그 이유는 아우구스티누스나 루터, 칼빈이 아니라 성경이 예정 교리를 가르치고 있기 때문이다. 칼빈의 예정 교리 가운데 루터의 예정 교리에 속하지 않은 것은 아무것도 없었고, 루터의 예정 교리 가운데 아우구스티누스의 예정 교리에 속하지 않은 것은 아무것도 없었으며, 아우구스티누스의 예정 교리 가운데 바울의 예정 교리에 속하지 않은 것은 아무것도 없었다. 다시 말해 이 교리는 교회사에 등장했던 신학자들이 아니라 성경에 뿌리를 두고 있으며, 성경은 예정 교리를 분명하게 제시한다.

---

* 선택의 교리와 관련된 문제에 관해 좀 더 자세히 알고 싶으면 다음 자료를 참조하라.
  R. C. 스프로울, 『하나님의 예정과 선택』(생명의말씀사, 2014).

에베소서 1장에서 바울은 "하늘에 속한 모든 신령한 복을 우리에게 주시되 곧 창세전에 그리스도 안에서 우리를 택하사 우리로 사랑 안에서 그 앞에 거룩하고 흠이 없게 하시려고 그 기쁘신 뜻대로 우리를 예정하사 예수 그리스도로 말미암아 자기의 아들들이 되게 하셨으니" (3-5절)라고 말했다. 바울이 여기에서 언급한 예정은 선택과 관련이 있다. 예정과 선택은 서로 밀접하게 연관되어 있지만 동의어는 아니다. 예정은 어떤 일에 관한 하나님의 작정과 관련된다. 선택은 예정의 한 가지 특정한 유형에 해당하며 하나님이 그리스도 안에서 자신의 가족으로 받아들이신 사람, 곧 구원을 베푸신 사람을 선택하신 것을 가리킨다. 성경에 따르면 하나님은 영원 전에 구원의 계획을 세우시고 자신의 가족으로 받아들일 사람을 선택하셨다.

예정 교리와 하나님의 영원하신 작정을 다루는 사람들은 대부분 그리스도 안에서 구원의 선택이 이루어졌다는 데 동의한다. 그러나 여기에서 두 가지 논쟁이 불거진다. 첫 번째 논쟁은 작정의 부정적인 측면에 해당하는 '유기'와 관련된다. 간단히 말해 '하나님이 누군가를 선택해 구원하기로 작정하셨다면 선택을 받지 못한 사람, 곧 유기된 사람이 있을 것 아닌가?' 라는 문제다. 여기에서 이른바 이중 예정의 문제가 거론된다. 두 번째 논쟁은 '하나님이 무엇을 근거로 사람들을 선택해 구원하시는가?' 하는 문제다.

예지론

예정론은 '예지론'으로 널리 알려져 있다. '예지'(prescience)라는 말은 '지식'을 뜻하는 라틴어에서 유래한 '사이언스'(science)와 '미리, 앞서'를 뜻하는 접두사 'pre-'로 구성되어 있다. 예지론은 하나님의 선택이 궁극적으로 사람들이 할 일과 하지 않을 일을 미리 알고 계시는 하나님의 지식에 근거한다고 주장한다.

이 견해에 따르면 하나님은 영원 전에 모든 역사의 과정을 꿰뚫어 보시고 누가 그리스도를 영접하고 누가 그분을 거부할지 알고 계시기 때문에 그 지식에 근거해 선택할 자를 올바로 결정하신다고 이야기한다. 즉 하나님은 우리가 그리스도를 영접할 것을 미리 알고 그 지식에 근거해 우리를 선택하셨다.

그러나 내 생각에는 이런 설명이 예정에 관한 성경의 가르침을 옳게 진술하는 것 같지 않다. 솔직히 말해 예지론은 성경의 가르침을 부인한다. 내가 이해한 대로라면 성경은 우리가 하나님을 선택한 것은 그분이 먼저 우리를 선택하셨기 때문이라고 가르친다.

더욱이 성경은 예정이 하나님의 선하고 기쁘신 뜻에 따라 결정되었다고 말씀한다.

에베소서에서 바울은 "그 기쁘신 뜻대로 우리를 예정하사 예수 그리스도로 말미암아 자기의 아들들이 되게 하셨으니"(엡 1:5)라고 말했다. 여기에서 알 수 있는 대로 하나님이 어떤 일을 행하시는 이유는 그분 자신의 영광을 위해서다. 즉 하나님이 작정하시는 궁극적인 목적 역시 그분의 영광이며, 구원의 계획 속에서 이루어지는 하나님의 결정과 선택은 그분의 선하고 기쁘신 뜻에 근거한다.

여기에서 대개 다음과 같은 반론이 제기된다. '하나님이 사람들의 행위와 상관없이 그 뜻대로 누군가를 선택하신다면 변덕스럽고 전횡적이지 않은가?'

바울은 선택이 하나님의 선하신 뜻에서 비롯했다고 말했다. 그러나 하나님의 나쁘신 뜻이라는 것은 결코 존재하지 않는다. 하나님이 선택하시는 모든 것이 그분의 의롭고 선하신 성품에서 비롯되며, 그분은 나쁜 선택이나 악한 일을 절대로 행하지 않으신다. 이것이 바울이 구원의 계획을 마련해주신 하나님을 높이 찬양한 이유다.

하나님의 긍휼

바울은 에베소서 1장에서 잠깐 언급한 것을 로마서, 특히 8-9장에서 좀 더 자세하게 다루었다.

> "그뿐 아니라 또한 리브가가 우리 조상 이삭 한 사람으로 말미암아 임신
> 하였는데 그 자식들이 아직 나지도 아니하고 무슨 선이나 악을 행하지
> 아니한 때에 택하심을 따라 되는 하나님의 뜻이 행위로 말미암지 않고
> 오직 부르시는 이로 말미암아 서게 하려 하사 리브가에게 이르시되 큰
> 자가 어린 자를 섬기리라 하셨나니 기록된 바 내가 야곱은 사랑하고 에
> 서는 미워하였다 하심과 같으니라"(롬 9:10-13).

여기서 바울은 하나님이 에서가 아닌 야곱을 구원하기로 결정하셨다고 말했다. 둘 다 한 가정에서 태어난 형제다. 게다가 그들은 쌍둥이였다. 그러나 하나님은 그들이 태어나기도 전에, 즉 그들이 선이나 악을 행하기 전에 에서가 아닌 야곱에게 너그럽고 만족스러운 사랑을 베푸실 것이라고 선언하셨다.

바울은 "그런즉 우리가 무슨 말을 하리요 하나님께 불의가 있느냐"(14절)라고 말했다. 이것은 매우 중요한 말이다. 예정이 하나님의 선하시고 주권적인 뜻에 근거한다고 말하면 사람들은 곧바로 그분의 의로우심에 의문을 제기한다.

그런 반론을 미리 예견한 바울은 수사학적인 질문을 던졌다. 그 질문에 대한 답은 "절대 그럴 수 없다."이다(14절 참조). 성경에 따라 이 말을 "물론 그럴 수 없다." "그런 일은 절대 없다."라고 번역하기도 했다. 또 그는 "모세에게 이르시되 내가 긍휼히 여길 자를 긍휼히 여기고 불쌍히 여길 자를 불쌍히 여기리라 하셨으니"(롬 9:15)라는 구약성경의 가르침을 상기시켰다. 즉 하나님이 긍휼과 은혜를 어떻게 베푸시든

그것은 그분의 주권적인 특권에 해당한다고 강조했다.

앞에서 하나님의 정의에 관해 생각할 때 정의의 범주를 벗어난 것은 모두 비정의에 속한다고 말한 바 있다. 불의와 긍휼도 정의의 범주 밖에 있지만 불의가 악인 반면 긍휼은 그렇지 않다. 하나님은 자신을 거역하며 살고 있는 타락한 인류 중 일부에게는 긍휼을 베풀고 일부에게는 정의를 시행하기로 작정하셨다. 이를테면 에서에게는 정의가, 야곱에게는 긍휼이 각각 적용되었다. 둘 다 불의를 당하지 않았다. 하나님은 무고한 사람을 벌하지 않으시며, 죄 있는 사람들을 구원하시지만 그들 모두를 구원하지는 않으신다. 사실 하나님께는 누구를 구원해야 할 의무가 없으시다. 그런데도 일부를 구원하신다는 것은 참으로 놀라운 일이 아닐 수 없다.

이어서 바울은 "그런즉 원하는 자로 말미암음도 아니요…… 오직 긍휼히 여기시는 하나님으로 말미암음이니라…… 그런즉 하나님께서 하고자 하시는 자를 긍휼히 여기시고 하고자 하시는 자를 완악하게 하시느니라"(롬 9:16, 18)라고 결론지음으로써 그와 같은 선택이 인간의 노력이나 행위나 의지가 아닌 하나님의 주권적인 뜻에 달려 있다고 분명하게 가르쳤다.

CHAPTER. 40

유효 소명

예정이나 선택, 또는 하나님의 주권적인 은혜를 논할 때는 하나님이 누군가의 삶 속에 개입하시어 그를 믿음으로 인도하실 때 그분이 실제로 무슨 일을 행하시냐고 묻지 않을 수 없다.

역사적으로 아우구스티누스와 칼빈의 사상을 좇는 사람들은 선택은 순전히 하나님의 주권적인 활동이라고 말했고, 아르미니우스나 반(半)펠라기우스파의 사상을 좇는 사람들은 하나님과 인간의 협력을 강조했다.

즉 칼빈주의나 아르미니우스주의나 구원을 받으려면 은혜가 반드시 필요하다는 것에 동의하지만 은혜가 어느 정도 필요한지에 대해서는 서로 의견이 엇갈린다.

그렇다면 죄인이 영적 사망에서 영적 생명으로 옮겨가는 일은 하나님의 단독적인 역사(monergism)에 의해서일까, 아니면 신인 협력(synergism)에 의해서일까?

칼빈주의와 아르미니우스주의, 아우구스티누스주의와 반펠라기우스주의 사이의 논쟁은 이 두 용어와 그 의미를 둘러싸고 진행된다.

신인협력설이 아닌 신 단동설

'신 단동설'(monergism)이라는 용어는 '하나'를 뜻하는 접두사 'mon-'과 '일하다'를 뜻하는 '에르곤'(ergon)으로 구성되어 있다. 따라서 이 말은 오직 하나만 작용한다는 뜻을 지닌다. 이와 대조적으로 '신인협력설'(synergism)은 '함께'를 뜻하는 접두사 'syn-'과 '에르곤'(ergon)으로 구성되어 있는 것으로 둘 이상이 함께 일하는 협력의 개념을 지닌다. 토마스 아퀴나스는 '중생의 은혜는 단독은혜인가 협력은혜인가?'라는 물음으로 이를 표현했다. 성령께서 죄인을 거듭나게 하실 때 단지 약간의 힘만 사용하시고 나머지는 죄인의 힘이나 의지를 통해 원하시는 효과를 일으키시는가, 아니면 중생은 전적으로 하나님의 일방적인 사역인가? 오직 하나님만이 죄인의 마음을 변화시키시는가, 마음이 변화되려면 죄인이 그렇게 되려는 의지를 가져야 하는가?

바울은 이렇게 말했다.

"그는 허물과 죄로 죽었던 너희를 살리셨도다 그때에 너희는 그 가운데서 행하여 이 세상 풍조를 따르고 공중의 권세 잡은 자를 따랐으니 곧 지금 불순종의 아들들 가운데서 역사하는 영이라 전에는 우리도 다 그 가운데서 우리 육체의 욕심을 따라 지내며 육체와 마음의 원하는 것을 하여 다른 이들과 같이 본질상 진노의 자녀이었더니"(엡 2:1-3).

바울은 에베소 신자들에게 그리스도를 믿기 전의 그들의 상태를 상기시켜주었다. 곧 그들은 영적으로 죽은 상태였으며, 죽은 사람들은 협력할 수 없다. 요한복음은 나사로가 예수님이 도착하시기 전에 이미 죽은 지가 나흘이나 지났다고 기록한다. 무덤에 있는 시체를 살려낼 수 있는 힘은 온 우주 안에 오직 하나님의 능력뿐이다. 그리스도께서는 나사로에게 무덤 밖으로 나와달라고 요청하지도 않으셨고, 그가 협력할 때까지 기다리지도 않으셨다. 단지 "나사로야 나오라"(요 11:43)고 말씀하셨고, 순전히 그 명령의 능력만으로 죽은 자가 다시 살아났다(요 11:43). 즉 나사로가 무덤 밖으로 걸어나왔지만 그가 죽었다가 다시 살아난 일에 기여한 것은 아무것도 없었다.

이와 비슷하게 바울은 에베소서에서 우리가 영적으로 죽은 상태였다고 말했다. 우리는 본질상 진노의 자녀이며, 예수님은 하나님이 자기에게로 이끌지 않으시면 아무도 나올 수 없다고 말씀하셨다(요 6:44). 바울은 계속해서 이렇게 말했다.

"긍휼이 풍성하신 하나님이 우리를 사랑하신 그 큰 사랑을 인하여 허물로 죽은 우리를 그리스도와 함께 살리셨고(너희는 은혜로 구원을 받은 것이라) 또 함께 일으키사 그리스도 예수 안에서 함께 하늘에 앉히시니 이는 그리스도 예수 안에서 우리에게 자비하심으로써 그 은혜의 지극히 풍성함을 오는 여러 세대에 나타내려 하심이라"(엡 2:4-7).

이와 같이 우리 스스로는 아무것도 할 수 없다. 우리에게만 맡겨 놓으면 하나님의 일을 절대로 추구할 수 없다. 우리는 영적으로 죽은 상태이고, 세상의 풍조를 따라 행하며, 육신의 정욕을 좇아 살지만 하나님은 우리를 살리신다. 하나님이 우리를 살리신 후에야 비로소 믿음을 가질 수 있고, 그 과정의 첫 단계는 오직 하나님만 이끄실 수 있다. 하나님은 우리에게 "나에게 협조해주지 않겠니?"라고 속삭이지 않으신다. 오직 영적으로 죽은 사람들의 마음을 성령으로 변화시키신다.

바울은 예정의 은혜를 다룬 에베소서 첫 장에서부터 하나님이 그리스도 예수 안에서 그 풍성한 은혜를 우리에게 나타내셨다고 진술한 위의 본문에 이르기까지 하나님의 놀랍고도 경이로운 은혜를 소리 높여 찬양했다. 그런 다음 "너희는 그 은혜에 의하여 믿음으로 말미암아 구원을 받았으니 이것은 너희에게서 난 것이 아니요 하나님의 선물이라 행위에서 난 것이 아니니 이는 누구든지 자랑하지 못하게 함이라 우리는 그가 만드신 바라 그리스도 예수 안에서 선한 일을 위하여 지으심을 받은 자니 이 일은 하나님이 전에 예비하사 우리로 그 가운데서 행하게 하려 하심이니라"(엡 2:8-10)라고 말했다.

이중 예정

바울은 우리가 "은혜에 의하여 믿음으로 말미암아 구원을 받았으니 이것은 너희에게서 난 것이 아니요"(엡 2:8)라고 말했다. 문법적으로 '이것'은 '믿음'을 가리킨다. 즉 우리는 믿음으로 말미암아 의롭다 하심을 받았다. 그러나 우리가 가진 이 믿음조차 우리 스스로 만들어낸 것이 아니다. 믿음은 타락한 본성에서 비롯되는 것이 아니라 하나님의 창조적인 활동에 의한 결과물이기 때문이다. 이것이 개혁주의 신학자들이 말하는 '신 단동설'의 의미다. 하나님은 선택받은 자들의 마음에 역사하시어 영혼의 성향을 변화시키시고, 믿음 없는 마음에 믿음을 창조하신다.

반펠라기우스주의자들은 '신 단동설'을 탐탁지 않게 여겼다. 그들은 성령께서 일방적으로 인간의 마음속에 들어와 그의 의지와 상관없이 마음을 변화시키지 않으신다고 말했다. 그러나 타락한 인간의 의지는 언제나 하나님을 거부하므로 누구든지 그리스도를 받아들이려면 먼저 하나님이 그 사람의 영혼을 재창조해 기꺼운 마음을 주셔야 한다. 하나님은 사람들을 영적으로 죽은 상태에서 살려내시고, 그들에게 영적 생명을 주어 그리스도를 영접할 수 있는 의지와 능력을 갖게 하시며 기꺼이 믿도록 이끄신다. 중생이란 하나님의 성령에 의해 마음이 변화되어 그리스도를 믿고자 하는 의지가 없는 상태에서 그런 의지를 갖게 되는 상태로 전환되는 것을 의미한다. 하나님의 일을 싫어하는 자들이 중생을 통해 전혀 새로운 성향, 곧 새 마음을 지니기에 이른다. 이것이 거듭나지 않으면 하나님 나라에 들어가는 것은 고사하고 그곳을 볼 수도 없다는 예수님의 가르침에 담겨 있는 의미다.

개혁주의 신학과 그 외의 신학은 믿음과 중생이 관련된 구원의 순서에서 근본적인 차이를 드러낸다. 복음주의 신자 가운데 믿음이 중생보다 앞선다고 믿는 사람들이 매우 많다. 다시 말해 그들은 거듭나려면 먼저 믿어야 한다고 생각한다. 그러나 그리스도를 믿어야만 거듭날 수 있다면 우리는 구원받을 희망이 없다. 왜냐하면 영적으로 죽어서 하나님과 반목하는 상태에서는 그리스도를 믿을 수가 없기 때문이다. 우리가 하는 복음전도 자체로는 사람들의 마음을 변화시킬 수 없다. 사람들에게 복음을 제시하고 믿으라고 설득할 수는 있지만 마음을 변화시킬 수 있는 분은 오직 하나님뿐이시다. 하나님만이 인간의 본성을 변화시키는 능력을 지니고 계시기 때문에 우리는 중생이 믿음보다 앞선다고 말해야 한다. 이것이 개혁주의 신학의 골자다. 성령께서 먼저 영혼의 성향을 바꾸어주셔야만 믿을 수 있다.

그렇다면 우리가 믿을 때 우리를 통해 하나님이 믿으신다는 말인가? 그렇지 않다. 믿는 주체는 우리다. 우리가 그리스도를 선택한다는 뜻인가? 맞다. 우리가 그리스도를 선택한다. 우리가 반응한다. 우리의 의지가 변해 전에 미워했던 것을 사랑하게 되어 그리스도께로 달려가는 것이다. 하나님이 우리 영혼 안에 그리스도를 사모하는 마음을 허락하신다. 자연인이 열심히 하나님을 찾으려고 애쓰는데도 하나님이 그를 받아주지 않으시는 이유는 그를 선택하지 않으셨기 때문이라고 말하는 것은 성경의 가르침을 왜곡하는 것이다. 하나님의 특별한 은혜가 없으면 그리스도께 나오려고 애쓰는 마음이 아예 생겨나지 않는다.

논쟁을 벌이는 양측 모두 은혜가 구원의 필요조건이라는 데에는 아무 이견이 없다. 다만 '신 단동설'이냐 '신인협력설'이냐를 따질 뿐이다. 논쟁의 초점은 중생의 은혜가 효과적이냐, (좀 더 대중적인 표현을 사용하면) 불가항력적이냐다. 인간이 중생의 은혜를 거부할 수 있다고 주장하는 사람들은 그릇된 신학으로 치우칠 수밖에 없다. 그들은 인간의 전적 타락을 가르치는 성경의 진리를 진지하게 받아들이지 않는다. 우리는 스스로 회심하는 것은 고사하고 하나님과 협력할 능력조차 없다. 협력은 이미 변화가 일어났다는 것을 전제로 한다. 변화가 일어나지 않으면 결코 협력할 수 없기 때문이다. 중생이 인간의 협력으로 일어난다고 믿는 것은 행위를 통해 의롭다 하심을 받는다고 주장하는 것과 다를 바 없다. 스스로 '올바르게' 반응하여 구원을 받는다면 행위로 구원받는다는 의미가 아니고 무엇이겠는가? 이것은 복음을 부인하는 것이다. 그 어떤 인간적인 의도 중생에 개입하지 못한다.

구원의 황금사슬
신학자들은 '구원의 황금사슬'을 논한다.

"우리가 알거니와 하나님을 사랑하는 자 곧 그의 뜻대로 부르심을 입은 자들에게는 모든 것이 합력하여 선을 이루느니라 하나님이 미리 아신 자들을 또한 그 아들의 형상을 본받게 하기 위하여 미리 정하셨으니 이는 그로 많은 형제 중에서 맏아들이 되게 하려 하심이니라 또 미리 정하신 그들을 또한 부르시고 부르신 그들을 또한 의롭다 하시고 의롭다 하신 그들을 또한 영화롭게 하셨느니라"(롬 8:28-30).

본문은 사슬, 즉 하나님의 예지에서부터 시작하는 구원의 순서를 다루고 있다. 그 순서는 예정, 소명, 칭의, 영화로 이어진다. 이것은 생략형 진술 형태(어떤 것을 전제로 할 뿐 분명하게 명시하지 않는 것)에 해당한다. 여기서 생략된 단어는 '모든'이다. 즉 하나님은 미리 아신 모든 자를 예정하시고, 예정하신 모든 자를 부르시고, 부르신 모든 자를 의롭다 하시고, 의롭다 하신 모든 자를 영화롭게 하신다.

어떤 사람들은 예지가 구원의 과정에서 다른 단계들을 앞선다는 사실을 가지고 예지적 선택설을 주장하는 근거로 삼는다. 그러나 어떤 견해를 가졌느냐에 상관없이 예정은 예지와 함께 시작될 수밖에 없다. 하나님이 미리 알지 못한 사람을 예정하실 수는 없기 때문이다. 따라서 구원의 황금사슬은 예지에서부터 시작되는 것이 필연이다. 하나님께서 미리 아신 자들이 모두 예정되었고, 예정된 자들 모두가 부르심을 받는다. 여기에서 바울은 세상에 있는 모든 사람이 아니라 예정된 자들, 곧 하나님이 미리 아시고 부르신 자들만을 염두에 두었다.

부르심을 받은 자 모두가 의롭다 하심을 받는다는 말은 부르심을 받은 자 모두가 믿음을 갖게 된다는 뜻이다. 앞의 본문은 신학자들이 '복음의 외적 소명'(모든 사람에게 주어지는 소명)으로 일컫는 것과는 무관하다. 본문은 내적 소명(유효 소명), 곧 마음을 효과적으로 변화시키는 성령의 사역을 다룬다. 성령의 유효 소명을 통해 창세전에 하나님께서 뜻하신 일이 우리의 마음속에서 이루어진다. 예정된 자들이 모두 성령의 유효 소명을 받고, 성령의 유효 소명을 받은 자들이 모두 의롭다 하심을 받고, 의롭다 하심을 받은 자들이 모두 영화롭게 된다. 이 황금사슬에 아르미니우스주의를 적용한다면 하나님이 미리 아신 자들 가운데 일부가 예정되었고, 예정된 자들 가운데 일부가 부르심을 받고, 부르심을 받은 자들 가운데 일부가 의롭다 하심을 받고, 의롭다 하심을 받은 자들 가운데 일부가 영화롭게 된다고 말해야 한다. 더불어 앞의 본문은 하나마나한 소리가 되고 말 것이다.

CHAPTER. 41

이신칭의

칭의의 교리는 교회 역사상 엄청난 논쟁을 일으켜왔으며, 심지어 이 교리 때문에 16세기에 종교개혁이 일어났다. 종교개혁자들은 "오직 믿음으로!"(sola fide)를 기치로 내걸고 믿음으로만 의롭다 하심을 받는다고 선언했다. 마르틴 루터는 이신칭의가 교회의 성패를 좌우하는 교리라고 주장했고, 칼빈도 그 말에 동의했다. 그들이 이 교리를 그토록 중시한 이유는 성경을 통해 복음의 운명이 칭의의 교리에 달려 있다는 것을 깨달았기 때문이다.

칭의의 교리는 타락한 인간이 심각한 상황에 직면해 있다는 사실을 일깨워준다. 즉 인간은 하나님의 정의로운 심판을 받아야 할 운명이다. 하나님은 의로우시지만 인간은 그렇지 못하다. 다윗은 "여호와여 주께서 죄악을 지켜보실진대 주여 누가 서리이까"(시 130:3)라고 부르짖었다. 이것은 수사학적인 물음으로 하나님 앞에서 의를 내세울 수 있는 사람은 아무도 없다는 뜻을 내포한다. 하나님이 정의의 잣대를 내밀어 우리의 삶을 재시면 우리는 멸망당할 수밖에 없다. 선하게 되려고 열심히 노력한다면 그것으로 하나님의 심판대 앞에 서기에 충분하다고 생각하는 사람들이 많다. 오늘날 행위의 공로로 하나님의 은혜를 받을 수 있다는 세속 문화의 통념이 교회에까지 영향을 미치고 있다. 그러나 성경은 율법의 행위로는 아무도 의롭다 하심을 받을 수 없다고 분명하게 가르친다(갈 2:16). 한마디로 우리는 빚 갚을 능력이 없는 채무자다.

복음이 '좋은 소식'인 이유가 여기에 있다. 바울은 복음에 관해 이렇게 말했다. "내가 복음을 부끄러워하지 아니하노니 이 복음은 모든 믿는 자에게 구원을 주시는 하나님의 능력이 됨이라 먼저는 유대인에게요 그리고 헬라인에게로다 복음에는 하나님의 의가 나타나서 믿음으로 믿음에 이르게 하나니 기록된 바 오직 의인은 믿음으로 말미암아 살리라 함과 같으니라"(롬 1:16-17). 칭의는 하나님의 법적 판결이다. 따라서 의로우신 하나님이 우리를 의롭게 여기시기로 작정하시고 의롭다고 인정하실 때 비로소 가능해진다.

의인인 동시에 죄인

16세기의 논쟁은 하나님이 어떤 사람이 의롭게 될 때까지 기다리셨다가 비로소 의롭다고 선언하시느냐, 아니면 여전히 죄인인데도 의롭게 여기신다고 선언하시느냐에 집중되었다. 그 논쟁 이후 루터는 역사에 길이 남은 유명한 문구를 남겼다. 바로 '의인인 동시에 죄인'(simul iustis et peccator)이라는 말이다. 그는 의롭다 하심을 받은 사람은 의인인 동시에 죄인이라고 말했다. 그의 말처럼 우리는 그리스도의 사역 덕분에 의롭게 되었지만 아직 완전하지 못하여 여전히 죄를 짓는다.

하지만 로마 가톨릭교회는 루터의 교리가 법률적 허구라고 주장한다. 로마 가톨릭 신학자들은 사람들이 여전히 죄인인데 어떻게 하나님이 의롭다고 선언하실 수 있냐고 반문한다. 그리고 하나님은 그러실 수 없다며 그것을 대신할 '분석적 칭의'를 주장한다. 이것은 하나님이 누군가를 의롭다고 선언하실 때 칭의가 이루어진다는 것에는 동의하지만 그 사람이 실제로 의롭게 되기까지는 그렇게 선언하지 않으신다는 주장이다. 그런 주장에 대해 개신교 신자들은 하나님이 누군가를 의롭다고 선언하시는 것은 전혀 허구가 아니라고 맞선다. 하나님이 예수 그리스도의 공로에 근거해 누군가를 의롭게 여기시는 것은 결코 허구가 아닌 사실이다.

칭의의 도구적 원인

우리는 "믿음으로 의롭다 하심을 받는다"고 말한다. 여기 나타난 '-으로'라는 말은 16세기 논쟁의 요소 중 하나였으며 어떤 일을 일으키는 수단을 가리킨다. 따라서 당시의 논쟁은 칭의의 수단에 관한 것이었다. 오늘날 우리는 칭의의 도구적 원인에 관해 많이 이야기하지 않는다. 사실 이것은 철학자 아리스토텔레스가 살았던 고대 그리스까지 거슬러 올라간다. 그는 다양한 형태의 원인(질료인, 형상인, 목적인, 작용인)을 구별했다. 그리고 그런 원인들을 설명하기 위해 조각가가 조각상을 만드는 것을 예로 들었다. 이를테면 질료인은 조각상을 만드는 재료, 곧 돌을 가리키고, 작용인은 도구적인 원인, 곧 돌덩이를 멋진 조각상으로 만드는 데 사용되는 망치와 끌을 가리킨다. 이런 용어들이 당시의 논쟁에 사용되었다.

주입인가 전가인가?

로마 가톨릭교회는 칭의의 작용인이 세례라고 말한다. 즉 세례를 통해 칭의의 은혜가 세례받는 사람에게 전달되며 그리스도의 의가 세례를 받는 사람의 영혼에 부어진다는 것이다. 그들은 이때 은혜가 영혼에 부어지는 것을 '주입'이라 부르며 은혜나 믿음 없이 의롭다 하심을 받는 것은 아니지만 사람이 의롭게 되는 것은 은혜가 주입된 결과라고 주장한다.

또한 사람이 의롭게 되려면 주입된 은혜와 협력해야 한다고도 말한다. 그들의 견해에 따르면 사람은 실제로 의롭게 될 때까지 협력해야한다. 중대한 죄만 범하지 않으면 의롭게 된 상태를 유지할 수 있다. 하지만 중대한 죄는 우리를 의롭게 하는 은혜를 없앨 정도로 악하기 때문에 그런 죄를 범한 사람은 칭의의 은혜를 상실한다고 말한다. 그러나 은혜를 모두 상실하는 것은 아니고 속죄성사를 통해 의로운 상태를 회복할 수 있다고 이야기한다. 즉 속죄성사를 믿음이 '파선'된 사람을 돕는 칭의의 두 번째 수단으로 규정한다.

이것이 로마 가톨릭 신자들이 속죄성사의 일부인 고해성사를 행하는 이유다. 죄를 고백하면 사면을 받고, 그 후 보속의 행위를 실천에 옮겨 로마 가톨릭교회가 '재량공로'(congruous merit)라고 부르는 공로를 쌓아야 한다. '재량공로'는 속죄성사에 반드시 필요하다. 보속의 행위는 하나님이 죄인을 은혜의 상태로 회복하시는 것을 적합하게 만들기 때문이다. 이처럼 로마 가톨릭교회는 세례와 속죄성사 두 가지를 칭의의 도구적 원인으로 받아들인다.

이와 달리 개신교의 종교개혁자들은 칭의의 도구적 원인은 오직 믿음뿐이라고 주장한다. 사람이 믿음으로 그리스도를 영접하면 그 즉시 그리스도의 공로가 그에게 전가된다. 로마 가톨릭교회가 의가 주입된다고 주장하는 것과 달리 개신교는 의가 전가된다고 믿는다.

또 로마 가톨릭교회는 하나님이 그리스도의 주입된 은혜와 협력할 때만 의롭다고 선언하신다 말하지만 개신교는 칭의의 근거는 오직 그리스도의 의뿐이라고 주장한다. 그 의는 우리 안에 있는 그리스도의 의가 아니라 우리를 위한 그리스도의 의, 곧 그분이 하나님의 율법에 온전히 복종하심으로써 이루신 의를 가리킨다. 칭의의 근거인 이 의가 그리스도를 믿는 모든 사람에게 전가된다. 그리스도께서는 십자가에서의 희생으로 율법의 모든 요구를 온전히 만족시키셨고, 그로써 칭의의 근거가 마련되었다.

우리는 예수님의 죽음뿐 아니라 그분의 삶을 통해 구원받는다. 말하자면 이중 전가가 이루어지는 셈이다. 하나님의 어린 양이신 그리스도께서 십자가에서 하나님의 진노를 고스란히 감당하셨다. 그분께 죄가 있었기 때문이 아니다. 그리스도는 자원해서 우리의 죄를 짊어지셨고 성부 하나님은 우리의 죄를 그분께 전가시키셨다. 이처럼 전가는 법적 전이를 의미한다. 그리스도께서 우리의 죄를 짊어지셨고 우리의 죄책이 그분께 전가된 것처럼 하나님이 그리스도의 의를 우리에게 전가하실 때 또 다른 법적 전이가 이루어진다.

오직 믿음으로 의롭다 하심을 받는다는 루터의 말은 오직 그리스도를 통해서만, 곧 그분이 하나님의 의가 요구하는 것을 모두 만족시키심으로써 이루신 의를 통해서만 의롭다 하심을 받는다는 의미를 지닌다. 전가는 다른 사람의 의가 전이되는 것을 의미하고, 주입은 내면에 의를 심어 그 안에 존재하게 만드는 것을 의미한다.

이처럼 로마 가톨릭교회는 세례와 속죄성사를 칭의의 도구적 원인으로 받아들이고, 개신교는 오직 믿음만을 칭의의 도구적 원인으로 받아들인다. 또한 로마 가톨릭교회의 칭의는 의의 주입에 근거하고, 개신교의 칭의는 의의 전가에 근거한다.

분석적인가 종합적인가?

그밖에도 또 하나의 차이가 발견된다. 즉 로마 가톨릭교회의 칭의는 분석적이고, 개신교의 칭의는 종합적이다. 분석적인 명제는 당연히 사실인 명제를 가리킨다. 예를 들면 '독신자는 결혼하지 않은 남자다.'와 같은 명제다. 술어부의 '결혼하지 않은 남자'는 '독신자'라는 주어에 새로운 정보를 보태지 않는다. 따라서 이 명제는 그 자체로 사실일 수밖에 없다.

그러나 '그 독신자는 부자다.'라는 명제는 다르다. 즉 술어부는 주어에서 발견되지 않는 정보를 제공한다. 독신자라고 해서 모두 부자는 아니기 때문이다. 바로 이런 경우가 종합적 명제에 해당한다.

로마 가톨릭교회는 사람을 분석해 의롭다는 사실이 밝혀지기 전에는 그를 의롭다고 선언하지 않으신다 말하고, 개신교는 사람에게 예수님의 의가 더해지기 때문에 그가 종합적으로 의롭게 된다고 말한다. 따라서 전자가 생각하는 의는 우리에게 있는 고유한 의고, 후자가 생각하는 의는 '우리 밖에 있는'(extra nos) 의다. 다시 말해 그 의는 우리 고유의 것이 아니다. 그리스도를 믿음으로 받아들일 때만 우리의 의로 간주될 뿐이다.

복음이 좋은 소식인 이유는 남아 있는 더러움을 연옥에서 다 씻어버릴 때까지 기다릴 필요가 없기 때문이다. 예수 그리스도를 믿는 순간, 그분의 것이 모두 우리의 것이 되고 그 즉시 하나님과 평화를 누리는 상태로 전환된다.

CHAPTER. 42

구원 신앙

앞에서 칭의의 도구적 원인에 대해 살펴보았다. 로마 가톨릭교회는 세례와 속죄성사라는 두 가지 원인을 인정하고, 개신교는 믿음 하나만 인정한다. 또한 로마 가톨릭교회의 칭의는 의의 주입에 근거하고, 개신교의 칭의는 그리스도의 의의 전가에 근거한다. 로마 가톨릭교회가 믿음의 중요성을 경시한다고 생각하는 사람이 많지만 사실은 그렇지 않다. 그들 역시 구원을 받으려면 믿음이 필요하다고 강조한다. 다만 그 믿음이 그 자체로 의롭다 하심을 받기에 충분하지 않기 때문에 행위도 필요하다고 이야기하는 것이다. 따라서 로마 가톨릭교회와 개신교의 진정한 차이는 전자는 믿음과 행위인 은혜와 공로의 필요성을 주장하고, 후자는 오직 믿음과 은혜만을 강조하는 데 있다.

이와 같이 믿음은 기독교의 핵심요소다. 그리고 신약성경은 주 예수 그리스도를 믿으라고 거듭 요구한다. 믿어야 할 진리, 곧 신앙생활의 요체에 해당하는 것이 분명하게 정해져 있다. 종교개혁 당시 구원 신앙의 본질을 둘러싸고 논쟁이 불거졌다. 그렇다면 구원 신앙은 무엇인가? 믿음으로 의롭다 하심을 받는다는 교리는 많은 사람의 귀에 올바른 것을 믿는 한 원하는 대로 아무렇게나 살아도 좋다는 율법폐기론을 그럴듯하게 위장한 것처럼 들렸다. 그러나 야고보는 "내 형제들아 만일 사람이 믿음이 있노라 하고 행함이 없으면 무슨 유익이 있으리요 그 믿음이 능히 자기를 구원하겠느냐…… 이와 같이 행함이 없는 믿음은 그 자체가 죽은 것이라"(약 2:14, 17)고 말했다. 루터도 칭의의 믿음을 '살아있는 믿음'(fides viva), 즉 필연적이면서도 즉각적으로 의의 열매를 맺는 믿음으로 일컬었다. 그러므로 오직 믿음만으로 의롭다 하심을 받지만 믿음 자체만으로는 충분하지 않다. 의의 열매가 없는 믿음은 참믿음이 아니다. 로마 가톨릭교회는 '믿음+행위=칭의'라는 등식을, 율법폐기론자들은 '믿음-행위=칭의'라는 등식을 믿지만 개신교는 '믿음=칭의+행위'라는 등식을 믿는다. 즉 행위는 참믿음의 필연적인 결과물이다. 하나님은 행위를 보시고 우리를 의롭다고 선언하지 않으시며, 행위는 하나님께 의롭다 하심을 받는 근거가 아니다.

구원 신앙의 본질적 요소

구원 신앙의 구성요소는 무엇인가? 개신교 종교개혁자들은 구원 신앙이 '지식'(notitia), '동의'(assensus), '신뢰'(fiducia)라는 세 가지 본질적 요소로 구성되어 있다고 생각했다. 여기서 '지식'은 믿음의 내용, 곧 우리가 믿는 것을 가리킨다. 그리스도에 관해 우리가 믿어야 할 것이 있다. 예를 들면 '그리스도는 하나님의 아들이시다. 그분은 우리의 구원자이시다. 그분은 속죄를 이루셨다.'와 같은 진리들이다.

'동의'는 우리가 믿는 내용이 사실이라는 확신이다. 기독교 신앙에 관한 지식만 있고 그것을 믿지 않는 경우가 얼마든지 있을 수 있다. 물론 믿음이 있더라도 한두 가지 의심은 있을 수 있지만 구원을 받으려면 어느 정도의 지성적인 확신과 긍정적인 동의가 있어야 한다. 즉 예수 그리스도를 진정으로 믿으려면 그분이 구원자이자 하나님이시라는 진리를 믿어야 하며, 참믿음은 신앙의 지식이 사실이라고 말한다.

'신뢰'는 인격적으로 믿고 의지하는 것을 가리킨다. 기독교 신앙의 내용을 알고 믿는 것만으로는 충분하지 않다. 심지어 귀신들도 그렇게 할 수 있기 때문이다(약 2:19). 그리스도를 인격적으로 신뢰할 때만 믿음의 효력이 발휘된다. 속죄에 지성적으로 동의하는 것과 그것을 인격적으로 신뢰하는 것은 별개다. 이신칭의를 믿는다 말하면서도 자신의 업적과 행위와 노력으로 천국에 갈 수 있다고 생각하는 경우가 얼마든지 있을 수 있다. 그와 같은 교리를 머리로 납득하기는 쉽지만 구원을 위해 오직 그리스도만을 의지하는 마음을 갖기는 어렵다.

　'신뢰'는 인격적으로 의지하는 것 외에 성향의 측면 또한 지닌다. 거듭나지 않은 사람은 예수님께 나오지 않는다. 그분을 원하지 않기 때문이다. 그의 마음과 생각은 근본적으로 하나님의 일을 싫어한다. 그분을 사모하는 성향도 없다. 사탄이 대표적인 경우다. 사탄은 진리를 알지만 그것을 싫어한다. 하나님을 사랑하지 않기 때문에 그분께 예배하려는 마음이 없다. 우리의 본성도 하등 다를 바 없다. 우리는 죄 가운데서 죽었다. 그리고 이 세상의 풍조를 따라 행하고 육신의 정욕을 좇아 살아간다. 성령께서 우리를 변화시키시기 전까지는 우리의 마음이 돌처럼 단단하게 굳어 있다. 거듭나지 않은 마음은 그리스도를 사모하지 않는다. 생명도 없고 사랑도 없다. 성령께서 마음의 성향을 변화시키셔야만 그리스도의 은혜로우심을 알고 그분을 영접할 수 있다. 우리 가운데 그리스도를 완전하게 사랑하는 사람은 아무도 없다. 그분을 조금이라도 사랑하는 마음이 생겨나려면 먼저 성령께서 돌같이 단단한 마음을 살같이 부드러운 마음으로 바꿔주셔야 한다.

회심의 열매

　신학자들은 전통적으로 구원 신앙에 뒤따르는 몇 가지 요소인 '회심의 열매'를 언급했다. 그 가운데 몇 가지를 소개하면 다음과 같다.

회개

성령의 감화로 믿음을 갖게 되면 회심의 과정을 거치게 되고 삶이 변화한다. 이것이 바로 '회개'이며 회개는 참된 믿음의 즉각적인 열매다. 어떤 사람들은 회개를 참믿음의 일부로 간주하지만 성경은 회개와 믿음을 구별한다. 우리는 죄인이기 때문에 그리스도의 구원이 절실히 필요한 상태라는 것을 인식하고 인정하기 전까지 그리스도를 갈망할 수 없다. 그런 우리에게 회개는 죄에 대한 증오심을 불러일으킨다. 그런 감정을 느끼는 이유는 하나님을 사랑하는 마음이 새롭게 싹텄기 때문이다. 사역자들이 "예수님께 나오면 모든 문제가 해결됩니다."라고 말하는 것을 들을 때면 조금 곤혹스럽다. 내 삶은 신자가 되기 전까지 전혀 복잡하지 않았다. 신자가 되기 전 나는 일방통행 길을 걸어갔다. 사실 지금도 이 세상을 따르고 싶은 유혹을 느낀다. 그러나 하나님은 내 마음속에 그리스도를 사랑하고 신뢰하고 싶어 하는 성향을 심어 주셨다. 이와 같이 우리가 회개하는 이유는 죄를 미워하기 때문이다. 우리에게는 여전히 죄를 사랑하는 마음이 남아 있지만 참된 회개는 하나님을 거역한 죄를 깊이 뉘우치고 죄를 버리겠다는 결심을 동반한다. 물론 회개가 죄에 대한 온전한 승리를 의미하지는 않는다. 온전한 승리가 요구된다면 아무도 구원받지 못할 것이다. 회개는 죄에서 돌이키는 것, 곧 죄를 바라보는 시각이 달라지는 것을 의미한다. '회개'를 뜻하는 헬라어 '메타노이아'(metanoia)는 '마음의 변화'를 의미한다. 전에는 죄를 합리화했지만 회개가 이루어진 후에는 죄가 악한 것이라는 사실을 깨닫고, 전혀 다른 관점으로 죄를 바라보기에 이른다.

양자 됨

하나님은 우리를 예수 그리스도 안에서 의롭다 선언하시고 자신의 가족으로 받아주신다. 하나님의 참되신 아들은 그리스도 한 분뿐이지만 양자의 은혜 덕분에 그분이 우리의 맏형이 되신다. 처음부터 하나님의 가족으로 태어나는 사람은 아무도 없다. 우리는 본질상 하나님의 자녀가 아닌 진노의 자녀이며 하나님은 본질상 우리의 아버지가 아니시다. 하나님이 우리를 양자로 받아주셔야만 그분을 아버지로 모실 수 있고, 독생자 예수 그리스도의 사역을 통해서만 하나님께서 우리를 양자로 받아주신다. 우리가 그리스도를 믿고 신뢰할 때 하나님은 우리를 의롭다고 선언하실 뿐 아니라 우리를 양자로 받아 자녀로 인정하신다.

평화

바울은 로마의 신자들에게 "그러므로 우리가 믿음으로 의롭다 하심을 받았으니 우리 주 예수 그리스도로 말미암아 하나님과 화평을 누리자"(롬 5:1)고 말했다. 이와 같이 칭의의 첫 번째 열매는 하나님과의 화평이다. 우리는 하나님의 원수였지만 이제 전쟁이 끝났다. 하나님은 그리스도를 믿는 모든 사람과 평화조약을 체결하신다. 우리가 다시 잘못을 저지르는 순간, 하나님이 곧장 칼을 빼들고 공격하시는 그런 식의 불안정한 휴전 상태가 아니다. 이 평화는 영원히 깨지지 않는다. 그리스도의 완전한 의를 통해 이루어진 평화이기 때문이다.

하나님께 나아감

바울은 "또한 그로 말미암아 우리가 믿음으로 서 있는 이 은혜에 들어감을 얻었으며 하나님의 영광을 바라고 즐거워하느니라"(롬 5:2)라고 말했다. 칭의의 또 다른 열매는 하나님께 가까이 나갈 수 있다는 것이다. 하나님은 원수들과 친밀한 관계를 맺지 않으신다. 그러나 우리는 그리스도를 통해 하나님과 화목했기 때문에 그분 앞에 나아가 그분의 영광 안에서 즐거워할 수 있다.

CHAPTER. 43

양자 됨과
그리스도와의 연합

사도 요한은 첫 번째 서신에서 스스로가 느끼는 경이감을 이렇게 표현했다. "보라 아버지께서 어떠한 사랑을 우리에게 베푸사 하나님의 자녀라 일컬음을 받게 하셨는가, 우리가 그러하도다 그러므로 세상이 우리를 알지 못함은 그를 알지 못함이라 사랑하는 자들아 우리가 지금은 하나님의 자녀라"(요일 3:1-2).

이 구절에는 경이로움이 가득 배어 있다. 우리는 우리가 하나님의 자녀라는 사실을 당연시하는 경향이 있지만 사도적 교회는 그렇지 않았다.

하나님의 자녀

오늘날 우리는 세계 종교 연구에 깊은 관심을 기울였던 19세기 사상에 크게 영향을 받은 문화 속에서 살고 있다. 당시 사람들은 교통수단의 발달로 인해 전에 알지 못했던 다른 종교들을 접할 수 있었고, 비교종교학에 대한 관심이 폭발적으로 증폭되었다. 특히 독일에서 그런 경향이 두드러졌다. 결국 비교종교학은 새로운 학문 분야로 자리를 굳혔다. 그리고 인류학자, 사회학자, 신학자가 모두 세계 종교를 연구했고, 각 종교의 핵심을 파악해 힌두교, 이슬람교, 유대교, 기독교, 불교를 비롯한 여러 종교의 유사성을 발견하려고 노력했다.

그런 학자들 가운데 『기독교의 본질』(Das Wesen des Christentums)을 저술한 아돌프 폰 하르낙이 있다. 그는 그 책에서 기독교와 다른 종교들의 가장 기본적인 공통분모를 찾아내려 애썼고, 기독교 신앙의 본질을 가장 기본적인 두 가지 전제(하나님의 우주적인 부성과 인간의 우주적인 형제애)에서 발견할 수 있다고 말했다.

하지만 그의 결론에 나타난 문제점은 그 두 가지 개념 모두 성경의 가르침과는 무관하다는 것이다. 하나님은 만민의 창조주이시지만 그분의 부성은 신약성경의 혁신적인 가르침에 속한다. 그것이 요한이 "보라 아버지께서 어떠한 사랑을 우리에게 베푸사 하나님의 자녀라 일컬음을 받게 하셨는가"라고 놀라워했던 이유다.

또 다른 독일의 학자 요아킴 예레미아스도 하나님의 부성에 관한 성경적 개념을 연구했다. 그는 고대 유대인들이 자녀들과 함께 기도할 때 그들에게 하나님을 올바로 일컫는 법을 가르쳤다는 사실에 주목했다. 그들이 인정했던 하나님의 다양한 칭호 중 '아버지'라는 칭호는 어디에도 없었다. 그러나 신약성경을 살펴보면 예수님이 기도하실 때마다 거의 매번 하나님을 '아버지'로 부르셨던 사실을 확인할 수 있다. 예레미아스는 유대인이 기독교 공동체 밖에서 인쇄된 매체를 통해 하나님을 '아버지'로 일컫은 사례가 10세기 이탈리아에서 처음 발견되었다고 말했다. 한마디로 예수님이 하나님을 '아버지'로 일컬으신 것은 유대인의 관습에서 크게 벗어난 것이었고, 바리새인들은 하나님을 그렇게 부르는 것이 스스로 신성을 주장하는 것이라 여겨 크게 분노를 표출했다.

그러나 오늘날에는 하나님을 '아버지'로 부르는 것이 더 이상 혁신적인 일로 간주되지 않는다. 당시 상황을 고려할 때 예수님께서 주기도를 가르치시면서 제자들에게 아버지께 기도하라고 말씀하신 것은 놀랍기 그지없다(마 6:9). 그분은 하나님을 '아버지'로 부르셨을 뿐 아니라 그 특권을 제자들에게까지 확대시키셨다.

최근 들어 참된 기독교인은 예수님처럼 하나님이 성육하신 것과 다름없다고 주장하는 목회자들이 있을 정도로 뉴에이지 운동이 기독교에 큰 영향을 미쳤다. 그런 가르침은 성육신이 그리스도만의 독점물이 아니라고 주장한다.

하지만 그런 주장을 제기하는 신자들은 하나님의 자녀라는 것이 무슨 의미인지는 이해했을지언정 그리스도께서 하나님의 유일한 독생자시라는 사실은 부인하는 극단에 치우쳤다.

그리스도께서 하나님의 유일한 독생자라는 것은 신약성경의 핵심 진리 중 하나다. 신약성경을 살펴보면 하나님께서 직접 음성으로 말씀하신 사례가 모두 세 번 기록되어 있고 그중 두 번은 예수님의 아들 되심을 선포하는 내용이었다. "이는 내 사랑하는 아들이요 내 기뻐하는 자라"(마 3:17, 마 17:5, 요 12:28).

따라서 우리는 그리스도의 아들 되심이 지니는 독특한 의미를 간과해서는 안 된다. 그분은 '모노게네스'(monogenes), 곧 하나님의 '유일하신 독생자'로 불리신다. 예수님에 따르면 우리는 본질상 하나님의 자녀가 아니라 사탄의 자녀다. 본질적으로 하나님의 자녀라고 주장할 수 있는 분은 오직 예수님뿐이시다.

"그가 세상에 계셨으며 세상은 그로 말미암아 지은 바 되었으되 세상이 그를 알지 못하였고 자기 땅에 오매 자기 백성이 영접하지 아니하였으나 영접하는 자 곧 그 이름을 믿는 자들에게는 하나님의 자녀가 되는 권세를 주셨으니 이는 혈통으로나 육정으로나 사람의 뜻으로 나지 아니하고 오직 하나님께로부터 난 자들이니라"(요 1:10-13).

12절에서 '권세'로 번역된 헬라어는 '권위'의 의미를 강하게 나타내는 말이다. 예수님과 동시대를 산 사람들은 그와 똑같은 말을 예수님께 적용하여 그가 가르치시는 것이 권위 있는 자와 같고 서기관들과 같지 않다고 말했다(막 1:22 참조). 이와 같이 하나님을 '아버지'로 부를 수 있는 권세와 같은 놀라운 권위가 우리에게 주어졌다.

하나님의 자녀가 되는 것은 참으로 귀한 선물이 아닐 수 없다. 이는 공로를 세워 얻어지는 것도 아니고 자연적인 혈통에 의해 주어지는 것도 아니다. 바울은 이렇게 말했다.

"그러므로 형제들아 우리가 빚진 자로되 육신에게 져서 육신대로 살 것이 아니니라 너희가 육신대로 살면 반드시 죽을 것이로되 영으로써 몸의 행실을 죽이면 살리니 무릇 하나님의 영으로 인도함을 받는 사람은 곧 하나님의 아들이라 너희는 다시 무서워하는 종의 영을 받지 아니하고 양자의 영을 받았으므로 우리가 아빠 아버지라고 부르짖느니라 성령이 친히 우리의 영과 더불어 우리가 하나님의 자녀인 것을 증언하시나니 자녀이면 또한 상속자 곧 하나님의 상속자요 그리스도와 함께한 상속자니 우리가 그와 함께 영광을 받기 위하여 고난도 함께 받아야 할 것이니라"(롬 8:12-17).

양자의 권리

우리는 입양으로 하나님의 자녀가 되었고 그로 인해 주어진 양자라는 신분은 칭의의 열매다. 그렇게 우리는 하나님과 화목함으로써 그분의 가족이 되었다. 교회는 아버지와 아들이 각각 한 분이시고 나머지는 모두 입양된 사람들로 구성된 가족이다. 이것이 그리스도께서 우리의 맏형이 되시는 이유다. 우리는 하나님의 상속자요 그리스도와 함께한 상속자가 되었다. 그리고 하나님의 참된 아들이신 그리스도께서는 자신이 상속받은 유산을 모든 형제자매와 공유하신다.

하지만 이를 당연하게 여겨서는 곤란하다. 기도로 하나님을 '아버지'라고 일컬을 때마다 우리가 만백성 가운데서 '하나님의 자녀'로 선택되었다는 사실에 감사해야 한다. 하나님의 가족 가운데 이등 가족은 없다. 본질상 하나님의 참된 아들이신 성자와 입양된 하나님의 자녀를 구별해야 마땅하지만 일단 양자 됨이 이루어지면 더 이상 신분상의 차이가 존재하지 않는다. 즉 하나님은 모든 자녀에게 성자에게 속한 기업을 다 허락하신다.

또한 입양으로 하나님의 자녀가 된 우리는 그리스도와 신자의 신비적 연합에 참여한다. 어떤 것을 '신비적'이라고 일컬을 때는 자연적인 것을 초월하는 것, 곧 말로 온전히 표현하기 어려운 것을 가리킨다. '엔'(en)과 '에이스'(eis)라는 헬라어 전치사를 연구해보면 이 점을 잘 이해할 수 있다. 이 전치사는 둘 다 '-안에'로 번역할 수 있지만 그 미묘한 차이를 구별하는 것이 중요하다. 즉 '엔'은 '-안에, -의 내부에'를 뜻하는 반면, '에이스'는 '-안으로'를 의미한다. 특별히 신약성경은 주 예수 그리스도를 믿으라고 명령할 때 단지 그분에 관한 것을 믿는 데 그치지 말고, 그리스도의 인격 안으로 들어가는 믿음, 곧 그분과 연합된 믿음을 지니라고 요구한다.

건물 밖에서 내부로 들어가려면 문을 통과해야 한다. 그리고 문지방을 넘어 밖에서 안으로 들어가면 건물 내부에 있게 된다. 여기서 안으로 들어가는 것이 '에이스'이고, 안에 있는 것이 '엔'이다. 이를 구별하는 것이 중요한 이유는 신약성경이 그리스도와 연합된 믿음을 지니라고 요구할 뿐 아니라 참믿음을 지닌 사람들은 그분 안에 있다고 가르치기 때문이다. 우리는 그리스도 안에 있고, 그리스도는 우리 안에 계신다. 즉 모든 신자는 그리스도와 영적으로 연합한 상태다.

더욱이 우리 모두는 성도의 신비적 교제에 참여한다. 신비적 교제는 신자 개개인이 다른 모든 신자와 공유하는 초월적인 영적 교제의 근거를 제공한다. 이런 관계는 우리에게 구속력을 발휘한다. 우리가 그리스도 안에 있으면 그 연합은 서로의 관계에서 비롯하는 온갖 어려움을 모두 초월한다. 이것은 단지 이론적인 개념이 아니다. 영적 가족의 연합은 생물학적인 가족의 연합보다 훨씬 더 강력하다. 이것이 바로 양자 됨의 결과다.

CHAPTER. 44

성화

젊었을 때 나는 로버트 래먼트의 라디오 설교를 종종 듣곤 했다. 그리고 훗날 신학교에 다니면서 그를 만날 기회가 있었다. 그때 그는 농담조로 내게 물었다.

"젊은이, 지금 자네의 부분적으로 거룩해진 마음으로 무슨 생각을 하고 있는가?"

기독교의 복음이 좋은 소식인 이유는 다른 사람의 의로 의롭다 하심을 받을 뿐 아니라 온전히 거룩해질 때까지 기다리지 않아도 하나님이 우리를 기꺼이 받아주신다는 것이다.

즉 성화는 이 세상에서는 비록 부분적으로 이루어질지라도 부인할 수 없는 엄연한 현실이다.

성화는 의롭다고 선언된 사람들이 거룩해지는 과정을 가리킨다. 하나님 앞에서 우리의 신분은 대리자의 의에 근거한다. 그러나 우리가 의롭다 하심을 받는 순간 성령을 통해 진정한 변화가 이루어지기 시작한다.

그렇게 우리는 점차 그리스도의 형상을 닮아가며, 그 즉시 우리의 본성이 거룩하고 의롭게 되어가는 과정이 시작된다.

확실히 보장된 성화

앞에서 오직 믿음으로 의롭다 하심을 받지만 믿음만으로는 충분하지 않다고 말한 바 있다. 다시 말해 참된 믿음이 있다면 본성이 변화되어 선을 행할 수 있어야 하며, 이러한 성화의 열매는 칭의의 필연적인 결과물이다. 이 진리는 그리스도를 믿으면서도 선한 열매를 맺지 못할 수 있다고(즉 행위가 변화되지 않을 수 있다고) 주장하는 사람들에게 엄숙히 경고한다. 즉 '육신적인 신자'라는 개념은 성립할 수 없다.

물론 어떤 면에서 신자는 일평생 육신적이다. 우리는 육신의 영향력을 온전히 제어할 수 없으며 영화로워지기 전까지는 항상 육신과 싸워야 한다. 그러나 본성의 변화를 입증하는 증거가 전혀 없는 상태로 머무는 사람은 '육신적인 신자'가 아닌 '육신적인 불신자'에 해당한다. 간혹 회심자의 수를 높이기 위해 거짓으로 믿음을 고백한 사람이 있다고 생각하기 싫어하는 사람들이 있다. 그러나 어떤 사람이 믿음을 고백했는데도 그 열매를 조금도 보여주지 못한다면 진정으로 회심했다고 말하기 어렵다. 우리는 믿음을 고백하는 것뿐 아니라 믿음을 소유함으로써 의롭다 하심을 받는다. 믿음이 참되면 즉시 그 열매가 나타나기 시작한다. 성령의 내주하심과 능력으로 본성이 새롭게 되었다는 것은 곧 우리가 변화되었고, 또 계속 변화되어가는 중이라는 뜻이다.

다만 성화는 회심한 시점에서부터 영화롭게 될 때까지 꾸준하게 향상되지 않는다. 물론 궁극적으로는 시간이 흐를수록 믿음이 성장하지만 그 과정에 많은 기복이 있기 마련이다. 신자가 오랫동안 죄에 빠져 지내는 경우도 있을 수 있고, 교회의 권징이나 심지어 출교를 당할 정도로 심각한 죄를 저지르는 경우도 있을 수 있다. 실제로 믿음을 잃은 신자를 회복하기 위해 권징의 마지막 단계인 출교가 필요할 때도 있다. 그렇지만 영적 유아기에서 영적 성인기로 넘어가면 신앙생활의 기복이 차츰 완화된다. 다시 말해 영적으로 한껏 고양되거나 깊이 침체

되는 현상이 그리 강렬하거나 심하지 않고, 믿음의 성장과 영적 교제를 통해 신앙생활이 안정된 상태를 유지하기에 이른다.

하나님이 행하시는 대로

완전주의를 가르치는 교회가 많다. 특히 심원한 삶의 경험이나 성령과의 깊은 교제를 통해 단번에 성화를 이룰 수 있다고 약속하는 신앙운동들이 그렇게 가르치기를 좋아한다. 그런 신앙운동의 주창자들 중 많은 사람이 완전주의를 가르칠 자격을 갖추지 못했는데도 그들은 애써 두 종류의 신자(정상적인 성장 과정을 거치는 신자와 깊은 성령 체험을 통해 단번에 성화를 이루는 신자)를 구분한다. 물론 깊은 성령 체험을 추구하는 일을 말릴 생각은 추호도 없다. 그것은 우리가 항상 힘써야 할 일이다. 그러나 죄를 단번에 극복하거나 특별한 성령 체험으로 궁극적인 믿음의 승리를 거둘 수 있다고 가르치는 내용은 성경 어디에서도 찾아볼 수 없다.

성화를 다룬 기독교 고전 『그리스도를 본받아』(The Imitation of Christ)를 저술한 토마스 아 켐피스는 신자가 일평생 나쁜 습관 하나를 고치는 것이 매우 어렵다고 말했다. 신자라면 누구나 '아직도 이렇게 육신과 싸워야 하는데 어떻게 신자를 자처할 수 있단 말인가?'라고 자책할 때가 많다. 그러나 오랫동안 신앙생활을 해왔다면 지나간 삶을 돌아보면서 하나님이 그동안 인격을 변화시켜주셨고, 믿음이 성장할 수 있게 도와주셨다는 사실을 깨달아 위로를 얻을 수 있을 것이다. 이처럼 인격이 새롭게 변화되고 영적으로 성숙해지는 과정은 한순간에 이루어지지 않는다. 우리는 즉각적인 만족을 구하려는 경향이 있고, 어떻게 하면 좀 더 거룩해질 수 있는지 알고 있지만, 그런 지식을 실천에 옮기는 일은 결코 쉽지 않다. 즉 성화는 엄청난 노력이 소요되는 평생의 과업이다.

바울은 "그러므로 나의 사랑하는 자들아 너희가 나 있을 때뿐 아니라 더욱 지금 나 없을 때에도 항상 복종하여 두렵고 떨림으로 너희 구원을 이루라 너희 안에서 행하시는 이는 하나님이시니 자기의 기쁘신 뜻을 위하여 너희에게 소원을 두고 행하게 하시나니"(빌 2:12-13)라고 말했다. 바울은 부지런히 힘써 의를 추구함으로 구원을 이루라고 말했다. 이것은 일이기 때문에 성화와 영적 성장을 추구하는 신자는 적극성을 띠어야 한다. 바울이 '두렵고 떨림으로' 힘써 노력하라고 당부한 말은 불안해서 어쩔 줄 모르는 상태를 유지해야 한다는 의미가 아니다. 그는 단지 구원을 이루려고 힘쓰는 태도를 묘사했을 뿐이다. '성령께서 알아서 인도하시겠지' 라고 생각하며 느긋한 태도로 성화를 추구하는 것은 있을 수 없다. 우리는 하나님을 기쁘시게 하기 위해 노력해야 한다.

바울의 말처럼 우리가 노력할 수 있는 이유는 하나님이 우리 안에서 역사하시어 그렇게 하려는 의지와 능력을 허락하시기 때문이다. 이것이 참된 협력이다. 성화는 하나님도 일하시고, 우리도 일하는 신인협력의 과정이다. 성령의 주된 사역 가운데 하나는 구원을 적용하는 것이다. 또한 성령은 우리 영혼에 칭의의 열매를 허락하실 뿐 아니라 우리 안에서 역사하시어 우리의 본성을 변화시켜 자기와 협력하도록 이끄신다.

성화에 관한 이단 사상

역사적으로 끊임없이 교회를 위협해온 두 종류의 이단 사상이 있다. 그중 하나는 행동주의와 정숙주의다. 행동주의는 자기 의를 추구하는 이단 사상, 곧 스스로의 노력으로 거룩해지려는 시도를 말한다. 한편 정숙주의는 17세기 프랑스 신비주의자들에 의해 도입되었다. 그들은 성화는 전적으로 성령님께 속하는 일이므로 신자는 거룩해지려고 노력할 필요가 없다고 주장했다. 즉 조용히 물러서 있으면 성령께서 모든 사역을 이루신다고 생각하며, 그저 '하나님을 방해하지 말라'고 주장했다. 물론 하나님의 일을 간섭하지 않아야 할 때가 있다. 성령의 도우심을 도외시하고 우리의 힘만을 지나치게 의지할 때는 때로 조용히 뒤로 물러서 있어야 한다. 그러나 모든 일을 하나님께만 맡기는 정숙주의를 용납하는 것은 곤란하다.

두 번째 이단 사상은 율법폐기론과 율법주의다. 사실 율법폐기론이나 율법주의의 영향을 받지 않은 교회는 거의 없으며, 때로는 이 두 가지 사상이 한꺼번에 영향을 미칠 때도 있다. 율법주의자들은 하나님의 율법이 성화에 절대적으로 필요하다고 생각하여 거룩해지기 위해 하나님이 자유롭게 하신 것을 다시 율법으로 속박한다. 그들은 기독교인은 춤을 추거나 극장에 가면 안 된다는 식의 규칙과 규정을 만들어낸다. 뿐만 아니라 하나님이 금하지 않으신 것을 금지해 다른 사람들을 속박하고, 인간이 만든 율법으로 하나님의 율법을 대체한다.

반면 율법폐기론자들은 하나님의 율법이 신앙생활과 아무런 관계가 없다고 주장하는 극단에 치우친다. 그들은 신자는 은혜 아래 있기 때문에 더 이상 하나님의 율법에 복종할 필요가 없다고 말한다. 사실 이러한 사상은 곳곳에 널리 퍼져 있으며 우리는 이와 같은 율법폐기론이 교회 안에도 만연해 있는 시대를 살고 있다. 그러나 참믿음을 지닌 신자라면 더 이상 율법의 속박 아래 있지 않지만 여전히 하나님의 계명을 사랑하고 밤낮으로 그것을 묵상한다. 그 이유는 그 안에서 하나님을 기쁘시게 하고 그분의 성품을 반영하는 것을 발견하기 때문이다. 부지런히 의로움과 거룩함을 추구하는 사람은 하나님의 율법을 무시하기는커녕 오히려 진지하게 탐구한다.

CHAPTER. 45

성도의 견인

진정으로 회심한 사람이 구원을 잃을 수 있을까? 신앙교육을 받고 자란 젊은이들이 신앙을 저버리는 것을 지켜보는 사람들이 종종 던지는 질문이다. 그러나 참믿음을 지닌 사람은 절대로 믿음을 잃지 않는다. 믿음을 잃었다면 그는 처음부터 믿음이 없었던 사람이다. 사도 요한은 "그들이 우리에게서 나갔으나 우리에게 속하지 아니하였나니 만일 우리에게 속하였더라면 우리와 함께 거하였으려니와 그들이 나간 것은 다 우리에게 속하지 아니함을 나타내려 함이니라"(요일 2:19)고 말했다.

실제로 우리 주변에는 믿음을 고백한 뒤 교회나 기독교 단체에서 적극적으로 활동하다가 믿음을 버리고 떠나는 사람들이 있다. 즉 진정으로 회심하지 않고 단순히 제도에만 참여하는 일이 얼마든지 가능하다. 어떤 사역 단체들은 기독교를 매력적으로 보이게 만드는 솜씨가 뛰어난 덕분에 많은 사람이 떼를 지어 몰려든다. 그러나 그들은 그리스도를 진정으로 영접하지도 않았고 죄의 문제를 진지하게 처리하지도 않은 상태다. 예수님은 그런 현상과 직접적으로 관련되는 비유를 한 가지 가르치셨다.

"씨를 뿌리는 자가 뿌리러 나가서 뿌릴새 더러는 길가에 떨어지매 새들
이 와서 먹어버렸고 더러는 흙이 얕은 돌밭에 떨어지매 흙이 깊지 아니
하므로 곧 싹이 나오나 해가 돋은 후에 타서 뿌리가 없으므로 말랐고
더러는 가시떨기 위에 떨어지매 가시가 자라서 기운을 막았고 더러는
좋은 땅에 떨어지매 어떤 것은 백 배, 어떤 것은 육십 배, 어떤 것은 삼
십 배의 결실을 하였느니라"(마 13:3-8).

이 비유의 요점은 오직 좋은 땅에 뿌린 씨앗만이 생명을 지속한다는
것이며, 좋은 땅이란 성령으로 거듭나 변화된 영혼을 가리킨다.

두 가지 견해

성도의 견인 교리는 '신자가 구원을 잃을 수 있는가?' 라는 문제를
다룬다. 로마 가톨릭교회의 대답은 "그럴 수 있다."이다. 다시 말해 그
들은 중대한 죄를 범하면 구원을 잃을 수 있다고 주장한다. 앞서 살펴
본 대로 중대한 죄란 영혼 안에 존재하는 칭의의 은혜를 파괴하는 죄
이며, 그런 죄를 지었을 때는 속죄성사를 통해 다시 의롭다 하심을 받
아야 한다. 죄인이 다시 의롭다 하심을 받지 않으면 구원을 잃고 지옥
에 갈 수 있다는 것이다. 반펠라기우스주의자들 중에도 신자가 구원을
잃을 수 있다고 생각하는 사람들이 많다.

반면 개혁주의가 성도의 견인을 믿는 이유는 그것이 선택 교리로부
터 자연스럽게 추론되기 때문이다. 하나님이 영원 전에 누군가를 선택
하셨다면 그 사람은 영원히 선택받은 상태로 머물러야 마땅하다. 그러
나 성도의 견인 교리가 선택 교리의 당연한 결과일지라도 한 가지 교
리에서 논리적으로 추론한 결론만을 근거로 또 다른 교리를 확립하는
것은 위험할 수 있다. 바울은 빌립보 신자들에게 이렇게 말했다.

"내가 너희를 생각할 때마다 나의 하나님께 감사하며 간구할 때마다 너희 무리를 위하여 기쁨으로 항상 간구함은 너희가 첫날부터 이제까지 복음을 위한 일에 참여하고 있기 때문이라 너희 안에서 착한 일을 시작하신 이가 그리스도 예수의 날까지 이루실 줄을 우리는 확신하노라"(빌 1:3-6).

바울은 그리스도께서 일단 시작하신 일은 그분이 확실하게 마무리하실 것이라는 사도적 확신을 드러냈다. 그리스도는 "믿음의 주요 또 온전하게 하시는 이"(히 12:2)시다. 그리고 우리는 그리스도께서 만드신 존재들이다. 그리스도께서 어떤 사람을 자신의 형상대로 빚으시다가 마지막에 그 사람을 내버리시는 일은 결코 있을 수 없다.

구원을 잃을 수 있는가?

그러나 구원을 잃어버릴 수도 있다고 말하는 것 같은 성경구절이 더러 발견된다. 바울은 "내가 내 몸을 쳐 복종하게 함은 내가 남에게 전파한 후에 자신이 도리어 버림을 당할까 두려워함이로다"(고후 9:27)라고 했다. 히브리서에도 이를 암시하는 듯한 또 다른 구절이 나타난다.

"그러므로 우리가 그리스도의 도의 초보를 버리고 죽은 행실을 회개함과 하나님께 대한 신앙과 세례들과 안수와 죽은 자의 부활과 영원한 심판에 관한 교훈의 터를 다시 닦지 말고 완전한 데로 나아갈지니라 하나님께서 허락하시면 우리가 이것을 하리라 한 번 빛을 받고 하늘의 은사를 맛보고 성령에 참여한 바 되고 하나님의 선한 말씀과 내세의 능력을 맛보고도 타락한 자들은 다시 새롭게 하여 회개하게 할 수 없나니 이는 그들이 하나님의 아들을 다시 십자가에 못 박아 드러내놓고 욕되게 함이라"(히 6:1-6).

히브리서는 그리스도를 또 다시 십자가에 못 박는 자들을 구원받은 상태로 회복하는 일이 불가능하다고 엄중히 경고한다. 이 구절은 적지 않은 충격을 불러일으킨다. 마치 성도의 견인을 언급하는 신약성경의 다른 말씀들과 충돌을 일으키는 것처럼 말이다.

많은 사람이 이 구절은 거듭나지 않은 사람을 염두에 두고 말한 것이라 믿는다. 실제로 예수님은 교회 안에 알곡과 가라지가 공존한다고 가르치셨다(마 13:24-30).

어떤 사람들은 교회에 나왔다가 나중에 등을 돌린다. 배교자가 되어 본래의 신앙고백을 저버리기도 한다. 그러나 이 구절이 본래부터 참된 믿음을 지닌 사람들과 가시적인 언약 공동체 안에 존재하는 거짓 회심자들 중 과연 어느 쪽을 염두에 두고 말했는지에 대한 의문이 남는다. "한 번 빛을 받고"라고 묘사된 사람들은 과연 어느 정도나 빛을 받은 걸까? 빛을 받은 사람들 중에는 회심하지 않은 상태로 교회에 나와 성경말씀과 설교를 듣는 사람들도 포함될 수 있다.

그러나 이 구절은 빛을 받은 사람들을 "하늘의 은사를 맛보고 성령에 참여한 바 되고 하나님의 선한 말씀과 내세의 능력을 맛본" 사람들로 간주한다.

이것은 회심과 상관없이 교회에 다니는 모든 사람에게 적용될 수 있다. 교회에 다니는 사람들은 실제로 성례를 경험하고 하나님의 말씀을 듣는다. 또 기독교 신앙과 관련된 여러 가지 일에 참여한다. 따라서 '빛을 받은' 사람들이란 회심하지 않은 상태로 교회에 다니는 이들을 가리킬 수도 있다.

그러나 나는 이 구절이 단지 교회에 다니는 사람이 아닌 실제 신자를 묘사했다고 믿는다. 왜냐하면 진정으로 회심한 사람은 거듭난 사람이기 때문이다. 구약성경에 나오는 에서처럼 거짓으로 회개하는 자가 있지만 진정으로 회심한 사람은 중생의 결과에 따라 진정으로 새롭게 된다. 그런데 이 구절은 사람을 다시 새롭게 해 회개하게 할 수 없다고 말씀한다. 즉 회심하고 새롭게 된 시기가 있었다고 이야기하는 것으로 보아 신자들을 염두에 두고 있는 것이 분명해 보인다.

그럼에도 불구하고 나는 이 본문이 성도의 견인 교리를 무너뜨린다고 생각하지 않는다. 본문이 그와 같이 엄숙하게 경고하는 이유를 깊이 생각해볼 필요가 있다. 히브리서를 누가 기록했고, 또 왜 기록했는지는 아직 밝혀지지 않았다. 그러나 히브리서의 수신자들이 심각한 문제를 안고 있었던 것은 분명해 보인다. 학자들은 그 문제가 박해였을 것이라고 추정한다. 그런 위기에 직면해 믿음을 부인하는 신자들이 나타났다는 것이 한 가지 가능성이다. 또 다른 가능성은 1세기의 교회가 유대주의자들의 이단 사상으로 인해 큰 혼란에 직면했던 사실에서 찾을 수 있다. 바울이 쓴 갈라디아서를 비롯해 다른 신약성경의 기록이 이 문제를 다루었다. 유대주의자들은 이방인 회심자들이 할례를 비롯하여 구약성경이 가르치는 유대교의 관습을 받아들여야 한다고 주장했다. 하지만 바울은 그러한 가르침을 단호하게 논박했다.

"무릇 율법 행위에 속한 자들은 저주 아래에 있나니 기록된 바 누구든지 율법책에 기록된 대로 모든 일을 항상 행하지 아니하는 자는 저주 아래에 있는 자라 하였음이라 또 하나님 앞에서 아무도 율법으로 말미암아 의롭게 되지 못할 것이 분명하니 이는 의인은 믿음으로 살리라 하였음이라 율법은 믿음에서 난 것이 아니니 율법을 행하는 자는 그 가운데서 살리라 하였느니라 그리스도께서 우리를 위하여 저주를 받은 바 되사 율법의 저주에서 우리를 속량하셨으니 기록된 바 나무에 달린 자마다 저주 아래에 있는 자라 하였음이라 이는 그리스도 예수 안에서 아브라함의 복이 이방인에게 미치게 하고 또 우리로 하여금 믿음으로 말미암아 성령의 약속을 받게 하려 함이라"(갈 3:10-14).

사도들은 귀류법을 사용하여 적절한 논증을 펼쳤다. 즉 그들은 상대의 전제로부터 논리적인 결론을 도출해 그 주장이 터무니없다는 것을 입증했다. 만일 히브리서 6장이 유대주의자들의 그릇된 주장을 염두에 두고 말한 것이라면 바울이 갈라디아서를 쓴 방식과 비슷한 방식의 논증을 펼친 셈이 된다. 즉 할례의 관습으로 되돌아간다면 결국 그리스도께서 완성하신 구원사역을 거부하는 것이 되는데 그렇게 되면 어떻게 구원받을 수 있겠느냐는 논리다. 그런 경우에는 구원받을 길이 없다. 옛 관습으로 되돌아갔기 때문에 회복할 여지가 남지 않기 때문이다. 따라서 나는 히브리서의 저자가 일종의 귀류법을 사용했다고 생각한다. 그런 증거가 9절에서 포착된다. "사랑하는 자들아 우리가 이같이 말하나 너희에게는 이보다 더 좋은 것 곧 구원에 속한 것이 있음을 확신하노라" 이 구절은 구원에 관한 자신의 말이 논증의 방식에 해당한다고 밝힌다.

결론적으로 그는 더 나은 것, 곧 구원에 동반되는 은혜를 확신했다. 그리고 구원에 동반되는 은혜란 성도의 견인을 가리킨다.

그리스도에 의해 보존됨

어떤 신자라도 심각하고 철저하게 타락할 가능성을 안고 있다. 문제는 참신자가 최종적으로 완전하게 타락하느냐 하는 것이다. 가룟유다는 예수 그리스도의 제자였지만 은 삼십에 그리스도를 배신하고 스스로 목을 매달았다. 그리고 예수님은 유다가 처음부터 마귀였다는 사실을 알고 계셨다(요 6:70). 그분은 "내가 진실로 진실로 너희에게 이르노니 너희 중 하나가 나를 팔리라"(요 13:21)는 말씀으로 유다의 배신을 예고하신 후 "네가 하는 일을 속히 하라"(27절)고 덧붙이셨다. 동시에 예수님은 베드로가 자신을 부인할 것도 미리 예고하셨다. 베드로는 그것을 강력하게 부인했지만, 예수님은 그런 베드로를 바라보시며 "시몬아, 시몬아, 보라 사탄이 너희를 밀 까부르듯 하려고 요구하였으나 그러나 내가 너를 위하여 네 믿음이 떨어지지 않기를 기도하였노니 너는 돌이킨 후에 네 형제를 굳게 하라"(눅 22:31-32)고 말씀하셨다. 여기서 예수님은 시몬 베드로에게 "네가 돌이킨다면"이 아니라 "네가 돌이킨 후에"라고 말씀하셨다. 즉 베드로는 그리스도께 속한 사람이었고, 철저하게 무너졌지만 그리스도의 중보사역 덕분에 구원을 잃지 않았다.

예수님은 대제사장의 기도를 통해 제자들뿐 아니라 모든 믿는 사람의 궁극적인 구원을 위해 기도하셨다(요 17:11, 15, 24). 이와 같이 성도의 견인에 대한 우리의 확신은 육신에 근거하지 않는다. 스스로의 힘을 믿고 주님을 부인하지 않을 것이라고 장담했던 베드로를 닮아서는 곤란하다. 우리가 믿음을 지킬 수 있는 이유는 하나님이 우리를 보존하시기 때문이다. 우리의 힘으로는 언제라도 넘어질 수 있다. 사탄은 우리를 밀 까부르듯 한다. 따라서 궁극적인 구원에 대한 우리의 확신은 시작하신 일을 온전히 이루시겠다는 하나님의 약속에 근거한다. 즉 성도의 견인은 우리의 위대하신 대제사장, 곧 우리를 위해 날마다 중보기도를 드리시는 주님의 능력에 달려 있다.

PART 7

교회론

CHAPTER. 46

교회

교회론도 조직신학의 주제 중 하나다. 교회론은 교회의 본질, 기능, 사명을 다룬다. 그리고 이런 교회의 측면들을 이해하려면 먼저 헬라어 '쿠리아콘'(kyriakon)을 살펴봐야 한다. 교회를 뜻하는 영어 '처치'(church)나 스코틀랜드어 '커크'(kirk), 네덜란드어 '케르크'(kerk)와 독일어 '키르케'(kirche)가 모두 이 말에서 유래했으며, '쿠리아콘'은 '쿠리오스'(kyrios), 곧 '주님'께 속한 자들을 가리킨다.

또한 우리가 잘 알고 있는 '에클레시아'(Ekklesia)는 '교회'를 뜻하는 또 다른 헬라어로 '–로부터'를 뜻하는 접두사 '에크'(ek–)와 '부르다'를 뜻하는 동사 '칼레오'(kaleo)로 구성되어 있으며, '불러낸 자들'이라는 뜻을 지닌다.

그러나 교회가 그 명칭에 담긴 의미를 늘 그대로 나타내는 것은 아니다. 그 이유는 아우구스티누스가 말한 대로 교회가 '혼합된 몸'(corpus per mixtum)이기 때문이다. 즉 세상에 있는 교회는 알곡과 가라지로 구성되어 있다. 물론 교회는 순결함을 추구해야 할 책임이 있지만 그리스도께서는 가라지를 뽑다가 알곡을 상하게 할 것을 우려해 교회의 지나친 권징을 경계하셨다(마 13:24-30).

또한 예수님은 "그날에 많은 사람이 나더러 이르되 주여 주여 우리가 주의 이름으로 선지자 노릇하며 주의 이름으로 귀신을 쫓아내며 주의 이름으로 많은 권능을 행하지 아니하였나이까 하리니 그때에 내가 그들에게 밝히 말하되 내가 너희를 도무지 알지 못하니 불법을 행하는 자들아 내게서 떠나가라 하리라"(마 7:22-23)라고 말씀하셨다.

보이지 않는 교회

신학자들은 예수 그리스도의 참교회를 구성하는 자들, 곧 진정으로 거듭난 신자들을 '보이지 않는 교회'라 일컫는다. 이와 대조적으로 '보이는 교회'는 구원의 은혜를 받았다고 믿고 교회에 다니는 모든 사람을 가리킨다. 일반적으로 보이는 교회를 교회로 일컫는 이유는 겉으로 드러난 것만으로 믿음의 고백과 그리스도에 대한 헌신을 평가할 수밖에 없기 때문이다. 만일 어떤 사람이 기독교인을 자처하면 나는 그의 말을 진실로 받아들여야 한다. 그의 속마음을 알 수가 없기 때문이다. 더욱이 그 사람의 영혼이 어떤 상태인지는 내가 알 수 있는 한계를 넘어선다.

그러나 우리에게는 보이지 않는 것이 하나님께는 분명하게 보인다. 또한 우리는 겉으로 드러난 것만을 알 수 있지만 하나님은 각 사람의 속마음을 꿰뚫어보신다. 때문에 하나님께는 '보이지 않는 교회'라는 개념이 성립하지 않는다. 그분 앞에서는 모든 것이 명명백백하게 드러난다. 그러므로 보이는 교회와 보이지 않는 교회가 서로 분리된 실체라고 생각하지 않도록 주의해야 한다. 아우구스티누스가 말한 것처럼 보이지 않는 교회는 보이는 교회 안에 실재한다. 그리고 보이지 않는 교회는 보이는 교회 안에 있는 참신자들로 구성되어 있다.

또한 아우구스티누스는 이런저런 이유로 제도화된 교회의 명부에 이름을 올리지 않는 신자들 중에도 보이지 않는 교회의 구성원, 곧 참신자들이 존재한다고 말했다. 때로 신자는 보이는 교회에 참여하기가 어려운 상황에 처할 수 있다. 예를 들어 믿음을 고백하고 신자가 되었지만 교회에 다닐 기회를 갖지 못하고 죽는 경우가 있다. 십자가에서 회개한 강도가 대표적인 사례다(눅 23:32-43). 또한 다른 신자들로부터 고립된 탓에 교회에 다닐 수 없는 상황도 얼마든지 가능하다.

한편 신자로서의 책임을 다하지 않고 교회 밖에 머무르는 이들도 있다. 그들은 여러 가지 이유를 내세워 의도적으로 교회에 참여하지 않는다. 오늘날 제도화된 교회에 실망을 느껴 교회 출석을 중단하기로 결심한 신자들이 적지 않다. 그러나 그런 태도는 보이는 교회를 세워 사명을 주시고, 거기에 참여하라고 명령하신 주 예수 그리스도께 죄를 짓는 것이다. 신앙생활을 시작한 지 얼마 되지 않은 신자들은 때로 자신이 보이는 교회에 속해 있고, 또 그곳에 참여해야 할 의무가 있다는 것을 의식하지 못하기도 한다. 그들은 교회 출석의 중요성을 이해하지 못하는 탓에 신자이면서도 교회에 다니지 않는다. 그러나 교회에 속하는 것이 주님의 명령인 줄 알면서 고집스럽게 교회 출석을 거부한다면 진정한 신자인지 의심해봐야 할 이유가 충분하다.

어떤 신자들은 출교를 당한 탓에 교회에 다니지 않는다. 출교란 권징의 마지막 단계로서 교회와의 교제가 철회된 상태를 가리킨다. 누군가에게 그 단계가 적용되면 교회는 그 사람을 불신자로 간주한다. 사실 출교를 당할 수 있는 죄는 오직 하나, 회개하지 않는 것이다. 권징의 초기 단계에서 죄인이 회개하면 보이는 교회와의 교제를 유지할 수 있다. 마지막 단계인 출교는 끝까지 회개를 거부할 경우에만 적용된다. 참신자가 무서운 죄를 저지르고 나서 교회의 권징을 끝까지 거부하는 경우도 이론상으로는 얼마든지 가능하다. 그럴 때 그 사람을 깨우칠 수 있는 방법은 오직 하나, 출교뿐이며 이것이 바로 출교의 목적이다.

간단히 말해 보이지 않는 교회, 곧 하나님의 참된 백성들로 구성된 공동체는 보이는 교회 안에 실재한다. 그리고 주님께 속한 자들은 거기에 반드시 참여해야 할 의무가 있다.

교회의 기원

교회의 기원은 에덴동산까지 거슬러 올라간다. 즉 창조주를 직접 마주하고 예배를 드렸던 아담과 하와가 교회였다. 어떤 사람들은 교회가 인류의 타락 이후 아벨에서부터 시작되었다고 생각한다. 예를 들면 20세기의 로마 가톨릭 신학자 이브 콩가르는 『아벨로부터 기원한 교회』(Ecclesia ab Abel)라는 책에서 교회가 신약시대에 처음 시작된 것이 아니라고 주장했다. 교회는 아담과 하와의 아들인 가인과 아벨이 제사를 드릴 때부터 시작되었으며(창 4장), 히브리서는 아벨이 믿음으로 제사를 드렸다고 말한다(히 11:4).

그러나 만일 내가 그 책을 썼다면 제목을 『아담으로부터 시작한 교회』라고 했을 것이다. 왜냐하면 교회의 개념은 가인과 아벨의 부모에게까지 거슬러 올라간다고 생각하기 때문이다. 그들은 하나님을 직접 마주하며 그분과 교제를 나누었다. 거기에는 예배도 포함되었을 것이 틀림없다. 따라서 하나님을 믿고 예수 그리스도를 통해 구원을 얻은 사람들(구약시대의 경우에는 그리스도에 관한 약속을 믿었던 사람들)이 있는 곳 어디든 교회가 존재한다.

CHAPTER. 47

하나인 거룩한 교회

교회는 하나님이 그리스도 안에서 불러 모으신 자들로 구성된다. 특별히 신약성경은 개인주의를 지지하지 않는다. 물론 다른 사람의 믿음으로 구원받는 사람은 아무도 없다. 믿음은 전적으로 개인의 몫이다. 그러나 하나님은 개인을 구원하여 하나의 공동체를 세우신다. 즉 구약시대에 이스라엘이라는 공동체가 존재했듯이 신약시대에는 교회라는 신앙 공동체가 존재한다.

신약성경은 다양한 비유로 교회를 묘사한다. 그중 하나는 앞서 성령론을 다룰 때 간단히 살펴본 인간의 몸이다. 사도 바울은 보이는 교회 안에서 발견되는 다양성과 일치성을 몸에 빗대어 표현했다. 모든 사람의 직임과 은사가 같지 않다. 그들 모두가 다양한 직임과 은사로 온몸을 유익하게 한다.

또한 신약성경은 교회를 '라오스 데우'(laos theou), 곧 '하나님의 백성'으로 묘사한다. '일반 성도'를 뜻하는 영어 단어 'laity'가 이 '라오스'에서 유래했다.

예수님과 사도들은 교회의 본질에 관해 말하면서 이따금 건물의 비유를 사용했다. 물론 교회는 건물이 아니다. 교회는 기초와 기둥과 벽을 갖춘 건물과 비슷할 뿐이다. 대다수의 신자들은 그리스도께서 교회의 기초가 되신다고 생각한다. 하지만 그런 생각은 옳지 않다. 그리스도는 모퉁잇돌이시고, 교회의 실질적인 토대는 사도와 선지자들이다(엡 2:20). 그리고 교회의 나머지는 개개의 돌로 구성되어 있다(엡 2:21-22, 벧전 2:5). 즉 그리스도 안에 있는 모든 신자가 하나님의 교회를 건축하는 돌이다.

지금까지 교회는 자체적으로 다양한 문구를 만들어 스스로를 묘사했다. 그런 문구가 니케아 공의회(325년)를 통해 작성된 니케아 신조에서 발견된다(부록 참조). 니케아 신조는 '하나인 거룩하고 보편적이며 사도적인 교회'라는 말로 교회의 네 가지 독특한 속성을 명시했다. 오늘날에는 복음주의 개신교 내에서 이런 문구가 거의 사용되지 않지만 사실은 교회를 너무나도 적절하게 묘사한 문구가 아닐 수 없다.

이번 장에서는 그중 처음 두 가지, 곧 하나인 거룩한 교회에 관해 생각해보겠다.

교회는 하나다

범교회운동은 최근 몇 십 년 동안 서로 다른 교단을 통합해 하나의 세계 교회를 건설하는 데 많은 노력을 기울여왔다. 이런 노력은 본래 하나였던 교회가 수많은 교단과 교파로 분리된 현실을 타개하려는 의도에서 시작되었다. 미국에만 2천 개 이상의 개신교 교파가 존재한다. 이런 이유로 교회가 하나로 뭉쳐 세상을 향해 진리를 전해야만 그 효용성을 되찾을 수 있을 것이라고 생각하는 사람들이 많다.

범교회운동은 교회를 위한 그리스도의 기도에서 또 다른 동기를 발견했다. "내게 주신 영광을 내가 그들에게 주었사오니 이는 우리가 하나가 된 것같이 그들도 하나가 되게 하려 함이니이다 곧 내가 그들 안에 있고 아버지께서 내 안에 계시어 그들로 온전함을 이루어 하나가 되게 하려 함은 아버지께서 나를 보내신 것과 또 나를 사랑하심같이 그들도 사랑하신 것을 세상으로 알게 하려 함이로소이다"(요 17:22-23).

보이는 교회가 하나되지 못한 현실이 더욱 문제가 되는 이유는 그것이 교회의 머리이신 그리스도의 뜻을 정면으로 거스르는 것처럼 보이기 때문이다.

그러나 보이는 교회가 사분오열되었다고 해서 참교회가 일치성을 잃었다거나 중보자이신 그리스도의 기도가 응답되지 않았다고 생각하는 것은 큰 오산이다. 아우구스티누스가 설명한 대로 보이지 않는 교회의 개념을 생각하면 분명한 대답을 발견할 수 있다.

보이지 않는 교제, 곧 성도의 교통 안에 교파의 경계를 넘어서는 진정한 교회의 일치가 존재한다. 참된 신자들은 모두 그리스도와 연합한 상태이기 때문에 단절되지 않은 교제, 즉 영적 통합을 이루는 것이다. 따라서 그리스도의 기도는 응답되었다.

모든 신자는 한 분이신 주님과 하나인 믿음과 세례를 통해 하나로 연합해 주어진 소명을 이루어나간다(엡 4:4-5). 겉으로는 보이는 교회가 분열되어 있지만 실제로는 그리스도 안에서의 교제를 통해 서로 연합되어 있다.

현실에 불만족을 느끼고 교회를 떠나 새로운 것을 시작하려는 개인들이 늘 있다. 그러나 우리는 다른 신자들과의 일치를 유지하려고 노력해야 한다. 때로는 다른 제도나 집단과의 교제를 단절해야 할 때도 있지만 가급적 많은 신자들과 하나가 되려고 힘써야 한다.

교회는 너무 많은 문제로 너무 쉽게 분열된다. 또 사소한 문제로 쉽게 분열하거나 중요한 문제로 의견이 엇갈리는데도 일치를 유지하는 경우가 적지 않다. 복음의 핵심 진리를 타협해서는 안 되지만 사소한 문제로 화합을 깨뜨리는 것은 결코 바람직하지 않다.

교회는 거룩하다

교회는 거룩하다. 그러나 다른 관점에서 보면 세상에서 가장 부패한 기관이기도 하다. 부패의 정도를 측정해보면 교회가 부패한 것은 틀림없는 사실이다. 예수님은 "알지 못하고 맞을 일을 행한 종은 적게 맞으리라 무릇 많이 받은 자에게는 많이 요구할 것이요 많이 받은 자에게는 많이 달라 할 것이니라"(눅 12:48)고 말씀하셨다. 사실 교회만큼 많은 은혜를 받은 기관도 없고, 교회보다 더 거룩한 사명을 부여받은 기관도 없다. 따라서 그 사명을 충실히 이행하지 못하면 당연히 부패할 수밖에 없다.

'거룩하다' 라는 말은 '따로 구별되다', '봉헌되다' 라는 의미를 지닌다. 이 말은 '불러낸 자들' 이라는 '에클레시아'(ekklesia)의 의미와 일맥상통한다. 이 단어가 의미하는 바와 같이 교회는 거룩한 일을 위해 따로 불러내 구별한 자들로 구성되어 있다. 그리고 교회가 거룩한 이유는 신성한 사명을 수행하기 때문이다.

절대 무너지지 않을 것이라고 하나님이 보증하신 제도는 세계 역사상 오직 교회뿐이다. 세상의 위대한 제도들은 왔다가 사라졌지만 예수 그리스도의 교회는 끝까지 지속된다. 예수님은 교회를 두고 "음부의 권세(지옥의 문들)가 이기지 못하리라"(마 16:18)고 말씀하셨다. 고대에 문은 방어 수단 중 하나였다. 따라서 예수님의 말씀은 교회가 사탄의 요새를 공격하는 역할을 할 것이라는 뜻이다. 사탄의 요새는 교회에 부여된 권세를 감당할 수 없다.

교회가 거룩한 또 다른 이유는 성령께서 내주하시는 신자들로 구성되었기 때문이다. 교회는 성령의 기관이다. 성령께서는 다른 많은 기관에서 활동하는 사람들의 삶 속에서 역사하시지만 그분의 사역이 가장 중점적으로 이루어지는 곳은 교회다. 물론 하나님의 거룩한 은혜의 수단은 보이는 교회에 국한되지 않지만 대부분 교회에 집중되어 있다.

"이스라엘에게서 난 그들이 다 이스라엘이 아니요"(롬 9:6)라는 바울의 말대로 이스라엘에 속한 모든 사람이 다 구원을 받는 것은 아니다. 하지만 바울은 "그런즉 유대인의 나음이 무엇이며 할례의 유익이 무엇이냐 범사에 많으니 우선은 그들이 하나님의 말씀을 맡았음이니라"(롬 3:1-2)라고도 말했다. 즉 교회는 하나님의 말씀을 전하고, 성례를 집행하고, 한자리에 모여 예배를 드리고, 신자들끼리 교제를 나눈다. 이처럼 교회가 거룩한 이유는 성령의 사역이 우선적으로 이루어지고, 성도들이 함께 모이는 곳이기 때문이다.

CHAPTER. 48

보편적이고 사도적인 교회

몇 년 전 아내, 그리고 두 명의 친구와 함께 동유럽을 여행할 때 있었던 일이다. 우리가 탄 기차가 루마니아 국경에서 잠시 정차했다. 세관원은 여권을 요구했고 우리는 그의 요구에 응했다. 우리의 짐 속에 성경책이 있는 것을 본 세관원은 우리에게 "당신들은 미국인이 아니군요."라고 말했다. 우리는 조금 당황스러웠다. 왜냐하면 여권에 우리가 미국 시민이라는 사실이 분명하게 드러나 있었기 때문이다. 그는 성경책을 달라고 말했다. 우리가 성경책을 건네주자 에베소서 2장 19절을 찾아 "너희는 외인도 아니요 나그네도 아니요 오직 성도들과 동일한 시민이요 하나님의 권속이라"고 읽었다. 그는 신자였다. 우리가 자기처럼 신자라는 사실을 알게 된 그는 기쁜 마음으로 루마니아 입국을 승인해주었다.

교회는 보편적이다

당시의 일은 참교회의 세 번째 속성(보편성)을 일깨워준다. 교회의 네 가지 속성 중 이 세 번째 속성이 4세기의 니케아 공의회를 통해 확실하게 제시되었다. 니케아 신조는 참교회는 하나인 거룩하고 보편적이고 사도적인 교회라고 선언했다. 앞 장에서 처음 두 가지 속성을 살펴본 것에 이어, 이번 장에서는 나머지 두 가지 속성을 살펴보기로 하자.

보편 교회는 로마 가톨릭교회와 다르다. 미국에서 '로마 가톨릭'은 종종 '가톨릭'으로 짧게 표현된다. 때문에 사람들이 말하는 '가톨릭교회'는 곧 '로마 가톨릭교회'를 가리킨다. 그러나 엄밀히 말하면 '가톨릭'이라는 용어는 특정 기관이 아닌 모든 민족과 족속과 백성으로 구성된 예수 그리스도의 교회를 가리킨다.

개신교는 대부분 민족적, 지역적 한계를 지니고 있지만 로마 가톨릭교회는 그렇지 않다. 전 세계의 가톨릭 신자들이 모두 로마 교황 밑에 하나로 연합되어 있다. 로마 가톨릭교회는 개신교를 참교회로 인정하지 않는다. 그 이유는 로마 가톨릭교회를 이탈했기 때문이다. 그러나 보편 교회는 보이지 않는 교회를 가리킨다. 즉 내가 루마니아 국경에서 경험한 것처럼 예수 그리스도의 교회는 세계 전역에 보편적으로 존재한다.

교회는 사도적이다

참교회는 사도적이다. 앞 장에서 교회의 토대는 사도와 선지자들이라고 이야기했다. 그리스도께서는 새 언약 공동체를 건설하시면서 가장 먼저 사도의 직임을 세우셨고(엡 4:11), 초대교회 안에서 가장 큰 권위가 사도들에게 주어졌다. '사도'라는 칭호는 '보내심을 받은 자'를 뜻하는 헬라어 '아포스톨로스'(apostolos)에서 유래했다. 고대 헬라 문화에서 사도는 왕이나 그 밖의 권위자들이 보낸 사자나 사신을 가리켰다. 곧 왕의 권위를 위임받은 사람이며, 자신이 대표하는 사람의 대변자였다.

우리는 '사도'와 '제자'라는 말을 혼용하지만 사실 이 두 용어에는 중요한 차이가 있다. 사도 바울을 제외한 신약성경의 사도들은 모두 예수님의 제자였다. 그러나 모든 제자가 다 사도는 아니었다. 예수님의 제자는 복음서에 등장하는 열두 명보다 많았고, 실제로 공생애 기간에 70명의 제자에게 특별한 임무를 맡긴 적이 있으셨다(눅 10장). '제자'를 뜻하는 헬라어 '마데테스'(mathetes)는 '학생, 학습자'를 뜻한다. 즉 제자들은 예수님께 배우기 위해 그분을 좇았던 사람들을 가리킨다. 그들은 예수님을 '랍비'라고 부르며 그분을 따라다니면서 가르침에 귀를 기울였다. 그러던 중 예수님은 제자들 가운데서 특별히 사도들을 선택하셨다(마 10장). 그리고 "너희를 영접하는 자는 나를 영접하는 것이요 나를 영접하는 자는 나를 보내신 이를 영접하는 것이니라"(마 10:40) 말씀하시며 그들에게 권한을 위임하셨다.

교회 안에서 일찍부터 사도의 권위를 빼앗으려는 이단들이 일어났다. 예를 들어 영지주의자들은 예수님께 충성한다면서 스스로 사도의 권위를 주장했지만 그들은 참된 사도들이 아니었다.

신약성경에서 가장 으뜸되는 사도는 예수님 자신이셨다. 성부께서 그분을 자신의 대변자로 세워 세상에 보내셨고, 예수님은 "하늘과 땅의 모든 권세를 내게 주셨으니"(마 28:18), "내가 내 자의로 말한 것이 아니요 나를 보내신 아버지께서 내가 말할 것과 이를 것을 친히 명령하여 주셨으니"(요 12:49)라고 말씀하셨다. 바리새인들이 예수님의 권위를 문제 삼자 그분은 이렇게 말씀하셨다.

"내가 내게 영광을 돌리면 내 영광이 아무것도 아니거니와 내게 영광을 돌리시는 이는 내 아버지시니 곧 너희가 너희 하나님이라 칭하는 그이시라 너희는 그를 알지 못하되 나는 아노니 만일 내가 알지 못한다 하면 나도 너희같이 거짓말쟁이가 되리라 나는 그를 알고 또 그의 말씀을 지키노라 너희 조상 아브라함은 나의 때 볼 것을 즐거워하다가 보고 기뻐하였느니라"(요 8:54~56).

그러므로 성부는 사랑하고 성자는 미워하는 경우는 있을 수 없다. 사도들에게 권위를 주신 분은 성자이셨다. 초기 교회의 변증학자였던 리옹의 이레나에우스(130-202년)도 당시의 이단들에게 사도들을 거부하는 것은 그들에게 권한을 위임하신 그리스도를 거부하는 것과 다름없다고 말했다. 하나님이 그리스도께 권위를 위임하셨고, 그리스도께서는 다시 그 권위를 사도들에게 위임하셨다.

안타깝게도 이와 같은 사도적 권위는 우리 시대에 훨씬 더 많은 공격을 당하고 있다. 바울의 가르침을 논박하는 페미니스트들과 그리스도께 충성한다고 고백하면서 거룩한 성경의 권위를 거부하는 고등비평가들이 그 주체 세력이다.

내가 아는 한 목회자가 언젠가 비행기를 타고 로스엔젤레스에 있는 집으로 돌아가던 중 캘리포니아에 지진이 발생했다. 집에 도착하자마자 그는 피해 상황을 살펴보기 위해 곧장 교회로 향했다. 교회당은 멀쩡했고 그 안에 있는 것도 모두 무사했다. 그는 안도의 한숨을 내쉬었다. 유리창 하나 깨지지 않은 상태였다. 그러나 얼마 후 전문가들이 피해 상황을 조사하기 위해 도착했고, 교회당의 기초가 밀려나간 것을 발견했다. 결국 교회당 출입이 금지되었다. 겉보기에는 멀쩡했지만 기초가 밀려나갔기 때문에 건물 전체가 안정성을 잃고 말았던 것이다.

이런 상황은 교회의 사도적 본질에 관한 문제를 구체적으로 예시한다. 교회의 권위는 인정하면서 성경을 거부하는 것은 곧 교회를 거부하는 것과 같다. 왜냐하면 교회의 네 가지 속성 가운데 하나인 사도적 속성을 거부하는 것이기 때문이다. 사도들의 말에 근거한 권위를 공격하는 것은 곧 교회의 영혼과 심장을 공격하는 것과 같다. 시편 저자는 "터가 무너지면 의인이 무엇을 하랴"(시 11:3)고 말했다.

지난 2세기 동안 자유주의 신학은 성경의 영감과 권위를 거부함으로써 보이는 교회를 파멸 직전까지 몰아넣었다. 교회가 텅텅 빈 나라가 한둘이 아니다. 예배에 참석하는 인원이 전 국민의 2퍼센트에도 못 미친다. 그 원인은 주로 사도적 권위를 거부하고 사회적 관심사에 초점을 맞춤으로써 교회를 다른 기관과 하등 다를 바 없게 만든 데 있다. 요컨대 사도적 권위는 곧 성경의 권위를 의미한다. 그리고 그 권위가 곧 교회의 토대다.

참교회의 표징

종교개혁 당시 개신교 신자들은 스위스와 네덜란드와 스코틀랜드의 개혁주의 교회, 영국의 성공회, 독일과 스칸디나비아의 루터교회, 프랑스의 위그노파 등 여러 갈래로 나뉘었다. 그러는 동안 로마 가톨릭교회는 오직 자기들만이 유일한 참교회라고 주장한 반면 개신교 신자들은 유일한 참교회라는 말 대신 단순히 참교회라고 말하기를 더 선호하기 시작했다. 개혁주의자들은 특정한 교회에 알곡과 가라지가 공존하는 것처럼 어떤 교파도 완전할 수 없다고 말했다. 즉 어느 교파든 어느 정도 오류나 부패가 있기 마련이다.

종교개혁자들은 참교회의 표징 세 가지를 제시했다. 첫째는 복음을 고백하는 교회다. 교회가 그리스도의 신성, 속죄, 이신칭의와 같은 복음의 근본 진리를 부인한다면 더 이상 교회가 아니다. 이런 이유로 종교개혁자들은 로마 가톨릭교회를 참교회에서 배제했다. 그들이 그리스도의 신성과 속죄는 인정했지만 이신칭의는 거부했기 때문이다.

둘째는 성례, 곧 세례와 성찬이 올바로 집행되는 교회다. 종교개혁자들은 성찬과 관련된 그리스도의 임재설을 둘러싸고 신자들 사이에 이견이 존재하는 것을 알고 있었지만 정기적으로 성례를 집행하는 것은 참교회의 필수 요건이라고 말했다. 어떤 사람들은 성례를 지나치게 강조하는 로마 가톨릭교회에 반발해 성례가 없는 교회를 세우려고 시도했지만, 종교개혁자들은 성례는 신자들의 덕을 세우기 위해 그리스도께서 정하신 것이므로 교회는 성례를 올바로 준수해야 할 의무가 있다고 말했다.

세 번째는 권징을 실시하는 교회다. 권징을 실시하려면 교회의 정치 체제가 확립되어야 한다. 즉 교회는 신자들의 영적 양육에 대해 책임을 지고, 그들이 믿음 안에서 성장하며 더욱 거룩해지도록 이끌어야 한다. 권징이 필요한 이유는 교회가 부패와 더러움에 오염되지 않게 하기 위해서다. 만일 특정한 교회의 성직자들이 그리스도의 신성을 부인하는데도 교회가 그들을 견책하거나 면직하지 않는다면 더 이상 참교회라고 말할 수 없다.

CHAPTER. 49

교회의 예배

신약성경은 어렴풋하게나마 천국의 성전을 들여다볼 수 있게 해준다. 생물들과 장로들과 천군천사들의 노랫소리가 웅장하게 울려 퍼진다. 그 장면을 요한은 이렇게 묘사했다.

"죽임을 당하신 어린 양은 능력과 부와 지혜와 힘과 존귀와 영광과 찬송을 받으시기에 합당하도다 하더라 내가 또 들으니 하늘 위에와 땅 위에와 땅 아래와 바다 위에와 또 그 가운데 모든 피조물이 이르되 보좌에 앉으신 이와 어린 양에게 찬송과 존귀와 영광과 권능을 세세토록 돌릴지어다 하니 네 생물이 이르되 아멘 하고 장로들은 엎드려 경배하더라"(계 5:12-14).

이 구절에서 우리는 참으로 놀라운 일을 발견한다. 그것은 다름 아닌 모든 신자가 마땅히 드려야 할 참된 예배다. 하나님의 형상으로 지으심을 받은 우리는 창조주를 예배하도록 의도되었지만 우리의 본성이 부패한 탓에 이 목적을 저버렸다. 그러나 성령께서 우리의 영적 생명을 회복하시면 하나님을 예배할 수 있는 능력이 새롭게 생겨난다.

모든 신자의 마음속 깊은 곳에는 하나님을 예배하고 싶어 하는 열망이 존재한다. 따라서 예배가 교회의 주된 목적 중 하나인 것은 결코 우연이 아니다. 하나님의 백성이 한자리에 모이는 이유는 예배하기 위해서다. 종종 교제나 기독교 교육이나 인격 도야를 위해 교회에 다니는 사람들이 있지만 다른 신자들과 함께 주님을 예배하는 것이 교회 출석의 가장 중요한 목적이 되어야 한다.

영광과 찬양을 하나님께

예배는 하나님의 가치를 인정하는 것을 의미한다. 예를 들면 요한계시록의 찬양은 그리스도의 인격과 그분이 이루신 사역의 가치를 인정한다. 가치를 인정한다는 것은 곧 영광을 돌리는 것이다. 우리는 특별한 관심과 인정을 받을 만한 사람들에게 영예를 수여하며, 그들은 곧 우리가 가치 있게 생각하는 일을 행한 사람들이다.

이와 대조적으로 바울은 로마서 1장에서 하나님이 타락한 인류에게 진노를 드러내셨다고 말했다. 세상이 하나님의 진노 아래 있는 이유는 모든 피조물 안에 그분의 영원한 능력과 신성이 드러나 있는데도 인간이 하나님을 하나님으로 인정하기를 거부하기 때문이다. 타락한 상태에서는 하나님께 예배하는 것을 거부할 수밖에 없다. 타락한 인간은 하나님께 마땅히 드려야 할 것을 드리지 않는다. 바울은 사람들이 하나님을 영화롭게 하기는커녕 그분에 관한 진리를 거짓으로 바꾸었고, 창조주 대신 피조물을 섬기고 예배한다고 말했다(18-25절). 우리는 스스로 영광받기를 좋아할 뿐 아니라 다른 사람들이 뛰어난 업적을 이루었을 때도 그들에게 기꺼이 박수갈채를 보낸다. 그렇게 사람들은 온갖 종류의 영예와 칭찬을 돌리기 좋아한다. 그러면서 영광받으셔야 할 가장 적합한 대상, 곧 최고의 가치와 존귀함을 지니신 하나님께는 영광 돌리기를 주저한다.

우리는 '높임'이나 '찬양' 같은 말로 예배 경험을 묘사한다. '찬양 음악'과 '찬양의 제사' 같은 표현도 흔하게 사용한다. 이런 말들의 기원은 성경의 역사, 특히 구약성경에서 발견된다. 구약시대의 예배는 주로 희생제사로 이루어졌다. 심지어 동물을 죽여 속죄제를 바치기 전부터 하나님께 희생제사를 드렸던 관습이 있었다.

사람들은 구약성경의 희생제도가 그리스도 안에서 모두 성취되었기 때문에 희생제사를 드리는 시대가 끝났다고 생각하는 경향이 있다. 물론 속죄제를 드리는 시대는 지나갔다. 그리스도께서 우리를 위해 단번에 율법의 요구를 이루셨기 때문이다. 그러나 바울은 우리의 몸을 하나님께 산 제사로 드려야 한다고 말했다. 그것은 우리의 "영적 예배" 다(롬 12:1). 따라서 희생제사는 지금도 계속된다. 우리는 우리의 삶을 송두리째 바쳐 하나님께 찬양의 제사를 드려야 한다.

'경배'(adoration)는 찬양의 개념과 밀접하게 연관된다. 이 말은 요즘 일상용어로 전락하여 귀엽거나 매력적인 사람들에게 '사랑스럽다'는 의미로 이 말을 적용하곤 한다. 연인들 사이에서는 서로를 '애모한다'는 뜻으로 사용하기도 한다. 그러나 '경배'는 그런 의미를 훨씬 뛰어넘는다. 내가 아내를 사랑하는 것과 그녀를 경배하는 것은 다르다. 아내를 경배해서는 안 된다. 경배의 개념과 관련된 동경의 감정은 오직 하나님께만 돌려야 한다.

성경적 관점에서 보면 경배는 영혼의 가장 깊은 곳에서 일어난다. 이 감정은 정확히 정의하기 힘든 영적 특성을 지니지만, 실제로 경험해보면 그것이 무엇인지 분명히 알 수 있다. 그런 순간에는 인간성의 비물리적인 측면과 하나님의 성품 사이의 영적 연관성을 의식할 수 있다. 우리의 입술과 생각으로 하나님을 찬양할 때 우리의 영혼으로부터 애정과 찬탄과 숭앙과 경외심이 가득 넘쳐흐른다. 이와 같이 경배는 우리는 낮추고 예배 받으시는 하나님은 높이 우러르는 것을 뜻한다.

영과 진리로 예배하라

예수님은 수가라는 마을의 우물가에서 한 여인과 대화를 나누셨다. 대화 도중 예배가 주제로 떠올랐다. 그녀는 사마리아인이었다. 사마리아인들은 그리심 산에서 예배를 드렸고, 유대인들은 예루살렘 성전에서 예배를 드렸다. 예수님이 그녀가 다섯 남편을 거친 여자라는 사실을 알고 계신 것이 드러나자 그녀는 "주여 내가 보니 선지자로소이다 우리 조상들은 이 산에서 예배하였는데 당신들의 말은 예배할 곳이 예루살렘에 있다 하더이다"(요 4:19-20)라고 말했다. 그 말에 예수님은 이렇게 대답하셨다.

"여자여 내 말을 믿으라 이 산에서도 말고 예루살렘에서도 말고 너희가 아버지께 예배할 때가 이르리라 너희는 알지 못하는 것을 예배하고 우리는 아는 것을 예배하노니 이는 구원이 유대인에게서 남이라 아버지께 참되게 예배하는 자들은 영과 진리로 예배할 때가 오나니 곧 이때라 아버지께서는 자기에게 이렇게 예배하는 자들을 찾으시느니라 하나님은 영이시니 예배하는 자가 영과 진리로 예배할지니라"(21-24절).

예수님은 하나님이 자기 백성에게 원하시는 예배에 관해 두 가지를 언급하셨다. 하나님이 영과 진리로 드리는 예배를 기뻐하신다고 말이다. 이 두 가지 중 진리는 이해하기가 그리 어렵지 않다. 진리에 기초한 예배는 참하나님이 아닌 것으로 하나님을 대체하는 모든 형태의 우상숭배를 배제한다. 진실하지 못한 위선적인 예배 역시 거짓 예배에 해당된다. 그러나 '영으로' 예배하라는 예수님의 말씀은 해석하기가 조금 어렵다. 성경은 '영'을 두 가지 의미로 사용한다. 성령을 가리킬 때 가장 많이 사용되지만, 더러는 인간의 영을 가리킬 때도 사용되었다. 요즘 사람들은 인간의 영에 별로 관심을 기울이지 않는다. 사실상 영혼이나 영이 인간성의 일부라고 믿는 것을 거의 포기한 상태다.

나는 예수님이 수가성 여인과 대화를 나누시면서 영혼에서 우러나는 예배, 곧 진정한 마음으로 드리는 예배를 염두에 두셨다고 생각한다. 즉 하나님은 측량할 수도 없고 아무도 볼 수 없는, 존재의 깊은 곳에서 우러나는 예배를 원하신다. 각 개인의 영은 그 자체로 독특하기 때문이다. 사실 영혼은 우리가 '인격'이라 일컫는 것의 본질에 해당한다. 그 누구도 개인의 인격을 구성하는 이 비물리적인 측면을 부인할 수 없다. 만일 영혼이 없다면 우리도 영혼 없는 짐승과 조금도 다르지 않을 것이다. 그러나 우리는 영혼을 지니고 있기 때문에 하나님과 영적 교제를 나눌 수 있다.

16세기의 종교개혁자 존 칼빈은 개혁의 열정을 예배에 모두 쏟아부었다. 하나님의 백성을 해치는 가장 큰 원수가 우상을 섬기려는 성향임을 알고 있었기 때문이다. 우상숭배는 여러 가지 형태로 교회 안에 침투한다. 그것이 칼빈이 하나님께 순수한 예배를 드리기 위해 열심을 냈던 이유다. 오늘날에도 순수한 예배가 실종된 상태다. 많은 사람이 영과 진리로 예배하는 것보다 오락에 더 많은 관심을 기울이는 경향이 있다.

구약시대의 예배

구약성경에서 발견되는 예배의 형식을 살펴보면 하나님이 직접 그런 형식을 지시하셨고, 또 거기에 권위를 부여하셨다는 것을 알 수 있다. 따라서 우리는 그런 형식으로부터 하나님을 기쁘시게 하는 기본 원리들을 배울 수 있다. 구약시대 예배의 중요한 특징 중 하나는 전인이 예배에 참여한 것이다. 당시의 예배는 생각이 없는 예배가 아니라 생각이 많이 포함된 예배였다. 또 단순히 생각만 포함된 것이 아니라 인간의 모든 오감이 예배에 포함되었다.

성막의 구조와 성전의 아름다움은 시각을 위한 것이었다. 성전에는 하나님이 "영화롭고 아름답게" 설계하신 물건이 가득했고(출 28:2, 40), 제사장이 입는 옷에 이르기까지 성전에 있는 모든 것이 시각을 자극해 하나님의 초월적인 아름다우심을 의식하도록 이끌었다.

청각도 구약시대 예배의 중요한 요소였기에 음악이 예배의 중심을 차지했다. 시편은 당시 예배에 사용되었던 찬송가다.

후각도 예배의 일부였다. 따라서 향기로운 냄새가 나는 향이 사용되었으며 그것은 하나님의 임재를 상징함과 동시에 예배의 유쾌한 감각적 측면을 더해주었다. 물론 오늘날의 예배에 향불을 사용해야 한다고 주장하는 것은 아니다. 단지 후각이 구약시대 예배의 중요한 요소 가운데 하나였음을 말하고자 함이다.

미각도 배제되지 않았다. 신약시대에 성찬으로 바뀐 유월절 만찬이 대표적인 사례. 구약시대의 예배 찬송가는 "너희는 여호와의 선하심을 맛보아 알지어다"(시 34:8)라고 노래한다.

마지막으로 촉각도 포함되었다. 제사장이 사람들에게 안수하며 하나님의 축복을 전했다. 초기 교회의 목회자들은 신자 개개인에게 안수하며 하나님의 축복을 선언했다. 오늘날의 목회자들은 손을 높이 들고 축도를 선언함으로써 그 관습을 이어가고 있다. 회중의 숫자가 늘어남에 따라 개개인에게 안수하는 일이 어려워졌기 때문이다. 따라서 오늘날에는 목회자가 손을 높이 드는 것이 접촉을 통해 하나님의 축복을 전하는 것을 상징하게 되었다.

이처럼 구약성경을 살펴보면 하나님이 요구하시는 영광과 찬양과 경배를 드릴 수 있도록 이끌어주는 역동적인 예배의 원리를 발견할 수 있다.

CHAPTER. 50

교회의 성례

성례는 기독교 신학에서 신자들 사이에 끊임없이 논란과 이견을 야기해 온 주제다. 오늘날에도 마찬가지다. '성례'(sacrament)라는 말이 의미하는 대로 성례는 거룩하다. 이것이 성례를 중심으로 논쟁이 치열한 이유다. 논쟁에는 '어떻게 성례를 집행하고, 누가 주관하며, 누구를 참여하게 하는가?'와 같은 문제가 포함된다. 성례의 종류에 대해서도 많은 논쟁이 벌어진다.

로마 가톨릭교회는 일곱 가지 성례를 믿고, 개신교 교회는 대체로 두 가지 성례를 믿는다.

로마 가톨릭교회의 견해

로마 가톨릭교회는 개개의 성례를 은혜의 수단으로 간주한다. 토마스 아퀴나스는 로마 가톨릭교회의 일곱 가지 성례가 다양한 삶의 국면에 대처할 수 있도록 도와준다고 말했다.

첫 번째 성례는 유아에게 집행되는 세례다. 어린아이가 세례를 받을 때 칭의의 은혜가 그 영혼에 주입되고, 성장한 후에 은혜와 협력하면 의로운 상태로 발전해 하나님께 의롭다 하심을 받는다. 이 은혜를 가리켜 '사효적 은혜'(ex opere operato)라고 하며 '성사의 작용을 통해' 라는 뜻을 지닌다. 이 원리는 로마 가톨릭교회의 모든 성례에 적용되며, 참여자가 의도적으로 거부하지만 않으면 성사를 통해 주어진 은혜가 자동적으로 효력을 발휘한다는 개념을 내포한다.

세례는 그 과정의 시작에 해당된다. 따라서 세례를 받는 순간 참여자는 은혜의 주입은 물론, 영혼 안에 '지울 수 없는'(indelebilis) 표징을 지닌다. 이 영적 표징은 세례를 받은 유아에게 깊이 각인되기 때문에 나중에 혹 성례로 얻은 은혜를 잃게 되더라도 다시 세례를 받을 필요가 없다. 본래의 세례만으로 영혼에 충분한 표징이 새겨진다.

로마 가톨릭교회의 두 번째 성례는 세례를 통해 얻은 은혜를 확증하는 견진성사다. 이 성례는 소년기에서 성년기로 넘어갈 때 주어진다. 구약시대 이스라엘의 '바르 미츠바'(bar mitzvah) 의식과 비슷하다. 구약시대에 이 의식을 거친 소년은 율법을 지켜야 할 책임이 있는 성인으로 인정받았다.

세 번째는 고해성사다. 로마 가톨릭교회는 고해성사를 영혼이 '파선'된 이들을 회복시키는 성례로 정의한다. 중대한 죄를 범하여 세례를 통해 주어진 구원의 은혜가 상실된 죄인이 고해성사를 통해 다시금 은혜의 상태로 회복할 수 있다는 것이다. 쉽게 말해 두 번째 칭의의 은혜를 제공하는 성례인 셈이다. 고해성사로 그리스도의 은혜가 또 다시 영혼에 주입되어 죄인이 다시금 의롭다 하심을 받은 상태로 회복할 수 있는 기회가 주어진다.

로마 가톨릭교회의 네 번째 성례는 혼배성사다. 물론 모든 사람이 결혼하는 것은 아니기 때문에 모든 가톨릭 신자가 혼배성사를 받는 것은 아니다. 그러나 두 사람이 혼인이라는 거룩한 연합을 통해 한 몸이 되면, 교회는 성사를 베풀어 그 연합을 축복할 뿐 아니라 결혼의 연합이 더욱 굳건해지는 데 필요한 힘을 제공한다.

다섯 번째 성례인 신품성사는 다른 교파의 성직 안수에 해당한다. 사제가 되는 사람은 신품성사를 받고, 그것을 통해 다른 사람들에게 성사를 베풀어 은혜를 전할 수 있는 능력을 얻는다. 신품성사를 받지 않은 사람이 드리는 봉헌 기도는 미사를 드릴 때 떡과 포도주를 그리스도의 살과 피로 변화시킬 수 있는 효력이 없다.

로마 가톨릭교회의 여섯 번째 성사는 병자에게 기름을 바르는 종부성사다. 과거 병자성사로 불렸던 이 성사는 죽음을 눈앞에 둔 사람에게 하나님의 심판대 앞에 설 수 있는 은혜를 전달한다. 종부성사는 "너희 중에 병든 자가 있느냐 그는 교회의 장로들을 청할 것이요 그들은 주의 이름으로 기름을 바르며 그를 위하여 기도할지니라 믿음의 기도는 병든 자를 구원하리니 주께서 그를 일으키시리라 혹시 죄를 범하였을지라도 사하심을 받으리라"(약 5:14, 15)라는 야고보의 권고에 근거한다. 이것은 본래 교회의 치유 의식이었지만 시간이 지나면서 세상을 떠나는 영혼을 치유하기 위한 마지막 의식으로 발전했다.

마지막으로 로마 가톨릭교회가 가장 중요하게 생각하는 성례는 성체성사다. 그리스도의 거룩하게 하는 은혜와 자라게 하는 능력이 성체성사를 통해 성찬에 참여하는 사람들에게 전달된다.

개신교의 견해

종교개혁 당시 가장 큰 논란을 일으킨 문서 중 하나는 마르틴 루터의 『교회의 바빌론 유수』(The Babylonian Captivity of the Church)다. 그 책에서 루터는 로마 가톨릭교회의 성례 체계를 '성직 특권주의'로 규정하고 맹공격을 퍼부었다. '성직 특권주의'는 구원이 성직자를 통해 전달된다는 신념을 가리킨다. 이와 같이 루터는 성경의 중요성을 훼손할 정도로 왜곡되기 시작한 로마 가톨릭교회의 성례 체계에 대해 강력히 비판했다.

종교개혁자들은 말씀과 성례의 균형을 적절히 유지하려고 노력했다. 그들은 이 둘이 서로 구별될 뿐 분리되지 않는다고 믿었으며, 말씀 선포 없이 성례를 집행하면 안 된다고 생각했다. 내가 말씀을 전하는 교회에서도 하나님의 말씀을 선포하지 않고 성찬을 거행하는 것을 허용하지 않는다. 아울러 그들은 성례를 모두 없애려는 사람들도 경계했다. 어떤 사람들은 로마 가톨릭교회의 성례 체계에 반발해 성례 없이 말씀만으로도 충분하다고 생각했지만 종교개혁자들은 그들에게 그리스도께서 성례를 친히 제정하고 권위를 부여하셨다는 사실을 상기시켜주었다.

로마 가톨릭교회와 달리 종교개혁자들은 두 가지 성례(세례와 성찬)만을 인정했다. 그들은 이 두 가지 의식은 그리스도께서 친히 제정하셨기 때문에 성례의 자격을 온전히 갖추었다고 믿었다. 예수님은 다락방에서 성찬을 제정하셨고(마 26:26-29), 전도 대명령을 통해 기독교 신앙을 받아들인 이들에게 세례를 베풀라고 말씀하셨다(마 28:19). 따라서 종교개혁자들은 로마 가톨릭교회의 나머지 성례는 성례의 자격을 충분히 갖추지 못한, 교회의 특별한 의식일 뿐이라고 생각했다.

또한 종교개혁자들은 '사효적 은혜'를 거부하고, '인효적 은혜'(ex opere operantis)라는 개념을 채택했다. 라틴어로 따지면 한 단어 차이지만 이것은 성례의 효력이 어떻게 일어나는지를 잘 보여준다. 성례는 참여자가 성례를 믿음으로 받아들일 때만 효력이 발생한다. 예를 들어 유아는 세례를 받더라도 세례에 약속된 축복이 자동적으로 전달되는 것은 아니다. 즉 세례가 곧 구원을 받았다는 의미는 아니다. 어떤 경우든 믿음으로만 의롭다 하심을 받는다. 믿음을 가져야만 세례가 상징하고 보증하는 것을 온전히 받을 수 있다. 따라서 바울이 고린도전서 11장 27-32절에서 경고한 대로 믿음 없이 성찬에 참여하는 것은 그리스도의 심판을 자초하는 것이다. 이와 같이 종교개혁자들의 주안

점은 성례의 타당성이 아닌 효력에 있었으며, 성례의 효력은 참믿음과 떼려야 뗄 수 없는 관계를 맺는다.

상징과 인장

성례는 상징과 보증의 의미를 지니며, 특히 하나님의 말씀을 구체적으로 예시하는 상징적 의미를 지닌다. 하나님은 구약성경에서 종종 그런 방법을 사용하셨다. 선지자들은 입으로만 하나님의 말씀을 전하지 않고 때로는 기괴한 방법으로 말씀을 시연했다. 또한 하나님은 할례와 유월절 등의 상징적 의미를 지닌 관습과 의식을 제정하셨으며, 그러한 의식들은 눈에 보이지 않는 초월적이고 거룩한 현실을 가시적으로 나타냈다. 인간도 의사를 소통할 때 그와 같은 방법을 사용한다. 우리는 말을 할 때 단지 말뿐 아니라 몸짓도 하고 왔다 갔다 거닐기도 하며 행동으로 말의 의미를 강화하기도 한다. 성례도 그런 역할을 한다. 하나님은 성례라는 가시적인 상징으로 말씀을 구체화시켜 우리의 오감에 전달하신다.

또한 성례는 인장의 의미를 지닌다. 고대 사회에서 인장은 말의 진실성을 보증하는 역할을 했다. 예를 들어 왕이 칙령을 발효할 때는 포고문에 인장 반지를 찍어 자신의 명령이라는 것을 보증했고, 그런 행동은 포고문에 권위를 부여했다. 그와 비슷하게 성례는 구원의 약속을 보증하는 하나님의 인장과 같다. 또한 그리스도를 통해 주어진 축복을 모두 받아 누릴 것이라고 믿는 이들에게 하나님이 허락하시는 가시적인 증표다.

CHAPTER. 51

세례

세례는 예수 그리스도께서 세우신 성례다. 그분은 제자들에게 "그러므로 너희는 가서 모든 민족을 제자로 삼아 아버지와 아들과 성령의 이름으로 세례를 베풀고 내가 너희에게 분부한 모든 것을 가르쳐 지키게 하라"(마 28:19-20)고 명령하셨다.

그러나 세례에 관한 신자들의 견해는 크게 엇갈린다. 성인이 되어 믿음을 고백할 때까지 세례를 베풀지 않는 교회가 많고, 갓 태어난 유아에게 세례를 베푸는 교회도 많다. 그렇다면 세례에 관한 견해가 이렇게 엇갈리는 상황에서 이 중요한 기독교 의식을 어떻게 이해해야 옳을까?

요한의 세례

세례요한이 세례를 창시했다고 생각하는 사람이 많다. 그러나 요한의 세례와 기독교 공동체 안에서 이루어지는 세례는 다르다. 즉 요한의 세례는 유대 민족에 국한되었으며 구약시대에 시작되었다.

수세기 동안 하나님은 메시아의 강림을 약속하셨다. 그리고 구약성경의 예언대로 구세주가 세상에 오실 무렵 광야에 한 선지자를 등장시켜 그분의 길을 예비하게 하셨다. 세례요한이 바로 준비가 되지 않았던 유대 민족에게 메시아의 강림을 선포하기 위해 나타난 선지자였다.

구약시대와 신약시대 사이에 유대인들이 '개종자의 세례'라고 일컬었던 의식이 등장했다. 그것은 이방인을 위한 정결 의식, 곧 부정하다고 간주된 사람들을 정화하는 의식이었다. 이방인이 유대인이 되기 원할 때는 세 가지 조건을 충족시켜야 했다. 첫째는 유대교를 믿는다고 고백해야 했다. 그런 다음 남자인 경우 할례를 받아야 했고, 마지막에는 개종자의 세례라는 정화 의식을 거쳐야 했다. 그 이유는 의식적으로 부정하다고 간주되었기 때문이다.

그런데 세례요한이 유대인들도 그와 똑같은 방식으로 정화될 필요가 있다고 선언함으로써 많은 사람에게 충격을 안겨주었다. 회개하고 메시아의 강림을 준비해야 할 사람은 이방인들만이 아니었다. 유대인들도 스스로를 준비시켜야 했다. 이것이 요한이 유대 백성에게 "회개하라 천국이 가까이 왔느니라"(마 3:2)고 선언했던 이유다. 하지만 바리새인들은 옛 언약 안에서 스스로 안전하다고 생각했기 때문에 그와 같은 요한의 메시지에 분노를 느꼈다.

마침내 예수님이 오셔서 새 언약과 그 표징을 제정하셨다. 구약시대에도 하나님은 여러 가지 표징으로 언약을 인준하셨다. 하나님이 노아와 맺으신 언약의 표징은 무지개였다. 그것은 다시는 물로 세상을 심판하지 않으시겠다는 의미였다. 하나님께서 아브라함을 비롯한 그의 후손과 언약을 맺으실 때는 할례를 언약의 표징으로 삼으셨다. 할례는 하나님의 약속을 상징하는 의미를 지녔다.

그런데 시간이 지나면서 바리새인들을 비롯한 많은 사람이 할례를 구원의 수단으로 간주하기에 이르렀다. 바울은 로마서에서 그런 생각이 잘못되었다고 논박했다. "무릇 표면적 유대인이 유대인이 아니요 표면적 육신의 할례가 할례가 아니니라 오직 이면적 유대인이 유대인이며 할례는 마음에 할지니 영에 있고 율법 조문에 있지 아니한 것이라 그 칭찬이 사람에게서가 아니요 다만 하나님에게서니라"(롬 2:28-29). 동시에 바울은 할례가 구원의 수단은 아닐지라도 전혀 무의미하지는 않다고 강조했다. 즉 할례는 하나님을 믿는 모든 사람에게 주어지는 언약을 상징했으며 약속의 타당성을 구체적으로 예시하지만 하나님의 약속은 오직 믿음을 통해서만 현실화된다.

이와 같이 할례는 새 언약의 상징이 아니었다. 때문에 바울은 기독교로 회심한 사람은 누구든지 할례를 받아야 한다고 주장했던 유대주의자들과 이 문제를 놓고 논쟁을 벌였다. 그는 유대주의자들이 할례가 언약의 약속만이 아니라 그 저주까지 상징한다는 것을 이해하기 바랐다. 옛 언약을 이루지 못한 사람들은 모두 하나님 앞에서 쫓겨나야 한다. 그러나 그리스도께서 십자가의 죽음으로 그 저주를 온전히 감당하셨다. 따라서 새 언약 아래에서 할례를 주장하는 것은 옛 언약으로 되돌아가는 것을 의미했다.

예수님의 세례

요한의 세례는 새 언약의 상징이 아니다. 새 언약의 상징은 예수님의 세례다. 예수님은 정회의식을 이스라엘이 아닌 새 언약과 관련시키셨다. 그 결과 세례가 할례를 대체해 새 언약의 공동체에 속하게 된 것을 외적으로 상징하는 의식으로 자리 잡았다. 세례를 받는 사람들이 모두, 반드시 구원받는 것은 아니다. 그러나 그들이 믿음을 받아들일 경우 그리스도의 축복을 소유할 수 있다는 하나님의 약속이 주어진다.

마르틴 루터는 사탄으로부터 공격을 당하는 힘든 시기를 경험할 때마다 사탄을 향해 큰 소리로 "내게서 물러가라. 나는 세례 받았다."라고 외쳤다. 그는 세례라는 언약의 표징을 통해 하나님의 백성에게 주어진 그분의 약속을 믿음으로 굳게 붙잡았다. 이것이 세례의 의미다.

세례는 행위로 연출된 말씀이며, 모든 믿는 자에게 주어진 하나님의 약속의 말씀이다. 바울은 이렇게 말했다.

"누가 철학과 헛된 속임수로 너희를 사로잡을까 주의하라 이것은 사람의 전통과 세상의 초등학문을 따름이요 그리스도를 따름이 아니니라 그 안에는 신성의 모든 충만이 육체로 거하시고 너희도 그 안에서 충만하여졌으니 그는 모든 통치자와 권세의 머리시라 또 그 안에서 너희가 손으로 하지 아니한 할례를 받았으니 곧 육의 몸을 벗는 것이요 그리스도의 할례니라 너희가 세례로 그리스도와 함께 장사되고 또 죽은 자들 가운데서 그를 일으키신 하나님의 역사를 믿음으로 말미암아 그 안에서 함께 일으키심을 받았느니라"(골 2:8-12).

사도 바울은 손으로 하지 않은 할례에 관해 말했다. 그리고 구약시대의 할례와 신약시대의 세례가 서로 직접적인 관계를 맺고 있다고 이해했다.

세례는 중생, 곧 영적 죽음에서 벗어나 새로운 피조물이 되었다는 것을 상징하는 표징이다. 물론 이 표징 자체로는 그런 역사를 일으킬 수 없다. 세례는 그런 역사를 일으킨 실체, 곧 성령의 사역을 가리킨다. 우리가 물로 세례를 받은 것처럼 하나님은 그리스도 안에 있는 자들에게 성령으로 세례를 베푸시겠다고 약속하신다. 또한 세례는 그리스도의 죽으심과 부활에 참여하는 것을 상징한다. 우리는 그리스도와 함께 십자가에서 죽었다. 그 이유는 그분이 그곳에서 우리의 죄를 짊어지셨기 때문이다.

또한 바울은 우리가 그리스도의 고난에 참여하도록 부르심을 받았다고 강조했다. 그 이유는 공로를 쌓기 위해서가 아니라 십자가에 못 박히신 주님의 고난에 동참함으로써 그분과 연합하기 위해서다. 이것도 세례가 상징하는 것이다. 바울은 그리스도의 고난에 동참하지 않으면 그분의 영광에도 동참할 수 없다고 말했다. 그리스도는 충실한 제자들은 박해를 당할 것이라고 예고하셨다(눅 21:16-17). 하나님의 백성은 그런 식으로 고난을 당할 수밖에 없지만 그들이 당하는 고난은 하나님이 자기 백성을 위해 천국에 쌓아두신 영광과 족히 비교할 수 없다(롬 8:18). 이와 같이 세례는 그리스도의 죽음, 부활, 고난, 굴욕, 영광에 참여한다는 상징이다.

의미 있는 약속

어떤 교회들은 의식적으로 믿음을 고백할 수 있는 성인들만 세례를 받을 수 있다고 주장한다. 그러나 역사적으로 대다수의 교회가 옛 언약의 약속이 아브라함과 그의 자손에게 주어진 것처럼 새 언약의 약속도 신자들과 그들의 자손에게 주어진다고 믿었다. 마찬가지로 옛 언약의 표징이 신자들과 그들의 자손에게 주어진 것처럼 새 언약의 표징도 신자들과 그들의 자손에게 주어진다. 즉 할례가 믿음의 표징이었던 것처럼 세례도 믿음의 표징이다. 따라서 믿음의 표징을 신자의 자녀들에게 허락하면 안 된다고 주장하는 것은 옳지 않다. 할례든 세례든 믿음을 저절로 가져다주지는 못한다. 그것이 제공하는 것은 모든 믿는 자에게 주어진 하나님의 약속이다.

존 칼빈은 성례의 효력은 성례를 베푼 시점과 무관하다고 주장했다. 즉 구원은 언약의 표징을 베풀기 전이든, 베푸는 동안이든, 베푼 후에든 언제라도 이루어질 수 있다. 할례의 경우도 마찬가지였다. 또한 세례의 타당성은 세례를 받거나 집행하는 사람에게 달려 있지 않고, 오직 세례가 상징하는 약속을 허락하신 하나님께 달려 있다.

CHAPTER. 52

성찬

사도행전과 초기 기독교 공동체의 삶을 살펴보면 당시 사람들이 성찬을 기념하는 데 큰 가치를 두었다는 것을 알 수 있다. 성찬은 신약시대부터 시작되었지만 이미 구약시대의 유월절 의식에서 그 전조가 발견된다. 또 오늘날까지 교회 역사상 가장 중요한 성례로 간주되어왔다.

유월절과 성찬

십자가에서의 죽음을 앞두신 예수님은 제자들에게 한 장소(다락방)를 빌려 마지막으로 유월절을 기념할 준비를 갖추라고 지시하셨다. 그리고 제자들과 함께 모인 자리에서 그들과 함께 유월절을 기념하기를 간절히 원했다고 말씀하셨다(눅 22:7-15). 그분은 유월절을 기념하는 동안 축사의 내용을 바꿔 제자들에게 유월절 떡이 그들을 위해 내주는 자신의 몸이라고 선언하셨고(19절), 그로써 유월절의 의미를 새롭게 변경하셨다. 또 유월절 음식에 사용된 포도주를 취해 자신의 피라고 말씀하심으로(20절) 구원사의 새 장을 여셨고 그곳에서 새 언약이 탄생했다.

우리는 신약성경의 역사가 시작된 때, 곧 세례요한의 등장이 언급된 때부터 새 언약의 시대가 시작되었다고 생각하는 경향이 있다. 그러나 새 언약의 역사는 새 언약이 제정되었을 때 비로소 시작되었다. 그 시작은 예수님이 성찬을 제정하신 다락방에서부터였다. 하나님이 애굽에서 장자들이 죽은 재앙으로부터 이스라엘 백성을 구원하신 일을 기념하는 예식인 구약시대의 유월절을 제정하신 것처럼, 그리스도께서는 구원을 위한 자신의 희생을 기념하는 예식으로 성찬을 제정하셨다.

성찬에 관한 다양한 견해

성찬을 기념하는 것이 중요한 이유는 그리스도의 죽음이 기독교 신앙의 핵심이기 때문이다. 이것이 교회의 역사 내내 성찬을 둘러싼 논쟁이 치열하게 전개되어 온 이유다. 종교개혁자들조차 성찬의 의미에 대해 합의를 도출하지 못한 것은 16세기의 비극이었다. 일례로 존 칼빈과 마르틴 루터의 신학 사상은 대체로 매우 흡사했지만 성찬의 중요한 측면에 관한 견해만큼은 서로 크게 엇갈렸다.

임재의 방식

그때나 지금이나 그리스도께서 성찬에 임하시는 방식이 가장 핵심적인 쟁점으로 부각된다. 성찬의 본질에 관한 견해 중에서는 로마 가톨릭교회와 루터파와 칼빈주의자들의 견해가 주류를 차지한다.

먼저 로마 가톨릭교회의 견해는 '화체설'로 불린다. 로마 가톨릭교회는 미사 중에 사제가 떡과 포도주를 축복할 때 기적이 일어난다고 믿는다. 그 순간 떡과 포도주가 예수 그리스도의 살과 피로 변한다는 것이다. 이 교리는 아리스토텔레스의 철학 사상을 가지고 만든 것이다. 아리스토텔레스는 현실을 정의하면서 물체가 본질적 속성과 개체적 속성을 지닌다고 생각했다. 예를 들어 색깔과 원통형 모양을 보고는 분필인지 알 수 있지만 그것의 본질은 알 수 없다. 즉 분필의 본질은 실재에, 그 외형적 속성은 분필의 개체성, 곧 물리적 속성에 각각 해당한다.

로마 가톨릭교회는 이런 개념을 화체설에 적용하여 떡과 포도주의 개체성은 그대로이면서(곧 포도주의 겉모양은 그대로인 채) 그 본질이 그리스도의 살과 피로 바뀐다고 이야기한다. 아리스토텔레스의 사상을 따른다면 이중 기적이 일어나는 셈이다. 왜냐하면 어떤 물체든 그 개체성은 실재와 관련되어 있기 때문이다. 사실 분필이 분필처럼 보이는 이유는 분필의 개체성을 띠고 있기 때문이며, 물체의 실재와 외적 속성은 항상 완벽한 관계를 이룬다. 하지만 미사의 기적이 일어날 때의 떡은 실재는 없고 그 개체성만 존재하며, 예수님의 몸은 개체성 없이 그 실재만 존재하게 된다. 이것이 바로 이중 기적이다.

그러나 루터는 화체설을 거부했다. 그는 그리스도의 임재가 성찬의 요소를 대체하는 것이 아니라 (비록 눈에 보이지는 않지만) 거기에 더해진다고 말했다. 그리고 그리스도께서 성찬의 요소 안과 아래와 그 전체에 실제로 임하신다고 믿었다. 이 견해는 '성례적 연합', 혹은 '공재설' (consubstantiation)로 불린다. 접두사 'con-'은 '-와 함께'를 뜻한다. 따라서 이 말은 예수 그리스도의 살과 피가 떡과 포도주라는 물리적 요소에 임하는 방식을 설명한다. 그리스도의 몸이 성찬에 물리적으로 임한다고 주장한 루터의 확신은 그리스도께서 성찬을 제정하면서 "이것은 내 몸이다."라고 말씀하신 것에 근거한다. 그는 떡이 그리스도 자신의 몸이 아니었다면 그런 식으로 말씀하지 않으셨을 것이라고 주장했다.

한편 칼빈은 예수님의 몸이 한 번에 한 곳에만 존재한다고 강조했다. 즉 예수님의 몸은 하늘에 있기 때문에 성찬에 물리적으로 임하실 수 없다. 다만 예수님의 신성은 모든 곳에 동시에 존재할 수 있으므로 영적으로 성찬에 임하실 수 있다.

간단히 말해 로마 가톨릭교회, 루터파, 칼빈주의자들은 그리스도께서 성찬에 임하신다는 것에 대해서는 이견이 없다. 논쟁의 초점은 그리스도께서 어떻게 임하시느냐, 곧 물리적으로냐 영적으로냐다.

시간적 요인

성찬과 관련된 시간적 요인은 세 가지다. 먼저 성찬은 과거적 차원에서 죄인들을 위한 주님의 죽으심을 기념한다. 사도 바울은 예수님이 성찬을 제정하면서 남기신 말씀을 이렇게 되풀이했다.

> "내가 너희에게 전한 것은 주께 받은 것이니 곧 주 예수께서 잡히시던 밤에 떡을 가지사 축사하시고 떼어 이르시되 이것은 너희를 위하는 내 몸이니 이것을 행하여 나를 기념하라 하시고 식후에 또한 그와 같이 잔을 가지시고 이르시되 이 잔은 내 피로 세운 새 언약이니 이것을 행하여 마실 때마다 나를 기념하라 하셨으니"(고전 11:23-25).

예수님은 성찬을 제정하시면서 또 이렇게 말씀하셨다. "내가 너희에게 이르노니 내가 이제부터 하나님의 나라가 임할 때까지 포도나무에서 난 것을 다시 마시지 아니하리라"(눅 22:18).

이와 같이 성찬은 하늘에서 어린 양의 혼인 잔치가 있을 때 주님의 식탁에 둘러앉게 될 미래를 상기시킨다. 또한 우리는 성찬에 참여할 때마다 부활하신 그리스도를 만나는 현재적 축복을 누린다. 이처럼 성찬은 과거를 기념하고, 현재적 현실을 누리며, 하나님이 자기 백성에게 약속하신 복된 미래를 바라보도록 도와준다.

PART 8

종말론

CHAPTER. 53

죽음과 중간 상태

이번 장에서는 조직신학의 주제 중 '종말론'(eschatology)을 살펴보려 한다. 이 말은 '마지막 일'을 뜻하는 헬라어 '에스카톤'(eschaton)에서 유래했으며 사후의 삶과 죽음(우리를 그곳으로 인도하는 두려운 사건)을 다룬다.

죽음은 인간이 직면한 가장 큰 문제에 해당한다. 때문에 우리는 가급적 죽음을 생각하지 않으려고 애쓰지만 우리의 유한성에 관한 의식을 온전히 지워버릴 수 없다. 즉 우리는 죽음의 망령이 우리를 기다리고 있다는 것을 알고 있다.

죽음의 기원

사도 바울은 "그러므로 한 사람으로 말미암아 죄가 세상에 들어오고 죄로 말미암아 사망이 들어왔나니 이와 같이 모든 사람이 죄를 지었으므로 사망이 모든 사람에게 이르렀느니라 죄가 율법 있기 전에도 세상에 있었으나 율법이 없었을 때에는 죄를 죄로 여기지 아니하였느니라 그러나 아담으로부터 모세까지 아담의 범죄와 같은 죄를 짓지 아니한 자들까지도 사망이 왕 노릇 하였나니"(롬 5:12-14)라고 말했다.

이 구절에 나타난 것처럼 모세를 통해 율법이 주어지기 전에도 사망이 있었다. 이는 율법이 주어지기 전에도 사람들이 죽었다는 사실을 통해 분명하게 입증된다. 그러므로 죽음은 죄의 존재를 입증하고, 죄는 율법의 존재를 입증한다. 또한 율법은 처음부터 인간의 내면에 계시되었고, 죽음은 죄의 직접적인 결과였다.

세상 사람들은 죽음을 자연적인 과정으로 생각하지만 기독교인들은 그것을 타락의 결과로 간주한다. 사실 죽음은 인간의 본래 상태가 아니었다. 죄에 대한 하나님의 심판이었다. 처음부터 어떤 죄든 그 대가는 죽음이었다. 아담과 하와에게 하나님은 "동산 각종 나무의 열매는 네가 임의로 먹되 선악을 알게 하는 나무의 열매는 먹지 말라 네가 먹는 날에는 반드시 죽으리라"(창 2:16-17)고 말씀하셨다. 이때 하나님이 경고하신 죽음에는 영적, 물리적 죽음이 모두 포함되었다. 물론 아담과 하와는 죄를 지은 날에 물리적으로 죽지 않았다. 하나님은 형벌을 집행하시기 전에 그들에게 한동안 생명을 유지할 수 있도록 은혜를 베푸셨다. 그러나 그들은 결국 죽음과 함께 이 세상을 떠났다.

죽음 안에서 발견되는 소망

인간은 모두 죄인이기 때문에 사실상 죽음을 선고받은 상태다. 우리는 다만 그 선고가 집행될 때를 기다린다. 그러나 그리스도께서 형벌을 대신 짊어지신 기독교인들은 죽음을 현세에서 내세로 전환되는 순간으로 생각한다. 바울은 감옥에서 쓴 편지에서 이렇게 말했다.

"이것이 너희의 간구와 예수 그리스도의 성령의 도우심으로 나를 구원에 이르게 할 줄 아는 고로 나의 간절한 기대와 소망을 따라 아무 일에든지 부끄러워하지 아니하고 지금도 전과 같이 온전히 담대하여 살든지 죽든지 내 몸에서 그리스도가 존귀하게 되게 하려 하나니 이는 내게 사는 것이 그리스도니 죽는 것도 유익함이라 그러나 만일 육신으로 사는 이것이 내 일의 열매일진대 무엇을 택해야 할는지 나는 알지 못하노라 내가 그 둘 사이에 끼었으니 차라리 세상을 떠나서 그리스도와 함께 있는 것이 훨씬 더 좋은 일이라 그렇게 하고 싶으나 내가 육신으로 있는 것이 너희를 위하여 더 유익하리라"(빌 1:19-24).

이처럼 죽음에 초연한 바울의 태도에 놀라는 사람들이 많다. 우리는 그리스도께서 사망을 정복하신 것을 기뻐하면서도 여전히 죽음을 두려워한다. 내 경우에도 죽음은 두렵지 않지만 죽는 과정을 두려워하는 경향이 있다. 기독교인이라고 해서 고통스런 죽음을 겪지 않으리라는 보장은 없다. 다만 그 순간에도 하나님이 우리와 함께하시며, 죽는 순간 곧바로 천국에 간다는 것을 보장받았을 뿐이다. 바울은 그런 현실에 직면한 상황에서 "내게 사는 것이 그리스도니 죽는 것도 유익함이라"고 말했다. 확실히 그는 비범한 삶을 살았다. 그는 영생의 진리를 굳게 확신했기에 큰 고난도 능히 감당할 수 있었다. 또 살아있는 매 순간이 그리스도와 함께하는 순간이었기에 언제라도 목숨을 바칠 준비가 되어 있었다. 그와 마찬가지로 우리에게도 세상에서의 삶은 그리스도를 섬기게 하는 수단이고, 죽음은 그리스도와 함께 있게 만드는 수단이다. 즉 기독교인에게 죽음은 불행이 아닌 축복이다.

바울은 "내가 그 둘 사이에 끼었으니 차라리 세상을 떠나서 그리스도와 함께 있는 것이 훨씬 더 좋은 일이라 그렇게 하고 싶으나 내가 육신으로 있는 것이 너희를 위하여 더 유익하리라"라는 말로 죽음과 삶에 관한 자신의 확신을 강렬하게 표현했다. 그는 세상에 머물면서 사역을 계속하기 원했지만 마음은 이미 천국에 있었다. 또 자신이 섬기는 사람들을 사랑했지만 "세상을 떠나서 그리스도와 함께 있는 것이 훨씬 좋은 일"이라 말하면서 한시 바삐 본향에 돌아가고 싶어 했다.

우리는 삶은 좋고 죽음은 나쁘다고 생각하는 경향이 있다. 하지만 바울은 그렇지 않았다. 그는 삶은 좋고 죽음은 더 좋다고 생각했다. 사는 것은 좋다. 물론 삶에는 많은 고통이 뒤따르고, 차라리 죽기를 바랄 정도로 혹독한 고난을 겪는 사람들도 있지만, 우리 대부분은 온갖 고통과 비통함과 절망에도 불구하고 살기를 바란다. 삶에는 기쁨도 많기 때문에 애착을 느끼는 것이다. 그러나 기독교인의 경우에는 죽는 것이 훨씬 더 낫다. 그리스도와 온전히 함께 있을 수 있기 때문이다. 이 소망은 그리스도의 부활에 의해 사실로 입증되었다. 성경은 죽음과 마지막 부활을 가르친다. '몸이 다시 사는 것'을 믿는 사도신경의 고백은 우리의 육체가 부활할 것이라는 확신을 표현한다. 그리스도께서 무덤에 들어가실 때와 같은 몸으로 다시 무덤에서 걸어 나오신 것처럼 언젠가 우리의 죽은 육체도 다시 살아날 것이다. 물론 그리스도의 부활하신 몸은 평범한 인간의 몸과 달랐다. 그분의 몸은 죽을 몸에서 죽지 않을 몸으로 영화롭게 변화되었다. 바울은 이렇게 말했다.

"그러나 이제 그리스도께서 죽은 자 가운데서 다시 살아나사 잠자는 자들의 첫 열매가 되셨도다 사망이 한 사람으로 말미암았으니 죽은 자의 부활도 한 사람으로 말미암는도다 아담 안에서 모든 사람이 죽은 것같이 그리스도 안에서 모든 사람이 삶을 얻으리라 그러나 각각 자기 차례대로 되리니 먼저는 첫 열매인 그리스도요 다음에는 그가 강림하실 때에 그리스도에게 속한 자요"(고전 15:20-23).

우리가 천국에서 어떤 모습을 하게 될지는 알 수 없다. 그러나 서로를 알아볼 수 있을 것이 틀림없다. 우리는 식별이 가능한 육체를 지닐 것이다. 미래에 주어질 최상의 상태는 영화롭게 된 몸이다. 물론 세상에 있는 몸도 나름대로 좋지만, 가장 좋은 몸은 아직 주어지지 않았다.

중간 상태

신학자들은 '중간 상태'라는 표현을 사용한다. 이 말은 육체의 죽음과 마지막 부활 사이의 기간을 가리킨다. 즉 우리가 죽으면 몸은 무덤에 머물고 영혼은 곧바로 천국에 가서 예수 그리스도와 함께 거한다. 중간 상태에서는 육체가 없는 영혼으로만 존재하며, 가장 좋은 상태는 나중에 그리스도의 왕국이 임할 때 이루어진다. 그때가 되면 우리의 영혼이 영원히 쇠하지 않는 영화로운 몸을 취할 것이다.

어떤 이단들은 우리가 죽으면 영혼의 잠에 빠져 그리스도와 분리된 채 무의식 상태로 존재한다고 주장한다. 그러나 성경은 인격적이고 의식적인 상태가 중단 없이 지속될 것이라고 가르친다. 그러므로 우리는 죽는 순간에 즉시 그리스도와 하나님의 면전에 이를 것이다. 일반적으로 사람들은 마음과 정신과 영혼을 주축으로 하는 내적 삶을 살기 때문에 육체가 늙어가고 있다는 사실을 의식하지 못할 때가 많다. 그러나 사후에는 그리스도와 함께 살 것이므로 그런 인격적인 의식이 훨씬 더 강렬한 상태로 지속될 것이 분명하다.

결국 바울의 딜레마는 죽음을 통한 승리로 해결되었다. 그는 죽는 순간 본향에 돌아가 그리스도와 함께 거하는 축복을 누렸다.

CHAPTER. 54

부활

'부활'로 번역된 헬라어 '아나스타시아'(anastasia)는 '다시 서다, 다시 일어나다'를 뜻한다. 많은 사람이 육체는 무덤에서 썩고 영혼은 의식만 남은 상태로 하나님 앞에서 거하는 것이 부활이라고 생각하는 경향이 있다. 그러나 부활은 무덤 속에서 썩어버린 육체가 새 생명을 얻어 되살아나는 것을 뜻한다.

첫 열매

1세기 이후로 교회는 '육체적 부활'(resurrectionis carnis)을 믿어왔다. 이 육체적 부활에는 그리스도의 부활뿐 아니라 그분에게 속한 자들의 부활도 포함되며, 이 진리는 성경의 여러 곳에 언급되어 나타난다. 일례로 바울은 다음과 같이 말했다.

"만일 너희 속에 하나님의 영이 거하시면 너희가 육신에 있지 아니하고 영에 있나니 누구든지 그리스도의 영이 없으면 그리스도의 사람이 아니라 또 그리스도께서 너희 안에 계시면 몸은 죄로 말미암아 죽은 것이나 영은 의로 말미암아 살아 있는 것이니라 예수를 죽은 자 가운데서 살리신 이의 영이 너희 안에 거하시면 그리스도 예수를 죽은 자 가운데서 살리신 이가 너희 안에 거하시는 그의 영으로 말미암아 너희 죽을 몸도 살리시리라"(롬 8:9-11).

어떤 사람들은 이 구절이 속사람의 재생(혹은 중생), 곧 영적 죽음에서 벗어나 영적 생명을 얻는 경험을 가리킬 뿐이라고 말한다. 물론 바울의 생각에는 그런 개념이 포함되어 있었을 것이다. 하지만 그는 예수님의 몸을 죽은 자 가운데서 다시 살리신 성령께서 우리의 죽을 몸도 다시 살리실 것이라고 덧붙였다. 그는 이 원리를 여러 차례 언급했다. 특히 아담과 마지막 아담이신 그리스도를 대조하면서 이 원리를 강조했다. 죽음은 첫째 아담을 통해 세상에 들어왔고, 마지막 아담의 사역을 통해 정복되었다. 더욱이 바울은 그리스도의 육체적 부활을 단독적인 사건이 아닌 장차 이루어질 많은 사건의 시작으로 간주했다. 즉 그리스도께서는 죽은 자 가운데서 부활할 자들의 첫 열매가 되셨다(고전 15:20).

또한 성경은 그리스도의 부활 이전에도 죽은 자의 부활이 몇 차례 있었다고 증언한다. 구약성경에는 사르밧 과부의 아들이 다시 살아난 기적이(왕상 17:17-24), 신약성경에는 나인성 과부의 아들(눅 7:11-15)과 야이로의 딸(눅 8:41-42, 49-56)과 나사로가 다시 살아난 기적이 각각 기록되었다. 물론 그들 모두 결국에는 다시 죽었다. 하지만 예수님의 부활은 그런 경우들과 사뭇 달랐다. 그리스도의 부활은 단순히 생명을 다시 얻은 것에 그치지 않았다. 그분의 몸에 중요한 변화가 일어났다. 우선 무덤에 묻혔던 몸과 무덤에서 살아난 몸 사이에 영속성이 존재했다. 쉽게 말해 무덤에 묻혔던 몸이 다시 살아났다. 물론 이것은 예수님 이전에 부활한 사람들도 마찬가지였다. 그러나 예수님의 부활에는 영속되지 않은 요소가 존재했다. 그분의 몸은 극적인 변화를 거쳤고, 부활 이전과 동일한 몸이었지만 부활한 몸은 영화롭게 된 상태였다.

핵심 교리

바울은 고린도전서에서 그리스도의 부활을 길게 설명하며 옹호했다. 그리고 '귀류법'을 사용해 부활을 의심하는 자들에게 말했다. 앞서 말한 것처럼 귀류법은 상대의 전제로부터 논리적인 결론을 도출해 그의 주장이 터무니없다는 것을 밝히는 논법을 말한다. 고린도전서에서 바울은 부활이 없다는 전제로부터 만일 부활이 없다면 그리스도께서 부활하지 못하셨을 것이라는 결론을 도출했다(고전 15:13). 보편적인 부정은 그 어떤 특수한 긍정도 허용하지 않는다는 논리를 편 셈이다. 그런 다음 그리스도께서 부활하지 않으셨다면 우리가 여전히 죄 가운데 있었을 것이라고 말했다(17절). 따라서 부활이 없는 기독교 신앙은 절대 불가능하다. 부활의 개념은 사도적 신앙의 핵심에 해당한다.

많은 현대 신학자들이 그리스도의 죽으심과 부활 같은 초자연적 요소를 배제해도 얼마든지 역동적인 기독교를 유지할 수 있다고 주장한다. 예를 들면 루돌프 불트만은 고린도전서 15장을 세밀하고 통찰력 있게 주석했다. 그는 사도 바울의 말을 명쾌하게 설명하면서 그의 생각이 잘못되었다고 주장했다. 그리고 오늘날의 많은 사람이 교회 안에서 주장하는 것처럼 부활의 의미에 관한 바울의 증언이 옳지 않다고 결론지었다.

이처럼 사람들은 부활을 믿지 않고도 종교를 믿을 수 있다 생각하고, 심지어 그 종교를 기독교라고 일컫기까지 한다. 그러나 그런 종교는 그리스도에 관한 성경의 가르침은 물론, 본래의 기독교 신앙과도 무관하다. 바울은 부활이 없는 기독교 신앙은 존재하지 않으며, 부활이 없으면 기독교인은 모든 사람 중에서 가장 불쌍한 사람이라고 말했다(19절). 거짓된 것에 희망을 두고 사는 것과 다름없기 때문이다.

하지만 바울은 그리스도의 부활을 그런 부정적인 측면에서만 생각하지 않았다. 그는 그리스도의 부활을 목격한 많은 증인들, 곧 자신을 비롯한 사도들과 그리스도께서 부활하신 후에 그분을 본 오백 명의 신자들의 증언을 언급했다(3-8절). 뿐만 아니라 그리스도께서 영화롭게 된 몸으로 부활하셨으며, 하나님이 그런 부활을 모든 신자에게 약속하셨다고 말했다. "아담 안에서 모든 사람이 죽은 것같이 그리스도 안에서 모든 사람이 삶을 얻으리라 그러나 각각 자기 차례대로 되리니 먼저는 첫 열매인 그리스도요 다음에는 그가 강림하실 때에 그리스도에게 속한 자요 그 후에는 마지막이니 그가 모든 통치와 모든 권세와 능력을 멸하시고 나라를 아버지 하나님께 바칠 때라"(22-24절).

부활한 몸

그런 다음 바울은 부활한 몸의 본질을 설명하기 시작했다. "누가 묻기를 죽은 자들이 어떻게 다시 살아나며 어떠한 몸으로 오느냐 하리니"(35절).

부활한 몸은 과연 어떤 모습일까? 죽을 때의 모습일까? 바울은 이렇게 대답했다. "어리석은 자여 네가 뿌리는 씨가 죽지 않으면 살아나지 못하겠고 또 네가 뿌리는 것은 장래의 형체를 뿌리는 것이 아니요 다만 밀이나 다른 것의 알맹이뿐이로되 하나님이 그 뜻대로 그에게 형체를 주시되 각 종자에게 그 형체를 주시느니라"(36-38절).

이와 같이 바울은 플라톤의 논법을 이용해 부활을 자연에 빗대어 설명했다. 열매가 맺히려면 먼저 씨앗을 심어야 하고, 씨앗이 싹 트려면 썩는 과정이 필요하다. 마침내 맺힌 열매는 씨앗과는 전혀 다르게 생겼다. 부활도 그와 비슷하다. 무덤에 묻힌 몸은 일종의 씨앗이다. 우리는 죽어야 한다. 그러나 그 죽음을 통해 우리의 몸이 변화한다. 씨앗과 열매가 영속성을 지니듯 묻힌 몸과 변화된 몸 사이에 영속성이 존재하지만, 또한 씨앗과 열매가 다르듯 세상에서의 몸과 영화롭게 된 몸은 서로 다르다.

부활한 몸은 분명 식별 가능한 인간의 몸이다. 하지만 예수님이 부활하신 몸으로 나타나셨을 때 신비로운 일들이 일어났다. 그분의 모습을 언제나 즉각 알아차릴 수 있는 것은 아니었다. 엠마오로 가는 길에 주님을 만난 제자들이 대표적인 경우다(눅 24:13-31). 예수님이 변하셨기 때문에 알아보지 못한 것인지, 아니면 하나님께서 예수님의 정체를 잠시 숨기신 것인지는 정확히 알기 어렵다. 막달라 마리아도 예수님이 말씀하실 때까지 그분을 알아보지 못했다(요 20:11-16). 그러나 예수님이 다락방에서 제자들에게 나타나셨을 때는 모두가 즉시 알아보았다. 이처럼 부활의 몸은 이전의 몸과 다르지만 그 변화가 어느 정도인지는 짐작하기 어렵다. 사실 예수님이 다락방에서 나타나신 모습이 영화의 마지막 상태인지 변화가 진행 중이었는지조차 알 수 없다. 예수님은 마리아에게 "나를 붙들지 말라 내가 아직 아버지께로 올라가지 아니하였노라"(요 20:17)고 말씀하셨다. 어떤 사람들은 이 말씀을 근거로 예수님의 몸이 영화로운 상태로 변해가는 과정에 있었다고 생각한다. 하지만 그것은 단지 사변일 뿐이다.

부활한 몸도 인간의 기본적인 기능, 곧 생각과 의지와 감정을 모두 갖추고 있다. 기본적인 차이는 새로운 몸은 죽지 않는다는 것이다. 우리는 썩을 것을 심고 썩지 않을 것을 거둔다(고전 15:53). 하지만 그 이유는 우리가 본질적으로 불멸의 존재이기 때문이 아니다. 헬라인들은 영혼은 영원하기 때문에 파괴될 수 없다고 믿었지만 기독교인들은 영혼은 창조된 실체일 뿐 영원하지 않다고 믿는다.

우리는 장차 천국에서 영원히 살 것이다. 그 이유는 우리가 파괴되지 않는 본질로 구성되었기 때문이 아니라 하나님의 작정에 의해 영원한 삶을 얻었기 때문이다. 즉 우리의 영원한 삶을 보장하는 것은 하나님의 은혜와 사랑이다.

바울은 부활에 관해 말하면서 자연을 비유로 사용했다.

"육체는 다 같은 육체가 아니니 하나는 사람의 육체요 하나는 짐승의 육체요 하나는 새의 육체요 하나는 물고기의 육체라 하늘에 속한 형체도 있고 땅에 속한 형체도 있으나 하늘에 속한 것의 영광이 따로 있고 땅에 속한 것의 영광이 따로 있으니 해의 영광이 다르고 달의 영광이 다르며 별의 영광도 다른데 별과 별의 영광이 다르도다"(39-41절).

또한 주변을 돌아보고 삶의 다양한 형태를 관찰하면 장차 이루어질 일을 깨달을 수 있다고 말했다.

"죽은 자의 부활도 그와 같으니 썩을 것으로 심고 썩지 아니할 것으로 다시 살아나며 욕된 것으로 심고 영광스러운 것으로 다시 살아나며 약한 것으로 심고 강한 것으로 다시 살아나며 육의 몸으로 심고 신령한 몸으로 다시 살아나나니 육의 몸이 있은즉 또 영의 몸도 있느니라 기록된 바 첫 사람 아담은 생령이 되었다 함과 같이 마지막 아담은 살려주는 영이 되었나니 그러나 먼저는 신령한 사람이 아니요 육의 사람이요 그다음에 신령한 사람이니라 첫 사람은 땅에서 났으니 흙에 속한 자이거니와 둘째 사람은 하늘에서 나셨느니라 무릇 흙에 속한 자들은 저 흙에 속한 자와 같고 무릇 하늘에 속한 자들은 저 하늘에 속한 이와 같으니"(42-48절).

마지막으로 바울은 다음과 같이 자신이 말하려는 요점을 제시했다. "우리가 흙에 속한 자의 형상을 입은 것같이 또한 하늘에 속한 이의 형상을 입으리라"(49절). 이것이 마지막 부활의 희망이다. 우리는 그리스도처럼 변할 것이다. 그리스도께서 우리에게 자신이 얻으신 부활의 영광과 똑같은 영광을 허락하실 것이기 때문이다.

CHAPTER. 55

하나님의 나라

제자들이 기도를 가르쳐달라고 청하자 예수님은 주기도를 본보기로 가르치셨다(마 6:9-13). 그리고 그 기도에 "나라가 임하시오며 뜻이 하늘에서 이루어진 것같이 땅에서도 이루어지이다"(10절)라는 간구를 포함시키심으로 나라가 임하기 염원하는 것을 하나님의 백성이 가장 먼저 해야 할 일로 정하셨다.

문제는 우리가 구해야 할 나라가 이미 나타났느냐, 아니면 앞으로 나타날 것이냐. 이것이 기독교인들 사이에서 논란이 되고 있다. 이 문제가 중요한 이유는 나라라는 개념이 성경에서 매우 중요한 비중을 차지하기 때문이다. 구약학자 존 브라이트는 『하나님의 나라』(The Kingdom of God)라는 책에서 '나라'는 구약성경과 신약성경을 하나로 연결하는 주제라고 말했다.

하나님은 구약성경을 통해 일찍부터 자신의 주권이 온전히, 영원토록 이루어질 미래의 나라를 약속하셨다. 물론 이 약속은 하나님이 온 우주를 주권적으로 통치하신다는 사실을 부정하지 않는다. 그리고 이 약속은 모든 피조물이 자발적으로 하나님의 주권에 복종하는 것과 관련이 있다.

모든 사람을 위한 신학

하나님이 만물을 창조하신 후부터 지금까지 다스려온 세상 나라는 왕이신 그분을 근본적으로 거부한다. 때문에 구약성경은 영원하고 보편적인 나라를 약속했다. 그 나라는 모두가 구원을 받을 것이라는 의미에서가 아니라 모두가 복종할 것이라는 의미에서 보편적이다. 자발적으로 복종하며 진정으로 무릎을 꿇을 사람들도 있을 것이고, 억지로 복종할 사람들도 있을 것이다. 그렇게 언젠가는 모든 민족이 메시아, 곧 하나님이 기름 부으신 왕에게 복종할 날이 올 것이다.

신약성경은 '하나님의 나라'와 '하늘나라'라는 두 가지 표현을 사용했다. 하늘나라, 곧 천국이라는 표현은 마태복음에서 발견되고 다른 복음서, 특히 누가복음은 '하나님의 나라'라는 표현을 사용했다. 그런 차이가 발생한 이유는 마태가 유대인을 상대로 복음서를 기록했기 때문이다. 유대인들은 하나님의 거룩한 이름을 직접 부르는 것을 삼갔기 때문에 완곡한 표현을 사용했다. 앞서 지적한 대로 구약시대의 유대인들은 하나님을 완곡하게 칭하는 표현으로 '아도나이'(Adonai, 주님)를 사용했다. 따라서 마태도 하나님의 나라를 언급할 때 '하나님' 대신 '하늘'을 사용했다.

'이미'와 '아직'

하나님의 나라는 미래에 이루어질 것이라고 생각하는 복음주의자들이 많다. 하지만 성경은 그렇게 가르치지 않는다. 그런 생각은 신약성경이 가르치는 하나님 나라에 관한 중요한 진리를 왜곡한다. 신약성경은 세례요한이 천국의 도래를 선언한 데서부터 시작한다. 그는 "회개하라 천국이 가까이 왔느니라"(마 3:2)고 외쳤다. 구약시대의 선지자들은 미래에 하나님의 나라가 도래할 것이라고 예언했고 세례요한의 시대에 이르러 그 나라의 도래가 임박했다. 즉 하나님의 나라가 "가까이 왔다." 요한의 메시지를 주의 깊게 살펴보면 긴급한 경고의 말과 함께 천국의 도래를 선언한 것을 알 수 있다. 그는 "이미 도끼가 나무뿌리에 놓였으니"(마 3:10), "손에 키를 들고"(눅 3:17) 같은 표현을 사용했다. 곧 시간은 촉박하고 사람들은 미처 준비가 되지 않은 상태였다.

그리스도께서도 그와 똑같은 메시지를 전하셨다. 그분은 "때가 찼고 하나님의 나라가 가까이 왔으니 회개하고 복음을 믿으라"(막 1:15) 말씀하셨다. 그러나 세례요한과 예수님은 다른 점이 있다. 요한은 금욕주의자였다. 그는 철저히 자기를 부정하는 삶을 살았고 메뚜기와 야생 꿀을 먹으면서 구약시대 선지자들처럼 옷을 입었다. 그와 달리 예수님은 "먹기를 탐하고 포도주를 즐기는 사람"(마 11:19)이라는 비난을 받으셨다. 그분은 가나의 혼인 잔치에서 세리들과 함께 만찬을 즐기셨다. 세례요한의 제자들도 "우리와 바리새인들은 금식하는데 어찌하여 당신의 제자들은 금식하지 아니하나이까"(마 9:14) 물을 정도였다. 그 물음에 예수님은 "혼인집 손님들이 신랑과 함께 있을 동안에 슬퍼할 수 있느냐 그러나 신랑을 빼앗길 날이 이르리니 그때에는 금식할 것이니라"(15절)고 대답하셨다. 하나님의 나라는 이미 그들 가운데 있었다. 그 나라의 왕이 그곳에 계셨기 때문이다. 또한 예수님은 "그러나 내가 만일 하나님의 손을 힘입어 귀신을 쫓아낸다면 하나님의 나라가 이미 너희에게 임하였느니라"(눅 11:20)고도 말씀하셨다.

이와 같이 세례요한은 천국이 임박했다는 경고의 메시지를 전했고 예수님은 천국이 임했다고 선언하셨다. 이 과정은 예수님의 승천으로 절정에 이르렀다. 예수님은 대관식에 참여하기 위해 지상을 떠나셨고, 하나님은 그분을 왕으로 선언하셨다. 예수님이 감람산에서 이 세상을 떠나시려 할 때 제자들이 "주께서 이스라엘 나라를 회복하심이 이때니이까"(행 1:6)라고 물었다. 그들은 예수님이 로마인들을 몰아내고 왕국을 건설하실 때를 기다려왔다. 그러나 예수님은 "때와 시기는 아버지께서 자기의 권한에 두셨으니 너희가 알 바 아니요 오직 성령이 너희에게 임하시면 너희가 권능을 받고 예루살렘과 온 유대와 사마리아와 땅 끝까지 이르러 내 증인이 되리라"(7-8절) 말씀하셨다.

제자들이 나라에 관해 묻자 예수님은 교회의 근본적인 사명을 언급하셨다. 사람들이 그리스도께서 왕이신 줄 모르기 때문에 제자들은 그 사실을 널리 알려야 했다. 교회의 근본적인 사명은 하나님의 나라를 증언하는 것이다. 우리의 왕이신 주님이 지금 우주만물을 다스리고 계신다. 그러므로 하나님의 나라를 오직 미래적 차원에서만 생각하는 것은 신약성경의 가장 중요한 가르침 중 하나를 간과하는 것이다. 우리의 왕이 세상에 오시어 이미 하나님의 나라를 이루셨다. 따라서 이제는 그 나라가 마지막으로 완성될 미래의 일만 남아 있다.

천국의 비유

예수님은 비유를 자주 사용하셨다. 그리고 그 비유의 중심 주제는 바로 하나님의 나라였다. 많은 비유가 "천국은 ……같으니"라는 문구로 시작하며 하나님 나라의 점진적인 속성을 분명하게 보여준다. 하나님의 나라는 처음에는 작게 시작하지만 시간이 흐르면서 크게 확장되어 모든 것을 포괄할 때까지 계속 성장한다. 예수님은 하나님의 나라가 씨앗 중에서도 가장 작은 겨자씨와 같다고 말씀하셨다(마 13:31-32, 막 4:30-32, 눅 13:18-19). 또한 반죽에 스며들어 크게 부풀리는 누룩에도 비유하셨다(마 13:33, 눅 13:20-21). 구약성경은 하나님의 나라를 "손대지 아니한 돌"에 빗대었다. 그 돌은 "태산을 이루어 온 세계에 가득"해졌다(단 2:34-35).

예수님은 "그런즉 너희는 먼저 그의 나라와 그의 의를 구하라 그리하면 이 모든 것을 너희에게 더하시리라"(마 6:33)는 말씀으로 하나님의 나라를 추구하는 것이 그분의 제자인 우리가 해야 할 일이라고 일깨워 주셨다. 이 말씀에 따르면 하나님의 나라를 구하는 것은 신앙생활에서 가장 우선적인 일에 해당한다. 여기서 "먼저"로 번역된 헬라어는 '프로토스'(protos)다. 이 말은 연속된 것들 중 첫 번째라는 의미를 넘어 중요성에서 첫 번째라는 의미를 지닌다. 이처럼 예수님은 하나님의 나라를 구하는 것이 신앙생활의 가장 중요한 목표가 되어야 한다고 가르치셨다.

그리스도의 통치

그리스도께서는 하나님의 나라를 받기에 합당하신 어린 양으로서 지금 만물을 다스리고 계신다. 즉 하나님의 나라는 이미 시작되었고 계속 성장하는 중이다. 그 나라는 그리스도께서 역사의 마지막 날 모든 나라를 정복하실 때 온전히 이루어질 것이다. 지금은 보이지 않지만 그때는 보이게 나타날 것이다. 그러므로 지금 그 나라가 보이지 않는다고 해서 현실이 아니라고 생각해서는 안 된다. 그 나라가 완성될 날이 이르면 피조세계의 질서가 새롭게 혁신될 것이고, 그리스도께서 그 나라의 영광을 온전히, 영원토록 드러내실 것이다.

CHAPTER. 56

천년왕국

천년왕국의 개념은 많은 논쟁을 불러일으키는 종말론의 주제다. 그 이유는 묵시 문학의 특성 때문이다. 천년 동안 지속될 천년왕국이 언급되는 곳은 요한계시록 20장이다. 그곳에 사탄을 결박하는 것과 함께 천년왕국이 언급되었다.

"또 내가 보매 천사가 무저갱의 열쇠와 큰 쇠사슬을 그의 손에 가지고 하늘로부터 내려와서 용을 잡으니 곧 옛 뱀이요 마귀요 사탄이라 잡아서 천 년 동안 결박하여 무저갱에 던져 넣어 잠그고 그 위에 인봉하여 천 년이 차도록 다시는 만국을 미혹하지 못하게 하였는데 그 후에는 반드시 잠깐 놓이리라 또 내가 보좌들을 보니 거기에 앉은 자들이 있어 심판하는 권세를 받았더라 또 내가 보니 예수를 증언함과 하나님의 말씀 때문에 목 베임을 당한 자들의 영혼들과 또 짐승과 그의 우상에게 경배하지 아니하고 그들의 이마와 손에 그의 표를 받지 아니한 자들이 살아서 그리스도와 더불어 천 년 동안 왕 노릇하니 (그 나머지 죽은 자들은 그 천 년이 차기까지 살지 못하더라) 이는 첫째 부활이라 이 첫째 부활에 참여하는 자들은 복이 있고 거룩하도다 둘째 사망이 그들을 다스리는 권세가 없고 도리어 그들이 하나님과 그리스도의 제사장이 되어 천 년 동안 그리스도와 더불어 왕 노릇하리라 천 년이 차매 사탄이 그 옥에서 놓여 나와서 땅의 사방 백성 곧 곡과 마곡을 미혹하고 모아 싸움을 붙이리니 그 수가 바다의 모래 같으리라"(계 20:1-8).

묵시 문학의 해석

신학자들이 천년왕국을 다룰 때는 하나님의 나라가 완성될 시점과의 연대적 관계 및 그 본질에 관심을 기울인다. 그러한 관심을 해결하는 방법에 따라 전천년설, 무천년설, 후천년설을 비롯한 여러 가지 설로 나뉜다. 그런 견해들의 명칭에 사용된 접두사들을 살펴보면 각 이론의 주창자들이 천년왕국이 시작되는 시점을 언제로 보고 있는지 짐작할 수 있다.

천년왕국이 언급된 성경 본문은 요한계시록 20장이 유일하다. 그렇다고 해서 그 중요성이 감소되는 것은 아니다. 이 본문이 문제가 되는 이유는 성경에서 매우 상징적인 용어와 표현을 사용하는 책에 등장하기 때문이다. 이 장르에 속하는 문헌은 다른 문헌을 해석할 때와는 사뭇 다른 해석 원리를 요구한다.

종교개혁자들이 확립한 성경 해석의 기본 원리는 '문자적 해석'(sensus literalis)이다. 이것은 성경을 해석할 때 항상 기록된 의미 그대로 해석하는 것을 뜻한다. 즉 시문학은 시적으로, 교훈적인 문학은 교훈적으로, 동사는 동사로, 명사는 명사로, 직유는 직유로, 은유는 은유로 해석해야 한다. 그러나 '문자적 해석' 방법은 생동감이 없기 때문에 시문학에는 적합하지 않다. 예를 들면 시편의 "큰 물은 박수할지어다"(시 98:8)라는 구절을 문자대로 강물이 손을 내밀어 박수를 친다는 뜻으로 이해할 수는 없다. 즉 그런 시적 표현을 지나치게 문자적으로 해석하는 것은 바람직하지 않다.

예언서를 해석할 때는 그 말이 비유적인 표현이냐 일반적인 산문이냐를 둘러싸고 논쟁이 벌어지며, 이에 대한 사람들의 의견은 서로 크게 엇갈린다. 어떤 사람들은 성경에 충실하려면 미래에 관한 예언을 문자대로 해석해야 한다고 믿지만 그럴 경우에는 제자리만 맴도는 일종의 순환논법에 빠질 가능성이 있다.

천년왕국설

이제부터 여러 가지 천년왕국설의 주된 특징을 간단히 살펴보자.•

전천년설

전천년설(premillennialism)은 천년왕국이 세상에 이루어지기 전에 그리스도께서 재림하신다고 가르친다. 여기에서 접두사 'pre-'는 그리스도께서 먼저 재림하시고, 그 후에 천년왕국이 건설될 것이라는 신념을 드러낸다. 전천년설은 크게 두 가지, 곧 '세대론적 전천년설'과 '역사적 전천년설'로 나뉜다.

세대주의 신학은 나름대로 완벽한 교리 체계를 형성하고 있으며 특별한 체계를 갖추어 성경의 예언을 해석하는 것으로 유명하다. 세대론적 전천년주의자들은 구약성경에서 이스라엘 백성에게 주어진 왕국에 관한 예언이 현대의 이스라엘 국가를 통해 문자적으로 성취될 것이라 믿는다. 즉 그들은 예루살렘 성전을 재건하고 희생제도를 복원하는 역사가 이루어질 것이라고 생각한다.

그들의 종말론적 입장을 지탱하는 중심축은 하나님이 두 가지 구원 계획, 곧 이스라엘을 위한 계획과 교회를 위한 계획을 따로 세우셨다

• 이 문제를 좀 더 자세히 알고 싶으면 다음 자료를 참조하라. R. C. Sproul, *The Last Days according to Jesus: When Did Jesus Say He Would Return?* (Grand Rapids, Mich.: Baker, 2000).

는 신념이다. 전통적인 세대론적 전천년주의자들은 그리스도께서 유대인에게 다윗왕국을 허락하셨는데 그들이 거부했기 때문에 다윗왕국, 곧 유대왕국의 도래가 미래로 연기되었다고 가르친다. 또한 그들은 '교회시대'가 존재한다고 믿는다. 교회시대는 성경의 역사를 세대적으로 구분한 여러 시기 가운데 하나를 가리키며 그리스도의 강림과 왕국의 도래 사이에 존재한다. 따라서 그들은 교회가 궁극적으로 세상에서 영향력을 잃고, 교회시대의 말기에 이르면 배교로 치닫다가 그리스도께서 재림하신 후에 회복될 것이라고 믿는다. 그리스도께서는 대환난이 시작되기 전에 성도들을 공중으로 불러올리실 것이다.

성도들의 휴거를 위한 그리스도의 재림은 그분의 두 차례에 걸친 재림 중 첫 번째에 해당한다. 그리스도께서는 첫 번째 재림을 통해 자기 백성을 공중으로 불러올리시어 대환난의 고통과 박해로부터 그들을 구원하실 것이다. 그리고 왕국을 건설하기 위해 또 다시 재림하실 것이다. 그분은 예루살렘에 근거를 둔 정치적인 유대왕국을 세우실 것이고, 그 왕국은 정확히 천 년 동안 지속될 것이다. 그 기간 동안 사탄은 결박당하고, 예루살렘 성전은 재건되고, 구약시대의 희생제도가 복원될 것이다. 그렇게 천 년이 지나면 사탄이 다시 풀려나고, 그리스도와 그분을 믿는 사람들이 예루살렘에서 공격을 당할 것이다. 그리스도께서는 하늘로부터 심판을 내리시고 적들을 섬멸하실 것이다. 결국 사악한 자들에 대한 심판이 이루어지고 영원한 새 질서가 시작될 것이다.

교회가 대환난 이전에 휴거된다는 이 세대론적 전천년설은 복음주의자들 사이에서 가장 인기가 높다. 이와 조금 다른 형태의 전천년설도 대환난과 관련하여 다른 시점에 휴거가 일어난다는 것만 제외하면 나머지는 근본적으로 동일하다. 그러나 대환난 이전의 휴거설이 인기가 높은 이유는 신자들에게 마지막 때에 대환난을 피할 수 있다는 희망을 제공할 뿐, 이를 입증하는 성경적 증거는 어디에도 없다.

역사적 전천년설은 조금 다르다. 이것은 구약시대 선지자들이 예언한 대로 교회가 그리스도 왕국의 첫 시작이라고 가르친다. 교회는 역사 속에서 이따금 승리를 거두지만 궁극적으로 자신의 사명을 완수하지 못한다. 교회는 영향력을 잃고 부패하여 교회시대의 마지막에 이를 때쯤이면 온 세상에 악이 만연해진다. 마침내 교회는 '대환난' 이라는 전대미문의 고난의 때를 지나게 될 것이고, 이때가 우리가 아는 역사의 마지막이 될 것이다. 그렇게 대환난이 끝나면 그리스도의 재림과 교회의 휴거가 이루어지고, 죽은 성도들이 부활하고, 의인들에 대한 심판이 신속하게 진행될 것이다. 그 후 그리스도께서 영화롭게 된 성도들과 함께 세상에 강림하시어 아마겟돈 전쟁을 치르시고 사탄을 결박하신 후에 정치적인 왕국을 건설하여 천 년 동안 예루살렘에서 온 세상을 통치하실 것이다. 천 년이 지나면 사탄이 잠시 풀려나고, 그리스도 왕국을 상대로 대규모의 반란이 일어날 것이다. 그러면 마침내 하나님이 불 심판으로 예수님과 성도들을 구원하시고, 그 후에는 악인들의 부활과 심판이 있을 것이다.

무천년설

무천년설(Amillennialism)은 두 가지 형태의 전천년설과 약간의 공통점이 있지만 교회시대가 구약성경에 예언된 왕국을 가리킨다고 믿는다는 점에서 확연한 차이를 드러낸다. 무천년주의자들에게는 신약시대의 교회가 곧 하나님의 백성 이스라엘이며 사탄의 결박이 예수님의 공생애 기간에 일어났다고 믿는다. 복음이 세상에 전파되는 동안 사탄이 속박되고 그런 상태가 지금까지 계속되고 있다는 것이다. 그리스도께서 신자들의 마음속에 거하시는 한, 그들은 자신이 살고 있는 문화 속에서 어느 정도 영향력을 발휘할 뿐 문화를 혁신하지는 못한다. 마지막 때가 가까워오면 악의 성장세가 급속해져 대환난과 적그리스도의 출현으로 이어진다. 그리스도의 재림과 함께 역사가 끝나고 모든 사람이 부활해 심판을 받고, 영원한 새 질서가 시작된다. 구원받은 자들은 천국, 혹은 온전히 새로워진 세상에 영원히 거할 것이다.

후천년설

후천년설(Postmillennialism)은 여러 가지 독특한 특징을 지닌다. 첫째, 후천년설은 그리스도에 의한 메시아 왕국이 예수님의 공생애 기간 동안 세상에 건설됨으로써 구약의 예언이 성취되었다고 믿는다. 즉 교회가 새 이스라엘이다. 둘째, 하나님의 나라는 본질적으로 정치적, 물리적 속성이 아닌 영적, 구원적 속성을 지닌다. 셋째, 하나님의 나라는 역사 안에서 혁신적인 영향력을 발휘한다. 이것은 후천년설의 가장 독특한 특징에 해당하는 신념이다.

후천년설은 예수 그리스도의 교회가 문화와 세상에 긍정적이고 구원적인 영향력을 발휘할 것이라는 낙관적 입장을 취한다. 따라서 교회는 많은 부패와 약점에도 불구하고 궁극적으로 세상의 악을 정복할 것이고, 그로써 하나님의 나라가 세상에서 점차 확장될 것이다. 그리스도께서 물리적으로 세상에 존재하실 필요 없이 단지 그분의 왕적 통치만으로 이 모든 일이 이루어질 것이다. 마지막으로 후천년주의자들은 전도 대명령이 성공을 거둘 것이라고 믿는다. 후천년설이 무천년설이나 전천년설과 다른 점은 전도 대명령이 교회시대에 완수될 것을 성경의 가르침으로 믿는 신념이다.

그러나 다른 신념을 지닌 사람들과 마찬가지로 후천년주의자들도 생각이 서로 조금씩 다르다. 소위 '과거설'(preterism)로 알려진 견해를 둘러싸고 논쟁이 벌어지기도 한다. 과거설은 요한계시록의 예언이 과거에 모두 성취되었다는 '완전 과거설'과 부분적으로 성취되었다는 '부분 과거설'로 나뉜다.

과거설

부분 과거설은 미래에 대한 예언 대부분이 1세기, 특히 예루살렘의
멸망(AD 70년)을 둘러싸고 일어난 사건들을 통해 성취되었다고 주장한
다. 부분 과거설의 지지자들은 요한계시록의 처음 스무 장의 사건들은
대부분 이미 일어났고, 나머지 두 장의 사건만 아직 일어나지 않았다
고 이야기한다. 또한 천년왕국이 그리스도의 초림과 더불어 시작되었
다고 주장한다는 점에서 후천년설의 입장을 취하는 경향이 있다(이들은
천 년을 문자 그대로 해석하지 않는다).

반면 완전 과거설은 천년왕국과 마지막 심판 등 그리스도의 재림에
관한 예언이 모두 성취되었다고 가르친다. 하지만 이것은 성경의 근본
진리(그리스도의 재림)를 부인한다는 점에서 이단 사상으로 간주된다.

어떤 종말론적 견해를 주장하든, 우리는 미래의 일을 알 수 없기 때
문에 늘 겸손해야 한다. 과거의 일은 알 수 있지만 아직 일어나지 않은
일에 관한 하나님의 계획은 알 수 없다. 따라서 우리는 우리의 종말론
적 견해가 온전하지 않다는 사실을 겸손히 인정해야 한다. 다만 신약
성경이 가르치는 많은 교리가 미래의 일과 관련되어 있기 때문에 미래
에 관한 하나님의 약속을 이해하는 방식에 따라 우리의 개인적인 확신
과 그리스도께서 교회에 요구하신 사명에 참여하는 정도가 크게 달라
진다.

CHAPTER. 57

그리스도의 재림

1948년 이스라엘의 국가 수립이 선포된 후 많은 기독교인이 한 손에는 성경을, 다른 한 손에는 신문을 들라는 스위스 신학자 칼 바르트의 조언을 따르기 시작했다. 유대국가의 회복과 1967년 예루살렘 수복이 이루어지자 종말, 특히 예수님의 재림에 관한 관심이 크게 고조되었다. 그 이유는 예수님이 감람산 설교에서 예루살렘과 예루살렘 성전의 멸망을 예언하셨기 때문이다. "예루살렘은 이방인의 때가 차기까지 이방인들에게 밟히리라"(눅 21:24).

성경의 가르침

복음서에서 '이방인의 때'가 언급된 곳은 이 본문이 유일하다. 그러나 바울이 기록한 로마서에도 비슷한 문구가 사용되어 미래의 일에 대한 관심을 크게 자극한다. "이방인의 충만한 수가 들어오기까지 이스라엘의 더러는 우둔하게 된 것이라"(롬 11:25). 이어서 바울은 메시아를 거부한 유대인과 이스라엘의 거룩한 뿌리에 접붙임받은 이방인에 관해 말한 뒤 하나님이 유대인을 영원히 버리지 않으시고, 장차 이방인들의 수가 다 차면 그들 가운데서 다시 역사하실 것이라고 덧붙였다.

이런 구절 때문에 1948년과 1967년에 중동 지역에서 사건들이 발생하자 구원사의 마지막 단계가 시작되고 그리스도의 재림이 임박했다고 생각한 사람들이 많았다. 더욱이 새로운 천 년이 시작될 날이 머지않은 상황은 그런 사변을 더욱 부채질했다. 당시 예수님의 재림에 대한 기대감은 절정에 달했다. 물론 그분의 재림은 오늘날에도 여전히 큰 관심을 불러일으키는 주제가 아닐 수 없다.

앞에서 신약성경의 교리에 하나님 나라의 미래적 측면과 관계된 것이 많다는 것을 살펴본 바 있다. 사실 하나님의 백성에게 그리스도의 재림보다 더 중요한 예언은 없다. 주님의 재림에 관한 약속은 신자들의 복된 소망임에 틀림없지만 재림의 시기와 방법은 많은 논쟁을 야기한다. 사도행전의 첫 부분은 예수님이 세상을 떠나실 때의 상황을 이렇게 증언한다.

"이 말씀을 마치시고 그들이 보는데 올려져 가시니 구름이 그를 가리어 보이지 않게 하더라 올라가실 때에 제자들이 자세히 하늘을 쳐다보고 있는데 흰 옷 입은 두 사람이 그들 곁에 서서 이르되 갈릴리 사람들아 어찌하여 서서 하늘을 쳐다보느냐 너희 가운데서 하늘로 올려지신 이 예수는 하늘로 가심을 본 그대로 오시리라 하였느니라"(행 1:9-11).

이와 같이 신약성경에는 예수님의 재림에 관한 예언이 많다. 그리고 그 예언들을 간단히 요약하면 다음의 몇 가지 진리를 알 수 있다.

첫째, 그리스도의 재림은 인격적으로 이루어질 것이다. 즉 그분은 인격으로 오실 것이다. 둘째, 그리스도의 재림은 가시적으로 이루어질 것이다. 셋째, 그리스도의 재림은 영광스럽게 이루어질 것이며, 큰 권위로 강림하실 것이다. 이 세 가지 진리가 사도행전 1장에 모두 나타난다. 11절에 기록된 것처럼 "이 예수" 곧 사도들이 승천을 지켜보던 그 예수님이 "하늘로 가심을 본 그대로" 다시 오실 것이다. 즉 세상을 떠나실 때와 똑같은 방식으로 재림하실 것이다. 그분은 눈에 보이는 형태로 영광의 구름을 타고 하늘로 올라가셨다. 따라서 세상의 마지막 때도 그와 똑같이 눈에 보이는 형태로 영광스럽게 재림하실 것이다.

그리스도의 재림에 관한 견해들

그러나 이와 같이 분명한 예언에도 불구하고 인격적이고, 가시적이며, 영광스러운 그리스도의 재림이 종종 논쟁의 도마 위에 오른다. 그 이유는 대부분 고등비평의 영향 때문이다. 나는 『예수님이 가르치신 말세론』(The Last Days according to Jesus)이라는 책에서 신약성경의 신뢰성과 예수님의 가르침을 그 어느 때보다도 강하게 비판한 비평이론을 간단히 요약한 바 있다.[*]

예를 들어 알베르트 슈바이처는 역사적 예수를 탐구하면서 예수님은 자신의 생전에 하나님의 나라가 이루어질 것을 기대하며 일흔 명의 제자를 보내 복음을 전하게 하셨지만 그렇게 되지 않자 실망하셨다고 주장했다(눅 10장). 또한 그는 예수님이 자신의 예루살렘 입성이 하나님 나라의 도래에 결정적인 영향을 미칠 것으로 생각하셨지만 그 나라가 임하지 않자 십자가에 못 박혀 죽는 길을 선택하셨다 주장했고, "나의 하나님, 나의 하나님, 어찌하여 나를 버리셨나이까"(마 27:46)라고 외치는 순간에 비로소 미몽에서 깨어나셨다고 덧붙였다.

다른 학자들도 신약성경의 저자들은 물론 예수님 자신도 재림이 1세대 기독교인들의 시대에 이루어질 것이라 기대했다고 주장했다. 그리고 그런 기대가 이루어지지 않자 신약성경을 신뢰성 없는 문서로 생각하고, 예수님을 사랑의 본보기로 이해하게 되었다고 말했다. 이런 비

---

[*] R. C. Sproul, *The Last Days according to Jesus: When Did Jesus Say He Would Return?* (Grand Rapids, Mich.: Baker, 2000).

평설에 대해 도드는 '실현된 종말론'을 주장했다. 그는 그리스도의 재림과 미래에 관한 신약성경의 예언이 사실상 1세기에 이루어졌다고 이야기하며, "진실로 너희에게 이르노니 여기 서 있는 사람 중에 죽기 전에 인자가 그 왕권을 가지고 오는 것을 볼 자들도 있느니라"(마 16:28)와 같은 예수님의 말씀이 미래의 재림이 아니라 그분의 영광이 가시적으로 드러났던 변화산 사건 및 부활과 승천을 가리킨다고 주장했다.

가장 논란이 많은 본문이 감람산 설교(특히 마태복음에 기록된 본문)에서 발견된다. 예수님은 그곳에서 예루살렘과 성전의 멸망을 비롯한 미래의 사건과 자신의 재림을 언급하셨다. 제자들은 예수님께 "우리에게 이르소서 어느 때에 이런 일이 있겠사오며 또 주의 임하심과 세상 끝에는 무슨 징조가 있사오리이까"(마 24:3) 물었고, 그 물음에 예수님은 "내가 진실로 너희에게 말하노니 이 세대가 지나가기 전에 이 일이 다 일어나리라"(34절)라고 대답하셨다. 마치 그리스도께서 그런 일이 한 세대(유대인의 관점에서 생각하면 약 40년) 안에 모두 일어날 것처럼 말씀하신 듯하다. 그리스도께서 십자가에 못 박히신 때가 AD 30년쯤이라면 AD 70년에 그 예언이 성취되었을 것이라 예상할 수 있다. 그리고 우연히도 그 해는 로마인들이 예루살렘과 성전을 파괴한 때와 일치한다.

비평가들은 성전이 파괴되고 예루살렘이 함락되었는데도 예수님은 재림하지 않으셨다면서 그분이 거짓 선지자였다고 주장한다. 그러나 이런 구체적인 예언보다 예수 그리스도의 신분과 진실성을 더 분명하게 입증하는 증거는 없다. 그분의 예언은 거룩한 성 예루살렘과 성전은 절대로 파괴되지 않는다고 믿었던 유대인들의 상상을 초월하는 것이었다. 따라서 비평가들이 그리스도와 성경의 진실성을 입증하는 명백한 증거 가운데 하나인 본문을 빌미 삼아 신약성경의 신뢰성과 예수님의 진실성을 논박했다는 것은 참으로 아이러니하다.

일부 복음주의자들은 감람산 설교에 언급된 "세대"라는 말이 인간의 세대나 특정한 기간이 아닌 사람들의 유형을 가리킨다고 말한다. 즉 이 문맥에서 "세대"는 미래의 사건이 일어날 즈음에도 예수님 당시 예루살렘에 살고 있던 사람들과 비슷한 유형의 사람들이 나타날 것을 암시한다는 것이다.

물론 그렇게 해석할 수도 있다. 하지만 그럴 가능성은 매우 희박하다. 복음서에서 "세대"라는 말은 항상 특정한 부류의 사람들을 구체적으로 언급할 때만 사용되었기 때문이다.

또 다른 사람들은 "이 모든 일"이 처음 두 가지 사건, 곧 성전과 예루살렘의 파괴만을 가리킨다고 주장한다. 완전 과거설은 예수님이 AD 70년에 재림하셨고, 그분이 예루살렘을 심판하신 순간에 그리스도의 재림에 관한 모든 예언이 가시적으로 성취되었다고 가르친다. 또 성경의 예언이 종종 대격변을 묘사하는 비유적 표현을 사용한다고 주장한다.

예를 들어 구약시대의 선지자들은 하나님이 악한 도시들을 심판하신 것을 묘사할 때 달이 변해 피가 되었다는 표현을 사용했다(욜 2:31). 예수님의 재림에 대해서도 이와 비슷한 유형의 표현이 사용되었다(마 24:2 참조). 이런 이유로 완전 과거설은 예수님이 AD 70년에 유대 민족을 심판하기 위해 강림하셨고, 그것으로 유대교가 종말을 고했다고 가르친다. 그것이 마지막 심판이었다. 종말은 인류의 역사가 아닌 유대인 시대의 마지막이었고, 그것을 끝으로 이방인의 시대가 시작되었다는 것이다.

그러나 완전 과거설의 문제점은 예수님이 장차 인격적이고 가시적인 형태로 재림하실 것이라는 희망을 독려하는 신약성경의 구절이 많다는 것이다. 다만 AD 70년에 의미심장한 사건이 일어났다는 부분 과거설의 주장은 진지하게 고려해볼 필요가 있다. 나는 예수님이 감람산 설교에서 이스라엘에 대한 심판을 언급하셨을 뿐, 하나님의 나라가 완성될 때를 염두에 두지 않으셨다고 생각한다.

　결론적으로 예수님이 재림하실 때를 확실하게 아는 사람은 아무도 없다. 그러나 하나님의 백성인 우리가 복된 희망을 품고 예수님이 가르치신 말씀의 진실성을 믿을 만한 이유는 충분하다. 그분의 약속은 헛되지 않다. 우리는 예수님이 인격적이고 가시적인 형태로 영광스럽게 재림하실 날을 고대한다.

CHAPTER. 58

마지막 심판

19세기의 독일 철학자 니체는 하나님의 죽음을 선언했다. 그리고 그가 그렇게 선언할 즈음, 지성인들 사이에서는 전례 없는 낙관론이 싹터 유럽과 미국 문화에 막대한 영향을 끼쳤다.

많은 사람이 니체의 선언을 반겼다. 뉴스 매체는 초자연적인 신성을 믿는 종교로부터 인류를 해방시켜 기술 문명과 교육을 의지하게 만든, 인본주의의 대승리라고 대서특필했다. 뿐만 아니라 많은 사람이 세상에서 질병과 전쟁과 무지를 비롯해 인류 문명을 위협하는 것을 모두 제거할 수 있을 것이라고 기대했다.

19세기의 프랑스 철학자 오귀스트 콩트는 역사가 유아기, 청년기, 성인기로 삼등분된다고 말했다. 그는 서구 문화의 발전 과정을 묘사하면서 유아기에는 사람들이 종교를 믿었고, 문명이 청년기로 접어들면서부터는 종교 대신 형이상학을 추구하며 살아간다고 말했다. 그리고 성인기는 과학의 시대와 더불어 시작되었다고 주장했다. 그러자 사람들에게 그런 큰 기쁨을 안겨준 과학이 앞으로 이루어낼 것에 대한 낙관적 기대감이 팽배했다.

그 후 1차 세계대전이 발발하여 그런 진화론적 낙관론에 찬물을 끼

없었지만 전쟁으로 인해 실망한 사람들조차 그 전쟁을 "모든 전쟁을 종식시키는 전쟁"이라 일컬으며 여전히 인간중심적인 희망을 견지했다. 물론 당시 사람들은 2차 세계대전의 홀로코스트나 장 폴 사르트르와 알베르 카뮈를 비롯한 무신론적 실존주의자들의 비관주의 철학의 등장을 예견하지 못했다. 또 19세기 낙관론의 중심에는 하나님이 존재하지 않기 때문에 마지막 심판을 두려워할 필요도 없고, 마지막 심판이 없기 때문에 도덕적인 책임을 의식할 필요도 없다는 생각이 웅크리고 있었다.

냉소적인 시대

오늘날은 19세기 낙관론이 먼 과거의 일이라도 되어버린 양, 온통 비관론에 사로잡혀 있다. 요즘에는 인간이 예기치 않은 우주적 사고로 인해 우연히 생겨나 끝없는 무의미의 나락으로 추락해가는 존재로 간주된다.

허무적 실존주의자들은 인간이 삶에 대해 궁극적인 책임이 없다면 그것은 그의 삶이 별로 중요하지 않다는 의미라고 생각한다. 이처럼 낙관주의가 비관주의로 바뀐 결과, 오늘날의 문화는 삶이 무의미하다는 끔찍한 생각을 떨쳐내기 위해 마약을 비롯한 여러 가지 도피 수단에 의존하고 있다.

하지만 우리의 삶은 중요하고, 또 우리가 책임 있는 존재라는 신약성경과 예수님의 가르침(이것은 철학적인 탐구나 깊은 반성을 통하지 않고도 모두가 알고 있는 진리다)은 이런 풍조와 정면으로 충돌한다. 사람들의 마음속에는 하나님에 대한 의식이 존재한다. 모든 사람이 하나님으로부터 양심을 부여받았기 때문에 스스로가 살아온 삶을 책임져야 한다는 것을 알고 있다. 언젠가는 하나님이 거룩한 율법의 기준에 따라 모든 사람을 심판하실 날이 올 것이다.

사도 바울은 아덴에서 알지 못하는 신을 위해 세워진 제단을 발견했다. 그는 당시의 철학자들을 상대로 "너희가 알지 못하고 위하는 그것을 내가 너희에게 알게 하리라…… 알지 못하던 시대에는 하나님이 간과하셨거니와 이제는 어디든지 사람에게 다 명하사 회개하라 하셨으니"(행 17:23, 30)라고 말했다.

바울이 언급한 하나님의 명령은 보편적으로 적용된다. 하나님은 인간의 끊임없는 불순종을 오래 참아오셨다. 그러나 이제는 구원의 역사상 결정적인 순간이 다가왔고, 회개의 필요성이 긴급하게 대두되었다.

계속해서 바울은 "이는 정하신 사람으로 하여금 천하를 공의로 심판할 날을 작정하시고 이에 그를 죽은 자 가운데서 다시 살리신 것으로 모든 사람에게 믿을 만한 증거를 주셨음이니라"(31절)고 말했다. 하지만 사람들은 그의 말에 이렇게 반응했다. "그들이 죽은 자의 부활을 듣고 어떤 사람은 조롱도 하고 어떤 사람은 이 일에 대하여 네 말을 다시 듣겠다 하니 이에 바울이 그들 가운데서 떠나매 몇 사람이 그를 가까이하여 믿으니 그중에는 아레오바고 관리 디오누시오와 다마리라 하는 여자와 또 다른 사람들도 있었더라"(32-34절).

그때나 지금이나 상황은 별반 다르지 않다. 우리가 하나님이 세상을 의로 심판하실 날을 정하셨다고 말하면 많은 사람이 비웃는다. 단지 몇 사람만 바울의 말을 믿었던 과거 아덴에서처럼, 오늘날에도 믿는 자들은 그리 많지 않다.

하나님이 심판의 날을 정해놓으셨다는 것은 사도적 증언의 핵심에 해당한다. 그러나 심판의 날을 처음 선언한 것은 사도들이 아니다. 예수님도 심판에 관해 자주 말씀하셨을 뿐, 그분도 처음이 아니셨다. 심판의 날은 구약성경으로부터 시작되었다. 구약성경은 천지의 재판관이신 하나님이 만물을 심판하실 날이 올 것이라고 경고했다.

몇 년 전 대학에서 철학을 가르칠 때의 일이다. 당시 나는 임마누엘

칸트가 전통적인 신의 존재를 증명하는 것을 비판하면서 그 대안을 제시한 내용에 관해 강의했다. 그의 대안은 그가 '정언명령'이라 일컫은 것에 근거한다. 칸트는 모든 인간의 양심 안에 윤리 행위를 독려하는 '당위성 의식'이 자리 잡고 있다고 말했다. 그는 당위성 의식이 무의미한가를 점검했다. 그리고 도덕적인 당위성 의식을 지탱하는 토대가 없다면 의미 있는 윤리를 구축하려는 모든 시도가 헛될 것이고, 의미 있는 윤리가 없으면 문명이 보존될 수 없을 것이라고 추정했다. 결국 그는 옳고 그름에 대한 의식이 의미 있으려면 정의가 확립되어야 한다고 말했다. 바꾸어 말해 의는 보상을 받고 악은 징벌을 받아야 한다는 것이다. 그러나 정의가 항상 승리하는 것은 아니기 때문에 칸트는 악인이 번영하고 의인이 고난받는 이유를 물었다. 그러고 나서 세상 일이 항상 정의의 원칙에 따르는 것은 아니기 때문에 궁극적인 정의가 이루어지려면 죽음 이후에도 어떤 식으로든 삶이 지속되어야 한다는 결론에 도달했다. 나중에 나는 그 강의를 듣던 한 학생이 마지막 심판에 관한 칸트의 사변적인 견해를 듣고 기독교를 믿게 되었다는 사실을 알고 깜짝 놀랐다.

예수님에게 마지막 심판은 단순한 사변이 아닌 하나님의 진리였다. 그분은 사람들에게 이 현실을 종종 가르치셨다. 예를 들어 그분은 "내가 너희에게 이르노니 사람이 무슨 무익한 말을 하든지 심판날에 이에 대하여 심문을 받으리니"(마 12:36)라고 말씀하셨다. 이 말씀은 거룩하신 하나님을 대면하고서 스스로의 무가치함을 철저히 의식하며 "화로다 나여 망하게 되었도다 나는 입술이 부정한 사람이요 나는 입술이 부정한 백성 중에 거주하면서 만군의 여호와이신 왕을 뵈었음이로다"(사 6:5)라고 부르짖었던 이사야 선지자가 생각나게 한다. 무심코 내던진 무익한 말 한 마디도 심판을 피할 수 없다면 의식하고 내뱉은 말은 어떠하겠는가?

몇 년 뒤 우연히 당시 그 강의실에서 내게 배웠던 학생을 만나게 되었다. 그는 신경과학을 전공했었다. 대화를 나누던 중 그는 내가 칸트와 마지막 심판에 관해 강의했던 내용을 떠올렸다. 그리고 뇌가 기능하는 방식에 관한 과학적인 견해를 피력하면서 우리의 모든 경험이 뇌에 기록된다고 설명했다. 그는 큰 건물 크기의 컴퓨터에 저장할 수 있는 자료를 인간의 작은 두뇌에 모두 기록할 수 있다고 말했다. 그리고 하나님이 심판의 날에 개개인의 두뇌에 기록된 경험, 곧 모든 생각과 말과 행위를 재연하실 때 인간이 그런 명확한 증거로 인해 아무 변명도 하지 못하는 광경을 상상해본다고 말하며 자신의 과학적 견해를 마지막 심판과 연결시켰다. 그 학생의 말에 담긴 요점은 의식적인 두뇌의 기록이 있든 없든, 하나님은 우리의 생각과 말과 행위를 낱낱이 아신다는 것이다.

예수님의 가르침

설교는 대개 한 가지 중요한 요점을 강조하는 데서 절정에 이른다. 예수님의 산상설교도 마찬가지였다. 예수님은 그 설교 마지막 부분에서 이렇게 말씀하셨다.

"거짓 선지자들을 삼가라 양의 옷을 입고 너희에게 나아오나 속에는 노략질하는 이리라 그들의 열매로 그들을 알지니 가시나무에서 포도를, 또는 엉겅퀴에서 무화과를 따겠느냐 이와 같이 좋은 나무마다 아름다운 열매를 맺고 못된 나무가 나쁜 열매를 맺나니 좋은 나무가 나쁜 열매를 맺을 수 없고 못된 나무가 아름다운 열매를 맺을 수 없느니라 아름다운 열매를 맺지 아니하는 나무마다 찍혀 불에 던져지느니라 이러므로 그들의 열매로 그들을 알리라"(마 7:15-20).

예수님이 마지막 심판에 관해 말씀하셨다는 사실을 의식하지 않는 복음주의자들이 많다. 그러나 예수님은 분명한 어조로 마지막 심판을 언급하셨다. 그분은 모든 사람이 각자의 행위대로 심판을 받을 것이라고 가르치셨다. 사실 우리는 믿음으로 말미암아 의롭다 하심을 받는다는 교리만을 지나치게 강조하는 경향이 있다. 행위가 아닌 믿음으로 구원받는다는 것을 반기는 탓에 하나님이 마치 행위를 중요하게 여기지 않으시는 것처럼 착각하는 것이다. 그러나 이 구절은 행위에 따라 심판을 받는다고 엄숙히 말씀한다. 하나님이 마지막 날에 자기 백성에게 베푸시는 상급은 행위에 따라 주어진다. 그러므로 기독교인인 우리는 복종의 정도에 따라 상급이 달라진다는 것을 기억하고 힘써 분발해야 한다. 행위는 선하든 악하든 모두 다 중요하다. 그것에 따라 장차 심판을 받게 될 것이기 때문이다. 예수님은 이렇게 덧붙이셨다.

"나더러 주여 주여 하는 자마다 다 천국에 들어갈 것이 아니요 다만 하늘에 계신 내 아버지의 뜻대로 행하는 자라야 들어가리라 그날에 많은 사람이 나더러 이르되 주여 주여 우리가 주의 이름으로 선지자 노릇하며 주의 이름으로 귀신을 쫓아내며 주의 이름으로 많은 권능을 행하지 아니하였나이까 하리니 그때에 내가 그들에게 밝히 말하되 내가 너희를 도무지 알지 못하니 불법을 행하는 자들아 내게서 떠나가라 하리라"(21-23절).

심판의 날에 사람들은 예수님을 "주님"이라 일컬으며 그분을 안다고 주장할 것이다. 그들은 선한 일을 행하고, 교회 활동에 참여했다고 말하겠지만 예수님은 단호한 어조로 그들을 알지 못하신다고 말씀하실 것이다. 아울러 예수님은 마태복음에서 다음과 같은 천국의 비유를 가르치셨다.

"그때에 천국은 마치 등을 들고 신랑을 맞으러 나간 열 처녀와 같다 하리니 그중의 다섯은 미련하고 다섯은 슬기 있는 자라 미련한 자들은 등을 가지되 기름을 가지지 아니하고 슬기 있는 자들은 그릇에 기름을 담아 등과 함께 가져갔더니 신랑이 더디 오므로 다 졸며 잘새 밤중에 소리가 나되 보라 신랑이로다 맞으러 나오라 하매 이에 그 처녀들이 다 일어나 등을 준비할새 미련한 자들이 슬기 있는 자들에게 이르되 우리 등불이 꺼져가니 너희 기름을 좀 나눠달라 하거늘 슬기 있는 자들이 대답하여 이르되 우리와 너희가 쓰기에 다 부족할까 하노니 차라리 파는 자들에게 가서 너희 쓸 것을 사라 하니 그들이 사러 간 사이에 신랑이 오므로 준비하였던 자들은 함께 혼인 잔치에 들어가고 문은 닫힌지라 그 후에 남은 처녀들이 와서 이르되 주여 주여 우리에게 열어 주소서 대답하여 이르되 진실로 너희에게 이르노니 내가 너희를 알지 못하노라 하였느니라 그런즉 깨어 있으라 너희는 그날과 그때를 알지 못하느니라"(마 25:1-13).

주님은 우리와 세상을 향해 진지하게 경고하신다. 하나님은 심판의 날과 재판관을 이미 정해 놓으셨다. 그 재판관은 바로 주님이시다. 그러므로 장차 그분의 심판대 앞에 서게 될 때를 위해 철저히 준비해야 한다.

CHAPTER. 59

영원한 형벌

앞 장에서 신약성경, 특히 예수님이 가르치신 마지막 심판에 관해 살펴보았다. 마지막 심판은 사람들을 대충 평가하는 것으로 끝나지 않을 것이다. 만인의 재판관이신 하나님이 하늘의 법정에서 우리가 행한 모든 일을 낱낱이 심문하실 것이다. 심문이 끝나면 '유죄'나 '무죄' 판결이 선고될 것이고, 그 판결은 그리스도의 의를 덧입었는지 여부에 따라 결정될 것이다. 그리스도께 속한 자들은 상을 받고, 그렇지 않은 자들은 형벌을 받을 것이다.

마지막 심판은 온전히 의롭고 정의로우신 재판관에 의해 집행되기 때문에 조금도 부당하거나 독단적이지 않을 것이다. 우리는 우리의 행위나 그리스도의 공로에 근거해 하나님의 심판을 받게 될 것이다. 거룩하신 하나님께 단 한 가지 죄만 저질러도(우리 중 죄를 짓지 않은 사람은 아무도 없다) 그리스도의 공로가 절대적으로 필요하다. 일찍이 시편 저자는 "여호와여 주께서 죄악을 지켜보실진대 주여 누가 서리이까"(시 130:3)라고 기도했다. 물론 그 대답은 명백하다. 그럴 사람은 아무도 없다. 하나님은 죄악을 지켜보신다. 하나님이 죄인으로 간주하지 않으시는 자가 복된 사람이다. 이것이 복음의 핵심이다.

계시의 빛에 따라

성경은 심판이 온전히 정의로울 것이며 우리에게 주어진 계시의 빛에 따라 집행될 것이라고 가르친다. 그렇다면 예수 그리스도의 복음을 한 번도 들어본 적 없는 무고한 사람은 어떻게 될까?

하나님은 무고한 사람을 절대 심판하지 않으신다. 무고한 사람은 하나님의 심판을 걱정할 필요가 없다. 그러나 신약성경에 따르면 무고한 사람은 아무도 없다. 그 누구도 하나님의 심판대 앞에서 "저는 계시의 빛을 전혀 받지 못했습니다."라고 말할 수 없다. 이것이 로마서 1장의 가르침이다. 바울은 자연을 통해 분명하게 드러난 하나님에 관한 지식을 가로막는 악인들에게 그분의 진노가 쏟아질 것이라고 말했다. 그들은 하나님을 하나님으로 존중하기를 거부했다. 따라서 심판대 앞에서 하나님이 살아계신 줄 알지 못했다고 항변할 수 있는 사람은 아무도 없다.

예수님에 관한 소식을 전혀 들어본 적이 없는 사람은 마지막 심판의 날에 그분을 거부한 죗값을 치르지 않을 것이다. 하나님은 각 사람에게 주어진 계시의 빛에 따라 심판을 베푸신다. 따라서 예수님에 관해 들어본 적 없는 사람에게 그분을 거부한 죄를 묻는 것은 부당한 일일 것이다.

그러나 예수님이 세상에 오셨을 때, 사람들은 그분을 거부한 죄가 아니라 자연에 드러난 계시를 통해 알게 된 하나님을 거부한 죄로 인해 이미 단죄된 상태였다. 성경을 알지 못하더라도 하늘이 하나님의 영광을 선포한다(시 19:1, 롬 1:20). 또한 우리의 양심이 하나님의 살아계심과 그분의 율법을 거역한 행위를 증언한다(롬 2:15).

마지막 심판을 통해 결정된 우리의 운명은 다시 돌이킬 수 없다. 많은 사람이 사후에 두 번째 기회가 주어지기를 희망한다. 즉 '연옥' 같은 곳에서 죄의 빚을 청산하고 천국에 들어가게 되기를 바란다.

그러나 그런 희망을 조금이라도 암시하는 말씀은 성경 어디에도 없다. 오히려 성경은 "한 번 죽는 것은 사람에게 정해진 것이요 그 후에는 심판이 있으리니"(히 9:27)라고 선언한다.

지옥

마지막 심판에 관한 진리 중 우리를 가장 불편하게 만드는 것은 지옥의 교리다. 신학교에 다닐 때 동료 학생이 존 거스트너 교수에게 사랑하는 사람이 지옥에 있는 것을 알고 어떻게 천국에서 기뻐할 수 있냐고 물은 적이 있다.

거스트너 박사는 우리가 그 사실을 알고도 슬퍼하지 않고 기뻐할 수 있는 이유는 그것이 하나님의 거룩하심을 존중하고 그분을 영화롭게 하는 일이기 때문이라고 대답했다. 학생들은 모두 어안이 벙벙한 표정을 지었다. 그러나 그 말을 곰곰이 생각해본 결과 무슨 뜻인지 이해할 수 있었다.

우리가 죽을 육신을 입고 있는 동안에는 그리스도를 사랑한다고 해도 기본적으로 이 세상을 사랑하는 경향이 많다. 우리는 하나님의 의를 옹호하는 것보다 가족과 친구들의 행복에 더 많은 관심을 기울인다. 그러나 영화롭게 된 상태로 천국에 있을 때는 그렇지 않을 것이 분명하다.

방 한쪽에는 의를 대표하는 예수님이 서 계시고, 다른 한쪽에는 악을 대표하는 아돌프 히틀러가 서 있다고 가정해보자. 우리가 의롭다고 생각하는 친구를 둘 중 어느 쪽에 가깝게 세워야 마땅할까? 단언컨대 가급적 그리스도와 가장 멀리 떨어진 곳, 곧 히틀러 옆에 세워야 할 것이다. 사실 여기에서 말한 방은 무한히 클 수밖에 없다. 예수님은 아무 죄가 없으시기 때문에 그리스도와 죄인의 간격은 측량할 수 없을 만큼 멀다.

우리는 본성이 타락했기 때문에 히틀러는 이해할 수 있어도 예수님의 완전한 의는 이해하기 어렵다. 우리가 하나님께서 정의의 원칙에 따라 우리가 사랑하는 사람들을 지옥에 보내신 것을 쉽게 이해하지 못하는 것도 바로 그런 이유 때문이다.

신약성경은 어둠, 불못, 감옥과 같은 표현으로 지옥을 묘사한다. 그런 대목을 예로 들면 다음과 같다.

"그들이 지면에 널리 퍼져 성도들의 진과 사랑하시는 성을 두르매 하늘에서 불이 내려와 그들을 태워버리고 또 그들을 미혹하는 마귀가 불과 유황 못에 던져지니 거기는 그 짐승과 거짓 선지자도 있어 세세토록 밤낮 괴로움을 받으리라 또 내가 크고 흰 보좌와 그 위에 앉으신 이를 보니 땅과 하늘이 그 앞에서 피하여 간 데 없더라 또 내가 보니 죽은 자들이 큰 자나 작은 자나 그 보좌 앞에 서 있는데 책들이 펴 있고 또 다른 책이 펴졌으니 곧 생명책이라 죽은 자들이 자기 행위를 따라 책들에 기록된 대로 심판을 받으니 바다가 그 가운데에서 죽은 자들을 내주고 또 사망과 음부도 그 가운데에서 죽은 자들을 내주매 각 사람이 자기의 행위대로 심판을 받고 사망과 음부도 불못에 던져지니 이것은 둘째 사망 곧 불못이라 누구든지 생명책에 기록되지 못한 자는 불못에 던져지더라"(계 20:9-15).

지옥이 말 그대로 불못인지는 확신하기 어렵다. 그러나 지옥이 어떤 곳이든 거기에 있는 사람들은 그곳을 벗어날 수만 있다면 가진 것을 다 내주는 등 어떤 일이라도 마다하지 않을 것이 틀림없다.

대개 상징적 표현보다는 그것이 가리키는 현실이 훨씬 더 강렬한 법이다. 따라서 신약성경이 지옥을 상징적으로 묘사했다고 해서 안심하는 것은 바람직하지 않다. 현실은 분명 그에 대한 상징적 표현보다 훨씬 더 가혹할 것이 틀림없다.

사람들은 종종 "세상에서의 삶이 지옥이다."라고 말한다. 그러나 그 말은 과장이다. 세상에서의 삶이 아무리 끔찍한들 지옥과는 비교조차 되지 않을 것이기 때문이다. 세상에서 제아무리 극심한 고난을 당하더라도 전능하신 하나님이 베푸시는 일반은혜로 많은 혜택을 누릴 수 있지만, 지옥에서는 그마저도 누릴 수 없다. 그곳은 하나님으로부터 단절된 장소다.

물론 절대적인 의미에서의 단절은 아니다. 좀 더 정확히 말하면 지옥은 하나님의 은혜와 돌보심과 사랑으로부터 단절된 장소다. 따라서 지옥에 있는 사람들에게 가장 큰 문제는 마귀가 아니라 하나님이시다. 하나님은 지옥을 관장하시며 악인들을 징벌하신다. 구원받았다는 것은 곧 하나님으로부터 구원받은 것을 뜻한다. 즉 우리는 하나님의 불같은 진노와 형벌로부터 구원받았다.

또 신약성경의 가르침에 따르면 천국의 상급에 등급이 있는 것처럼 지옥의 형벌에도 등급이 있다. 언젠가 천국에서는 모든 사람이 축복이 가득 담긴 잔을 받는다고 말하는 것을 들은 적이 있다. 그러나 모든 사람의 잔이 크기가 다 같은 것은 아니다. 예수님은 큰 상을 받을 사람과 작은 상을 받을 사람을 구별하신다.

우리는 살인자에게 종신형을 여러 번 선고하는 것은 별반 의미가 없다고 생각한다. 사람의 인생은 한 번뿐이기 때문이다. 그러나 법률적인 관점에서 생각하면 개개의 범죄가 제각기 법을 어긴 것이기 때문에 형벌도 거기에 합당하게 개별적으로 부과되어야 마땅하다. 이 원칙은 영원히 변하지 않는다.

우리는 일곱 번 살인한 범죄자를 일곱 번 징벌할 수 없지만 하나님은 그렇게 하실 수 있다. 한 사람을 죽인 살인자는 일곱 사람을 죽인 살인자보다 일곱 배 덜한 형벌을 받게 될 것이다. 하나님의 징벌적 정의는 완전하기 때문에 범죄의 정도에 적합하게 시행된다. 이것이 바울이 진노의 날에 임할 진노를 쌓지 말라고 경고한 이유다(롬 2:5). 예수님은 하늘에 보물을 쌓아두라고 말씀하셨다. 바울은 하늘에 보물을 쌓지 않는 것은 곧 지옥에 형벌을 쌓는 것이기 때문에 더 많은 형벌을 자초하는 셈이라고 역설했다.

최근 복음주의 진영 내에서 '영혼멸절설'이라는 이단 사상이 싹트기 시작했다. 이 사상은 심판의 날에 신자들은 죽은 자 가운데서 부활해 상을 받지만 악인들의 영혼은 소멸한다고 주장한다. 존재의 소멸, 곧 생명을 상실하는 것이 악인들에게 주어지는 형벌이라는 것이다.

그러나 기독교는 역사적으로 의식이 있는 상태에서 지옥에서 끝없이 형벌을 당하는 것을 성경의 가르침으로 믿어왔다. 물론 지옥에 있는 죄인들은 존재가 소멸되어 없어지기를 갈망해야 할 것이다. 매일 하나님의 형벌을 감당하는 것보다는 차라리 소멸되는 것이 더 낫기 때문이다.

궁극적으로 우리는 지옥에 관한 자세한 상황을 알지 못한다. 아니, 그보다는 알기를 원하지 않는다고 말하는 편이 더 솔직할 것이다. 그러나 예수님과 사도들의 가르침을 진지하게 받아들인다면 지옥의 현실도 진지하게 받아들여야 한다. 지옥에 관한 성경의 가르침을 진정으로 믿는다면 우리가 살아가는 방식은 물론, 교회의 사명을 이행하는 방식까지 새롭게 바뀔 것이 틀림없다.

CHAPTER. 60

새 하늘과 새 땅

오늘날 사후의 삶을 의심하는 사람들이 많다. 그들은 천국에 대한 희망은 인간의 욕망을 투사한 것에 지나지 않는다며 영생을 믿는 사람들을 비웃는다. 그리고 다음 세상의 삶이 이 세상의 삶보다 더 나을 것이라는 우리의 믿음에 의문을 제기한다.

하지만 기독교인인 우리의 대답은 그리스도의 증언, 곧 그분의 가르침과 부활이다.

예수님은 "나는 부활이요 생명이니 나를 믿는 자는 죽어도 살겠고" (요 11:25)라고 말씀하셨다. 그리고 배신당하시던 날, 한 다락방에서 "너희는 마음에 근심하지 말라 하나님을 믿으니 또 나를 믿으라"(요 14:1)고 말씀하셨다. 이와 같이 예수님은 "-하지 말라"는 명령법으로 다락방 설교를 시작하셨다. 명령법에는 의무의 뜻이 담겨 있다. 예수님은 미래에 있을 천국에서의 삶을 의심하지 말라고 명령하셨고, 이렇게 덧붙이셨다.

"내 아버지 집에 거할 곳이 많도다 그렇지 않으면 너희에게 일렀으리라 내가 너희를 위하여 거처를 예비하러 가노니 가서 너희를 위하여 거처를 예비하면 내가 다시 와서 너희를 내게로 영접하여 나 있는 곳에 너희도 있게 하리라 내가 어디로 가는지 그 길을 너희가 아느니라"(2-4절).

예수님은 제자들과 함께 계셨지만 이제 곧 그들을 떠나셔야 했다. 그들은 불안했다. 예수님은 제자들을 위로하시며 "그렇지 않으면 너희에게 일렀으리라 내가 너희를 위하여 거처를 예비하러 가노니"라고 거듭 확신을 심어주셨다.

이 말씀은 제자들이 바라는 소망이 거짓이었다면 그 잘못을 미리 깨우쳐주셨을 것이라는 의미를 지닌다. 하지만 그들의 소망은 사실이었다. 예수님이 먼저 가시는 이유는 그들이 있을 처소를 마련하기 위해서였다. 이것은 모든 신자에게 주어진 그리스도의 약속이기도 하다. 그리스도를 믿는 자들의 처소가 성부 하나님의 집에 마련되어 있다. 따라서 우리는 천국의 현실을 굳게 확신할 수 있다.

약속된 기쁨
특별히 우리의 미래 상태를 짐작하게 하는 실마리가 요한일서에서 발견된다.

"보라 아버지께서 어떠한 사랑을 우리에게 베푸사 하나님의 자녀라 일컬음을 받게 하셨는가, 우리가 그러하도다 그러므로 세상이 우리를 알지 못함은 그를 알지 못함이라 사랑하는 자들아 우리가 지금은 하나님의 자녀라 장래에 어떻게 될지는 아직 나타나지 아니하였으나 그가 나타나시면 우리가 그와 같을 줄을 아는 것은 그의 참모습 그대로 볼 것이기 때문이니 주를 향하여 이 소망을 가진 자마다 그의 깨끗하심과 같이 자기를 깨끗하게 하느니라"(요일 3:1-3).

이 구절은 종말론에 관한 신약성경의 가장 중요한 본문 중 하나다. 이 말씀은 신자들이 천국에서 '지복직관'(visio Dei)이라는 축복의 절정을 맛볼 것을 약속한다. '더 없이 행복한'을 뜻하는 'beatific'은 '팔복'을 뜻하는 'beatitude'와 어원이 같다.

팔복은 예수님이 산상설교에서 선언하신 여덟 가지 축복을 가리키는 것으로(마 5:3-12) 세상의 모든 쾌락과 행복을 초월하는 축복의 상태를 약속한다. 하나님이 영혼에 축복을 베푸시면 지극한 기쁨과 만족을 느낄 수 있다. 요한일서 1장의 본문은 그런 지복직관의 축복을 묘사한다. 하나님을 보는 것 자체가 온전한 축복을 가져다준다는 것은 참으로 놀랍기 그지없다.

지복직관은 하나님을 보는 축복이다. 요한은 우리가 장차 천국에서 어떻게 될지 알 수 없지만, 우리가 하나님과 같을 것이고 그분의 참모습을 그대로 보는 것만큼은 확실하다고 말했다. 그의 말처럼 우리는 하나님을 있는 그대로 보게 될 것이다. 불붙은 떨기나무나 불기둥이나 구름기둥 같은 간접적인 방법을 통해서가 아니라 그분의 참모습을 직접 대하게 될 것이다.

모세도 하나님의 영광이 지나가는 그림자만 보았을 뿐 그분의 얼굴은 보지 못했다(출 34:5-7). 하나님을 개인적으로 직접 보는 것은 이 세상의 유한한 인간들에게 철저히 금지된 일이다. 우리가 부르심을 받은 이유는 한 번도 본 적 없는 하나님께 우리를 거룩히 구별해 드리기 위해서다. 우리는 보이지 않는 주님을 섬긴다. 그러나 언젠가는 그분을 볼 것이라는 약속이 주어졌다.

팔복을 살펴보면 긍휼히 여기는 자, 가난한 자, 화평케 하는 자에게는 하나님을 볼 것이라는 약속이 주어지지 않은 것을 알 수 있다. 예수님은 "마음이 청결한 자는 복이 있나니 그들이 하나님을 볼 것임이요"(마 5:8)라고 말씀하셨다. 즉 우리가 하나님을 볼 수 없는 이유는 우리의 눈에 문제가 있기 때문이 아니라 우리의 마음 때문이다. 우리가 영화롭게 되어 온전히 거룩해질 때, 하나님을 직접 보는 것을 가로막는 장애 요인이 모두 제거될 것이다.

내가 텔레비전에서 농구 경기를 볼 때 정말로 농구 경기를 보는 것일까? 나는 경기장에 있지 않다. 농구 경기는 멀리 떨어진 곳에서 진행되고 있다. 그러므로 나는 전자파를 이용한 방송, 즉 일종의 복사물을 보고 있는 셈이다. 나와 농구 경기 사이에 매체가 있고, 나는 그 매체를 통해 농구 경기를 관람한다. 매체는 중간물이다. 이 경우에는 어떤 것의 이미지를 한 장소에서 다른 장소로 전달하는 역할을 한다. 내가 텔레비전에서 농구 경기를 볼 때는 단지 그 경기의 영상만 보는 것이다. 또 내가 실제로 경기장에 있다면 그곳의 빛이 현장의 모습을 내눈에 전달한다. 내가 시력이 온전하더라도 빛이 없는 방에 있으면 아무것도 볼 수 없는 것처럼 무언가를 볼 수 있으려면 빛과 형상 둘 다필요하다.

이와 같이 우리의 눈조차 중간 매체에 의존한다. 조나단 에드워즈는 우리의 영혼이 영광 중에 있을 때 보이지 않는 하나님을 직접 보게 될 것이라고 말했다.

그런 일이 어떻게 일어날 것인지는 알 수 없다. 다만 우리는 하나님의 말씀을 통해 천국에서 하나님의 참모습 그대로 보는 것이 영혼의 큰 기쁨이 되리라는 것만은 분명히 알 수 있다.

천국의 본질
그리스도께서는 사도 요한에게 환상으로 새 하늘과 새 땅을 비롯해 많은 것을 보여주셨다. 그리고 사도 요한은 밧모섬에서 본 그 환상을 요한계시록에 기록했다.

"또 내가 새 하늘과 새 땅을 보니 처음 하늘과 처음 땅이 없어졌고 바다도 다시 있지 않더라 또 내가 보매 거룩한 성 새 예루살렘이 하나님께로부터 하늘에서 내려오니 그 준비한 것이 신부가 남편을 위하여 단장한 것 같더라 내가 들으니 보좌에서 큰 음성이 나서 이르되 보라 하나님의 장막이 사람들과 함께 있으매 하나님이 그들과 함께 계시리니 그들은 하나님의 백성이 되고 하나님은 친히 그들과 함께 계셔서 모든 눈물을 그 눈에서 닦아주시니 다시는 사망이 없고 애통하는 것이나 곡하는 것이나 아픈 것이 다시 있지 아니하리니 처음 것들이 다 지나갔음이러라"(계 21:1-4).

'천국에는 바다가 없다.' 이를 문자 그대로 받아들인다면 해변을 좋아하는 사람들은 실망할지도 모르겠다. 그러나 히브리인들에게 바다는 폭력적인 세력을 상징했다. 이스라엘의 해안선은 바위가 많고 거칠었으며 약탈자들이 침입하는 장소였다. 게다가 지중해의 날씨는 사납기로 유명하다. 때문에 바다는 모든 히브리 시에서 부정적인 상징어로 사용되고, 강이나 샘이나 우물은 긍정적인 상징어로 사용된다. 그러므로 요한의 환상은 더 이상 사나운 자연 재해가 없다는 의미로 이해할 수 있다.

'천국에는 눈물도 없다.' 눈물은 슬픔, 비애와 결부된다. 어렸을 때 우리가 슬퍼 울면 어머니가 앞치마로 눈물을 닦아주곤 했다. 그리고 다음 날이 되면 또 슬퍼하며 다시금 위로가 필요한 일이 반복되었다. 그러나 하나님이 우리의 눈물을 닦아주시면 더 이상 슬퍼할 일이 없어진다. 지금 우리를 슬프게 만드는 것이 모두 사라질 것이기 때문이다. 천국에는 더 이상 죽음도, 슬픔도, 고통도 없다. 이전 것이 모두 없어질 것이다.

계속해서 요한은 천국을 묘사했다. 그의 기록에서 우리는 천국의 본질인 것과 본질이 아닌 것을 발견한다. 요한은 천국에 있는 것과 없는 것을 언급한다. 천국에는 투명해 보일 정도로 순수한 황금으로 만들어진 길이 있고, 화려한 진주로 만들어진 문들이 있으며, 보석들로 치장된 기초석이 있다. 물론 묵시 문학은 상상력에 의존한다. 그러나 하나님이시라면 요한이 묘사한 성과 같은 곳을 능히 건설하고도 남으실 것이 분명하다.

또 요한은 "성 안에서 내가 성전을 보지 못하였으니 이는 주 하나님 곧 전능하신 이와 및 어린 양이 그 성전이심이라 그 성은 해나 달의 비침이 쓸 데 없으니 이는 하나님의 영광이 비치고 어린 양이 그 등불이 되심이라"(22-23절)고 말했다.

천국에는 성전도, 해도, 달도 없을 것이다. 세상에서는 성전이나 교회가 하나님의 임재를 상징적으로 가시화한다. 그러나 천국에는 그런 성전이 필요하지 않다. 하나님의 임재를 직접 경험하기 때문이다.

천국에는 해와 달과 별들과 같은 창조된 발광체도 필요하지 않다. 하나님과 어린 양의 영광이 온 성을 밝히 비출 것이다. 천국에는 밤도 없다. 하나님의 영광이 영원토록 찬란한 빛을 뿜어낼 것이기 때문이다. 그렇게 천국은 하나님의 광채가 아무것에도 가려지지 않고 온전히 빛나는 곳이다.

그렇다면 우리는 무엇을 위해 사는가?

조나단 에드워즈는 휴가를 즐기기 위해 수년 동안 돈을 저축한 사람을 비유로 들었다. 그는 자신이 원하는 장소에 가기 위해 여행을 떠났다. 그리고 길가에 있는 여인숙에서 첫날을 묵었다. 그러나 다음 날 그는 목적지를 향해 길을 떠나지 않고 여행을 포기한 채 여인숙에 머물기로 결정했다.

우리도 그런 식으로 살아간다. 우리가 이 세상의 삶에 집착하는 이유는 하나님이 자기 백성을 위해 천국에 쌓아두신 영광을 확신하지 못하기 때문이다. 우리가 바라는 모든 희망과 기쁨이 천국이라는 놀라운 장소에 풍성하게 간직되어 있다. 눈물과 슬픔이 가득한 이 세상, 이 사망의 음침한 골짜기를 벗어나 천국의 문을 지나면 어린 양이 계시는 곳으로 들어갈 수 있다.

우리의 가장 위대한 순간은 바로 그때일 것이다.

부록

세 가지 신조

사도신경

초대교회 때부터 정리되기 시작한 믿음의 고백이 오랜 시간을 거치면서 오늘날의 형태로 완성된 신앙고백문이다. 4세기 때부터 '사도신경' 이라는 이름으로 불리기 시작하였으며 11세기 이후 서방교회에서 사용되기 시작했다. 오늘날의 기독교에서도 세례와 기도생활 및 신앙고백의 기초가 되는 중요한 신앙고백문이다.

전능하사 천지를 만드신 하나님 아버지를 내가 믿사오며
그 외아들 우리 주 예수 그리스도를 믿사오니,
이는 성령으로 잉태하사 동정녀 마리아에게 나시고,
본디오 빌라도에게 고난을 받으사,
십자가에 못 박혀 죽으시고,
장사한 지 사흘 만에 죽은 자 가운데서 다시 살아나시며,
하늘에 오르사 전능하신 하나님 우편에 앉아 계시다가,
저리로서 산 자와 죽은 자를 심판하러 오시리라.

성령을 믿사오며, 거룩한 공회와, 성도가 서로 교통하는 것과,
죄를 사하여 주시는 것과 몸이 다시 사는 것과,
영원히 사는 것을 믿사옵나이다.
아멘.

니케아 신조

325년, 제1차 니케아 공의회에서 아리우스파(삼위일체 교리를 부정하고 예수님을 피조물 중 하나로 주장) 등의 이단을 단죄하고 정통 기독교 신앙을 수호하기 위해 채택한 신앙고백문이다. 삼위일체에 대한 믿음과 예수 그리스도의 성육신, 죽으심과 부활을 강조하며 아리우스파에 대한 파문 선언이 추가되었다.

우리는 유일하신 하나님,
전능하신 아버지,
보이는 것과 보이지 않는 모든 것을 창조하신
천지의 창조주를 믿습니다.
우리는 유일하신 주님, 영원히 성부에게서 나신 하나님의 독생자,
하나님에게서 나신 하나님,
빛에서 나오신 빛,
창조되지 않고 참하나님에게서 나신 참하나님,
하나님과 본질이 같으신 예수 그리스도를 믿습니다.
그분을 통해 만물이 지으심을 받았습니다.
그분은 우리와 우리의 구원을 위해 하늘에서 내려오셨고,
성령으로 동정녀 마리아에게서 나시어 참인간이 되셨습니다.

또한 우리를 위해 본디오 빌라도에 의해 십자가에 못 박히셨고

죽어 묻히셨다가 사흘 만에 성경대로 다시 살아나셨고,

하늘에 올라 성부의 오른편에 앉으셨습니다.

장차 산 자와 죽은 자를 심판하기 위해 영광 중에 다시 오실 것이고,

그분의 나라는 영원무궁할 것입니다.

우리는 성령, 곧 생명을 주시는 주님을 믿습니다.

그분은 성부와 성자에게서 나오시고,

성부와 성자와 함께 예배와 영광을 받으시며

선지자들을 통해 말씀하셨습니다.

우리는 하나인 거룩하고 보편적인 사도적 교회를 믿습니다.

우리는 죄사함을 위한 하나의 세례를 믿으며,

죽은 자의 부활과 내세의 삶을 바라봅니다.

아멘.

칼케돈 신조

451년, 칼케돈(오늘날의 터키)에서 열린 공의회에서 채택된 신조를 말한다. 예수 그리스도가 완전한 인간이시며 완전한 하나님이심을 고백하고 단성설(예수 그리스도가 신성과 인성 모두를 지니신 것이 아니라 하나의 본성만 지니셨다는 주장)을 따르는 교회와 그리스도의 인성을 강조하는 네스토리우스파를 이단으로 규정했다.

우리는 거룩한 교부들을 좇아 모두의 동의 아래 우리 주 예수 그리스도, 곧 신성에도 완전하시고 인성에도 완전하신, 한 분이요 동일하신 성자를 고백하도록 가르치고자 합니다.

그분은 이성적인 영혼과 육체를 지니신 참하나님이요 참사람이시며, 신성에 있어서는 성부와 본질이 같으시고 인성에 있어서는 우리와 본질이 같으십니다.

그분은 모든 일에 우리와 같으시되 죄는 없으십니다.

신성에 있어서는 영원 전에 성부에게서 나셨고, 인성에 있어서는 이 마지막 날에 우리와 우리의 구원을 위해 하나님의 어머니인 동정녀 마리아에게서 나셨습니다.

유일하고 동일하신 그리스도시요 성자시요 독생자이신 주님은 서로 혼동되거나 변화하거나 분리되거나 분열되지 않는 두 본성을 지니십니다.

두 본성은 결합으로 인해 그 특성을 잃지 않고, 오히려 각자의 성질이 그대로 보존되어 하나의 인격과 존재 안에 동시에 존재하며, 두 인격으로 나뉘거나 갈라지지 않습니다.

오직 한 분이요 동일하신 성자, 독생자요 말씀이신 하나님, 주 예수 그리스도만이 계실 뿐입니다.

이것은 일찍이 선지자들이 그분에 관해 선언한 것이자 주 예수 그리스도께서 친히 가르치신 것이며, 거룩한 교부들의 신조를 통해 우리에게 전해진 것입니다.

모든 사람을 위한 신학

EVERYONE'S A THEOLOGIAN

색인

378

사명선언문

너희가 흠이 없고 순전하여……세상에서 그들 가운데 빛들로
나타내며 생명의 말씀을 밝혀 _ 빌 2:15-16

1. 생명을 담겠습니다

만드는 책에 주님 주신 생명을 담겠습니다.
그 책으로 복음을 선포하겠습니다.

2. 말씀을 밝히겠습니다

생명의 근본은 말씀입니다.
말씀을 밝혀 성도와 교회의 성장을 돕겠습니다.

3. 빛이 되겠습니다

시대와 영혼의 어두움을 밝혀 주님 앞으로 이끄는
빛이 되는 책을 만들겠습니다.

4. 순전히 행하겠습니다

책을 만들고 전하는 일과 경영하는 일에 부끄러움이 없는
정직함으로 행하겠습니다.

5. 끝까지 전파하겠습니다

모든 사람에게, 땅 끝까지, 주님 오시는 그날까지
복음을 전하는 사명을 다하겠습니다.

서점 안내

광화문점 서울시 종로구 새문안로 69 구세군회관 1층
02)737-2288 / 02)737-4623(F)

강남점 서울시 서초구 신반포로 177 반포쇼핑타운 3동 2층
02)595-1211 / 02)595-3549(F)

구로점 서울시 동작구 시흥대로 602, 3층 302호
02)858-8744 / 02)838-0653(F)

노원점 서울시 노원구 동일로 1366 삼봉빌딩 지하 1층
02)938-7979 / 02)3391-6169(F)

일산점 경기도 고양시 일산서구 중앙로 1391 레이크타운 지하 1층
031)916-8787 / 031)916-8788(F)

의정부점 경기도 의정부시 청사로47번길 12 성산타워 3층
031)845-0600 / 031)852-6930(F)

인터넷서점 www.lifebook.co.kr